法不能向不法让步
努力让人民群众在每一个司法案件中
感受到公平正义

　　指导地方检察机关查明涞源反杀案、邢台董民刚案、杭州盛春平案、丽江唐雪案等影响性防卫案件事实，依法认定正当防卫，引领、重塑正当防卫理念，"法不能向不法让步"深入人心。

——2020年最高人民检察院工作报告

正当防卫

理念、学说与制度适用

陈 璇／著

中国检察出版社

图书在版编目（CIP）数据

正当防卫：理念、学说与制度适用 / 陈璇著. —北京：中国检察出版社，
2020.9

ISBN 978 - 7 - 5102 - 2421 - 8

Ⅰ.①正… Ⅱ.①陈… Ⅲ.①正当防卫 - 研究 - 中国 Ⅳ.①D924.04

中国版本图书馆 CIP 数据核字（2020）第 052302 号

正当防卫：理念、学说与制度适用

陈 璇 著

出版发行：中国检察出版社

社　　址：北京市石景山区香山南路 109 号 （100144）

网　　址：中国检察出版社（www.zgjccbs.com）

编辑电话：(010)86423706

发行电话：(010)86423726　86423727　86423728
　　　　　(010)86423730　68650016

经　　销：新华书店

印　　刷：北京玺城印务有限公司

开　　本：710 mm×960 mm　16 开

印　　张：21.25　插页 4

字　　数：334 千字

版　　次：2020 年 9 月第一版　2020 年 9 月第一次印刷

书　　号：ISBN 978 - 7 - 5102 - 2421 - 8

定　　价：68.00 元

序

陈兴良①

　　正当防卫是我国社会公众关注度相当高的一个热门话题，同时也是立法与司法之间存在巨大鸿沟的一种刑法制度。在我国刑法学界，围绕着正当防卫的争议从来没有中断过。在 1984 年我以正当防卫为题撰写硕士学位论文的时候，我国 1979 年刑法正式实施才不满 5 年，紧接着就是"严打"。在这种背景下，我开始了对正当防卫长达 35 年的关注。因此，对于正当防卫制度，我是一个忠实的观察者，同时也是一个积极的推进者。当陈璇副教授邀请我为其最近著作《正当防卫：理念、学说与制度适用》一书写序的时候，我是极为高兴的。如果说，我在 32 年前在硕士学位论文基础上完成的《正当防卫论》（中国人民大学出版社 1987 年版）一书，是我国正当防卫制度研究的拓荒之作；那么，陈璇的这本书就是我国正当防卫制度研究的进阶之作。这两本书之间的差距，正好是我国正当防卫理论 30 多年来不断提升和演进的生动写照。

　　我是从 1983 年开始准备硕士学位论文的，之所以选择正当防卫作为论文题目，主要是因为 1979 年刑法实施之初，在司法实践中围绕着正当防卫的认定出现了大量争议案件，在一定程度上反映了正当防卫制度在我国的水土不服。最初对正当防卫的研究完全是围绕着争议案件展开的，具有就案论案、以法说案的性质，因而只是一种较低层次的研究。硕士学位论文要求一定的学术性，当然就不能满足于对案件的法律解读，而是应当从法理上加以论述。然而，当时我国刑法学还处在恢复重建的阶段，理论资料极为匮乏。在图书

---

① 北京大学博雅讲席教授、博士生导师。

馆能够找到的资料只有数十年前的书籍，如徐朝阳的《中国刑法溯源》（商务印书馆 1933 年版）、王觐的《中华刑法论》（朝阳学院 1933 年版）以及早年间翻译的日本和苏俄的论著。这些书籍从现在来看或许是一些无人问津的古董，而对于当时的我来说，从图书馆的角落抹去尘埃，翻检在手，却是如获至宝。因此，我是在对同时代的国外正当防卫的研究状态懵然不知的情况下，根据从故纸堆里扒出来的资料对正当防卫进行理论梳理，尤其是以现实发生的正当防卫争议案件为主要内容进行分析。我的硕士学位论文导师王作富教授极为注重理论联系实际，要求我归纳总结出解决司法实践中存在争议的正当防卫案件的具体规则。这一要求对于初入刑法理论殿堂的我来说，具有豁然开朗之效。

如今我国已经打通了对外学术交流的管道，年轻学者大多都有海外留学的背景，可以直接运用德日刑法的第一手资料。陈璇就曾经在德国留学，因而消除了语言障碍，采用德日刑法教义学的方法，对我国刑法中的正当防卫制度进行深层次的理论研究，并在各种学术刊物发表了关于正当防卫的重要论文，取得了丰硕的学术成果。本书就是在汇集这些正当防卫的学术论文的基础之上编撰形成的，可以说是陈璇对于正当防卫这个课题持续关注并深入研究的成果。

从 1979 年刑法到 1997 年刑法，关于正当防卫的立法规定发生了巨大变化，但司法机关对于正当防卫的认定却依然存在诸多争议。这种立法与司法之间的鸿沟是如何形成的？这是一个值得思考的问题。在我看来，正当防卫制度虽然在我国古代刑法中已有规定，但该规定本身受制于中国以社会为本位、以伦常为皈依的制度与文化。可以说，我国古代的正当防卫的功能主要在于维护社会秩序而非保护个人权利。因此，对于防卫殴击父祖或者防卫夜间侵入人家者等做了正当防卫的授权性规定，例如，《唐律》规定："夜无故入人家者，主人登时杀者，勿论。"对于防卫自己，我国古代法律做了较为严格的限制。中国法制史学者戴炎辉指出："唐律以请求公力救济为原则，不许以私力防卫自己。查唐律斗讼律，相殴伤两论如律，虽后下手理直，亦只减二等。关于后下手理直，唐律疏议说：'乙不犯甲，无辜被打，遂拒殴之，乙是理直。'惟拒殴而至甲于死者，则不减。乙无辜被打，即是受甲的不法侵击，因而对甲加以反击，在现代法应是正当防卫；

但律不许乙拒甲而予殴击，只酌情（后下手理直）减刑而已。再查别条，纵使他人以兵刃逼己，因而用兵刃拒他人而伤杀者，仍依斗伤杀法（只不以故杀论其罪）。"① 因此，在我国古代，正当防卫只是在维护伦理纲常的情况下例外地被适用。在这个意义上，防卫权并不是公民的法律权利，毋宁说是公民的伦理义务。

我国刑法虽然在立法上确认了公民的防卫权，但在司法上对于正当防卫的认定仍然"缩手缩脚"，不利于防卫人。在这种情况下，对于正当防卫的正当化根据的研究是极为重要的。在正当防卫根据的问题上，当前较为流行的是法益保护说和法秩序维护说。这些理论主要是从防卫人角度进行考察的，并且以防卫权为视角。在本书中，陈璇从侵害人角度对正当防卫的根据进行思考，以此重构正当防卫本质论，这是具有新意的。陈璇认为，在正当防卫中，法律为受害人的法益所设置的保护屏障已经在一定范围内被撤除。不法侵害人的法益之所以在相当大的范围内被逐出了法律的庇护所，是因为它值得保护的程度较之于遭受侵害的法益来说，出现了双重下降：第一，侵害人在本可避免的情况下自陷险境。在防卫人采取防卫措施实施反击之前，危险是否发生都还处在侵害人的掌控之中；正是他把自己从一个相对安全的状态带入到了利益冲突的危险境地之中。第二，侵害人违反了不得侵犯他人法益的义务。既然防卫行为的受害人为侵害他人的法益而单方违背了自己对该人所承担的义务，那么在为保护该法益所必要的范围内，防卫人对受害人所负有的不得侵害的义务原则上也归于消灭。当然，陈璇也并不是完全否定从防卫人角度对正当防卫本质的揭示，而只是认为这还是不够的，还应当从侵害人角度论证正当防卫的本质。正如陈璇指出："正当防卫的合法化根据除了在于法益保护之外，还在于侵害人利益值得保护性的双重下降。"只有从防卫人和侵害人这两个维度才能为正当防卫的正当化提供完整的论证。

在本书中，陈璇引入并且采用了德国刑法教义学的话语，对我国刑法中的正当防卫进行分析，提出了某些具有鲜明特色的论述话语，从而极大地丰富了我国正当防卫理论，这是值得嘉许的。这些具有特色的话语，可以例举

---

① 参见戴炎辉：《中国法制史》，台北三民书局 1979 年版，第 60 页。

如下：

1. 道德洁癖

道德洁癖是一种极端化的道德要求。道德洁癖可以分为两种：第一种是对本人的道德洁癖，第二种是对他人的道德洁癖。如果仅仅是对本人的道德洁癖，那还只是对自己道德上的过分要求，对社会或者他人不具有太大的影响，而对他人的道德洁癖则是较为可怕的。陈璇在本书中采用道德洁癖这个用语，主要是要描述认定正当防卫中的某些现象：只有在防卫人完全无辜、纯洁无瑕的情况下，才能认定为正当防卫。如果防卫人存在道德上的瑕疵，则基于道德洁癖的本能而否定防卫人的正当性。陈璇指出："大量的判例显示，我国的审判实践广泛存在着对正当防卫的主体资格额外设置限制性条件的倾向。具体来说，法官往往将防卫权的享有者仅仅限定在对于冲突的发生毫无道德瑕疵的绝对无辜者之上。一旦认定行为人先前的某个行为对于他人的不法侵害产生过惹起或者推动作用，则法院常常以双方之间纯属'斗殴'为由，认定被告人的反击行为不属于正当防卫，而是成立故意杀人、故意伤害、寻衅滋事等犯罪。"可以说，道德洁癖这个用语在某种情况下是十分准确的，通过这个用语我国司法实践中对防卫人的认定跃然纸上。

2. 误判特权

正当防卫是在防卫人遭受突如其来的不法侵害的情况下所实施的反击行为，这种反击行为在紧急状态下具有某种应激反应的性质，因而发生误判所在多有。那么，这种误判的不利后果是归之于防卫人还是侵害人呢？对此，陈璇在本书中提出了防卫人具有误判特权的命题，并以此作为分析根据，对某些误判类型做了分析。陈璇认为，在正当防卫中存在三种误判：第一种是关于侵害存在与否的误判，第二种是关于侵害严重程度的误判，第三种是关于侵害是否持续的误判。在传统刑法理论中，对于这三种所谓误判都是纳入认识错误的范畴进行讨论的。而在本书中，陈璇采用了误判的表述，以此取代认识错误的概念，并且明确提出误判特权的命题。

当然，误判特权并不是绝对的，而是具有一定边界的。显然，这种误判特权的边界是本书所特别需要讨论的。对此，陈璇指出："正当防卫误判特权的边界主要由以下两个原则来划定：（1）只要被防卫者未以违反法义务的方式引起利益冲突并且诱发误判的形成，则由于被防卫者法益的值得保护性自始未发生减损，故不存在成立误判特权的余地。因此，关于不法侵害存在与否的判断，必须坚持事后的立场，否定行为人享有误判特权。（2）在被防卫者以违法的方式制造了利益冲突的前提下，无论是对于侵害强度还是对于侵害持续时间的误判，均需要根据防卫人个人化的事前标准考察误判的形成是否具有合理性；若防卫人原本有充足的能力辨识出侵害事实的真相，却在个人情绪因素的影响下疏于注意，则该误判不具有合理性，无法成立误判特权。"

由此可见，陈璇是在误判特权的话语下，改变了正当防卫中的认识错误的叙事方式。其中，关于侵害存在与否的误判就是指假想防卫。在假想防卫的情况下，不法侵害根本就不存在，因而可以否定误判特权。关于侵害是否持续的误判涉及的是事后防卫的认定问题，即对防卫时间的认识错误。对此，陈璇在本书中以"于海明致刘海龙死亡案"为例进行了深入分析。在事发之初，是刘海龙首先持刀追杀于海明，在于海明夺刀以后，形势发生逆转。此时，刘海龙向其所驾驶的轿车逃窜，于海明继而追砍刘海龙。这就发生了对侵害持续时间的误判，即于海明能否认识到此时刘海龙的不法侵害已经停止，刘海龙逃向轿车不是为了寻找凶器继续进行侵害，而是为了躲避于海明的追砍。对于这种情况，因为刘海龙已经死亡，不再能够查清其主观意图，因而只能根据当时的客观状态做出判断，赋予于海明某种误判特权。关于侵害严重程度的误判是对侵害强度的认识错误，涉及防卫限度的正确认定。事实上，在正当防卫的紧急状态下，防卫人不可能十分精确地判断侵害强度。基于恐惧和自保的心理，会夸大侵害强度，因而发生对侵害强度的误判，导致防卫强度超过侵害强度。那么，能不能说只要防卫强度超过侵害强度就属于防卫过当呢？显然不能。这里需要考虑防卫人对侵害强度的误判特权问题。例如，在上述于海明案中，刘海龙拿砍刀追杀于海明，这里的追杀只是外表的呈现，是否具有杀人的实际内容，也可能发生误判。在这种情况下，就要以社会一般公众的认知为标准进行判断：如果社会一般公众认为这种追杀严重危及于海明的人身安全，则于海明具有采取强度相当的防卫行为的权利；反之则不然。即使客观呈现的情况与实际内容发生误差，也就是出现所谓误判，于海明也应当具有这种误判特权。由此可见，误判特权的概念具有一定的分析功能，而且增添了论述的新颖性。

在本书中，章节安排和叙述方式并不是像刑法教科书那样，按照正当防卫的条件逐个展开，而是以专题的叙述方式对正当防卫的主要成立条件都进行了具有新意的论述，对于完整理解正当防卫要件具有重要参考价值。尤其是各章都以典型案件为线索展开，并将案例分析贯彻在全书的每一个章节，因而使本书不仅具有较高的学术价值，而且具有较高的实践意义。可以说，本书在很大程度上回应了我国正当防卫理论研究中的疑难问题和司法认定中的疑难案例，因而本书是一部在正当防卫理论上的创新之作和前沿之作，推动、促进了我国正当防卫的理论发展，同时也对于司法机关办理正当防卫案件具有指导意义。

当然，本书的某些观点也还存在可以商榷的地方。在我看来，较为重要的是侵害紧迫性对于正当防卫成立的意义。值得注意的是，《德国刑法典》和《日本刑法典》对于正当防卫是否需要针对紧迫的不法侵害才能实施，在法条的表述上存在差异。

《德国刑法典》第 32 条第 2 款规定："正当防卫，乃为防御自己或他人现在所受之违法攻击，所为必要之防卫行为。"在此，并没有出现紧迫性的表述。德国学者对不法侵害做了以下四个方面的描述：第一，侵害是指人为地对法秩序所保护的行为人的或者他人的利益所构成的侵害和危害。第二，对被侵害人所有处于法律保护之下的利益侵害，均可以进行正当防卫。第三，侵害必须是违法的，但未必是可罚的。第四，侵害必须是正在发生的。这里的正在发生的侵害是指迫在眉睫的或者仍然继续进行的侵害。[①] 从这里的"迫在眉睫"的描述来看，似乎要求侵害的紧迫性。但在相关判例中，则难以反映只有在紧迫性的情况下才能实施正当防卫的内容。例如，德国学者指出："如果汽车驾驶员想到道路旁的公用的仍有车位的停车场停车，但遭到他人阻扰，后者为确保尚未到达车辆的停车位子而站在此处，该汽车驾驶员原则上有行使正当防卫的权利。"[②] 在这种情况下，很难说存在紧迫的侵害。由此可

---

① 参见［德］汉斯·海因里希·耶赛克、托马斯·魏根特：《德国刑法教科书》（上），徐久生译，中国法制出版社 2017 年版，第 451 页以下。

② ［德］汉斯·海因里希·耶赛克、托马斯·魏根特：《德国刑法教科书》（上），徐久生译，中国法制出版社 2017 年版，第 453 页。

见，在德国刑法中对于侵害的紧迫性并不是十分强调，这也表明德国刑法中的正当防卫的范围较宽。

《日本刑法典》则在法条中明确规定了紧迫性，该刑法典第36条第1款规定："为防卫自己或他人之权利，对于急迫不正侵害而出于不得已之行为，不罚。"日本学者明确将急迫作为侵害的特征，如山口厚教授指出："'不法'的侵害必须是急迫的。即，是指法益侵害是紧迫的，或者法益侵害现实或者已经迫近。在存在这种状况的场合，无暇去寻求公权力机关的保护，为了保护正面临侵害之危险的法益，就有必要去实施某种反击行为。可以说，在紧急状态之下例外地允许实施正当防卫，其理由正在于此。"① 因此，日本刑法中的正当防卫受到紧迫性的限制，而且要求不得已性，其范围较窄。

我国《刑法》第20条关于正当防卫的规定并没有紧迫性的用语，但在刑法理论上一般都认为，只有对具有紧迫性的不法侵害才能实施正当防卫，因而紧迫性成为我国刑法中正当防卫的一个成立条件。只不过紧迫性在正当防卫成立条件的归属问题上存在不同见解。我是在防卫起因这个成立条件中论述紧迫性，② 而张明楷教授则是在防卫时间这个成立条件，即不法侵害正在进行中论述紧迫性。③ 对此，在本书中陈璇认为，尽管紧迫性要件必要说并不违反罪刑法定原则，但该条件对于正当防卫成立来说既不合理亦非必要。尤其是陈璇认为将紧迫性作为正当防卫成立条件是维稳思维的体现。对于这一观点，我认为值得进一步推敲。毫无疑问，将紧迫性作为正当防卫成立条件在一定程度上减缩了正当防卫的范围。但现在的问题是，即使是那些具有紧迫性的正当防卫案件也不被认定。如果取消紧迫性，则正当防卫范围大为扩张，其认定更为困难。在这个问题上，我的思想可能会比陈璇保守一些。总之，这是一个需要深入探讨的问题。对该问题我国刑法学界过去是没有争议的，陈璇的观点正好挑起了对此问题的理论争鸣，而学术正是在不断争论中向前发展的。

---

① ［日］山口厚：《刑法总论》（第3版），付立庆译，中国人民大学出版社2018年版，第121页。
② 参见陈兴良：《正当防卫论》，中国人民大学出版社2017年版，第69页。
③ 参见张明楷：《刑法学》，法律出版社2016年版，第201页。

正当防卫是一个常议常新的话题，本书对正当防卫的论述使得这个话题进入更为深入、更为开阔的理论场域，足以激发我国刑法学者对正当防卫的研究热情。我期望对正当防卫的理论研究能够伴随着我国司法实践的进步而不断深入。

是为序。

谨识于北京海淀锦秋知春寓所

2019 年 10 月 11 日

目　录

导　言

一、本书的问题意识

"正当防卫是我国刑法理论中学术观点最活跃的热点之一。正当防卫在司法实践中也是疑难问题之一……正当防卫案件虽然为数不多，但几乎每一个正当防卫案件都存在争议。"① 尽管距离陈兴良教授的这一论断已过去 30 多年，但如果按照疑难程度和公众关注程度这两项指标对刑事司法中的各类案件进行排序，那么涉及正当防卫的案件无疑仍将名列前茅。2003 年的"黄中权故意伤害案"、2004 年的"张德军故意伤害案"、2009 年的"邓玉娇故意伤害案"、2017 年的"于欢故意伤害案"、2018 年的"于海明致刘海龙死亡案"以及 2019 年的"涞源反杀案""董民刚正当防卫案""盛春平正当防卫案"等，无不引起了媒体的广泛聚焦，也在民众和法律界当中掀起了激烈的讨论。为回应正当防卫司法实践的需要，最高人民法院于 2018 年 6 月 20 日发布第 93 号指导案例"于欢故意伤害案"，最高人民检察院于 2018 年 12 月 19 日发布了第 12 批共 4 件关于正当防卫的指导案例。两大最高司法机关在如此短的时间内专门就一个具体问题密集发布多个指导性案例，实属罕见。最高人民检察院 2019 和 2020 年连续两年的工作报告，均着重提到了正当防卫问题，强调指导性案例的发布有力地推动了司法者"依法认定正当防卫"，从而"引

---

① 陈兴良：《正当防卫论》，中国人民大学出版社 2017 年版，前言（1986 年作）第 1 页。

领、重塑正当防卫理念，'法不能向不法让步'深入人心"。① 由最高人民法院发布的《关于在司法解释中全面贯彻社会主义核心价值观的工作规划（2018—2023）》也明确提出，要适时出台防卫过当的认定标准和处罚原则。② 2020 年 8 月 28 日，最高人民法院、最高人民检察院、公安部联合印发了《关于依法适用正当防卫制度的指导意见》（以下简称《指导意见》），它在总结司法实践经验和吸纳理论研究成果的基础上，首次以司法解释的形式系统全面地提炼出了正当防卫的司法适用规则。

《指导意见》的颁布，对于完善正当防卫的制度适用无疑具有极为重要的意义。与此同时，正当防卫案件纷繁复杂，需要综合考虑的因素众多，往往"细节决定性质"，一个变量的不同就足以影响行为整体的合法性。作为具有普遍指导性的适用规则，司法解释不可能为千差万别的正当防卫案件直接提供现成的解决方法。从司法解释确定若干适用规则，到司法者真正实现个案公正合理的裁处，还有相当大的空间。因此，一方面仍然需要充分发挥指导性案例的作用，③ 另一方面也需要不断推进正当防卫的学理研究。我国正当防卫理论研究的整体水平，在相当长的一段时间内却与该课题重要的实践意义并不完全相称。尽管正当防卫是刑法学中的一个传统话题，以它为讨论内容的文献可谓汗牛充栋；但难以否认的是，我国正当防卫整体研究水平的提升速度，却似乎逊色于刑法总论的其他领域，突破性的成果寥若晨星。究其原因，主要有二：其一，体系思维不足。"已有的、相互关联的知识整体，只有当它获得了体系性关联的形式时，才能算得上是一门科学。"④ "作为体系性的科学，刑法学为稳定和公正的司法奠定了基础；因为，只有对法律内在联系的洞察，才能使法律的适用摆脱偶然和恣意。"⑤ 然而，由于有关违法阻却事由的研究历来存在着体系化程度不足的缺陷，导致有关正当防卫的探讨呈

---

① 参见张军：《最高人民检察院工作报告——2019 年 3 月 12 日在第十三届全国人民代表大会第二次会议上》，载《人民日报》2019 年 3 月 20 日第 2 版；张军：《最高人民检察院工作报告——2020 年 5 月 25 日在第十三届全国人民代表大会第三次会议上》，载《检察日报》2020 年 6 月 2 日第 1 版。

② 参见徐隽：《全面筑牢司法解释的价值基础》，载《人民法院报》2018 年 9 月 19 日第 11 版。

③ 《指导意见》第 22 条也指出"要加大涉正当防卫指导性案例、典型案例的发布力度"。

④ Feuerbach, Über Philosophie und Empirie in ihrem Verhältnisse zur positiven Rechtswissenschaft, in: ders., Naturrecht und positives Recht, 1993, S. 103.

⑤ Welzel, Das Deutsche Strafrecht, 11. Aufl., 1969, S. 1.

现出严重碎片化、分散化的现象。从研究范式上来看，相关著述大多习惯于孤立地就正当防卫的单个要件展开探讨，却缺乏对其进行整体把握和体系化关照的视野。其二，研究视域偏窄。我国法学界关于正当防卫的研究，长期以来缺少借助邻近学科对正当防卫的本质进行系统思考。一旦知识补给和智力支持的"源头活水"出现枯竭和断流，正当防卫教义学的活力必然会迅速衰退，其发展陷于停滞和徘徊也就在所难免。

有鉴于此，本书密切结合典型案例，集中探讨正当防卫司法实践中最受关注和亟待解决的争议问题，并力求在研究方法上实现以下两方面的创新：

1. 以紧急权的体系为分析框架。紧急权，是公民在缺乏公力救助途径的急迫情状下，以损害他人的某一法益为代价来保护另一法益的权利；正当防卫与紧急避险、扭送权、自助行为等权利一道，共同组建起了紧急权的体系。① 既然紧急权赋予了行为人侵入他人自由空间的权利，那么紧急行为受害者何以在相应范围内负有忍受自己法益受损的义务，就成为一切紧急权的"元问题"。本书试图改变以往正当防卫研究就事论事的老路，将正当防卫具体问题的解决置于紧急权体系的宏观视野之中，通过厘清反击型紧急权与转嫁型紧急权之间的逻辑联系和位阶关系，确定正当防卫独有的正当化根据以及防卫权的行使边界。

2. 实现与相关学科的勾连贯通。

首先，从当前实定法的现状来看，关于正当防卫最为详尽的法律规定位于《刑法》之中；就当下法学研究的实情而言，对正当防卫的理论探讨也主要是由刑法学者来承担。然而，严格地说，正当防卫，乃至整个法定正当化事由并不是一个专属于刑法领域的问题，其本质上发轫于整体法秩序、贯穿于各个部门法，其合法化的效果也为诸法所共享。打一个形象的比方：如果将法定正当化事由比作一棵大树的话，那么关于它的法律规定就如同树的基干，它定着在某一特定部门法的规范地面上；然而这棵大树赖以生存的根系，即正当化事由的合法性根基实际上却蔓延遍布于各个部门法的土壤之中，大

---

① 关于紧急权及其体系的初步探讨，参见陈璇：《家庭暴力反抗案件中防御性紧急避险的适用》，载《政治与法律》2015 年第 9 期；陈璇：《生命冲突、紧急避险与责任阻却》，载《法学研究》2016 年第 5 期；赵雪爽：《对无责任能力者进行正当防卫——兼论刑法的紧急权体系》，载《中外法学》2018 年第 6 期。

树繁茂的枝叶所形成的绿荫，即它的合法化效果，也突破了其主干所在的区域，覆盖到了整个法秩序。事实上，在阶层式犯罪论体系当中，违法阻却事由的功能不在于直接实现特定的刑事政策，而在于在刑法的判断中铺设一条与周边部门法领域连接沟通的管道，从而保证刑法对于某一行为的评价能够与整体法秩序关于合法与违法的界分标准协调一致。因此，正当防卫作为违法阻却事由的典型代表，其研究的视野不能止于刑法，而应扩及以宪法为基石的整个法秩序。

其次，既然正当防卫是将某种侵犯公民权利的行为加以正当化的事由，那么，"与所有其他刑法上的制度相比，正当防卫总是能够最为鲜明地反映出基本政治观念的变迁"①，有关正当防卫的规定和理论，在相当程度上也是直接展现一国政治哲学和宪法立场的"窗口"。因此，欲合理确定这种合法化事由的边界和要件，归根结底需要从政治哲学的高度对其正当化的根基展开深层次的追问。

二、本书的主要内容

第一章将从本源上探讨正当防卫的正当化根据，提出侵害人视角下的正当防卫论。在对流行于学界的"法益保护 + 法秩序维护"二元论加以反思的基础上，笔者认为，对于任何一种正当化事由而言，既然法律宣告行为人对受害人法益造成某种损害是合法的，那这也就意味着，法律为受害人的法益所设置的保护屏障已经在一定范围内被撤除了。因此，在对正当防卫展开研究时，我们有必要将目光更多地集中在正当行为的受害人（即不法侵害人）一方，考察他丧失法律保护的正当根据究竟何在，进而确定法律取消对其法益保护的合理边界又在哪里。在正当防卫中，不法侵害人的法益之所以在相当大的范围内被逐出了法律的庇护所，是因为它值得保护的程度较遭受侵害的法益来说，出现了双重下降：第一，侵害人在本可避免的情况下自陷险境。

---

① F. C. Schroeder, Die Notwehr als Indikator politischer Grundanschauungen, FS – Maurach, 1972, S. 127.

一直到防卫人采取防卫措施实施反击之前,危险是否发生都还处在侵害人的掌控之中,正是他把自己从一个相对安全的状态带入到了利益冲突的危险境地之中。第二,侵害人违反了不得侵犯他人法益的义务。既然防卫行为的受害人为侵害他人的法益而单方违背了自己对该人所承担的义务,那么在为保护该法益所必要的范围内,防卫人对受害人所负有的不得侵害的义务原则上也归于消灭。

在我国关于正当防卫的司法实践中,广泛存在着追求"道德洁癖"的现象。即,往往倾向于将防卫权的享有者限定在对侵害的发生毫无道德瑕疵的绝对无辜者之上。因此,第二章将以自招防卫作为研究的主题。笔者主张,无论是从正当防卫的本质,还是从防卫意思的内容,抑或是从案件处理的刑事政策效果来看,不管招致不法侵害的行为是否违法,也不管自招者对于不法侵害的出现是持追求、放任还是过失的心态,都不应剥夺或者限制自招者的防卫权。试图一方面肯定自招者拥有防卫权,另一方面就防卫造成的损害结果追究自招者刑事责任的原因中违法行为的理论,是不值得赞同的。自招侵害者应承受的不利后果仅有两项:其一,他需为其违法招致行为本身承担法律责任;其二,由于他的防卫能力往往比一般的防卫人高,故法官对其防卫行为必要限度的把握会更为严格。

第三章将对正当防卫的"紧迫性"要件展开批判性的分析。我国刑法理论和判例广泛认为,不法侵害具备"紧迫性"是正当防卫的前提条件之一。但经过系统的梳理可以发现,判例和学说对它的理解可谓五花八门。本书认为,在正当防卫条款之外为正当防卫增添紧迫性要件,这并不违反罪刑法定原则。但是,"紧迫性要件必要说"要么奉行"维稳优先"的观念而与正当防卫的权利本位属性相冲突,要么无法真正实现公力救济与正当防卫之间的平衡,故缺乏存在的必要性与合理性。

第四章所关注的是正当防卫与公力救济之间的关系。我国司法实践近年来出现的暴力反抗强拆案和自力行使请求权案,使正当防卫与公力救济之间的关系成为法教义学亟待关注的课题。在法治国中,应最大限度地实现维护公力救济机制的权威性和保护公民合法权益这两大价值诉求的平衡。为此,笔者提出:首先,应当把正当防卫的成立条件和行使条件区分开来;公力救济优先只能通过防卫权行使条件从程序上"冻结"防卫权,而不能从实体上消灭防卫权的存在。其次，只有当同时满足以下要件时，公力救济才需要并且能够取得优先于正当防卫的地位：一是法律在相关领域具有追求秩序稳定的特殊价值目标；二是受到不法行为损害的法益，能够通过事后的公力救济得以恢复；三是受害公民在寻求公力救济途径的过程中，不会遭遇过分重大的困难。

第五章将对正当防卫司法实践中最受关注的问题——防卫限度展开全方位的深入探讨。首先，笔者将考察防卫限度与比例原则的关系。比例原则作为法治国捍卫公民基本权利的一项宪法性原则，对于确定正当防卫权的限度具有指导作用。正当防卫必须完全符合适当性和必要性原则，但狭义比例性原则对它的制约却极弱；防卫限度的判断应在原则上放弃法益均衡的考量，这是基于合宪性解释所得出的合理结论。接着，笔者试图对实践中"唯结果论"倾向的社会、文化成因作更深层次的追问，并初步认为，结果导向思维的盛行，根源于中国社会的独特生死观和实用理性。随后，本书提出，为了克服防卫限度判断中的唯结果论，需要将考察重心转移到行为上，一方面建构起"构成要件—防卫限度"的双层检验机制；另一方面将"明显超过必要限度"与"造成重大损害"分立为防卫过当判断的两个阶层，并赋予"行为过当"优先于"结果过当"的地位。

第六章聚焦正当防卫中防卫人"误判特权"的问题。我国的正当防卫研究亟需改变"重要件内容、轻判断标准"的现状。根据赋权事由与免责事由的区分，关于正当防卫客观要件判断标准的争议焦点在于，在主观认知与客观事实不符的情况下，是否应当肯定行为人在一定范围内仍享有以受损者的忍受义务为特征的侵入权利。笔者提出，正当防卫"误判特权"的边界，应当根据归责原理来加以划定：首先，当行为人对侵害的存否发生误判时，由于受损方并未通过任何违法行为制造利益冲突，故应坚持事后的判断标准，否定行为人享有误判特权。其次，当行为人对侵害的严重程度和是否仍在持续发生误判时，由于利益冲突的出现可归责于受损方，故应当采取防卫人个人化的事前标准，在合理误判的范围内承认防卫人享有误判特权。

第七章探讨的是防卫过当的罪过形式问题。本书认为，在现代不法理论的框架下，防卫意识仅以行为人认识到自己的行为是与不法侵害相对抗的事实为必要，因此防卫过当的罪过形式不仅包含过失，而且包含故意（直接故意和间接故意）。这一观点不仅能与刑法关于防卫过当以发生重大损害结果为要件、防卫过当应当减免刑罚以及直接故意和间接故意具有同一本质等规定保持协调，而且能够合理地解决假想防卫过当的罪过形式问题。

　　第八章的研究主题是防卫过当罪量要素的实质根据与认定方法。防卫过当条款中的"明显""重大"等罪量要素，是我国刑事立法的鲜明特色之一。笔者提出：从一般预防的必要性、司法证明的经济性以及刑事政策效果的合理性等多方面来看，防卫过当的民刑二元化以及防卫过当入罪标准超严格化的立法模式，具有内在的法理依据。关于防卫过当罪量要素的判断，应依次从三个层面展开：一是行为不法。所谓"明显超过必要限度"，是指防卫手段的强度或者持续时间比单纯超过必要性边界更进一步地高出一个以上的级别。二是结果不法。无论是针对人身法益还是针对单纯财产法益的损害，都有可能成立"重大损害"。三是责任。慌乱、恐惧和激愤等情绪性出罪事由的免责根据，综合体现在选择合法行为的能力有所下降、一般和特别预防的必要性大幅降低以及不法的严重程度显著削弱三方面；无论弱势还是强势情绪均有免责之可能。

三、未竟课题的展望

　　未来，笔者计划在已有研究成果的基础上，着重对以下问题展开思考：第一，"不法侵害"内涵的界定。"不法侵害"究竟是仅指客观不法还是也包含责任因素在内，这是中外刑法理论素有争议的重要问题。我们需要在紧急权体系的框架下，通过厘清正当防卫与防御性紧急避险之间的关系，从理论上对此给出系统的回答。第二，警察防卫权。当前，我国正当防卫的理论研究是以公民防卫权为重心的，但随着法治国建设的推进，警察防卫权的属性以及行使边界将愈加成为引人瞩目的重要课题。这均有待日后进一步的探讨。

第一章　理论根基之探寻：
正当防卫的本质

一、问题、视角与目标

无论是理论界还是实务界都承认，自 1979 年《刑法》颁布以来，我国审判实践在正当防卫的认定上存在"唯结果论"的倾向。具体表现是：只要出现了不法侵害人死亡的结果，法官便倾向于认定防卫人成立犯罪。尽管立法者于 1997 年试图通过对防卫限度的条款进行修改，特别是引入特殊防卫权条款的方式对此加以纠正，尽管学者们也时常呼吁不应对防卫行为提出过于严苛的限制，[1] 但司法机关过分依赖防卫行为损害结果的情况依然较为普遍。[2]

这种局面的出现，固然与"只要死了人就得有人负责"的观念在我国社会根深蒂固不无关联，但恐怕也和我们看待正当防卫的视角有密切的联系。长期以来，刑法学界和司法人员习惯于只将目光集中于防卫行为及其结果，习惯于将不法侵害所威胁的法益与防卫行为所损害的法益进行简单的对比，但却忽视了双方法益在值得保护程度上存在的差别。在人们的普遍观念中，

---

① 参见马克昌：《论正当防卫与防卫过当》，载《当代法学》1987 年第 4 期；杨忠民：《对正当防卫限度若干问题的新思考》，载《法学研究》1999 年第 3 期；赵秉志、肖中华：《防卫的必要限度》，载《检察日报》2001 年 10 月 23 日第 3 版；金泽刚：《正当防卫不是完美防卫》，载《法制日报》2013 年 1 月 16 日第 10 版。

② 参见高铭暄主编：《刑法专论》，高等教育出版社 2006 年版，第 429 页；伍金平：《正当防卫司法适用的困境探析》，载《河北法学》2012 年第 5 期；杨毅伟：《自我防卫与相互斗殴的刑事司法判定研究》，载《西南政法大学学报》2012 年第 6 期；陈兴良：《正当防卫论》，中国人民大学出版社 2017 年版，第 139 页。

由于正当防卫是公民在无法获得公权力救助的情况下，通过私力解决法益冲突的行为，故不法侵害人自身的法律责任与他在正当防卫中所处的地位是截然分开的。换言之，尽管侵害人实施了违法的行为，但对他施加何种制裁、剥夺何种权利，那是国家对他进行责任判定的问题；在经过法定程序予以处罚之前，侵害人和其他公民一样依然正常地享受法律的保护。[①] 但这种观念值得反思。不法侵害人固然是实施了违法举动的行为人，但与此同时，他又是防卫行为所针对的被害人。原则上来说，作为遭到他人行为侵袭和损害的一方，被害人的法益必然处在法律的严格保护之下。但是，对于任何一种正当化事由而言，既然法律宣告行为人对被害人法益造成某种损害是合法的，那么这也就意味着，法律为被害人的法益所设置的保护屏障已经在一定范围内被撤除了。换句话说，"正当化事由不仅排除了国家刑罚权的发动，而且还剥夺了被害人的权利，使其无权要求行为人不去实施符合构成要件的行为。一切正当化事由的效果都在于缩减对被害人的保护"[②]。无论人们是否承认"被害人教义学"（Viktimodogmatik）在刑法理论中具有独立的地位或者普遍的指导意义，[③] 不容否定的是，被害人的"'需受保护性'……能够对实质的违法性产生影响；所以，如果我们在进行解释时牵涉到了那些对于刑法的保护范围具有决定性意义的事实情况，那就必须始终将这种需受保护性也纳入到考虑的范围之中"[④]。因此，在对正当化事由展开研究时，我们有必要将目光更多地集中在正当行为的被害人一方，考察他丧失法律保护的正当根据究竟何在，进而确定法律取消对其法益保护的合理边界又在哪里。

我国关于正当防卫理论的研究存在一个突出的"短板"，即现有论著大多只停留在对正当防卫各具体成立要件进行零打碎敲式的分散讨论，而缺少对

---

① 参见《"的哥"撞死劫匪是义举还是犯罪》，载《人民公安报·交通安全周刊》2005年4月2日。

② Mitsch, Rechtfertigung und Opferverhalten, 2004, S. 30.

③ Vgl. Freund, in: MK - StGB, 3. Aufl., 2017, vor §§13ff. Rn. 426；Eisele, in: Schönke/Schröder, StGB, 30. Aufl., 2019, vor §§13ff. Rn. 70b. 近年来，被害人教义学在我国刑法学中也有兴起之势，宏观性的研究成果主要有：申柳华：《德国刑法被害人信条学研究》，中国人民公安大学出版社2011年版；车浩：《自我决定权与刑法家长主义》，载《中国法学》2012年第1期。

④ Roxin, Strafrecht AT, Bd. Ⅰ, 4. Aufl., 2006, §14 Rn. 22.

正当防卫的本质这一基础性问题的追问，① 自然也就鲜有以正当防卫的本质为红线和主轴对具体要件展开体系化解释。② 事实上，正如罪刑规范背后的实质保护目的是指引构成要件解释的向导一样，对于正当防卫来说，"只有弄清了那些作为法律规定之基础的思想，我们才能在关于具体正当防卫要素的不同解释方案中，作出有理有据的抉择"③。

正当防卫的本质所要回答的问题是：作为一种对他人法益造成损害的行为，正当防卫合法化的实质根据和思想基础究竟何在？需要注意：第一，由于正当防卫的本质是一个教义学范畴内的课题，故对它的探讨需要以现行刑法的规定为立足点。第二，正当防卫的本质不仅要能说明正当防卫与违法行为之间的区别，而且还应当能对正当防卫与紧急避险等其他紧急权相比所具有的特点作出解释。

首先可以确定的是，法益保护是正当防卫本质的固有内容。现代法治国家无不承认，公民的合法权益非有法定理由不受他人的侵犯。因此，一旦某人在缺乏合法根据的情况下对他人的法益造成了侵害的危险，则面临威胁的一方没有义务对此加以忍受，他有权采取为维护法益安全所必要的一切反击措施。④ 单纯以该思想为基础建立起来的紧急权呈现出两个特点：⑤ 其一，只要某人对他人的法益构成了危险，公民对危险来源者就享有防御权；其二，划定紧急权正当性界限的唯一标准是必要性原则，即只要反击行为是为排除危险所必不可少的手段，则不论该行为损害的法益与它所保护的法益之间的对比关系如何，均不影响行为的合法性。然而，这样的权利既不是《刑法》第 20 条所规定的正当防卫，因为后者要求危险的来源仅限于人的不法侵害行

---

① 王政勋教授曾对"正当防卫的本质"进行过开拓性的专题研究，并提出正当防卫的本质由哲学根据（权利与权力的对立统一）、法学根据（报应与预防）和道义根据（正义与秩序的对立统一）这三方面共同构成。参见王政勋：《论正当防卫的本质》，载《法律科学》2000 年第 6 期。

② 已有部分学者开始有意识地尝试从正当防卫的基本思想出发，对诸如不法侵害的认定、挑拨防卫的处理等具体问题给出合乎刑事政策要求的解答。参见黎宏：《论正当防卫的主观条件》，载《法商研究》2007 年第 2 期；欧阳本祺：《正当防卫认定标准的困境与出路》，载《法商研究》2013 年第 5 期；徐梦萍、王剑波：《论防卫挑拨的类型及其处理原则》，载《辽宁大学学报（哲学社会科学版）》2013 年第 5 期。

③ Kühl, Notwehr und Nothilfe, JuS 1993, S. 179.

④ Vgl. Frister, Die Notwehr im System der Notrechte, GA 1988, S. 292；V. Haas, Kausalität und Rechtsverletzung, 2002, S. 85.

⑤ Vgl. Pawlik, Der rechtfertigende Defensivnotstand im System der Notrechte, GA 2003, S. 13ff.

为，又不是《刑法》第 21 条所包含的防御性紧急避险，因为后者存在"不得已"和法益衡量方面的限制性条件。① 由此可见，单纯的法益保护思想虽然能揭示出紧急权（Notrechte）发端的共同根源，但却无法说明正当防卫、紧急避险等具体权利的各自特点。

对比《刑法》第 20 条和第 21 条的规定，我们不难发现，与防御性紧急避险权相比，在保护法益的力度上，正当防卫权明显具有更为强势的风格。具体表现为：（1）"不得已"要件的欠缺。即便存在逃避、报警等其他同样有效的法益保护措施，也不妨碍行为人直面侵害、出手反击。但防御性紧急避险却要求行为人在行使避险权之前，须穷尽其他的保护手段。（2）限度条件的宽松。尽管《刑法》第 20 条第 2 款和第 21 条第 2 款在分别规定防卫限度和避险限度时，都采用了"必要限度"一词，但至少从理念上来说，人们已达成共识：在判断防卫行为是否超过限度时，无需像紧急避险那样进行严格的法益衡量。② 该差异意味着，尽管无论是在正当防卫还是在防御性紧急避

---

① 有两个问题需要说明：（1）关于防御性紧急避险的概念。我国传统的刑法理论和判例习惯于将紧急避险的被害人限定在与危险来源无关的第三人之上。［参见高格：《正当防卫与紧急避险》，福建人民出版社 1985 年版，第 104 页；中华人民共和国最高人民法院刑事审判第一、二、三、四、五庭主办：《中国刑事审判指导案例》（第 3 卷），法律出版社 2009 年版，第 323 页；高铭暄、马克昌主编：《刑法学》，北京大学出版社、高等教育出版社 2017 年版，第 139 页；陈兴良：《教义刑法学》，中国人民大学出版社 2017 年版，第 391 页。］但该观点值得商榷：第一，我国《刑法》第 21 条只是规定"不得已采取的紧急避险行为，造成损害的"，它并未对损害对象的范围做出任何限定。第二，即便危险的来源不是物，而是人的行为，为保护法益而直接对该危险源进行的反击也完全可能不符合正当防卫的前提条件，但同时又不能要求行为人听任合法权益遭受损害。于是，只能承认行为人享有实施紧急避险的权利。目前，已有越来越多的学者倾向于主张，紧急避险的被害人既包括第三人，也包括虽引起了危险但并未实施不法侵害的人。针对前者的紧急避险是攻击性紧急避险（Agressivnotstand）；针对后者的则是防御性紧急避险（Defensivnotstand）。（参见刘明祥：《紧急避险研究》，中国政法大学出版社 1998 年版，第 56 页；陈璇：《家庭暴力反抗案件中防御性紧急避险的适用》，载《政治与法律》2015 年第 9 期。）（2）关于攻击性紧急避险与法益保护思想。本来，从最原始的法益保护思想出发，我们会得出一个结论：既然公民个人的法益不受他人的侵犯，那么任何人都无权以挽救某人的法益为名擅自牺牲另一公民的法益。因此，纯粹个人主义的法益保护思想与攻击性紧急避险并不兼容。攻击性紧急避险的合法性主要来自于社会连带（或社会团结）思想。（Vgl. Frister, Die Notwehr im System der Notrechte, GA 1988, S. 292.）由此可见，正当防卫与防御性紧急避险的相似度，远比它与攻击性紧急避险的高。（Vgl. Neumann, in: NK – StGB, 5. Aufl., 2017, § 34 Rn. 86.）有鉴于此，本书为探寻正当防卫本质而选取的比较对象，也主要是防御性紧急避险。

② 参见马克昌主编：《犯罪通论》，武汉大学出版社 1999 年版，第 811 页；高铭暄：《中华人民共和国刑法的孕育诞生和发展完善》，北京大学出版社 2012 年版，第 25～26 页。

险中，行为人一方所代表的利益均大于被害人一方，但从两种利益悬殊的程度来看，正当防卫比防御性紧急避险高。因此，我们接下来需集中精力探讨的问题就是：产生这一区别的根源究竟何在？对此，有两种思路可供选择：一是从行为人的角度出发，说明除了使直接受不法侵害威胁的法益得以保全之外，防卫人还额外保护了其他的利益。二是从被害人的角度出发，论证不法侵害人所代表的利益经历了"贬值"，从而导致其值得保护的程度比防御性紧急避险的被害人更低。

二、"法不能向不法让步"与法秩序维护说

论及正当防卫的本质，不能不提到"法不能向不法让步"这句耳熟能详的格言。[①] 该原则最早是由德国学者贝尔纳（Berner）于 19 世纪中叶提出的，其德文原文是"Das Recht braucht dem Unrecht nicht zu weichen"。在德语中，"Recht"一词既可以指由国家颁布的"法"，也可以指公民享有的"权利"；[②] 基于对这句格言中"Recht"的不同理解，在正当防卫本质论的问题上形成了个人与超个人这两种思维模式，前者认为正当防卫权由来于捍卫个体权利的需要，后者则主张正当防卫的本质在于对超个体的整体法规范的维护。

如果进行追根溯源式的考证不难发现，贝尔纳提出该命题时，完全是从公民个人，而不是从超个人之社会集体的角度出发的。因为，结合贝尔纳阐述该原则的前后文来看，这句话中的"Recht"指的不是整体法秩序，而是个人法权或曰主观权利。他写道："如果说正当防卫权的根据在于，法无需向不

---

① 最高人民检察院检察长张军于 2019 年 3 月 12 日所作的《最高人民检察院工作报告》，明确将"法不能向不法让步"作为指导正当防卫司法实践的基本价值理念。这一理念的大力倡导，对于近年来我国正当防卫司法实践状况的改观发挥了重要作用。在我国关于正当防卫案件的司法文书中，也出现了这一格言的身影。参见辽宁省沈阳市大东区人民法院一审民事判决书，（2018）辽 0104 民初 1998 号；检例第 47 号：于海明正当防卫案，载《最高人民检察院公报》2019 年第 1 号（总第 168 号）。最近颁布的《指导意见》第 1 条也明确指出，正当防卫的认定应当"坚决捍卫'法不能向不法让步'的法治精神"。

② 在我国哲学界和法学界，围绕究竟应当把德语中的"Recht"翻译为"法"还是"权利"的问题，本来就素有争议。有学者干脆把两种译法结合起来，将"Recht"译为"法权"。参见［德］黑格尔：《法哲学原理》，邓安庆译，人民出版社 2016 年版，"译者序"第 31～32 页。

法让步，那么这就不仅意味着某一个人自己获得了正当防卫权，而且还意味着每个自身权利受到侵害的人都拥有正当防卫权。……对受到威胁的权利加以捍卫，这是每个人都拥有的权利。……至于说防卫行为所针对的那个人：这里不允许存在差别，不能给予该人以尊重。对于每一个侵犯了我权利的人，我都可以为了保护权利而用铁拳将其驱逐。"① 很明显，贝尔纳在这里自始至终谈的都是对个人法权地位的保护，而毫无维护公共法秩序的意味。因此，所谓"法无需向不法让步"，其本意是认为享有权利的人在遇到他人对自己的权利进行侵犯的时候无需避让和逃遁。这一格言在其创立之初并不具有任何超个人的因素。②

与贝尔纳同时期的学者科斯特林（Köstling），则开启了超个人视角的正当防卫论。他主张，正当防卫权的来源不在于个人而在于国家，正当防卫不过是在国家无法及时保护个体的场合下由公民代行国家公权力的行为。③ 此后，扬卡（Janka）和冯·布里（von Buri）均强调，正当防卫的本质在于彰显了公共的意志和利益，所以在正当防卫的情形下，无需向不法侵害屈服的并不是"主观权利"，而是"客观的法"。④ 这种观点对后世刑法理论产生了巨大的影响。时至今日，多数学者乃至法院判例都习惯于将"法无需向不法让步"中的"法"解释为"法秩序"，⑤ 进而认为由于正当防卫是通过制止他人不法侵害行为的方式保护了法益，故它除了使生命、财产等具体法益转危为安之外，还捍卫了国家法秩序的不可侵犯性，进而对违法犯罪行为产生了一般预防的效果。这样，正当防卫相比于紧急避险而言所具有的强势性特征就可以得到说明：第一，正是因为行为人面对的是违法行为，故为了守卫法

① Vgl. Berner, Notwehrtheorie, Archiv des Criminalrechts, 1848, S. 562.

② Vgl. Lesch, Notwehrrecht und Beratungsschutz, 2000, S. 23ff; Engländer, Grund und Grenzen der Nothilfe, 2008, S. 22; Kindhäuser, Zur Genese der Formel „ das Recht braucht dem Unrecht nicht zu weichen ", FS – Frisch, 2013, 495ff.

③ Vgl. Köstlin, System des deutschen Strafrechts, 1855, S. 73ff.

④ Vgl. Janka, Der strafrechtliche Notstand, 1878, S. 26f; v. Buri, Notstand und Notwehr, GS 30 (1878), S. 466.

⑤ Vgl. R. Haas, Notwehr und Nothilfe, 1978, S. 144f; Geilen, Notwehr und Notwhrexzeβ, Jura 1981, S. 200; Bitzilekis, Die neue Tendenz zur Einschränkung des Notwehrrechts, 1984, S. 39; Kühl, Notwehr und Nothilfe, JuS 1993, S. 180; Koriath, Einige Gedanken zur Notwehr, FS – Müller – Dietz, 2001, S. 363ff; RGSt 21, 170; RGSt 55, 85.

秩序的尊严，法律应当为公民预留更为宽裕的行动空间，使其能采取比紧急避险更为果断和主动的反击。第二，既然防卫人不仅保护了具体法益，而且还为维护法秩序不受侵犯作出了贡献，则他所代表的利益势必在原则上高于不法侵害人的利益，故正当防卫无需进行严格的法益衡量。换言之，"由于立法者认为行为人保卫法免受不法侵犯这一点所体现的价值极高，故他心中的天平便向防卫行为一方发生了倾斜"①。该思想可以被概括为法秩序维护说，它是目前德国刑法学界和判例的主流观点。② 尽管我国刑法学通说对正当防卫的本质着墨不多，但实际上也采取了与该说基本相同的立场。例如，有的权威著作指出："社会主义刑法中的正当防卫，其本质必定是制止不法侵害、保护合法权益、维护社会主义法制这三项任务的有机统一。"③ 近来，更有学者明确支持将法秩序维护原则与个人法益保护原则并列作为正当防卫的两大基石。④

然而，法秩序维护说恐怕还存在重大疑问。当然，这绝不是因为该说对于"法不能向不法让步"这一原则的解读违背了其首倡者的原意。对某一原则的理解不需要唯故纸堆里的经典词句马首是瞻，完全可以根据社会的变迁和时代的发展对之作出不同于其原始含义的解读。所以，学说史的考据只能给我们提供某种参考或者启示，却不是驳论与立论具有说服力的关键所在。以下，笔者将从四个方面对法秩序维护说展开实质性的反思。

---

① Roxin, Die „ sozialen Einschränkungen " des Notwehrrechts, ZStW 93 (1981), S. 71.

② Vgl. Spendel, in: LK – StGB, 11. Aufl., 1992, § 32 Rn. 13; Jescheck/Weigend, Lehrbuch des Strafrechts AT, 5. Aufl., 1996, S. 337; Roxin, Strafrecht AT, Bd. I, 4. Aufl., 2006, § 15 Rn. 1ff.; Kindhäuser, Strafrecht AT, 8. Aufl., 2017, § 16 Rn. 1; Kühl, Strafrecht AT, 8. Aufl., 2017, § 7 Rn. 7ff; Perron/Eisele, in: Schönke/Schröder, StGB, 30. Aufl., 2019, § 32 Rn. 1a; BGHSt 24, 359; BGHSt 48, 212. 该说在日本刑法学界亦有广泛影响，参见［日］大塚仁：《刑法概说（总论）》，冯军译，中国人民大学出版社 2003 年版，第 322 页。

③ 马克昌主编：《犯罪通论》，武汉大学出版社 1999 年版，第 712 页。类似的表述包括："正当防卫是对统治阶级的统治秩序有益的行为"（姜伟：《正当防卫》，法律出版社 1988 年版，第 16 页）；"正当防卫与刑罚有着相同的功能，即报应的功能和预防的功能"（王政勋：《正当行为论》，法律出版社 2000 年版，第 111 页）；"正当防卫的实质根据是国家维持秩序的需要"（彭卫东：《正当防卫论》，武汉大学出版社 2001 年版，第 13 页）。

④ 参见欧阳本祺：《正当防卫认定标准的困境与出路》，载《法商研究》2013 年第 5 期。

（一）　法秩序的维护并无绝对超越公民个人法益的独立价值

既然法秩序维护说主张，一旦具体法益得以保全后体现的价值与法秩序获得维护后产生的价值叠加在一起，其总和将会远远高于不法侵害人一方所代表的利益，那么其理论前提必然是：除了保护具体法益不受侵害之外，法秩序的存在还另有极为优越的价值和意义。要想论证这一前提，可以考虑的进路主要有两条：一是以绝对的国家观为出发点，二是以刑罚的一般预防机能为根据。我们不妨逐一进行分析：

其一，毫无疑问，"当我们把国家理解成某种超世俗秩序的代表，或将其理解成自身目的时，就可以认为，对国家所制定的法加以保卫的行为，具有一种独立于社会和个人利益以外的特殊价值"①。但是，这一滥觞于黑格尔（Hegel）法哲学思想的国家学说，在当今已无法获得认同。因为，只要认为国家具有超脱公民自由与利益的先在意义，只要主张国家是个人的最高义务和目的，② 就始终存在着以维护所谓国家利益之名恣意牺牲和限制公民个人权利的危险。在现代法治国家以及以建成法治社会为目标的国度里，国家及其法秩序的存在本身不可能是目的，而只能是追求实现社会成员利益最大化的手段。另外，如果说国家对个人享有最高权利，那就意味着防止国家法秩序受到侵犯是公民不可推卸的义务和责任。③ 但这明显与各国刑法均将正当防卫规定为由公民自行选择行使与否的权利这一事实不符。

其二，告别了绝对的国家观之后，主张法秩序维护说的学者又从刑法的一般预防思想中找到了灵感。众所周知，刑法的目的在于保护法益，但刑法不是像民法那样直接使已遭到破坏的法益恢复原状或者获得补偿，而是通过

---

① Frister, Die Notwehr im System der Notrechte, GA 1988, S. 295.

② 黑格尔曾言："国家是绝对自在自为的理性的东西……是绝对的、固定的自身目的的，在这个自身目的中自由达到它的最高权利，正如这个终极目的对单个人享有最高权利一样，成为国家的成员是单个人负有的最高义务。"（Hegel, Grundlinien der Philosophie des Rechts, 2. Aufl., 1921, § 258.）

③ 正是基于这种观念，德国 19 世纪的刑法学者克斯特林（Köstlin）明确提出，通过正当防卫去阻止不法的出现，这是公民负有的一项"神圣义务"。（Vgl. Köstlin, Neue Revision der Grundbegriffe des Criminalrechts, 1845, S. 726.）

对犯罪人处以刑罚的方式间接地确保法益在未来不再遭受侵犯。① 与此类似，当公民针对不法侵害人实施反击行为时，他实际上就是代国家公权力机关宣示，凡是胆敢以违法的方式侵害他人者，都必将为此付出代价，从而发挥了威慑其他潜在的违法行为人、确证法规范效力的一般预防机能。② 于是，一般预防机能所体现的利益，就成了使防卫人一方对侵害人享有绝对优势地位的关键砝码。然而，法秩序的目标在于为全体社会成员创造出一种安全状态，这实际上是一种集体性的法益；但这种集体性的法益本身并没有内在固有的价值，其价值仅仅在于为捍卫生命、健康、自由等个体法益服务。③ 因此，一般预防的功能不在于保卫抽象的法秩序，而是在于维护具体法规范的效力；同时，具体法规范又总是以保护某种特定的法益为其目的。故法律上的一般预防必须严格以行为人所针对之法益的价值和法益所受侵害的程度为其基础和框架；遭受侵害之法益的价值越低，与之相对应的一般预防的价值也就越小。④ 可见，在个案中，一般预防所体现的利益时刻取决和受制于得到保护之具体法益的价值；故一般预防的实现，无法保证防卫行为必然能取得相对于侵害人一方的压倒性优势。

（二）法秩序维护说所持的"国家权力代行论"存在重大疑问

维护法规范的效力、预防违法犯罪，这本应是由国家公权力承担的任务。所以，一旦认为公民在实施正当防卫时也实现着保卫法秩序的功能，那就意味着"防卫行为不再只具有纯粹私人的属性，它同时成为了一种'准国家的'

---

① Vgl. Kindhäuser, Gefährdung als Straftat, 1989, S. 30, 132 ff; Freund, Strafrecht AT, 2. Aufl., 2009, § 1 Rn. 6ff.

② 我国刑法学通说对此的经典表述是：正当防卫不仅"可以及时有效地保障合法权益免受不法侵害"，而且还"有利于威慑违法犯罪分子，制止和预防犯罪"。（高铭暄主编：《刑法专论》，高等教育出版社 2006 年版，第 415 页。）关于德国刑法理论的代表性论述，Vgl. Schmidhäuser, Über die Wertstruktur der Notwehr, FS – Honig, 1970, S. 193f; R. Haas, Notwehr und Nothilfe, 1978, S. 143 ff; Gallas, Zur Struktur des strafrechtlichen Unrechtsbegriffs, FS – Bockelmann, 1979, S. 168; Roxin, Die„ sozialen Einschränkungen "des Notwehrrechts, in: ZStW 93 (1981), S. 73f。

③ Vgl. Koriath, Einige Gedanken zur Notwehr, FS – Müller – Dietz, 2001, S. 371.

④ Vgl. Schünemann, Die Funktion des Schuldprinzips im Präventionsstrafrecht, in: ders. Schünemann (Hrsg.), Grundfragen des modernen Strafrechtssystems, 1984, S. 188ff; Frisch, Zur Problematik und zur Notwendigkeit einer Neufundierung der Notwehrdogmatik, FS – Yamanaka, 2017, S. 55.

行为"①。但这种"国家权力代行论"似乎是难以成立的。

1. 正当防卫并非法治国所能容许的预防手段。既然"国家权力代行论"认为正当防卫的本质之一在于捍卫了法秩序，而这种法秩序又存在于以建成法治国为目标的当代中国，那么它所追求实现的一般预防功能就不可能是恣意无度的威慑恐吓，也不可能是不受节制的规范确证，而是必须时刻受到以宪法为基石的法治原则的限定。众所周知，责任原则（Schuldprinzip）是现代法治国家为抵御预防性措施的滥用而设置的一道保护性关卡。② 根据该原则，通过实施制裁来实现一般预防，这只能以行为人具有责任为前提；同时，预防措施对行为人法益的侵害强度，也必须严格控制在行为人所负责任的范围之内。责任原则根源于宪法上的人格尊严条款。《宪法》第38条规定："中华人民共和国公民的人格尊严不受侵犯。"人格尊严的要义就在于，一切公民的存在本身就是目的，无论是国家还是其他公民都不允许为达到某种目的将他当作物化的工具来加以利用。所以，国家不能以遏制和预防犯罪、维护社会安定为名，对公民施加任何逾越其责任程度的制裁。如果说公民的正当防卫行为能够产生法治国所期许的预防功能，那么法律容许正当防卫采取的强度和方式，就应该与国家在宪法框架内有权动用的预防手段相当才对。但事实却并非如此。

首先，从对象上来说。按照通说的观点，即便某人因年龄或者精神疾病而完全欠缺责任能力，也不妨碍其他公民针对来自于他的侵害行为实施防卫。但是，既然按照《刑法》第17条、第18条和《行政处罚法》第25条、第26条的规定，国家自己都无权通过处罚无责任能力人的方法来达到一般预防的目的，那它又怎么能够授权给普通公民，允许其以反击无责任能力人的方式来实现一般预防呢？

其次，就强度而言。尽管基本相适应说对防卫限度的把握较为严格，但它依然承认，正当防卫造成的损害可以超过不法侵害可能引起的损害，只是

---

① Kaspar, „Rechtsbewährung" als Grundprinzip der Notwehr? Kriminologisch – empirische und verfassungsrechtliche Überlegungen zu einer Reformulierung von § 32 StGB, RW 2013, S. 58.

② Vgl. Schünemann, Die Funktion des Schuldprinzips im Präventionsstrafrecht, in: ders. (Hrsg.), Grundfragen des modernen Strafrechtssystems, 1984, S. 177ff.

两者的差距不宜过于悬殊。① 另外，按照《刑法》第 20 条第 3 款的规定，防卫人在面对严重危及人身安全的暴力犯罪时，采取防卫行为造成不法侵害人死亡的，不负刑事责任。可是，在杀人、抢劫、强奸等犯罪行为没有导致死亡结果现实发生的情况下，国家却一般不会判处犯罪人死刑。这就说明，防卫行为的合法强度往往会明显超出侵害人责任的范围。如果说超出侵害人责任的这部分损害依然具有一般预防的本质，那这种一般预防由于与责任原则相冲突而将最终归于违宪；② 如果说这部分损害不再与一般预防相关，则通说所持的"法益保护 + 法秩序维护"的二元正当防卫论便至此半途而废，无法坚持始终。

最后，从方式上来说。致侵害人伤残是得到法律容许的一种防卫手段，但纵观我国法律体系，却找不到任何以破坏人的身体完整性和机能为方法来实现预防的措施。

总而言之，如果说正当防卫权来自于国家的授权，是一种由公民代行公权力的"准国家行为"，那么法治国禁止公权力采取的种种预防手段，何以在公民个人手中就一一复归合法了呢？

2. 委以普通公民一般预防的任务，既勉为其难亦无必要。（1）在现代社会中，预防违法犯罪是一项专业性、技术性极强的系统工程，它早已不是"杀一儆百""宰鸡儆猴"之类的朴素用语所能概括。犯罪预防措施一方面需要严守宪法和法律所划定的边界；另一方面需要在考虑行为诱因、行为人的性格特征以及经济社会状况等众多复杂因素的基础上，综合运用法学、社会学、人类学等多学科知识方能达到目标。故这一任务只能由专门机构和专业人员经由严格、科学的程序去完成，普通公民着实难以胜任。（2）在公民突遇不法侵害的情况下，急切需要由个人即刻完成的是法益保护，而非犯罪预防。之所以说正当防卫处在紧急状态之中，是因为国家机关不能及时到场保护法益，而一旦稍加耽搁，则时机一去不返，法益将遭受难以弥补的损害。可是，对于一般预防来说，却根本不存在这种"时不我待、刻不容缓"的紧迫需要。因为，国家完全可以在事后经过对案内案外各种事实进行全面参详

---

① 参见高铭暄主编：《刑法专论》，高等教育出版社 2006 年版，第 428 页。

② Vgl. Koch, Prinzipientheorie der Notwehreinschränkungen, ZStW 104（1992），S. 793.

之后，再冷静地决定采取适当的预防措施。将一般预防置于事后进行，不但不会对法规范的效力造成任何不可挽回的损失，反而更能保证法秩序以最为理性和科学的方式得到捍卫。

3. 不能把正当防卫的客观效果与正当防卫的本质混为一谈。事实上，德国持二元论的多数学者不得不承认，法益保护才是正当防卫的基石所在，法秩序维护只是依附于法益保护之上的次要根据。[①] 正如耶舍克（Jescheck）和魏根特（Weigend）所言："法秩序的保障唯有借助于具体权利的保护这一中介，才能得以显现。"[②] 但这样一来，通说势必陷入难以为继的尴尬境地。因为，当所谓二元论中的一元只能仰另一元之鼻息而存在时，我们还能说它是正当防卫中不可或缺的独立支柱吗？[③] 罗克辛（Roxin）在捍卫通说时曾提出如下辩解："既然我们通过行使正当防卫权的方式去制止法益损害的行为，不仅会产生个别预防的作用，而且还有助于维护社会的和平状态，那这就是一种一般预防的效果。"[④] 可是，正如国家惩处犯罪或许有利于强化礼义廉耻的观念，但没有人会因此认为提高全社会的道德水平就是刑罚的正当根据所在；法院判处侵权人赔偿被害人损失也许能发挥遏制潜在侵权行为的功效，但不能就此宣称侵权损害赔偿责任的意义在于预防违法。同样地，防卫行为的实施当然有助于使"违法者没有好下场"的信念更加深入人心；但这至多只是正当防卫带来的附随效应而已，完全不可与正当防卫的合法性根据同日而语。

（三）法秩序维护说有循环论证之嫌

既然法秩序维护说需要解释刑法规定的正当防卫权为何具有强势性的特征，那么它所给出的回答就必须跳出正当防卫成立要件本身的圈子，否则就会形成论证上的回路。譬如，当有人问"为何刑法要处罚盗窃罪呢"，我们的回答就不能是"因为盗窃罪是以非法占有为目的窃取他人财物的行为"。现

---

① Vgl. Roxin, Die „sozialen Einschränkungen" des Notwehrrechts, ZStW 93（1981），S. 76；Kühl, Notwehr und Nothilfe, JuS 1993, S. 180；Perron/Eisele, in：Schönke/Schröder, StGB, 30. Aufl., 2019, § 32 Rn. 1a.

② Jescheck/ Weigend, Lehrbuch des Strafrechts AT, 5. Aufl., 1996, S. 337.

③ Vgl. Rönnau/Hohn, in：LK – StGB, 12. Aufl., 2006, § 32 Rn. 66；Erb, in：MK – StGB, 3. Aufl., 2017, § 32 Rn. 17.

④ Roxin, Notwehr und Rechtsbewährung, FS – Kühl, 2014, S. 396.

在，摆在我们面前的问题是：为何根据刑法的规定，正当防卫的成立没有"不得已"和严格法益衡量的要求呢？法秩序维护说的回答是：因为正当防卫捍卫了法秩序，合法行为没有必要向不法行为屈服。若进一步追问：为什么说正当防卫是捍卫了法秩序的合法行为呢？则回答只能是：因为正当防卫是符合了《刑法》第20条规定的行为。如果简化一下整个问答过程，我们就会清楚地看到，这是一个典型的循环论证："问：为何刑法为正当防卫设置了相对宽松的成立条件？答：因为它是符合刑法为正当防卫所设之成立要件的行为。"之所以会出现这种情况，就是因为回答中的核心点，即正当防卫是维护了法秩序的合法行为，本来就是对正当防卫的所有成立条件判断结束之后才能得出的结论，[①] 所以它当然不适于用来揭示正当防卫的本质。

（四）法秩序维护说隐藏着将防卫对象的范围扩大到无辜第三人的危险

如果说法秩序所代表的利益能够使防卫人一方获得相对于侵害人的压倒性优势，那就可以进一步认为，法秩序的维护也具有优越于第三人利益的价值。于是，当针对不法侵害人的正当防卫同时给无辜第三人的法益造成了损害时，我们就可以说，既然防卫行为实现了维护法秩序的崇高价值，那么即便它在实施的过程中又伤及无辜，也在所不惜，故正当防卫所具有的正当化效果能够自然而然地扩展至第三人遭受的法益损害之上。[②] 这不仅与《刑法》第20条第1款明确将防卫对象限定在"不法侵害人"之上的规定不符，而且会引出一个十分危险的结论：只要公共利益需要，即可无条

---

① Vgl. Wagner, Individualistische und überindividualistische Notwehrbegründung, 1984, S. 23; Hoyer, Das Rechtsinstitut der Notwehr, JuS 1988, S. 91; Koriath, Einige Gedanken zur Notwehr, FS – Müller – Dietz, 2001, S. 370; Frisch, Zur Problematik und zur Notwendigkeit einer Neufundierung der Notwehrdogmatik, FS – Yamanaka, 2017, S. 56.

② Vgl. Renzikowski, Notstand und Notwehr, 1994, S. 107; Mitsch, Rechtfertigung und Opferverhalten, 2004, S. 336ff.

件地牺牲一切个人利益。①

三、侵害人视角下正当防卫本质论的重构

通过以上分析我们发现，沿着防卫行为人视角这一方向所进行的论证不可避免地进入了死胡同，那么接下来唯一的选择就只能是转换视角，从防卫行为的被害人，即不法侵害人方面出发去探寻正当防卫的本质。那么，侵害人一方究竟具有何种特殊因素，以致于其法益在如此广泛的范围内失去了法律的保护呢？

（一）为何不是被害人自设危险或者被害人承诺

从正当防卫的事实结构来看，追根溯源，正是因为侵害人主动展开袭击在先，才致使双方的法益陷入到相互冲突的境地之中，也才引发防卫人采取可能对侵害人造成损伤的暴力手段进行反击。正所谓"天作孽，犹可违；自作孽，不可活"②；贝林（Beling）也曾言："侵害人无可抱怨，因为他是自冒风险。"③侵害人既然一手营造了法益冲突的危险局面，那就理当为这一局面可能给自己造成的不利后果负责。④于是，我们很自然地会猜想：能否以被害人自设危险或者被害人承诺的原理为依据，来说明不法侵害人丧失法律保护的理由呢？如果这一设想果真成立的话，那将意味着正当防卫理论面临着全

---

①　正因为如此，在德国刑法学界，许多支持法秩序维护说的学者也不得不承认，仅凭法益保护的法秩序维护这两个原则，确实不足以说明正当防卫的对象为何仅限于不法侵害人。因此，有人建议应当另行从防卫行为被害人的角度出发，为正当防卫的本质再增添一个所谓答责原则（Prinzip der Verantwortung）。即，由于不法侵害人应当为他人法益所面临的危险状态承担责任，故只有针对他本人所实施的防卫行为，才能代表较为优越的利益。（Vgl. Rudolphi, Rechtfertigungsgründe im Strafrecht, GS - Armin Kaufmann, 1989, S. 394f.；Kühl, Notwehr und Nothilfe, JuS 1993, S. 182f.）这似乎可以被看作是德国正当防卫理论中行为人视角向被害人视角靠近的一个征兆。

②　《尚书·太甲》。

③　Beling, Grundzüge des Strafrechts, 11. Aufl. , 1930, S. 16.

④　我国有学者注意到了这一点。例如，张明楷教授指出："不法侵害者因其自身实施不法侵害行为，使得他处于被防卫的地位，其利益的保护价值在防卫的限度内被否认，换言之，不法侵害者的利益实质上受到了缩小评价。"（张明楷：《故意伤害罪司法现状的刑法学分析》，载《清华法学》2013年第1期。）

面解构的危机，也将意味着正当防卫作为一个独立正当化事由的消亡。因为：第一，假如被害人自设危险的论证思路成立，则正当防卫的出罪根据就不再处于违法性阶层，而应当定位在构成要件层面之上。因为，根据目前刑法学界普遍认可的观点，一旦认定是被害人故意地实施行为给自身造成危险，那么即便行为人参与了该危险行为，也应当认为被害人所遭受的损害结果根本不可归责于行为人。[①] 第二，假如被害人承诺的思路成立，则表明正当防卫的全部内容皆可悉数并入另一违法阻却事由之中，其独立存在的意义也随之丧失殆尽。但以下的分析表明，这两种猜想是难以成立的。

1. 被害人自设危险不能成为正当防卫合法化的根据。

德国学者赖因哈德·默克尔（Reinhard Merkel）主张，从规范的视角来看，正当防卫就是"以间接正犯方式实施的自杀行为"，因为防卫人的杀人之举是"侵害人自身侵害行为所引发的适当结果，故可以归责于侵害人，从而视同于他实施了自杀一样"[②]。雅各布斯（Jakobs）也认为，应当把正当防卫"理解成以间接正犯方式实施的自伤行为"，因为"是侵害人以剥夺另一人的权利向后者发出威胁，从而迫使受侵害人（或者防卫救助者）去实施防卫。……不法侵害使得侵害人自陷危险"[③]。

被害人自设危险（Selbstgefährdung）之所以能成为一种直接排除结果归责的事由，其实质根据在于：既然"自由与责任实不可分"[④]，那么"自我决定权的反面就是自我答责"[⑤]。当被害人在完全认识到自己的行为可能会给其法益造成损害的情况下，依然实施了该危险行为时，法益的安危实际上完全处在被害人自身的掌控和决定之中，他原本可以随时选择停止危险行为以保证法益的安全，因此，由该危险所引起的结果就必须由被害人自行承担，而不能归责于那些仅仅从旁发挥协助和促进作用者，否则就会对第三人的行为

---

① 参见冯军：《刑法中的自我答责》，载《中国法学》2006年第3期；陈兴良：《教义刑法学》，中国人民大学出版社2017年版，第328页。Vgl. Kindhäuser, Strafrecht AT, 8. Aufl., 2017, § 11 Rn. 23ff; Frister, Strafrecht AT, 8. Aufl., 2018, 10/17ff.

② Merkel, § 14. Abs. 3 Luftsicherheitsgesetz: Wann und warum darf der Staat töten?, JZ 2007, S. 377f.

③ Jakobs, System der strafrechtlichen Zurechnung, 2012, S. 45f. Ähnlich Pawlik, Das Unrecht des Bürgers, 2012, S. 238.

④ ［英］哈耶克：《自由秩序原理》，邓正来译，生活·读书·新知三联书店1997年版，第83页。

⑤ Renzikowski, Notstand und Notwehr, 1994, S. 179.

自由造成不当的限制。① 正因为如此，唯有当危险的产生处在被害人现实支配和控制之下，即"被害人自己为侵害结果的发生设置了直接原因"② 时，我们才能把该危险所产生的损害结果归入被害人自我负责的范围。③ 换言之，被害人自我答责的成立，要求被害人在损害发生的过程中扮演了类似于正犯的角色。④ 在正当防卫中，被害人自己的不法侵害行为与他所受到的法益损害之间无疑具有条件关系；可是，从结果归责的角度来看，防卫行为的被害人对事态发展所具有的支配力，却远未达到能使损害结果专属于自己答责范围所需要的程度。一方面，给被害人的法益制造出具体和现实侵害危险的并非被害人的不法侵害，而是防卫人的反击行为，故被害人对自己所受到的法益损害欠缺直接支配。另一方面，虽然不法侵害会使防卫人陷入紧急状态之中，但这并不足以剥夺防卫人的行动选择能力，从而使其沦为被害人实现自设风险的工具，故被害人也不可能对防卫行为引起损害结果的事实过程具有间接支配。可见，从结果归责的角度来看，防卫行为的被害人对事态发展所具有的支配力，远未达到能使损害结果专属于自己答责范围所需要的程度。

不过，需要注意的是，尽管被害人自设危险的原理不能成为说明正当防卫本质的根据，但这并不是说，在任何涉及正当防卫的案件中，都不可能出现被害人因自设危险而应自我答责的情况。实际上，被害人自设危险的视角至少给了我们一个重要的启示，即在判断防卫行为造成的结果是否超出必要限度之前，应首先考虑该结果是否有可能处在不法侵害人自我答责的范围之内。对此，本书第五章第四部分将有详细论述。

2. 被害人承诺同样也无法为正当防卫的本质提供令人信服的解释。理由有二：

第一，不法侵害人并未自愿承诺防卫人对自己的法益造成损害。就结果

---

① Vgl. Frisch, Selbstgefährdung im Strafrecht - Grundlinien einer opferorientierten Lehre vom tatbestandsmäßigen Verhalten, NStZ 1992, S. 6.

② Sternberg - Lieben, in: Schönke/Schröder, StGB, 30. Aufl., 2019, vor § § 32ff. Rn. 107.

③ 参见张明楷：《刑法学中危险接受的法理》，载《法学研究》2012 年第 5 期；黎宏：《刑法学总论》，法律出版社 2016 年版，第 159 页。Vgl. Wessels/Beulke/Satzger, Strafrecht AT, 47. Aufl., 2017, Rn. 268.

④ Vgl. Engländer, Grund und Grenzen der Nothilfe, 2008, S. 52f; Kindhäuser, Strafrecht AT, 8. Aufl., 2017, § 11 Rn. 25.

犯而言，关于被害人承诺的对象，刑法学界素有"行为和结果说"① 与"行为说"② 之争。但无论从哪种观点出发，都无法认定承诺的存在。首先，在正当防卫中，除去极端例外的情况，侵害人无一不期望能在顺利实施侵害目的的同时保证自己安然无恙、毫发无损，故他既不可能希望也不可能放任自己的法益受到防卫行为的损害。③ 其次，也不能认为侵害人对防卫行为及其危险表示了默许。在被害人同意行为但却反对结果的场合，他之所以会对行为和结果采取截然相反的态度，必然是因为行为人的行为只包含低度的危险，从而使被害人有理由相信，即使接受了这一危险，实害结果也是不大可能出现的。例如，甲明知乙刚与朋友豪饮，但因归家心切，故在乙的再三邀请下还是坐上了他驾驶的汽车，结果乙在行车途中因控制能力下降而出现翻车事故，导致甲重伤。在本案中，之所以可以认为甲对乙的危险行为表示了同意，就是因为乙醉驾的行为虽然存在发生事故的危险，但鉴于乙在喝酒后仍处于基本清醒的状态，而且平素表现出来的驾驶水平也堪称过硬，故可以认定甲是在权衡利弊的基础上，为了利用乙的行为对自己所具有的积极效果（及时返家），容忍了该行为所包含的危险。正因为如此，尽管刑法理论界承认被害人同意他人实施危险行为可以排除行为的可罚性，但其适用的范围却仅限于过失犯。④ 在正当防卫中，反击行为要有效压制不法侵害就必然具有明显的暴力性和攻击性，所以它总是带有引起法益损害的高度危险；尽管不法侵害人对他人可能实施的反击行为有所预见，但既然侵害人不愿为自己的侵害行为付出现实的代价，那他当然也不可能对具有高度致害危险的反击行为本身给予同意。

第二，被害人承诺的原理无法对《刑法》第 20 条第 3 款作出合理的解

---

① Vgl. Sternberg – Lieben, in: Schönke/ Schröder, StGB, 30. Aufl. , 2019, vor § § 32ff. Rn. 102.

② Vgl. Kühl, Strafrecht AT, 8. Aufl. , 2017, § 17 Rn. 82ff; Frister, Strafrecht AT, 8. Aufl. , 2018, § 15 Rn. 12.

③ Vgl. Montenbruck, Thesen zur Notwehr, 1983, S. 34; Mitsch, Rechtfertigung und Opferverhalten, 2004, S. 316.

④ 参见张明楷：《刑法学中危险接受的法理》，载《法学研究》2012 年第 5 期；黎宏：《刑法学总论》，法律出版社 2016 年版，第 158 页以下。Vgl. Roxin, Zum Schutzzweck der Norm bei fahrlässigen Delikten, FS – Gallas, 1973, S. 249ff; BGHSt 49, 34 (39); BGHSt 53, 55 (60) .

释。因为，经被害人同意而杀害他人的行为依然成立故意杀人罪。① 如果认为在正当防卫中，防卫行为造成的法益损害之所以合法，是因为作为被害者的不法侵害人对此表示了同意，那就意味着，防卫人将侵害人杀死的行为无论如何不可能得到正当化。可是，这与《刑法》第 20 条第 3 款关于特殊防卫权的规定明显相悖。

（二）答案：侵害人值得保护性的双重下降

笔者认为，在正当防卫中，不法侵害人的法益之所以在相当大的范围内被逐出了法律的庇护所，是因为它值得保护的程度较之于遭受侵害的法益来说，出现了大幅下跌。其原因主要来自于以下两个方面：

1. 侵害人在本可避免的情况下自陷险境。

尽管如前所述，直接给侵害人的法益造成具体危险的是防卫人，侵害人自己对于制造危险的整个过程并无现实的支配，但侵害人毕竟是整个事端的挑起者。实际上，一直到防卫人采取防卫措施实施反击之前，危险是否发生都还处在侵害人的掌控之中；正是他把自己从一个相对安全的状态带入到了利益冲突的危险境地之中。② 若侵害人此时想保护自己的法益免受反击行为的损害，他不必额外采取什么防御措施，只需悬崖勒马、放弃侵害计划即可。不错，除非经由被害人以承诺的方式自愿放弃，否则不管被害人自己是否采取了充分的防护措施，他的法益一律处于国家法律的保护之下。③ 但是，如果因为被害人疏于对自己法益的保护，从而导致自己的法益与他人的法益发生冲突，那么就这两者相比而言，前者值得保护的程度就会低于后者，为解决该法益冲突所需要付出的代价也应更多地由被害人自己去承担。这一点也可以为自招紧急避险的原理所印证。例如，A 因失恋痛苦万分，纵身跃入湖中

---

① 参见马克昌主编：《犯罪通论》，武汉大学出版社 1999 年版，第 828 页；王作富主编：《刑法分则实务研究》（中），中国方正出版社 2013 年版，第 732 页。

② Vgl. Frister, Die Notwehr im System der Notrechte, GA 1988, S. 302; Jakobs, Strafrecht AT, 2. Aufl., 1991, 11/9; Kretschmer, Notwehr bei Fahrlässigkeitsdelikten, Jura 2002, S. 117; Freund, Strafrecht AT, 2. Aufl., 2009, § 3 Rn. 92; Puppe, Strafrecht AT, 2. Aufl., 2011, § 12 Rn. 1; Frisch, Zur Problematik und zur Notwendigkeit einer Neufundierung der Notwehrdogmatik, FS – Yamanak, 2017, S. 64.

③ Vgl. Freund, in: MK – StGB, 3. Aufl., 2017, vor § § 13ff. Rn. 427.

以求自沉，但在投入水中的一刻，猛然念及家中尚有年迈高堂割舍不下，遂在别无选择的情况下决定实施避险以自救。尽管 A 的生命不因危险是他自己引起的而失去法律的保护，故他依然享有紧急避险权；但自行引起危险的事实会导致其法益值得保护的程度与正常情况相比有所下降，进而使利益衡量的天平不可避免地朝避险对象的一方倾斜。① 因此，"正当防卫权宽泛而严厉，这是与侵害人本可通过不实施侵害或者放弃侵害以实现自我保护，但他却没有利用这一可能性相联系的"②。

不过，仅从自陷险境这一点出发还不足以说明正当防卫权的特征。因为：其一，如果仅仅因为某人自行选择实施了有可能给自身法益招致危险的举动，就认为对方有权对其实施正当防卫的话，那么当防卫人本来轻而易举就能避开不法侵害，但依然选择奋起反抗时，我们也可以说，他是有意自找麻烦、自陷危险，于是就会推导出以下这个荒唐的结论：不法侵害人对防卫人也享有正当防卫权。其二，在动物自发侵袭他人的场合，尽管管理者对此并无任何过错，我们也同样可以认为，既然管理者当初能够预见到自己豢养的鹰犬虎豹可能会不受控制地袭击他人，从而招致对方的反击，那么他同样是在本可以避免的情况下给自己的财产法益招来了风险，这与正当防卫的情形并无不同。但是，针对动物采取的防御措施却只能成立紧急避险，而与正当防卫无缘。③ 因此，正当防卫本质的另一关键要素还在于防卫行为被害人一方所具有的特殊事实，即《刑法》第 20 条第 1 款所规定的"不法侵害"。

2. 侵害人违反了不得侵犯他人权利的义务。

我国《宪法》第 33 条第 2 款和第 51 条分别规定了"中华人民共和国公民在法律面前一律平等"和"中华人民共和国公民在行使自由和权利的时候，不得损害国家的、社会的、集体的利益和其他公民的合法的自由和权利"。从政治哲学的角度来看，《宪法》的这两项规定是对公民消极自由的宣示。英国学者以赛亚·伯林（Isaiah Berlin）将自由划分为消极自由和积极自由两种。

---

① 参见张明楷：《刑法学》，法律出版社 2016 年版，第 219 页；黎宏：《刑法学总论》，法律出版社 2016 年版，第 148 页。

② Baumann/Weber/Mitsch/Eisele, Strafrecht AT, 12. Aufl., 2016, § 15 Rn. 2.

③ 参见马克昌主编：《犯罪通论》，武汉大学出版社 1999 年版，第 740 页；高铭暄主编：《刑法专论》，高等教育出版社 2006 年版，第 426 页。

所谓消极自由就是免受他人干涉和强制的自由。即，"政治自由简单地说，就是一个人能够不被别人阻碍地行动的领域。如果别人阻止我做我本来能够做的事，那么我就是不自由的；如果我的不被干涉地行动的领域被别人挤压至某种最小的程度，我便可以说是被强制的，或者说，是处于被奴役状态的"①。由于消极自由的核心在于，公民在一定空间范围内能够不受他人干涉、完全按照自己的意愿去作出决定和安排，故它本质上保护的是公民个人的自我决定权。不可否认，仅凭消极自由的确不足以催生出富庶、平等、文明的理想社会，但它却是公民个人自由的根本保障和坚强后盾所在。正是基于对历史教训的深刻反思与总结，为了防止以实现崇高革命理想的名义恣意践踏公民权利、随意剥夺个人自由的悲剧重演，现行《宪法》一方面在编排结构上将"公民的基本权利和义务"一章列于"国家机构"之前，另一方面在具体内容上不仅恢复了1954年《宪法》关于公民在法律面前人人平等的规定，还专门新增了第38条和第51条，② 从而以多个条款从不同角度完整地强调了对公民消极自由的严格保障。

　　正当防卫权是消极自由的体现，更是保证消极自由得以实现的必要前提；正当防卫的直接功能固然在于保护生命、健康、财产等具体法益免遭他人侵害，但更为重要的是，它能够保障公民的法律地位和人格尊严不受贬损。因为，如果公民甲在自己的权益遭遇乙不法侵害时竟无自卫之权利、仅有忍受之义务，那就不仅意味着甲的某个具体法益在劫难逃，更意味着乙由此获得了强制和支配甲的特权。这样一来，甲原本在法律上享有的与乙完全平等的地位就会发生动摇，他在自由空间范围内不受干预地安排生活的自我决定权也会荡然无存。正因为如此，古典自由主义的经典作家无不站在维护公民人格尊严的高度来阐发正当防卫权，而不是将其意义仅仅局限在对具体、个别法益的保护之上。按照康德（Kant）的看法，只有当某人的任性能够根据一个普遍的自由法则与他人的任性保持一致时，这种任性才能成为权利。一旦某人违反了普遍的自由法则给他人的自由造成了障碍，该行为即为非法；相应地，"与这种障碍相对立的强制，作为对一个自由障碍的阻碍，就与根据普

---

① 　［英］伯林：《自由论》，胡传胜译，译林出版社2011年版，第170页。
② 　参见彭真：《关于中华人民共和国宪法修改草案的报告》，载《人民日报》1982年12月6日第1版。

遍法则的自由相一致，亦即是正当的，所以，按照矛盾律，与法权相联结的同时有一种强制损害法权者的权限。……法权和强制的权限是同一个意思"①。在康德看来，不法侵害人所欲破坏的首先并不是具体的法益，而是他和被侵害人之间的法律关系；与此相应，正当防卫所维护的首先也不是个别法益，而是防卫人免受他人非法强制的自由和法律地位。②

人与人之间的平等关系，是以公民能够通过强力将来犯者驱逐出自己所辖之权利空间，从而宣示他人对自己不享有优越地位和支配特权为前提的。权利若无相应的防御权作为后盾，则形同虚设；自由若无反击权作为保障，则不过是一纸空文。在公权力机关无法及时介入的紧急状态下，权利受到他人侵犯的公民在保卫自身法益的同时，当然也可以自行证明他所具有的平等地位，可以通过防卫彰明不存在一方违反了义务还有权要求对方继续履行义务的道理。③ 正如在民法中，对于应当同时履行的双务合同来说，一方在对方履行债务之前享有同时履行抗辩权，即有权拒绝其履行的要求，甚至在一方明确表示或者以自己的行为表明不履行主要债务的情况下，另一方有权解除合同。总而言之，"如果某人对自己所负有的不去侵犯他人权利领域的义务不加遵守，那么他也就不能要求对方遵守不去损害该侵犯者领域的义务"④。在防御性紧急避险中，由于避险被害人并未违反不得侵害行为人权利的义务，故虽然在该法益冲突中，被害人一方的值得保护性有所下降，但行为人对被害人承担的义务毕竟尚未解除，所以他为保护自身法益所实施的损害行为就必须受到法益均衡等条件的约束。但在正当防卫中，防卫行为的被害人不是单纯地使自己的法益身处险境，他的自陷危险还是通过非法侵犯他人权利的方式完成的。既然被害人单方违背了自己对该人所承担的义务，由此引起了自己与他人的利益冲突，那么为消除该冲突所需付出的必要代价就必须由他来承担，与此相对应，在为保护平等地位和法益安全所必要的范围内，防卫行为人对防卫被害人所负的不得侵害的义务原则上也归于消灭。

采取"法益保护"和"侵害人值得保护性的双重下降"相结合的原理，

---

① ［德］康德：《道德形而上学》，张荣、李秋零译注，中国人民大学出版社2013年版，第29页。
② Vgl. Pawlik, *Die Notwehr nach Kant und Hegel*, ZStW 114 (2002), S. 268, 271f.
③ Vgl. Hruschka, *Extrasystematische Rechtfertigungsgründe*, FS – Dreher, 1977, S. 199.
④ Renzikowski, *Notstand und Notwehr*, 1994, S. 321.

可以完整地说明正当防卫权的特性。具体来说：

第一，不论是自陷险境还是违反不得侵犯他人权利的义务，都只是针对不法侵害人本人来说的，故所谓值得保护性的大幅下降以及防卫人义务的解除也都仅仅涉及侵害人，而与其他任何第三人无关。因此，正当防卫权的对象也就只能严格限定在不法侵害人之上。

第二，正是由于在为制止不法侵害、消除利益冲突所必要的范围内，不法侵害人已无权要求他人履行原本对自己所负有的义务，已丧失了期待他人尽量避免对其法益造成损害的资格，故防卫人在面临不法侵害时，自然也就没有义务优先选择逃跑等避免给侵害人造成损害的自救措施。因此，刑法没有为正当防卫设置"不得已"要件。

第三，不法侵害人作为以违法方式引起了利益冲突、并由此挑战其他公民的法律地位和人格尊严的一方，必须承担为消除该冲突所需付出的必要代价，在此范围内其值得保护性已基本归于消灭，故总体而言，防卫行为保护的法益就具有高于侵害人法益的价值。与此相应，遭受侵害的一方有权采取一切为恢复自身法律地位、防止其人格尊严受损所必不可少的防卫手段。"任何为保障不法侵害者的利益而对凌厉的正当防卫权加以削弱的做法都意味着，法律要求受害者必须容忍其自身的法律地位和人格尊严遭受某种损害。"[1] 这在任何一个法治国家中都是不可容许的。这便是防卫限度不必严格恪守法益均衡原则的根本原因所在。

第四，和正当防卫权极端凌厉性相对应的，是其前提条件判断的谨慎和严格。只有当侵害人在可以避免的条件下违法侵犯他人法益时，才能勒令其承担为解决冲突所必要的全部代价，也才能使防卫限度基本不受法益均衡原则的制约。因此，不能像我国传统刑法理论所主张的那样，对不法侵害中的

---

① Frisch, Zur Problematik und zur Notwendigkeit einer Neufundierung der Notwehrdogmatik, FS – Yamanaka, 2017, S. 64.

"不法"作纯客观化的理解。[①] 应当认为，只有当利益冲突在法律上可归责于侵害人时，才允许对其行使锋芒强劲的正当防卫权；若冲突不能完全归责于侵害人，则只能允许对其行使强度较弱的防御性紧急避险权。[②]

四、结论

在涉及正当防卫的审判实践中，常常会出现一种现象：只要防卫行为的被害人死亡或者致残，则行为人就立刻沦为理亏和违法的一方，甚至需要为此身陷囹圄。同时，又总是有诸如"侵害人的权利也要受到保护""生命法益总是高于财产法益"和"防卫也要有个度"之类貌似无可辩驳的抽象说辞为这种做法背书和辩护。然而，当侵害人通过违反义务的方式不仅将他人的法益推向毁灭的边缘，而且也使自身的法益陷入危险之中的时候，法律怎么可能对他还给予与其他公民一样无微不至的周到保护，我们又怎能把侵害人与防卫人的法益放在两个完全平行的天平托盘上去作比较呢？这种毫不顾及法

[①] 一方面，通说认为："对不法侵害中的不法，应当作客观的理解……只要行为人的行为对法律所保护的权益具有损害的危险，就是违法。"（马克昌主编：《犯罪通论》，武汉大学出版社1999年版，第722~723页。）判例也接受了这一看法。[参见范尚秀故意伤害案，载中华人民共和国最高人民法院刑事审判第一、二、三、四、五庭主办：《中国刑事审判指导案例（侵犯公民人身权利、民主权利罪）》，法律出版社2009年版，第323页。]但另一方面，通说又提出，尽管公民针对不可抗力、意外事件以及无责任能力人的侵袭皆可行使防卫权，但需要为相应的防卫行为附加种种额外的限制，例如，要求行为人在能逃跑的情况下应当优先选择躲避的方式，即便因无可遁逃而被迫反击，也应尽量避免造成对方重伤、死亡。[参见张明楷：《刑法学》，法律出版社2016年版，第199页；陈兴良：《正当防卫论》，中国人民大学出版社2017年版，第83~84页。判例中的相关论述，参见范尚秀故意伤害案，载中华人民共和国最高人民法院刑事审判第一、二、三、四、五庭主办：《中国刑事审判指导案例（侵犯公民人身权利、民主权利罪）》，法律出版社2009年版，第323~324页。]《指导意见》第7条亦采取了类似的看法，它认为："明知侵害人是无刑事责任能力人或者限制刑事责任能力人的，应当尽量使用其他方式避免或者制止侵害；没有其他方式可以避免、制止不法侵害，或者不法侵害严重危及人身安全的，可以进行反击。"可是，这种受到种种限制的正当防卫权，在实质上已经和防御性紧急避险相差无几了。

[②] 以侵害人视角的正当防卫论为基础，笔者初步认为，正当防卫中的不法侵害应当以侵害人具备责任为前提。因为，既然正当防卫的本质要求侵害人应当具有避免引起法益冲突的能力，那么由于无责任能力或者无违法性认识可能的人欠缺控制自己的行为、进而避免陷入法益冲突境地的能力，故其值得保护性就不会出现大幅下降。所以，遭受其侵害的人或第三人就只能对其实施防御性紧急避险，而不能进行正当防卫。

律保护程度之动态变化的"不偏不倚"的解释，恰恰是制造唯结果马首是瞻的不公正判决的根源所在。因此，要想根除正当防卫领域内司法实践和理论研究的痼疾，需要进行方法论上的变革，即从侵害人值得保护性的视角出发去重新审视和建构正当防卫的理论。

本章的分析表明：正当防卫的合法化根据除了在于法益保护之外，还在于侵害人利益值得保护性的双重下降。正当防卫权之所以是众多紧急权利中最具强势风格的一种，关键不在于防卫人维护了法秩序的安宁，而是在于侵害人通过违反不得侵害他人权利的义务，使自己陷入到法益冲突的险境当中，从而导致其法益值得保护的程度出现了大幅"贬值"。

第二章 "道德洁癖"的克服：自招侵害与正当防卫

一、聚焦"何强聚众斗殴案"

【何强聚众斗殴案】2010年11、12月期间，常熟市××投资咨询有限公司（以下简称××公司）法定代表人徐某某因赌博欠下曾某某等人为其提供的巨额赌资。2011年4月2日上午，何强受徐某某指派，与张胜、陈强等人至一咖啡店与曾某某派来的杨某某等人就如何归还该笔赌债谈判，未果。当日中午，何强与杨某某手机通话过程中，双方言语不和，发生冲突，后何强主动打电话给之前从未联系过的曾某某，双方恶语相向，互有挑衅。何强随即三次打电话给张胜，要求其带人至公司。张胜随即纠集了陈强、张人礼、龙云中及李毅夫至××公司，并在公司内准备菜刀等工具。待人员就位、工具准备完毕后，何强再次主动拨打曾某某的电话，通话中言语刺激、相互挑衅，致矛盾升级激化。曾某某便纠集杨某某、龚某某、胡某某等人，持砍刀赶至××公司。何强等人通过公司监控看到有多人下车持砍刀上楼，便在徐某某办公室持菜刀以待。当曾某某等人进入办公室后，何强、张胜、陈强、张人礼及李毅夫上前与曾某某等人打斗，龙云中持电脑键盘等物品参与斗殴，造成被告人何强及龚某某、胡某某受伤，××公司内部分物品毁损。经法医学鉴定，被告人何强及龚某某、胡某某所受之损伤均已构成人体轻微伤。一审法院以何强等人是故意挑起曾某某等人向己方进攻，尔后借口正当防卫行加害对方之实，属于典型的挑拨防卫为由，未采纳被告人及其辩护人提出的何强等人的行为系正当防卫的辩护意见，判处何强、张胜、陈强、张人礼、龙云中犯聚众斗殴罪；二审法院维持原判。[1]

本来，按照《刑法》第20条的规定，只要是面临他人正在进行的不法侵害，任何公民都有权实施正当防卫。然而，大量的判例却显示，我国的审判实践广泛存在着对正当防卫的主体资格额外设置限制性条件的倾向。具体来说，法官往往将防卫权的享有者仅仅限定在对于冲突的发生毫无道德瑕疵的绝对无辜者之上。一旦认定行为人先前的某个行为对于他人的不法侵害产生过惹起或者推动作用，则法院常常以双方之间纯属"斗殴"为由，认定被告人的反击行为不属于正当防卫，而是成立故意杀人、故意伤害、寻衅滋事等犯罪；只是考虑到被害人也参与了斗殴，故可以以"被害人具有过错"为由，对被告人从轻处罚。[2] 这就引出了值得关注的重要问题：对他人不法侵害的引起负有责任这一事实，是否以及在多大程度上能够影响正当防卫权的存在？其根据又是什么？

与实践中相关问题的复杂、多发形成鲜明对比的是，我国刑法理论界对此的探讨却显得相当沉寂和薄弱。与该问题相关的论述，几乎千篇一律都是在"挑拨防卫"这一范畴下展开的。所谓挑拨防卫，是指行为人出于加害对方的意思，故意引起对方向自己实施不法侵害，然后以正当防卫为借口给对方造成损害的情形。通说认为：

1. 原则上来说，行为人对其有意挑拨产生的不法侵害无权实施正当防卫。至于论证的理由，主要有以下两条：

（1）防卫意思欠缺。多数学者主张，防卫意思是正当防卫成立的必备要件，它要求行为人必须以积极追求保护合法权益为其唯一目的，故挑拨防卫的行为人之所以不享有正当防卫权，是因为他主观上只具有加害对方的目的，而并无防卫的意图。[3]

---

[1]　参见江苏省苏州市中级人民法院刑事判决书，（2012）苏中刑终字第0091号。

[2]　对这一现象的初步分析，参见杨毅伟：《自我防卫与相互斗殴的刑事司法判定研究》，载《西南政法大学学报》2012年第6期；张明楷：《故意伤害罪司法现状的刑法学分析》，载《清华法学》2013年第1期。

[3]　参见高格：《正当防卫与紧急避险》，福建人民出版社1985年版，第39页；周国钧、刘根菊：《试论防卫挑拨》，载《西北政法学院学报》1986年第3期；马克昌主编：《犯罪通论》，武汉大学出版社1999年版，第747页以下；王政勋：《正当行为论》，法律出版社2000年版，第172页；高铭暄主编：《刑法专论》，高等教育出版社2006年版，第430页；周光权：《刑法总论》，中国人民大学出版社2011年版，第147页；陈兴良：《正当防卫论》，中国人民大学出版社2017年版，第49页。

（2）被挑拨者的行为并非不法侵害。有的学者从一元结果无价值论的立场出发，认为挑拨防卫之所以不成立正当防卫，原因并不在于行为人缺少防卫意思，而是在于挑拨行为往往本身就是不法侵害，是行为人的犯罪行为的一部分，故受挑拨者的攻击大多属于正当防卫，对正当防卫当然不允许再进行正当防卫。[①]

2. 若被挑拨者的侵害强度大大超出了挑拨人的预想，则应例外地承认挑拨者具有正当防卫权。[②]

先抛开具体观点合理与否不谈，学界现有的研究恐怕还难以为司法实践提供充分、可靠的理论指导，因为它在方法论上存在以下两个缺陷：

（1）实践导向不足。在现实中，真正涉及防卫挑拨的案件极为罕见。因为，防卫挑拨对于行为人的主观心态有着十分严格的限定，即行为人必须事先经过周密策划，形成了先"引蛇出洞"、继而借助正当防卫之名侵害对方的想法。但是，除非被告人或者同谋者自行招供，否则行为人究竟是否具有内容如此明确的意图，实际上是极难查清的。[③] 如后文所述，即使是零星存在的法院明确援用了挑拨防卫原理的判决，从最终获得查明的案件事实来看，也很难认为被告人的行为是严格意义上的挑拨防卫。其实，司法实践中更为常见的案件往往表现为，行为人在实施某一行为时，意识到该行为有可能引起对方的不法侵害，但却对其发生抱有放任或者过于自信的态度。因此，为避免相关的研究沦为纯粹的"屠龙之术"，刑法理论似乎应当对行为人以间接故意或者过失的心态引起对方侵害的案件给予更多的关注。

（2）考量因素片面。传统理论只关注行为人追求挑起不法侵害的主观心态，却没有对挑拨行为自身的客观法律属性进行足够具体的分析。一方面，按照通说的意见，似乎只要行为人主观上具有借正当防卫之名行法益侵害之实的目的，进而实施了挑拨行为，则不论该挑拨行为合法与否，行为人的反击一律因欠缺防卫意思而不成立正当防卫。但是，如果挑拨行为本身就是某种正在进行的不法侵害，那么被挑拨者为制止该侵害而实施的必要反抗就属

---

① 参见张明楷：《刑法学》，法律出版社 2016 年版，第 205 页；黎宏：《刑法学总论》，法律出版社 2016 年版，第 137 页。

② 参见陈兴良：《正当防卫论》，中国人民大学出版社 2017 年版，第 52 页。

③ Vgl. Rönnau/Hohn, in: LK – StGB, 12. Aufl., 2006, § 32 Rn. 245.

于正当防卫，挑拨者对于正当防卫自然无权再实施正当防卫。在这种情况下，防卫挑拨之所以不成立正当防卫，并不是因为防卫意思的欠缺，而是因为挑拨者所招致的侵害并非不法行为。这就提示我们，挑拨行为本身的法律性质可能会对挑拨人的防卫权产生影响。另一方面，前述持一元结果无价值论的学者将挑拨防卫限定在挑拨行为是正在进行之不法侵害的情形之上，却忽视了以其他性质的行为招致侵害的情形。因为，在大量的案件中，招致侵害的举动本身要么是合法行为，要么属于已经结束的不法侵害，要么只显示出实施不法侵害的倾向或者危险。

有鉴于此，本章将自招侵害与正当防卫权的关系作为研究的核心对象，以招引行为的法律属性为经，通过区分合法行为招致不法侵害和通过违法行为招致不法侵害两种情形加以讨论，并以行为人的主观心态为纬，在每一种情形中分别贯穿行为人对不法侵害的引起持追求、放任和过失的不同心理要素。在研究过程中，笔者将结合我国司法实践中出现的若干典型案例，并借助不法的本质、正当防卫的合法化根据、结果归责原理以及原因中违法行为论等多重分析工具。本章的结论将是：自招侵害的事实并不会导致行为人的防卫权出现缺损甚至归于消灭；理论和实践中动辄以行为人对不法侵害的引起施加了推动力为由剥夺、限制其防卫权的做法，体现出一种与法治国的价值追求并不一致的"道德洁癖"倾向，这是应当加以克服的。

二、合法的自招行为与正当防卫权

【朱某某故意伤害案】2010 年 5 月，犯罪嫌疑人朱某某与被害人韦某某因打麻将发生口角，被围观群众劝开后，韦某某扬言要杀死朱某某，并在社区内张贴广告，寻找朱某某下落，声称"凡提供朱某某下落者，奖励现金两千元"。朱某某得知后，曾数日不敢出门。因惧于韦某某，朱某某外出时总是随身携带一把匕首。2010 年 6 月 2 日上午 10 时许，朱某某在明知韦某某在麻将馆打牌的情况下，因爱打麻将的嗜好，还是坚持到了麻将馆。韦某某看到朱某某，称"总算找到你了"，遂上前殴打朱某某，二人发生冲突，但随即被人拉开。期间，韦某某突然手持一柄长剑砍向朱某某头部，由于朱某某躲闪，只砍伤其左肩；随后，韦某某又向朱某某连砍三剑，朱某某边躲闪边用左前臂抵挡。见无法砍到朱某某，韦某某又从左侧腰间拔出一把改制的发令手枪，并叫道"小兔崽子，我崩了你"。见韦某某手中有枪，朱某某从自己右侧腰间拔出随身携带的匕首，向韦某某左侧胸部猛刺一刀后逃跑，韦某某经抢救无效死亡。①

【黄德波故意伤害案】 2001 年 9 月 8 日 10 时左右，被告人黄德波在农贸市场卖梨时，被害人朱某某到其摊位上尝完梨后欲离开不买，黄德波上前向其索要吃梨款，双方因此发生争执，朱某某和同行的另外两人与黄德波缠打。在此过程中，黄德波两次被打倒在地，后朱某某将黄德波打倒在沈某某卖农具的摊位上。黄德波随手拿起一把草钩欲继续打斗，被摊主沈某某夺下，黄德波又从该摊位上拿起一把镰刀用力横扫，将朱某某砍伤，后朱某某经抢救无效死亡。法院认定黄德波犯故意伤害罪，判处有期徒刑 15 年，剥夺政治权利 5 年。②

以上述案例为代表，在司法实践中，行为人通过合法行为招引他人不法侵害较为常见的情形主要有以下三类：

1. 引起侵害的是公民的日常活动。在"朱某某故意伤害案"中，正是朱某某踏入麻将馆的举动使自己暴露在早有恶念的侵害人韦某某面前，并引起了后者的袭击。但进出娱乐场所是公民的日常自由，并不违反任何法律。

2. 引起侵害的是行使合法债权的行为。在"黄德波故意伤害案"中，被告人坚持索要朱某某吃梨款的行为，招致了朱某某一行三人的殴打。根据《合同法》第 130 条的规定，买受他人的物品必须支付对价，故在朱某某食用了其出售的梨之后，黄德波有权追讨价款。

3. 引起侵害的是一般的争吵行为。在"何强聚众斗殴案"中，何强多次打电话给曾某某并恶言相向的行为，导致了曾某某等人的来袭。何强挑起对方侵害的这一行为并不违法。因为，只有侵害了某一法益的举动才可能成为违法行为，但单纯发生在两人之间的争吵和对骂，并未损害任何法律上值得保护的法益。从民法上来看，由于名誉权的客体仅限于外部名誉，即第三人

---

① 参见张宝、毛康林：《预见不法侵害并积极准备防卫工具能否阻却成立正当防卫》，载《中国检察官》2014 年第 11 期。

② 参见江苏省淮安市中级人民法院刑事判决书，（2005）淮刑一初字第 15 号。

对于特定民事主体存在价值的评价，故只有当有损他人名誉的陈述向第三人公布、使第三人知道时，方成立侵权行为。[①] 同时，根据《治安管理处罚法》第 42 条和《刑法》第 246 条的规定，侮辱他人的行为只有在公然进行的情况下，才可能成立治安违法行为或者犯罪行为。由于何强是通过电话辱骂曾某某，其影响范围仅限定在二人之间，故该行为或许有违道德，但却并不违法。

笔者认为，当招致他人侵害的举动本身属于合法行为时，不论行为人对于侵害的发生是持积极追求、消极放任还是过失心态，均不影响他享有完整的防卫权。

（一）正当防卫本质的应有之义

包括自招防卫在内的所有关于正当防卫的具体解释问题，其最终解决都离不开正当防卫本质论的指引。[②] 正当防卫的本质论旨在揭示正当防卫的合法化理由，并说明正当防卫与其他紧急权相比具有鲜明强势风格的根据。对此，刑法理论界较为流行的是"法秩序维护说"。该说主张，由于正当防卫是通过制止他人不法侵害行为的方式保护了法益，故它除了使生命、财产等具体法益转危为安之外，还捍卫了国家法秩序的不可侵犯性，进而对违法犯罪行为产生了一般预防的效果。这样，正当防卫相比于紧急避险而言所具有的强势性特征就可以得到说明：第一，正是因为行为人面对的是违法行为，为了守卫法秩序的尊严，法律应当为公民预留更为宽裕的行动空间，使其能采取比紧急避险更为果断和主动的反击，故防卫权并非只有在不得已的情况下才能行使。第二，既然防卫人不仅保护了具体法益，而且还为维护法秩序不受侵犯作出了贡献，则他所代表的利益势必在原则上高于不法侵害人的利益，故正当防卫无需进行严格的法益衡量。[③] 与此不同，笔者主张"侵害人值得保护性下降说"，即认为正当防卫权之所以是众多紧急权利中最具强势风格的一

---

① 参见王利明、杨立新、王轶、程啸：《民法学》，法律出版社 2017 年版，第 304 页。

② Vgl. Bockelmann, Notwehr gegen verschuldete Angriffe, FS – Honig, 1970, S. 30；Kühl, Notwehr und Nothilfe, JuS 1993, S. 179.

③ 在德国，法秩序维护说是刑法理论界和判例的主流观点。Vgl. Kühl, Notwehr und Nothilfe, JuS 1993, S. 178 ff.；Roxin, Notwehr und Rechtsbewährung, FS – Kühl, 2014, S. 392 ff.；BGHSt. 24, 356 (359)；BGHSt. 48, 207 (212)．我国刑法学通说实际上是持这一见解的。参见马克昌主编：《犯罪通论》，武汉大学出版社 1999 年版，第 712 页。

种，关键在于，不法侵害人一方面在本可以避免的情况下制造了法益冲突，从而使自己陷入到可能遭受损害的险境之中，另一方面也违反了不得侵害他人法益的义务，故其法益的值得保护程度较之于遭受侵害的法益来说，出现了大幅"贬值"。① 但实际上，不论从哪一立场出发，均可得出笔者所持的结论。不妨分述如下：

1. 只要行为人的某项活动是完全在法律的轨道上展开的，那就意味着，法律对此持完全赞同和容许的态度。因此，若有人因为对该合法举动不满而向行为人发动袭击，他就不仅是在侵犯公民的具体法益，而且还挑战着法秩序的立场，故行为人的反击行为无疑具有捍卫法律尊严的属性。当行为人对侵害的引起仅持放任或者过失心态时自不待言，即便在挑拨防卫的场合，这一点也决不会因行为人具有挑拨防卫的意图而发生任何改变。因为，当挑拨行为与防卫行为均与法律的要求完全吻合时，意图通过防卫造成对方伤害的想法就纯粹属于一种深藏于行为人内心的动机，而法治国的一个基本价值追求恰恰在于，将促使人们内心向善的道德与规范公民外在行为的法律在一定程度上分离开来，容忍公民在权利许可的范围内去追逐不尽合乎道德观念的目的。例如，一位完全按章程实施妇科检查的大夫，并不会因为他私下里有借机满足自己性欲的意图而被扣上"滥用医疗权利"的帽子；一名遵照行政法规对违章排污的企业主处以高额罚款的公务员，也并不会因为他有公报私仇的想法而被认定是滥用职权。权利行使的边界只取决于法律为权利所设置的条件。任何一种行为，只要它已经完全满足了某种权利在法律上的成立条件，则不论权利行使者内心基于何种目的，该行为的合法性都不可能被横加剥夺。总而言之，"我们惩罚的不是动机，而是行为"②。

2. 如果从侵害人值得保护性下降的立场出发，那么由自招防卫特殊的事实结构所决定，防卫人与侵害者均对不法侵害及其后反击行为的产生具有原因力，故自招侵害者的防卫权是否受到影响，就取决于防卫人和侵害者各自的值得保护性是否会因为自招行为的存在而与一般的正当防卫情形有所不

---

① 对该说的具体论证，参见本书第一章第三部分。
② Roxin, Die provozierte Notwehrlage, ZStW 75 (1963), S. 563.

同。① 首先，尽管自招者至少是在具有预见可能性的情况下引起了他人的侵害，但由于某人值得保护性发生大幅下降的前提是，他以违反义务的方式自陷险境，而在我们所讨论的情形中，自招者所实施的却都是合法行为，故其值得保护的程度不存在出现降低的可能。其次，由于侵害者的进攻行为违反了不得损害他人法益的义务，故其值得保护性必然存在严重减弱，行为人也就有权对其实施正当防卫。

（二）防卫意思要件的具备

对于行为人招致他人不法侵害的案件，司法机关否定行为人享有防卫权最常见的理由，就在于认为行为人不具有防卫意思。《指导意见》第 8 条也明确将防卫挑拨列为不具有防卫意图的情形。但这一观点有待商榷。

1. 只要行为人是在认识到自己与正在进行的不法侵害相对抗的情况下实施行为，即可认定防卫意思的成立，不应在此之外再添加积极的防卫目的。

其一，主张防卫意思属于正当防卫之成立要件的观点，是以结果无价值和行为无价值的二元不法论为基础的。因为，二元论强调：只有结果无价值与行为无价值同时存在，才能成立不法；只有两者同时被取消，才能成立正当化事由。② 防卫意思的存在正是对行为无价值的否定。但需要注意的是，从大陆法系刑法学的发展来看，二元论实际上经历了从伦理道德化逐渐向法益侵害化演变的过程；就尽量剔除不法理论中的伦理道德因素、强调法益侵害性的中心地位这一发展趋势而言，二元论与一元的结果无价值论已呈现出相当的一致性。③ 在此背景下，我国支持二元论的代表学者周光权教授，近年来也抛弃了从社会伦理规范的违反来理解行为无价值的观点，他明确指出"法益侵害对于界定行为无价值具有决定性意义"，"行为至少具有导致法益受到

---

① Vgl. Mitsch, Rechtfertigung und Opferverhalten, 2004, S. 132ff；Kühl, Strafrecht AT, 8. Aufl., 2017, § 7 Rn. 237.

② Vgl. Roxin, Strafrecht AT, Bd. Ⅰ, 4. Aufl., 2006, § 14 Rn. 96.；Eisele, in：Schönke/Schröder, StGB, 30. Aufl., 2019, vor § §13ff. Rn. 52ff；Sternberg – Lieben, in：Schönke/Schröder, StGB, 30. Aufl., 2019, vor § § 32 Rn. 13ff.

③ 参见陈璇：《德国刑法学中结果无价值与行为无价值的流变、现状与趋势》，载《中外法学》2011 年第 2 期。

侵害的危险时才具有行为无价值，从而排斥道德主义对刑法的影响"①。于是，站在以法益侵害为导向的不法论立场之上，应当认为，由于刑法的目的在于保护法益，故它对某种行为的评价结论最终只取决于该行为是有利于还是有碍于这一目的的实现。众所周知，即便行为人并不追求法益侵害结果的发生，只要他在认识到自己的行为具有法益侵害危险的情况下仍然实施该行为，那么其法敌对意志和犯罪故意的成立就不受任何影响。既然如此，只要行为人意识到自己的行为会产生与不法侵害相对抗的效果，即可认为他主观上是站在了有利于实现结果有价值（即实现法益保护）的立场之上，即使行为人并非或者并非主要是为了追求法益保护，而是心怀借机报复、泄愤等其他不良目的，也毫不妨碍该行为获得法律上的积极评价。因此，防卫意思的成立只要求行为人对不法侵害的事实有所认知即可。像我国刑法学通说那样要求防卫人必须以积极追求保护合法权益为其唯一目的，甚至强调"正当防卫的目的在正当防卫的构成中占有十分重要的地位，它……决定了防卫人主观上崇高的正义感和道德感"②的说法，实际上是从道德主义的立场出发对防卫意思提出了过分的要求。③据此，即使在防卫挑拨的场合，由于被挑拨者实施的是不法侵害，而挑拨者是在对此有明确认识的情况下展开反击的，故他在主观方面就已经完全满足了防卫意思的要求。

其二，正如故意、过失的成立与否只能以实行行为当时的事实情况为认定依据，对于防卫意思有无的判断，也只能站在反击行为实施当时来进行。④既然从兵法上来看，交战者无不追求"自保而全胜"⑤，即既要消灭对方又要保全自身，那么挑拨者在面临不法侵害来袭之时，就必然有借助反击行为保证自己免受损害的意图。所以，即便退一步认为防卫意思必须包含积极保护法益的目的，也难以否定挑拨者具有防卫意思。例如，对于"何强聚众斗殴案"，法院认为被告人何强等人故意挑起曾某某等人来公司向己方进攻，尔后借口正当防卫行加害对方之实，属于典型的挑拨防卫，故不具有防卫意思。⑥

---

① 周光权：《新行为无价值论在中国的展开》，载《中国法学》2012年第1期。
② 陈兴良：《刑法适用总论》，中国人民大学出版社2017年版，第293页。
③ 参见本书第七章第二部分。
④ Vgl. Kühl, Die „Notwehrprovokation", Jura 1991, S.177.
⑤ 《孙子兵法·谋攻篇》。
⑥ 参见姚鸣、黄晓梦：《何强等聚众斗殴案》，载《人民司法·案例》2013年第18期。

可是，由于曾某某等人持刀袭击的行为无疑属于不法侵害，而何强等人不仅对此有完全的认知，而且也确实希望通过回击避免自身的生命、健康受到侵害，故不论他们夹杂着何种在道德上值得谴责的动机，都无法认为其缺少防卫意思。挑拨防卫是所有自招侵害的情形中行为人"主观恶意"最为强烈的一种，既然在该情形中，正当防卫的主观要件尚且能够得到满足，那么根据"举重以明轻"的道理，当行为人对不法侵害的引起只具有放任、过失等心态时，就更没有理由否认其防卫意思的存在。

2. 行为人未求助于其他途径避开或者制止侵害，而是自行积极准备反击工具，这一事实不能成为否定行为人具有防卫意思的理由。在审判实践中，法院往往以行为人事先为迎击对方的侵害做好了准备为根据，认定他只具有与对方斗殴的意图。例如，对于"朱某某故意伤害案"，司法机关内部有意见认为："朱某某在得知韦某某将要对其实施伤害时，应当首先向当地公安机关或有关部门报告寻求救济，平息事态，或回避可能发生的不法侵害。而朱某某不但不报告，反而积极准备反击工具，说明其主观上是出于斗殴的故意，而非防卫目的。"[1] 对于"黄德波故意伤害案"，法官否定被告人的行为成立正当防卫的理由之一是，黄德波"未求饶或以其他方式放弃或逃跑"[2]。对于"何强聚众斗殴案"，主审法院提出，在何强主动拨打曾某某电话后，即对对方可能上门发生打斗有明确判断并作了纠集人员、准备工具的充分准备，应当认定被告人何强一方在主观上并非基于防卫的目的，而是具有与他人互殴的故意。[3] 在"黄某煌故意伤害案"中，被告人黄某煌与被害人翟某因使用卸货通道之事发生争吵，翟某先冲上前去用脚踹黄某煌腿部，黄某煌回踢对方，后翟某抱住黄某煌的大腿往上抬，欲将黄某煌推倒，黄某煌拉住翟某的颈部并将翟某推扯开，因用力过大，翟某身体失去平衡，腰部碰到停在旁边的一辆摩托车后与摩托车一起倒下，导致其因重症脑出血而死亡。二审法院主张，由于上诉人在具有回旋余地的情况下不予躲避，明知自己的行为会发生

---

① 张宝、毛康林：《预见不法侵害并积极准备防卫工具能否阻却成立正当防卫》，载《中国检察官》2014年第11期。

② 刘洋、罗锐：《互殴中正当防卫的认定》，载《人民法院报》2005年11月1日第C03版。

③ 参见江苏省苏州市中级人民法院刑事判决书，(2012)苏中刑终字第0091号。

伤害的结果，仍然积极实施暴力相对抗，故其行为不符合正当防卫的要件。①笔者对这一见解持怀疑态度。

其一，根据《刑法》第 20 条第 1 款的规定，与紧急避险不同，正当防卫的成立不受"不得已"要件的制约。即，行为人并非只有在别无选择的情况下才能实施正当防卫，即便存在逃避、报警等其他同样有效的法益保护措施，也不妨碍行为人直面侵害、出手反击。否则，"法不能向不法让步"的公理就无法得以彰显。因此，在行为人预料到他人会对自己实施侵害时，他并不负有首先选择退缩或者向公权力机关报告的义务。

其二，如果说为了迎接对方侵害作了准备的人不享有防卫权，那就意味着，防卫人处于毫无防范、措手不及的劣势之中是正当防卫成立的必备要件。然而，在不法侵害人早已磨刀霍霍的情况下，反而剥夺公民未雨绸缪的权利，这岂非要求人们在面对侵害者时必须主动甘居下风，甚至不惜在反击不法侵害的过程中败走麦城？这样一来，法律岂不成了协助侵害者束缚防卫人手脚的"帮凶"？这种结论是无法让人接受的。

其三，司法机关往往认为行为人预作准备的事实证明他只有"你敢来打我，我就打你"这样一种斗殴的故意，②可为什么就不能从中推导出行为人具备防卫意图的结论来呢？因为，行为人之所以想方设法备下武器、集合人员，不就是为了等对方展开攻击时，能够及时有效地制止其侵害吗？所谓"你敢来打我，我就打你"的想法难道不正是"你若侵害，我就防卫"的防卫目的吗？

3. 简单地以行为人存在"斗殴"或者"互殴"的意图为由否定其具有防卫意思的做法，是不正确的。因为，"斗殴"也好，"互殴"也罢，其实只是对多人相互实施暴力之行为的一种事实性甚至表象性的描述，它们无法完整地揭示出法律对该行为的实质性评价。当行为人为抵御他人的不法侵害而予以反击时，由于侵害者不会轻易停止进攻，防卫人亦不会随便放弃反抗，故双方也会呈现出你来我往、相互殴打的状态。因此，对于多人相互打斗的案

① 参见黄某煌故意伤害案，广东省高级人民法院刑事判决书，(2014) 粤高法刑四终字第 347 号。
② 参见胡咏平故意伤害案，载中华人民共和国最高人民法院刑事审判第一、二、三、四、五庭主办：《中国刑事审判指导案例》，法律出版社 2009 年版，第 276 页；杨毅伟：《自我防卫与相互斗殴的刑事司法判定研究》，载《西南政法大学学报》2012 年第 6 期。

件，我们不能仅以行为人明知自己的反击会导致双方互相实施暴力为由，一律贴上"斗殴""互殴"的标签，进而不分青红皂白地对双方"各打五十大板"，而必须在查明究竟是否有人率先实施不法侵害的基础上，弄清谁是侵害者、谁是防卫人。以"黄德波故意伤害案"为例，法院认定黄德波不具有防卫意思的根据在于，被告人"与朱某某等人因不能冷静处理在市场交易过程中所产生的普通民事纠纷致矛盾升级，发生打斗。双方在主观上均有侵害对方的故意，在客观上亦实施了针对对方的加害行为。双方徒手打斗的过程中，被告人先后两次拿起锐器，并最终将被害人朱某某砍伤致死，此伤害行为不具有正当防卫的属性"[1]。然而，这种说法是站不住脚的。

其一，从案件事实来看，双方发生争执后，朱某某及其同行的另外两人先将被告人两次打倒在地。可见，明明是被害人对行为人实施不法侵害在先，行为人实施反击行为在后，怎么能含糊其辞地将案件定性为双方"打斗"呢？

其二，对于那些不会导致侵害人法益受损的行为，根本没有讨论其是否成立正当防卫的必要，[2] 正当防卫一定是具有对侵害人法益造成损害危险的行为，故防卫意思本来就必然包含了放任甚至追求引起对方法益损害结果的心态。因此，不能仅以行为人"在主观上有侵害对方的故意"为由否定防卫意思的存在。

（三）"侵害紧迫性"要件之否定

我国刑法学通说认为，只有当不法侵害具有紧迫性时，才能允许公民对之进行正当防卫。[3] 于是，司法机关往往据此认为，在自招侵害的场合，由于自招者对侵害的到来早有预见，甚至已厉兵秣马，故自招者并非是在猝不及防的情况下遭遇袭击，不法侵害对于他来说不具有紧迫性。[4] 但笔者对此不以为然。因为：

---

① 江苏省淮安市中级人民法院刑事判决书，（2005）淮刑一初字第 15 号。

② 参见张明楷：《故意伤害罪司法现状的刑法学分析》，载《清华法学》2013 年第 1 期。

③ 参见马克昌主编：《犯罪通论》，武汉大学出版社 1999 年版，第 719～720 页；高铭暄主编：《刑法专论》，高等教育出版社 2006 年版，第 419 页；张明楷：《刑法学》，法律出版社 2016 年版，第 198 页。

④ 参见刘洋、罗锐：《互殴中正当防卫的认定》，载《人民法院报》2005 年 11 月 1 日第 C03 版；姚鸣、黄晓梦：《何强等聚众斗殴案》，载《人民司法·案例》2013 年第 18 期。

第一，从法律规定上来看，《刑法》第 20 条并未要求不法侵害必须具有紧迫性的特征。纵观大陆法系各国的立法例，对于正当防卫中不法侵害的规定主要有两种模式。一是要求不法侵害必须具有紧迫性，二是只要求不法侵害应当正在进行。在日本，由于《日本刑法典》第 36 条第 1 款采取了前一立法模式，在"不法侵害"之前明文规定了"紧迫的"这一修饰限定词，故刑法理论和判例都承认不法侵害的紧迫性属于正当防卫的成立条件之一。[①] 可是，在我国，无论是中华民国时期的刑法典，还是 1979 年颁布并适用至今的《刑法》，均在比较参考了包括日本在内的各国立法的基础上明确选择了前述第二种立法模式。这就说明，立法者是有意将侵害的紧迫性排除在了正当防卫的要件之外。因此，认为正当防卫的成立以不法侵害具有紧迫性为前提的观点，忽视了中日两国刑法相关规定的重大差异。[②]

第二，从实质上来看，将不法侵害的紧迫性列为正当防卫要件的做法也不具有任何合理的根据。因为：一方面，如果从本义上来理解紧迫性，那就意味着公民只要对侵害有所准备，甚至有所预见，即一律丧失行使防卫权的资格，这无疑将使正当防卫的成立范围受到过分的限制。因此，尽管日本早期的判例确实采取过这种解释，但自 20 世纪 70 年代以后，无论通说还是判例均大大放宽了对紧迫性要件的理解，认为所谓的紧迫性不是指侵害给防卫人造成的因意外、窘迫而难以及时作出正确判断的主观状态，而是指法益侵害的客观的迫切性。[③] 这样一来，说侵害必须具有紧迫性，就和说侵害必须正在进行没有本质的区别。另一方面，通说认为，诸如贿赂、重婚之类的行为也属于正在进行的不法侵害，但不宜允许公民对之实施正当防卫，防卫权的行使之所以在此受到禁止，就是因为这类行为缺少紧迫性。[④] 但是，即便贿赂、重婚等行为不能成为正当防卫的起因，也是因为该类行为所侵害的是纯

---

① 参见 [日] 西田典之：《日本刑法总论》，王昭武、刘明祥译，法律出版社 2013 年版，第 135 页以下；[日] 山口厚：《刑法总论》，付立庆译，中国人民大学出版社 2018 年版，第 117 页以下。

② 事实上，早在民国时期，就有学者明确指出了这一点。参见陈瑾昆：《刑法总则讲义》，吴允锋勘校，中国方正出版社 2004 年版，第 154 页以下；陈文彬：《中国新刑法总论》，夏菲勘校，中国方正出版社 2008 年版，第 123 页以下。

③ [日] 山口厚：《日本正当防卫的新动向》，郑军男译，载《辽宁大学学报（哲学社会科学版）》2011 年第 5 期。

④ 参见张明楷：《刑法学》，法律出版社 2016 年版，第 198～199 页。

粹的国家法益，一旦允许公民以私力加以制止，就会导致任何个人都能不经法定程序随意介入国家事务、直接行使国家权力的混乱局面,① 而与行为是否具有紧迫性无关。

（四）捍卫公民自由的要求

在自招行为合法的场合，仅仅因为行为人事先对该行为会引起不法侵害有所认识或者具有预见可能性，就剥夺其防卫权，将不当地限制公民的自由。《宪法》第51条规定："中华人民共和国公民在行使自由和权利的时候，不得损害国家的、社会的、集体的利益和其他公民的合法的自由和权利。"据此，只要不侵犯其他法益，只要不对他人的自由构成妨碍，公民就尽可以理直气壮地行使其权利，而国家也有义务为公民畅通无阻地行使自由创造安全的环境。可是，如果说即便行为人实施的是合法行为，但他只要预见到该行为会招致别人的不法侵害，就丧失了正当防卫权，那等于是宣告：若公民预见到自己去麻将馆将会引起某人的袭击，则他有义务放弃这一消遣计划；若摊贩知道自己向顾客索要钱款将会导致对方的殴打，则他应当停止行使债权；若某人估计自己的争吵可能激起对方使用暴力，则他必须主动退缩、偃旗息鼓。这样一来，岂不是意味着合法行为者反而需要向不法侵害人忍气吞声、避让三舍？

德国法院在20世纪70年代以前，也曾持与我国判例大致相同的立场。以联邦最高法院的一则著名判例为例：M居住在一幢出租板房中，他经常对板房里包括被告人在内的住户实施骚扰、辱骂甚至殴打；被告人打定主意，若再度遇袭，则用准备好的刀子自卫；一日，当被告人返回板房时，M果然向他发起袭击，被告人在搏斗中用刀将M刺死。联邦最高法院以被告人在主观上具有通过进入板房挑起M发动袭击的意图为由，判定他不享有防卫权。② 但该判决遭到了学界几乎一致的反对。③ 此后，德国法院的判例逐渐抛弃了原

---

① Vgl. Erb, in: MK – StGB, 3. Aufl., 2017, § 32 Rn. 100; Kindhäuser, in: NK – StGB, 5. Aufl., 2017, § 32 Rn. 37.

② Vgl. BGH, NJW 1962, S. 308ff.

③ Vgl. Gutmann, Die Berufung auf das Notwehrrecht als Rechtsmißbrauch?, NJW 1962, S. 286ff.; H. Schröder, Anmerkung zu BGH, JR 1962, S. 187ff.; Roxin, Die provozierte Notwehrlage, ZStW 75 (1963), S. 564.

先的观点，转而认为，只要先前的招引行为合法，就不应当对遭受侵害者的防卫权予以任何限制。① 恰如罗克辛（Roxin）所言："'法无需向不法让步'……这句话绝不是像人们有时认为的那样，仅仅说出了一条陈旧的、严肃主义的正当防卫原则，它所表达的实际上是用以支撑整个法秩序的一根柱石。"② 既然返回住宅、进出娱乐场所、索要买卖对价以及与他人争执，无疑都属于公民的正常权利，其行使也并未威胁到他人法益的安全，那么法律又有什么理由不仅不为其做主，反而强令他必须为侵害者绕道让路、主动扣减自己的自由呢？在一个社会中，倘若谨小慎微、畏缩不前的不是违法者，反倒是守法之人，如果公民对于法律会为自己行使自由提供坚强的后盾这一点都无法指望，以致于常常有家难返、处处风声鹤唳，那就毫无公道和正义可言，人类苦心经营建构起来的法律秩序也将轰然坍塌，取而代之的将是弱肉强食法则支配下的原始状态。

需要指出的是，即便双方先前的非法纠纷是引起自招侵害的导火索，行为人的防卫权也丝毫不受影响。首先，公民之间存在磕碰与争端，这是我们社会生活中普遍存在的正常现象。但俗语有谓，"丁是丁，卯是卯""一码归一码"。矛盾和纠纷究竟孰是孰非，自有法律公断，它的存在并不会对其中任何一方法益的值得保护性造成消极影响。其次，纠纷的法律属性与正当防卫中的"正"与"不正"没有直接关联。对于"何强聚众斗殴案"，法院提出："本案系因赌债纠纷引发，系非法利益之争，不能得到法律保护，为此而实施的斗殴行为均不具有正当性。"③ 陈兴良教授赞同这一观点，并进一步论证道："正当防卫是正与不正之关系，而聚众斗殴是不正与不正之关系。在本案中，双方纠纷的起因是赌债，系非法利益之争，双方均为不法，是不正与不正之关系。"④ 然而，这种说法对正当防卫的起因条件存在误解。因为，正当防卫中所谓的"不正"，是指侵害行为本身的非法性，它与利益冲突的最初诱因是否合法无关。即便挑衅是因赌债纠纷所生，只要挑拨行为自身未逾越法律的

---

① Vgl. BGHSt 27, 336; BGH, NStZ 1989, S. 474; Hirsch, Rechtfertigungsfragen und Judikatur des Bundesgerichtshofs, FG – BGH, 2000, S. 204.

② Roxin, Die provozierte Notwehrlage, ZStW 75 (1963), S. 564.

③ 江苏省苏州市中级人民法院刑事判决书，(2012) 苏中刑终字第 0091 号。

④ 陈兴良：《聚众斗殴抑或正当防卫：本案定性与界限区分》，载《人民法院报》2012 年 4 月 13 日第 3 版。

界线，则遭受挑拨者也不享有暴力攻击对方的权利，而挑拨者的法益也并不会失去法律的保护。故一旦受挑拨者向另一方展开侵害，则针对前者予以反击的行为就依然属于"正对不正"。

三、违法的自招行为与正当防卫权

（一）问题聚焦

如果说在自招行为合法的场合，人们对于自招者应享有完整防卫权的观点还比较容易达成共识的话，那么当自招行为是违法举动时，自招者的防卫权将处于何种状态，则存在极大的争议。

在对违法的自招行为与防卫权的关系展开剖析之前，首先需要明确以下两点：第一，如果自招行为本身就属于正在进行的不法侵害，那么对方为制止该侵害而实施的必要回击就成立正当防卫，行为人对于他人的正当防卫自然无权再进行防卫。当然，若对方的防卫行为明显超过了为制止不法侵害所必需的限度，则该行为即转变为违法行为，行为人随之也就获得了对其实施正当防卫的权利。[①] 例如，乙在公众场所一边咒骂一边持续向甲的身上喷射墨汁，以期挑起甲的袭击、尔后实施防卫。若甲只是使用一般的暴力去制止乙的侮辱活动，则该行为属于正当防卫，乙对之无防卫权；但若甲直接掏出手枪朝乙射击，则该行为明显超出了必要限度，故乙有权实施自卫。第二，如果自招行为不属于正在进行的不法侵害，但却制造出了使他人法益遭受侵害的危险状态，那么对方为了避免该危险，不得已在必要限度内对行为人造成损害的行为就成立防御性紧急避险。例如，甲途径某地，留宿在当地村民乙家中，打算住上一天；当晚，甲上厕所经过乙的房间时，偶然听见乙正与家人密谋，计划在甲启程离开前的夜晚将其杀死并取走财物。就正当防卫而言，最早也要等到乙拿出凶器准备实施杀害行为时，才能认为不法侵害已经开始；但在此之前，由于甲的生命已经处于即将遭遇侵犯的境况中，故可以认为紧

---

① 参见黎宏：《论正当防卫的主观条件》，载《法商研究》2007 年第 2 期。

急避险所要求的危险状态已经出现。① 若甲在缺乏逃避、报警、向第三人求助等可能性的情况下，将乙一家人反锁在屋内，则该拘禁行为可以通过防御性紧急避险得以正当化。既然紧急避险属于合法行为，那么自行招致了该举动的人对之就不享有正当防卫权。

在排除了上述两种情形之后，我们需要集中精力探讨的实际上就只有以下这类案件：A 的某个违法行为引起了 B 的侵害，但在 B 实施侵害之时，A 的违法行为已经结束，而且没有制造出将来可能继续侵害法益的危险状态，或者虽然存在该危险状态，但 B 完全有可能通过其他途径将其排除。例如：

【刘后元故意伤害案】1994 年，被告人刘后元与本村村民路某某结婚。路某某的前夫刘某乙对刘后元经常去路宅（系刘某乙与路某某协议离婚时分割给路某某的财产）心怀不满，两人多次发生口角。2000 年 2 月 11 日 18 时许，刘后元来到路家中，正遇刘某乙，刘某乙即谩骂刘后元，并持路家一把菜刀追赶刘后元，后被村民劝阻。刘后元回到家中，见刘某乙仍站在一村民的屋前谩骂，并扬言要杀掉自己，便从家中拿出一把匕首，斗狠说："你今天不杀我，你就是我的儿。"说着走近刘某乙，随即二人发生揪扭，扭倒在地。在扭打过程中，刘某乙用菜刀砍击刘后元头部，刘后元遂用携带的匕首刺中刘某乙左侧背部，致其重伤。法院以故意伤害罪判处刘后元有期徒刑 3 年，缓刑 4 年。②

【黄某甲故意伤害案】2014 年 6 月 10 日 14 时许，被告人黄某甲与彭某甲在 X 镇周某某开的杂货店门口因打牌发生口角，然后双方用板凳互相殴打。黄某甲的儿子黄某乙在杂货店对面经营餐饮店，见状就过去帮忙。黄某乙将彭某甲抱住，黄某甲即用板凳砸了一下彭某甲的头部，然后双方被劝开。当日 15 时，彭某甲认为自己吃了亏，就告诉儿子彭某乙，彭某乙要被害人肖某某帮忙去看看。肖某某叫上付某某等人来到 X 镇，彭某甲带肖某某等人找到黄某乙，然后肖某某手拿摩托车锁和一起来的付某某等人对黄某乙实施殴打。黄某甲见状拿起菜刀砍向肖某某和付某某，导致肖某某轻伤、付某某轻微伤。

① Vgl. Roxin, Strafrecht AT, Bd.Ⅰ, 4. Aufl., 2006, § 16 Rn.84.; Perron/Eisele, in：Schönke/Schröder, StGB, 30. Aufl., 2019, § 32. Rn.18.

② 参见湖南省常德市中级人民法院刑事判决书，载祝铭山主编：《故意伤害罪（典型案例与法律适用）》，中国法制出版社 2004 年版，第 18 页以下。

法院以故意伤害罪判处黄某甲有期徒刑 10 个月。[①]

在"刘后元故意伤害案"中，刘后元在其他村民能够知晓的公共场所说出贬低刘某乙人格的话语，这属于损害他人名誉的侮辱行为。但是，在刘某乙袭击刘后元的时候，该侮辱行为已经结束。在"黄某甲故意伤害案"中，黄某甲先是在儿子的帮助下用板凳对彭某甲实施了殴打，这无疑属于违法行为，但在彭某甲率领肖、付等人向黄某乙发动袭击时，黄某甲与黄某乙的殴打行为早已不复存在。而且，在这两个案件中，即便不能排除刘后元与黄某甲有继续实施同一违法行为的可能，但这种危险状态完全可以通过其他方式来得以消除。所以，刘某乙和彭某甲等人的袭击不存在任何正当化事由，属于正在进行的不法侵害。在此情况下，被告人能否行使正当防卫权呢？

（二）防卫权全面肯定论之提倡

对此，德国刑法学的通说和判例认为，应当区分两种情况来分别处理：[②]第一，当行为人蓄意挑拨防卫时，他完全丧失防卫权。第二，当行为人对于对方的侵害持放任或者过失心态时，他仍然有权实施正当防卫，但其防卫权将受到以下两方面的限制：其一，若存在逃避或者向他人求助的可能，则行为人不得进行防卫。其二，在不具有逃跑和求助可能的情况下，若消极防御措施（例如，用刀抵挡对方的击打）就足以避开侵害，则即便该措施有可能导致行为人遭受轻微的损伤，行为人也不得采取积极的反击（例如，用刀刺向对方身体）；只有当消极防御无效，或者行为人在消极防御的过程中有遭受重大伤害的危险时，行为人才能实施积极的反击行为。[③]我国也有学者表示赞

---

① 参见江西省宜春市中级人民法院刑事附带民事裁定书，(2015) 宜中刑一终字第 17 号。

② Vgl. BGHSt 24, 356；BGHSt 26, 142 (145ff)；BGH NJW 1991, 503；Welzel, Das Deutsche Strafrecht, 11. Aufl., 1969, S. 88；Roxin, Die „sozialen Einschränkungen" des Notwehrrechts, ZStW 93 (1981), S. 85ff.；Geilen, Notwehr und Notwehrrexzeβ, Jura 1981, S. 372ff；Günther, in：SK – StGB, 7. Aufl., 1999, § 32 Rn. 121；Wessels/Beulke/Satzger, Strafrecht AT, 47. Aufl., 2017, Rn. 522ff；Kindhäuser, in：NK – StGB, 5. Aufl., 2017, § 32 Rn. 117ff.

③ 也有相当数量的德国学者认为，在这两种情形中，行为人的防卫权都只应受到限制，而不能被完全剥夺。Vgl. Jescheck/Weigend, Lehrbuch des Strafrechts AT, 5. Aufl., 1996, S. 346f.；Günther, in：SK – StGB, 7. Aufl., 1999, § 32 Rn. 125；Perron/Eisele, in：Schönke/Schröder, StGB, 30. Aufl., 2019, § 32 Rn. 55ff.

同一一观点。[①]

然而，笔者认为，在行为人通过违法行为招致不法侵害的场合，其防卫权既不会消失，也不会萎缩。本章第二部分在论证以合法行为招致不法侵害之人仍享有完整防卫权的观点时，提出的关于防卫意思的论据也同样可以适用于此处。因为，不论招致他人侵袭的行为合法与否，既然防卫意思只要求行为人对不法侵害的事实有所认识即可，而行为人也明确认识到自己正在遭受他人的不法侵害，那么防卫意思的成立就不存在疑问。除此之外，笔者还将提出以下四点理由。需要说明的是，在自招防卫的所有情形中，挑拨防卫是自招者责任最重的一种，若能证明挑拨防卫者的防卫权不受影响，则其余自招防卫类型中行为人的防卫权就更不存在问题。故以下均先从挑拨防卫的情形入手，再延及自招侵害的其他情形。

1. 在以违法行为自招侵害的情形中，防卫人与侵害者各自值得保护的程度，与其他正当防卫的情形相比并无本质区别。站在"侵害人值得保护性下降"这一正当防卫本质论的立场之上，自招者是否保有完整的防卫权，取决于自招者和侵害人各自法益的值得保护性是否会因自招行为的存在而发生变化。事实上，即便挑拨行为违法，它也既未使侵害人的值得保护性得以保全，又没有大幅降低防卫人的值得保护性。因为：

（1）如前所述，侵害人的值得保护性是否出现大幅下降，是与他能否避免以违反义务的方式引起法益冲突密切相关的，故挑拨防卫是否影响防卫权的存在，就取决于违法的挑拨行为是否会使侵害人避免法益冲突的能力归于消失。[②] 换言之，"对于正当防卫来说，重要的不是挑拨这一事实，而是挑拨行为所带来的后果——避免实施侵害的能力是否有所下降"[③]。假设我们能够证明，挑拨行为使得侵害者丧失了抑制自己实施侵害的能力，或者使得规范无法期待侵害者不去实施侵害，那就可以认为，挑拨者才是法益冲突的真正

---

① 参见欧阳本祺：《正当防卫认定标准的困境与出路》，载《法商研究》2013 年第 5 期；徐梦萍、王剑波：《论防卫挑拨的类型及其处理原则》，载《辽宁大学学报（哲学社会科学版）》2013 年第 5 期；王钢：《正当防卫的正当化依据与防卫限度——兼论营救酷刑的合法性》，元照出版公司 2019 年版，第 204 页。我国台湾地区亦有学者支持该学说。参见林山田：《刑法通论》（上册），北京大学出版社 2012 年版，第 210 页。

② Vgl. Mitsch, Rechtfertigung und Opferverhalten, 2004, S. 405.

③ Mitsch, Rechtfertigung und Opferverhalten, 2004, S. 406.

操控手，故侵害人值得保护的程度并没有实质性的减弱，挑拨者对他不享有正当防卫权。可以想象的情形是：刑法学者甲明知被害人无权对有生命危险的重伤予以同意，但嘱咐乙把甲自己的一条腿砍下，并反复向其解释得到被害人承诺的重伤行为绝对是合法的；乙信以为真，便按照甲的要求实施伤害行为，正当欠缺违法性认识能力的乙挥刀砍向甲左腿时，甲迅速掏出准备好的匕首，以《刑法》第 20 条第 3 款为根据将乙刺倒，致其重伤。① 然而，在我们讨论的防卫挑拨案件中，尽管挑拨者有挑衅行为在先，但这并不是侵害者实施不法侵害的正当理由，因为是否采取违法方式引起法益间的激烈冲突，决定权始终牢牢掌握在侵害人而非挑拨人手上。

比如，对于"刘后元故意伤害案"，法院认为被告人的行为不成立正当防卫的理由在于，刘后元与刘某乙斗狠，并故意刺激对方，促使其实施不法侵害，然后借口防卫将刘某乙刺伤，其行为属于挑拨防卫。② 首先，从已查明的案情来看，尽管刘后元从家中拿出匕首后对刘某乙进行辱骂，但该事实充其量只能说明刘后元知道自己出言不逊很有可能引来刘某乙的攻击，进而对此加以放任，却很难证实他预先就有借防卫之名加害对方的明确目的。因此，说刘后元的行为属于挑拨防卫的论断本身就存在疑问。其次，即便能够证明被告人具有挑拨防卫的意图，但在刘后元的言语挑衅面前，刘某乙并未丧失决定是否挥刀伤害对方的自由和能力，他作为一名正常的公民，当然知道采取违法行为绝不是应对这种挑衅的正确方法。诚如德国学者哈赛默（Hassemer）所说："只要被挑拨者能够负责地实施行为，那么刑法同样也要求他必须尊重他人的法益。"③ 既然如此，与一般的正当防卫情形一样，防卫挑拨中侵害人的值得保护性也必将出现大幅降低。

---

① 在本案中，甲的行为之所以不成立正当防卫，其具体根据在于乙欠缺违法性认识的可能性，故其行为不属于《刑法》第 20 条第 1 款所说的"不法侵害"。从侵害人的视角出发，容易得出正当防卫中的不法侵害以侵害人具备责任为前提的结论。因为，既然正当防卫的本质要求侵害人应当具有避免引起法益冲突的能力，那么由于无责任能力或者无违法性认识可能的人欠缺控制自己的行为、进而避免陷入法益冲突境地的能力，故其值得保护性就不会出现大幅下降。所以，遭受其侵害的人或第三人就只能在不得已的情况下对其实施防御性紧急避险，而不能进行正当防卫。

② 参见湖南省常德市中级人民法院刑事判决书，载祝铭山主编：《故意伤害罪（典型案例与法律适用)》，中国法制出版社 2004 年版，第 18 页以下。

③ Hassemer, Die provozierte Provokation oder über die Zukunft des Notwehrrechts, FS – Bockelmann, 1979, S. 244.

（2）法律能否赋予挑拨者以完整的防卫权，也取决于挑拨者值得保护的程度是否因他以违法行为引起了对方的侵害而大打折扣。尽管挑拨行为具有违法性，但由于它并不属于正在进行的不法侵害，故正当防卫中"侵害人值得保护性大幅下降"的原理就不适用于挑拨者。因此，这里需要考虑的是挑拨者是否存在被害人自我答责或者被害人承诺的事由。

首先，认为挑拨者属于自设风险的说法不能成立。罗克辛认为，挑拨防卫者之所以无防卫权，根据之一是"他通过自己的违法举动故意地自设风险（Selbstgefährdung），从而无需获得保护"①。但这一观点恐怕是经不起推敲的。第一，挑拨行为对不法侵害的产生缺乏成立自设风险所需的支配力。被害人自设危险之所以能成为一种直接排除结果归责的事由，其实质根据在于：当被害人在完全认识到自己的行为可能会给其法益造成损害的情况下，依然实施了该危险行为时，法益的安危实际上完全处在被害人自身的掌控和决定之中，他原本可以随时选择停止危险行为以保证法益的安全，因此，由该危险所引起的结果就必须由被害人自行承担，而不能归责于那些仅仅从旁发挥协助和促进作用者，否则就会对第三人的行为自由造成不当的限制。② 正因为如此，唯有当危险的产生处在被害人现实支配和控制之下时，③ 我们才能把该危险所产生的损害结果归入被害人自我负责的范围。④ 在挑拨防卫中，挑拨者的行为与他所受到的侵害之间无疑具有条件关系；可是，从结果归责的角度来看，挑拨者对事态发展所具有的支配力，却远未达到能使损害结果专属于自己答责范围所需要的程度。一方面，给挑拨人的法益制造出具体和现实侵害危险的并非其挑拨行为，而是对方的侵害行为，故挑拨者对自己所受到的法益损害欠缺直接支配。另一方面，挑拨行为也不足以剥夺侵害者的行动选择能力，从而使其沦为被害人实现自设风险的工具，故挑拨者也不可能对侵害行为引起损害结果的事实过程具有间接支配。第二，如果说挑拨者引起他人侵害是自设风险的话，那么，侵害人在受到挑拨之后，明知有可能引起反击，

① Roxin, Strafrecht AT, Bd. Ⅰ, 4. Aufl., 2006, § 15 Rn. 65.
② 参见冯军：《刑法中的自我答责》，载《中国法学》2006 年第 3 期。
③ Vgl. Wessels/Beulke/Satzger, Strafrecht AT, 47. Aufl., 2017, Rn. 268；Sternberg – Lieben, in: Schönke/Schröder, StGB, 30. Aufl., 2019, vor § § 32 ff. Rn. 107.
④ 参见黎宏：《刑法总论问题思考》，中国人民大学出版社 2007 年版，第 289 页；张明楷：《刑法学中危险接受的法理》，载《法学研究》2012 年第 5 期。

却仍然选择向对方实施不法侵害，我们也完全可以认为侵害者是自行陷入了遭受挑拨者反击的危险之中，应当对由此造成的损害自我答责。① 这样一来，就会得出两个结论：其一，挑拨者的反击行为并不违法；其二，正当防卫不成立犯罪的根据全在于侵害者的自我答责。可是，前一结论与主张挑拨者无防卫权的观点恰恰背道而驰，后一结论则与正当防卫属于违法阻却事由而非构成要件排除事由的公论相悖。

其次，主张挑拨者成立被害人承诺的观点也站不住脚。从表面上看，挑拨者为了实现借正当防卫之名加害对方的目的，必然期待着对方在受到挑衅的刺激后能对自己展开攻击，故他似乎是通过挑拨行为自愿接受了对方的损害；既然对方的损害行为因成立被害人承诺而归于合法，那么挑拨者自然也就无权对之实施正当防卫了。② 但问题在于：虽然挑拨者对对方按捺不住起身袭击自己的行为求之不得，但他只是希望由此获得反击的把柄而已；既然挑拨者早已决定实施防卫，甚至已经为此做了周密部署和精心安排，那他就不可能对侵害行为的危险性和结果抱有丝毫同意之念。因此，被害人承诺无法成为否认挑拨者享有防卫权的理由。正是因为意识到了这一点，故有部分学者只好提出，虽然挑拨行为不能完全满足被害人承诺的条件，但挑拨者毕竟还是在预先对危险有充分认识的情况下主动挑起了侵害，所以法律无需再对他提供保护。③ 但这一说法也存在疑问。例如，甲于深夜时分走在回家的路上，他明知前方路段常有劫匪出没，但因归心似箭还是决定冒险前往，结果于途中惨遭洗劫。按照上述观点，既然甲"明知山有虎，偏向虎山行"，他在事先对危险有所预见的情况下仍一意孤行，以致招来了他人的劫掠，那他就没有资格获得法律的保护，故劫匪的行为不成立抢劫罪。这一结论无论如何是不可能成立的。因为，在法治社会中，公民本来就有权信任自己的法益不会无端受到他人侵犯。是否选择采取谨慎小心的措施去保护自身的安全，这是公民的自由所在，法律只能予以尊重，而不能以此为标准决定是否向他提

---

① Vgl. Rönnau/Hohn, in：LK – StGB, 12. Aufl. , 2006, § 32 Rn. 250.

② Vgl. Maurach/Zipf, Strafrecht AT, Bd. Ⅰ, 8. Aufl. , 1992, § 26 Rn. 43.

③ Vgl. Roxin, Die„ sozialen Einschränkungen "des Notwehrrechts, ZStW 93（1981）, S. 85；Montenbruck, Thesen zur Notwehr, 1983, S. 43.

供保护。[①] 只要被害人没有明确放弃自己的法益，则不论他自己对该法益是否疏于照管，国家都不能当然地取消对被害人的保护。顶多在被害人的法益与他人的法益发生冲突时，前者的值得保护性会有所减弱。但纵然如此，由于挑拨行为毕竟不属于正在进行的不法侵害，故挑拨者值得保护性的减损不可能达到完全剥夺其正当防卫权的程度。

2. 即便主张正当防卫的本质在于法秩序维护，也不存在对自招者的防卫权加以剥夺或者限制的充分根据。具体来说，违法自招行为的存在，并不会对防卫行为维护法规范效力的作用产生实质影响。按照前述德国刑法学通说的看法：首先，之所以应当完全褫夺挑拨者的防卫权，是因为他在这种情况下所实施的反击已经不再是对法秩序的维护，而是对正当防卫权的滥用。当挑拨行为是合法举动时，尽管挑拨者也有借防卫之名加害对方的意图，但这还仅仅停留在主观动机的层面，由于其客观行为自始至终都完全合法，故从法律的视角来看，我们不能说他是在滥用权利，而只能认为他是在正常地行使权利。然而，当挑拨行为属于违法举动时，行为人就通过一个现实的违法行为将正当防卫权用作了自己实现加害计划的工具，故成立权利滥用。[②] 其次，其他类型自招防卫者的防卫权之所以会受到限制，理由在于：一方面，行为人并未如挑拨防卫者那样一手操控侵害的发生，故不宜认为他滥用了权利；另一方面，由于行为人毕竟对侵害的引起负有不可推卸的责任，故当他遭受对方侵袭时，该侵害行为在公民中引起的规范受到动摇的感觉就远不如一般的不法侵害那么强烈，于是，通过防卫行为来维护法秩序的必要性就会明显减弱。[③] 但笔者对此有不同看法。

（1）只要存在违法行为，就有必要通过防卫来维护法规范的效力；不能将普通国民的感受作为判断一般预防必要性之有无和强弱的决定性指标。之所以说正当防卫有维护法秩序的功能，就是因为它通过制止某个现实的不法侵害，向社会彰显了法规范不容撼动的权威。即便是在以违法行为挑拨防卫的情形中，既然被挑拨者在法律上无权损害他人的法益，那么他所实施的

---

① 参见王骏：《论被害人的自陷风险——以诈骗罪为中心》，载《中国法学》2014 年第 5 期。Vgl. Freund, in: MK-StGB, 3. Aufl., 2017, vor § § 13ff. Rn. 427f.

② Vgl. Roxin, Die provozierte Notwehrlage, ZStW 75 (1963), S. 567.

③ Vgl. Roxin, Die „sozialen Einschränkungen" des Notwehrrechts, ZStW 93 (1981), S. 87ff.

侵害行为就无疑表达出了蔑视法规范效力的态度。对此，法秩序没有任何理由不闻不问、听之任之。① 所以，不论是挑拨者还是第三人，只要他们制止了该侵害行为，就都能够使遭受破坏的规范效力得以恢复，也都应当得到法秩序的积极评价。当然，一般公民在面对挑拨防卫的案件时，或许会很自然地基于朴素的道德情感认为，挑拨者对于他所招致的侵害完全是“咎由自取”“自作自受”，根本不值得同情。然而，我们不能忘记，尽管正义的情感多少能够成为法律判断展开的先导和参考，但法律判断却不应沦为公众道德评价的附庸和奴仆。因为，民众的道德情感除了具有易变性和情绪性②之外，还具有考量因素无限扩张和泛化的特点，这使得法律判断不得不对之保持足够的警惕和距离。例如，假如某人出于义愤将一名有严重贪腐劣迹的官员杀害，则有些公众或许会报之以赞许之声，认为该行为是为民除害，不当论罪。③ 这是因为，情感评判的对象缺乏严格的限定，人们对贪官声色犬马的痛恨、对社会贫富不均的愤懑等本与行为事实无关的诸多因素，都极易不受制约地纷纷涌入到评价的过程之中，并在不断的情绪渲染下反客为主。但是，法律在决定行为是否应当受到制裁时，却始终只能以该行为是否与规范相违背为根据，凡是与此无关的事实和因素都必须被过滤在评价之外。因此，不能以杀死贪官的行为并未在国民中激起法秩序受到动摇的强烈感觉为由，认为没有必要通过对行为人定罪处罚来实现一般预防。同样的道理，人们之所以容易对挑拨者的防卫行为具有维护法秩序的效果持否定态度，更多地是因为行为人先前挑拨的事实也被纳入到了考量的范围之中。可是，既然在法律上，除非有违法阻却事由存在，否则一切损害他人法益的行为均属违法行为，那么挑拨者对于侵害发生所具有的道德上的可非难性，就不能抵消侵害者在法律上所犯下的过错，

---

① Vgl. Bertel, Notwehr gegen verschuldete Angriffe, ZStW 84 (1972), S. 10, 13; Wagner, Individualistische und Überindividualistische Notwehrbegründung, 1984, S. 70; Kühl, Die „Notwehrprovokation“, Jura 1991, S. 178; Renzikowski, Notstand und Notwehr, 1994, S. 112.

② 参见劳东燕：《刑事政策与刑法解释中的价值判断》，载《政法论坛》2012年第4期。

③ 近年来，这种情感已经透过多个事件宣泄了出来。例如，2010年4月29日，在江苏省泰兴市泰兴镇发生了男子持刀冲入幼儿园砍伤30余人的惨案。案发后，大批受害幼儿的家长举着“杀贪官英雄，杀孩子狗熊”的标语游行。同年3月23日，一男子在福建省南平市实验小学门口持刀行凶导致8名儿童死亡。事后，一名小学生在致凶手的信中写道：“你要真忍不住仇恨，你就去杀那些贪官，你怎能杀掉这么多可爱的孩子……”参见涵今：《告诉孩子贪官也不能杀》，载《中国青年报》2010年4月1日第2版。

也不能使防卫行为在确证规范效力方面所具有的积极意义归于消失。

事实上，这一点也可以在国家对受挑拨而侵害法益之人的处置方式中得到印证。公民对不法侵害进行正当防卫与国家对犯罪行为予以惩罚，这两者在维护法秩序不受践踏这一点上有共通之处。因此，"挑拨侵害者是否享有防卫权"，可以和"国家是否应对因被害人过错而引起的犯罪行为予以处罚"的问题相类比。① 依照最高人民法院于 2010 年颁布的《人民法院量刑指导意见（试行）》关于故意伤害罪的量刑意见，以及于同年 2 月 8 日印发的最高人民法院《关于贯彻宽严相济刑事政策的若干意见》第三部分第 22 点的内容，被害人的过错至多只能成为酌情从宽处罚的情节。可见，在最高人民法院看来，即便被害人对于犯罪行为的产生具有严重的过错，只要该过错不符合正当防卫中"正在进行的不法侵害"以及紧急避险中"正在发生的危险"的要件，它就不能否定、甚至也未必能削弱通过刑罚来实现一般预防的必要。既然如此，挑拨行为的存在同样也不足以取消通过正当防卫来实现一般预防的必要。

（2）认为挑拨防卫属于滥用权利的观点，也无法成立。

一是权利滥用"是一个一般性的法律思想，我们始终只有从各个法律材料的特殊性出发，才能获知其具体内容……唯有借助那些作为正当防卫之基础的事实情况和价值原则，我们才能清楚地认识到，什么是滥用的，什么又不是"②。因此，要想说防卫挑拨是滥用权利，就必须将论证落实到正当防卫的某个具体要件存在瑕疵上才行，否则这将仅仅是一个有滥用概念之嫌而无任何内容支撑的空洞论断而已。然而，当我们一一比对正当防卫的成立条件之后，却发现挑拨防卫确实是为制止不法侵害所实施的处在必要限度之内的反击行为。如果硬要说该行为有什么缺陷的话，那就只能是防卫人内心具有借防卫之名实现损害他人法益的卑劣目的。但如前所述，这一点并不足以影响正当防卫主观条件的成立。

二是上述论者根据挑拨行为本身违法与否对挑拨防卫作出了区别处理，但这种区分是存在疑问的。不可否认，该观点主张唯有以现实的违法行为挑

① Vgl. Bockelmann, Notwehr gegen verschuldete Angriffe, FS – Honig, 1970, S. 31.

② Roxin, Die provozierte Notwehrlage, ZStW 75 (1963), S. 557.

起侵害者才完全丧失防卫权，它与那些对挑拨行为的性质不加区分、一概认定挑拨防卫者无防卫权的观点相比，似乎在去道德化的方向上前进了一步。但需要注意的是，即便在挑拨行为本身违法的场合，行为人本来就需要为他所实施的违法行为承担民事、行政甚至是刑事上的责任。换言之，挑拨者因某个现实的违法行为而应受到的法律上的否定性评价，已经在对该行为的责任追究中得到了充分的体现。至于说由该行为所引起的行为人本人的另一损害行为是否合法，就只能看它自身是否满足了法律上权利行使行为的各种主客观要件。如果要使一个行为对另一行为的法律性质产生影响，就必须在刑法理论上切实找到能够实现双方联通的桥梁。

迄今为止，我们发现，挑拨行为的违法性可以直接导致其后反击行为也违法的情况只有两种：其一，对方的侵害是挑拨行为直接支配下的产物，从而使侵害成为挑拨者自我答责的结果，于是，对侵害行为实施反击的行为即属违法。其二，挑拨行为导致对方实施的是正当防卫等合法行为，从而导致与之相对抗的行为归于违法。但如前文所述，这两种可能性均已被排除。可见，在我们所探讨的情形中，根本不存在能够使挑拨行为的违法性直接影响防卫行为性质的渠道。说来说去，可以被用作否定防卫行为合法性的，仍旧是行为人假借正当防卫之名行加害之实的主观恶意，[1] 而这与挑拨行为是合法举动的场合又有什么本质区别呢？因此，认为违法的挑拨行为会使防卫沦为权利滥用的见解，仅仅是借"违法行为"一词披上了回归法律判断的外衣，它归根结底还是没有摆脱纯粹以挑拨人的主观动机及其道德上的可谴责性去否定防卫权的窠臼。

3. 对自招侵害者的正当防卫权加以限制或者剥夺，会产生难以克服的理论困境。

（1）根据《刑法》第20条第1款的规定，正当防卫的保护对象除了防卫者"本人"之外，还包括"他人"的合法权益。故挑拨防卫除了有甲通过挑拨引起乙向自己实施侵害的情形之外，完全可能出现甲为了达到加害乙的目的，挑拨乙向无关第三人丙发动袭击的情形。在后者中，如果按照上述通说的意见，就会出现一个自相矛盾的现象：一方面，由于甲是通过违法行为挑

---

[1]　Vgl. Spendel, in: LK - StGB, 11. Aufl. , 1992, § 32 Rn. 293.

起了不法侵害的人，故他对乙无正当防卫权；但另一方面，由于甲先前的挑拨行为导致丙的法益面临遭受侵害的危险，该先行行为使得甲对于丙的安危负有保证人的责任，故甲又有义务去制止乙的不法侵害。① 可是，法律怎么可能在禁止某人正当防卫的同时，又对其课以实施正当防卫的义务呢？为了化解这一尴尬局面，有学者提出，当挑拨引起的不法侵害所针对的是无关第三人时，应当承认挑拨人也享有完整的正当防卫权，理由是："由于在此，侵害所指向的是无辜者，故不能否认防卫行为有助于实现法秩序维护的利益。"② 然而，按照法秩序维护说的逻辑，之所以说正当防卫能够产生捍卫法律的效果，就是因为它能够阻止违反规范的行为。因此，只要防卫行为是在对抗某一违法举动，它就必然能发挥法秩序维护的作用，这与违法行为所侵害的对象是防卫者自己还是第三人、是引起侵害的挑拨人还是对侵害的发生毫无责任的无辜者都没有任何关系。所以，即使要根据侵害对象的不同来区别处理，也不应从法秩序维护，而只能从遭受侵害之人的值得保护性上去找根据。③ 即，侵害对象究竟是挑拨者本人还是无辜第三人，或许会影响到是否值得允许用正当防卫去保护其法益的问题。但是，正如前文的分析所示，在挑拨防卫的场合，由于挑拨者对于不法侵害的发生既非自我答责，亦不成立被害人承诺，故其法益的值得保护性与无辜第三人相比并不会出现实质的减损。

（2）对除挑拨防卫以外的违法自招侵害者的防卫权设置种种限制，将会使正当防卫权变得名不副实。在紧急权的体系中，直接针对危险来源者实施的正当反击行为，不独正当防卫一家，它还包括防御性的紧急避险。④ 只不过在后者中，要么不法侵害尚未开始，要么制造危险的损害行为并不违法，故他人对危险来源者的社会团结义务（Solidaritätspflicht）在一定范围内仍然存在。⑤ 于是，行为人的反击行为就需要受到比正当防卫更为严格的限制：一是

---

① Vgl. Mitsch, Nothilfe gegen provozierte Angriffe, GA 1986, S. 535.

② Perron/Eisele, in：Schönke/Schröder, StGB, 30. Aufl. , 2019, § 32. Rn. 61a. Ähnlich Kühl, Die „Notwehrprovokation", Jura 1991, S. 182；Kasiske, Begründung und Grenzen der Nothilfe, Jura 2004, S. 838.

③ Vgl. Mitsch, Rechtfertigung und Opferverhalten, 2004, S. 404.

④ 参见刘明祥：《关于正当防卫与紧急避险相区别的几个特殊问题》，载《法学评论》1998 年第 1 期；陈璇：《家庭暴力反抗案件中防御性紧急避险的适用》，载《政治与法律》2015 年第 9 期。

⑤ Vgl. Pawlik, Der rechtfertigende Defensivnotstand im System der Notrechte, GA 2003, S. 12f；Neumann, in：NK – StGB, 5. Aufl. , 2017, § 34 Rn. 86.

必须在不得已的情况下方能实施；二是避险行为所造成的损害不能与危险可能导致的损害相差过大。可见，当我们以法秩序维护之必要性有所减弱为由，对自招者的防卫权作出限缩之后，其所剩余的反击权利就只不过是防御性紧急避险而已。[①] 然而，一方面承认不法侵害的存在，另一方面赋予行为人的反击权，却居然只能与针对非违法损害行为的防御性紧急避险相当；一方面说这种防卫权仍然具有维护法规范效力的功能，另一方面却使其完全丧失了因维护法秩序而本应具有的强势风格。这岂非自相矛盾？当行为人手中的反击权已经丝毫体现不出"法不能向不法让步"的果敢和凌厉时，我们何以还能称之为正当防卫呢？

4. 肯定自招侵害者享有完整正当防卫权的观点，并不会在刑事政策或者案件处理的社会效果方面产生消极影响。

（1）难免会有人担心，一旦允许自招侵害者正常地行使正当防卫权，就会放纵甚至是鼓励人们去实施挑拨防卫，进而导致斗殴案件数量激增、社会治安形势恶化。但我认为这种担忧毫无必要。因为，正所谓"一手独拍，虽疾无声"[②]，既然自招者与侵害者双方对于冲突的引起均有不可或缺的原因，那么，欲有效减少自招防卫的现象，就不能将遏制措施的对象仅限定在自招人之上，而必须同时从自招者和侵害人两方面双管齐下。这样看来，赋予自招者完整防卫权的做法，恰恰是预防因自招侵害而引发之法益冲突的最佳方法。因为：一方面，尽管自招者仍享有正当防卫权，但既然自招行为本身构成了侮辱、诽谤、伤害等违法行为，那么自招者依然需要为此承担相应的法律责任，这就足以对违法的自招行为产生一般预防的效果。另一方面，法律通过允许自招者实施正当防卫，向侵害者释放了一个信息：即便是在受到挑拨的情况下，他也没有任何理由违反法律；假如做不到这一点，其法益将在正当防卫必要限度的范围内失去法律的保护。这就有利于促使人们在面临他人挑衅时三思而行，不去选择轻举妄动，而是依然冷静地将自己的行为控制在合法的轨道之上。倘若受挑拨之人都能"任凭风浪起，稳坐钓鱼台"，那么借防卫之名以求加害的企图就根本无法得逞，挑拨防卫的现象自然会渐渐销

---

① Vgl. Jakobs, Strafrecht AT, 2. Aufl., 1991, 12/53.

② 《韩非子·功名》。

声匿迹。

如果我们将目光推回到一百年前，就会发现，早在中华民国时期，我国法院的判例就已经对自招侵害者的防卫权采取了相当开放和宽容的态度。例如，1913 年，大理院的一则判例指出："紧急不正之侵害，虽由防卫者不正当行为所挑动，而所谓紧急防卫，仍属正当，以私人复仇行为，非法律之所许，仍不免为不正之侵害，即不得剥夺被害者之防卫权。"[①] 1920 年，大理院再次强调："在被害人持义将被告人扎伤，且穷追不已，虽不得谓非由被告人所挑拨，然因受挑拨，遂行逞凶穷追，则其对于被告人，仍不能不谓为一种不正之侵害。被告人于被追之际，顺用土枪，向被害人轰击，自不能谓无防卫情形。"[②] 这样的做法在法制转型初启、战争内乱不断的当时也并未明显引起不良的社会效果。那么，一个世纪之后，在社会大体较为安定、公民整体法治意识已大幅提高的当今，就更没有理由对解禁自招者的防卫权持保守立场。

（2）自招侵害的事实虽然无损于正当防卫权的存在，但它对于自招者实施正当防卫的具体限度却并非毫无影响。在判断防卫行为是否超过了必要限度时，我们需要考虑的是：作为一名与防卫人具有相同能力和条件的公民，他在行为当时的情境中，在保证能有效、安全地制止不法侵害的前提下，还有没有比现实案件中的行为更加理想的其他防卫方案。若行为人完全可以选择强度更小的反击措施，而且这样做既能达到同样的防卫效果，又不至于使自己的安全受到威胁，那他的防卫行为就超过了必要限度；反之，若防卫人在现实防卫行为的基础上已退无可退，一旦减弱防卫的强度，要么无法保证能及时有效地阻止不法侵害，要么会增大防卫人本人面临的危险，则该行为造成的损害就仍处于合理防卫的范围之内。[③] 在自招防卫的场合，由于自招者往往有条件为可能来临的袭击未雨绸缪，甚至有充裕的时间对防卫的工具、手段等进行周密的考量，故他在保证防卫有效性、安全性的前提下尽量减弱防卫措施危险性的能力，就有可能明显比在猝不及防突遇侵害的案件中要强，我们也就有理由要求防卫人采取较为克制的防卫手段。其实，不论自招行为合法与否，这一点皆可适用。换言之，如果说人们的法感情要求自招侵害者

---

① 民国 2 年，大理院上字第 64 号判例。
② 民国 9 年，大理院上字第 280 号判例。
③ 参见本书第五章第四部分。

在正当防卫中总该承担一定的不利后果，那么能够体现这一点的恐怕就是，由于自招者可能在防卫能力方面比一般的防卫者略胜一筹，故法官对其防卫行为必要限度的把握可能会比一般的正当防卫更为严格，自招者成立防卫过当的可能性也相对较高。

在以上所举的5个案例中，被告人均享有完整的防卫权，但其防卫行为是否符合限度条件，则仍有待具体分析：

在"朱某某故意伤害案"中，朱某某在听闻韦某某要杀害自己，并在社区内张贴广告寻找自己下落后，不仅对韦某某的袭击已有心理准备，而且提前携带了匕首作为防身的工具。因此，如果韦某某只是对朱某某实施一般的殴打行为，双方在体型、力量上也无显著差距，那么朱只需通过用匕首划伤韦的非要害部位的方式就足以及时有效地制止住侵害。于是，直接猛刺其胸部致其死亡的行为，就明显超出了必要限度。但在本案中，由于韦某某先挥剑砍杀，后又掏出手枪准备射击，其攻击的能力已经大大超过了朱某某。一旦朱某某选择其他暴力强度较弱的反击手段，则极有可能丧失制止侵害的时机，使自己的生命安全陷入极度危险之中，故果断地用匕首刺向对方致命部位，是他当时可以采取的唯一有效和安全的防卫手段，不属于防卫过当。同样，在"刘后元故意伤害案"中，虽然刘后元预先准备了匕首，但刘某乙毕竟是使用菜刀向其头部砍击，为了制止该具有致命危险的严重侵害，应当承认被告人有权致侵害人重伤。但是，就"黄德波故意伤害案"来说，由于目前公布的案情较为概括，故黄德波致朱某某死亡的行为是否属于防卫过当，还难以确定。假设朱某某等人的暴力强度较高，致使被告人除了用镰刀猛扫之外，没有其他能及时制止侵害的方法，则该行为仍处于防卫限度之内；反之，若被告人只需用镰刀袭击对方非要害部位即可使自己免遭继续殴打，则可能认定其行为构成防卫过当。在"何强聚众斗殴案"中，何强等人在电话挑衅的同时，已预先在人员配备、工具选取方面做足了迎接对方来袭的准备，对侵害人的情况也有清楚的了解，而且防御行为又是在自己熟悉的场所内展开，故有充分的能力把握反击的力度。因此，若被告人在有效制止侵害之外又给曾某某等人造成了重伤、死亡的后果，自当认定为防卫过当。但在本案中，由于侵害人仅遭受轻微伤，故不存在防卫过当的可能。同理，"黄某甲故意伤害案"中的被告人仅造成了轻伤和轻微伤的后果，故不可能成立防卫过当。

四、原因中的违法行为理论之批判

综合上文的分析，可以得出结论：不论自招行为是合法还是违法举动，除非由此引起的对方回击行为构成正当防卫、紧急避险等正当化事由，自招者的正当防卫权均毫发无损。然而，在大陆法系刑法理论中，有的学者尽管也赞同这一结论，但同时又主张根据"原因中的违法行为理论"追究自招者的刑事责任。所以，在此还有必要专门对该学说作一番分析。

原因中的违法行为（actio illicita in causa）理论的基本观点是：在自招防卫的情形中，虽然自招者的反击行为本身可以借助正当防卫得以合法化，但该正当防卫行为毕竟是他通过某一故意或者过失行为所引起的。从整个事件的发展历程来看，仍然可以认为自招者是以违法行为导致了法益损害结果，故应当根据自招者对于正当防卫情境的具体态度，就防卫行为造成的结果对其以故意或者过失犯罪论处。换言之，虽然引起损害结果的行为本身不违法，但由于此前的原因行为违法，故可以在最早的原因行为与最终的损害结果之间建立起归责关系，进而追究自招者的刑事责任。① 不可否认，原因中违法行为理论的提出至少有以下三方面看似合理的根据：其一，客观上自招行为与损害结果之间有条件因果关系，主观上自招者对结果的发生也至少存在过失，故成立犯罪的主客观要件似乎均已具备。其二，原因自由行为的概念早已深入人心，既然当原因行为与结果之间介入了无责任能力人的行为时，仍可将原因行为和结果作为追究行为人刑事责任的依据，那么在原因行为与结果之间介入了合法行为的场合，也不妨碍将原因行为与结果联系起来认定自招者成立犯罪。其三，这样一来，既可以避免像通说那样对正当防卫的成立要件作出各种例外性的限制，又能够满足"自招者需承担不利后果"的法感情，

---

① Vgl. Baumann/Weber/Mitsch/Eisele, Strafrecht AT, 12. Aufl., 2016, § 14 Rn. 65；Frister, Strafrecht AT, 8. Aufl., 2018, § 14 Rn. 6, § 16 Rn. 31ff. 参见［日］山口厚：《刑法总论》，付立庆译，中国人民大学出版社2018年版，第121页。

可谓两全其美。正因为如此，该学说也得到了我国部分学者的支持。[①] 但笔者对此难以表示赞同。以下将从三个方面展开分析：

（一）违法评价的一致性

按照原因中违法行为说，同一个法益损害，既因为是正当防卫造成的结果而得以合法化，同时又因为是自招行为引起的结果而归于违法。本来，仅此是不足以证明原因中违法行为理论存在致命缺陷的。因为，对同一结果作出相反的法律评价并非天方夜谭。譬如，间接正犯中就存在着利用他人合法行为实现犯罪的情形。[②] 例如：A 制造假象使警察 B 误以为无辜的 C 是实施了犯罪的人，B 于是对 C 实施了拘捕。根据《刑事诉讼法》第 82 条的规定，公安机关对于重大嫌疑分子有权先行拘留。只要在行为当时，警察根据在场亲见之人的指认、对方身边或住处有犯罪证据等事实认为他有可能是犯罪嫌疑人，即便事后证实被拘留者为无辜之人，也不影响拘留行为的合法性。因此，B 导致 C 的人身自由受限的行为属于合法的职权行为，但 A 作为间接正犯，则应当承担非法拘禁罪的刑事责任。不过，需要注意的是，在此，之所以一个剥夺他人人身自由的结果，可以同时被评价为合法结果和犯罪结果，是因为该评价是以两个不同主体的行为为其对象的。具体来说：虽然 C 遭受拘禁的结果是 A 和 B 共同引起的，但由于两者分别实施的行为性质不同，故同一结果对于二人就可能具有不同的意义。A 对 C 未实施任何犯罪这一事实有着充分的认知，故对于他来说，C 受到拘禁就属于他人人身自由无故被剥夺的违法结果；但 B 则是根据一定的线索相信 C 为现行犯，故对于他而言，C 受到拘禁就属于法律所允许出现的状态。正因为如此，C 或者某个第三人有权对 A 实施正当防卫，却不能以暴力制止 B 的拘留行为。

然而，在自招防卫的情形中，由于原因行为与防卫行为的实施主体同属一人，原因行为和防卫行为不过是他借以引起损害结果的前后两个环节而已，

---

① 参见刘明祥：《紧急避险研究》，中国政法大学出版社 1998 年版，第 30～32 页；张理恒：《析刑法中"自招的不法侵害"——以正当防卫制度为限定》，载《重庆科技学院学报（社会科学版）》2009 年第 7 期。

② 参见马克昌主编：《犯罪通论》，武汉大学出版社 1999 年版，第 548 页；张明楷：《刑法学》，法律出版社 2016 年版，第 403 页。

故由此造成的结果在合法与违法之间就必居其一，其法律属性不可能因为行为发展阶段不同而具有双重性。否则，就会出现一种矛盾的局面：针对自招者同一人，他人既无防卫权（因为可能出现的结果是防卫行为引起的合法结果），又有防卫权（因为可能出现的结果也是原因行为引起的违法结果）。在这一点上，原因中违法行为理论与原因自由行为理论完全没有可比性。因为，在原因自由行为的概念中，对行为人所造成之损害结果的法律评价结论自始至终都是"违法"，并没有因为原因行为与结果行为的区分而有所不同。这一概念所要解决的只是行为人能否为违法结果承担责任的问题，而行为人随着其实际辨认和控制能力的变化，当然可以在一个行为阶段有责任能力，在另一个行为阶段则缺少这种能力。

事实上，如果我们仔细分析的话，就会发现，原因中违法行为说关于"正当防卫本身合法"的判断，只不过是其思维过程中的一个阶段性结论而已。[1] 因为从认定自招者就损害结果构成犯罪的结局来看，该结果终归还是被定性为违法。可以这么说，原因中违法行为理论先是用铅笔在结果上写下了"合法"二字，随着认定自招者构成犯罪的需要出现，该说又旋即将这两个字抹掉，最终为结果贴上了"违法"的标签。既然如此，说自招者直接造成他人死亡或者伤害的行为成立正当防卫，又有什么意义呢？

（二）结果归责的成立要件

仅仅确认行为与结果之间具有条件关系，尚不足以在刑法上将结果归责于行为人。在条件因果关系具备的基础上，还必须满足其他的归责条件。其中最为关键的就是，引起结果发生的行为，应当具有产生法益侵害的紧迫的危险性，[2] 从而对结果的出现具备现实的支配力。[3] 因此，在自招防卫的场合，欲就最终的损害结果追究自招者故意杀人、故意伤害、过失致人死亡、过失致人重伤等犯罪的刑事责任，必先找到相应犯罪的构成要件行为，或曰实行行为。在此，能够考虑认定为犯罪实行行为的，无非只有防卫行为和挑

---

① Vgl. Stuckenberg, Provozierte Notwehrlage und Actio illicita in causa: Der Meinungsstand im Schrifttum, JA 2001, S. 901; Roxin, Strafrecht AT, Bd. Ⅰ, 4. Aufl., 2006, § 15 Rn. 68.

② 参见张明楷：《刑法学》，法律出版社 2016 年版，第 144 页。

③ Vgl. Hirsch, Zur Lehre von der objektiven Zurechnung, FS - Lenckner, 1998, S. 135.

拨行为两者。首先可以确定的是，虽然防卫行为是直接造成损害结果的行为，但由于在原因中违法行为论看来，它属于合法举动，故难以成为犯罪的实行行为。因此，大多数持原因中违法行为说的学者均选择将现行的挑拨行为视为相应犯罪的构成要件行为。① 但这样一来，就会产生诸多问题：

1. 无法画清实行行为与预备行为之间的界限。由于实行行为与预备行为的分野直接关乎行为人刑事责任的有无和轻重，② 故力图使二者的界限明晰化，历来是刑法教义学孜孜以求的目标。但原因中违法行为论却有背离这一目标之嫌。

（1）先从客观上来看。首先，自招行为往往表现为谩骂、侮辱，除去被害人有特殊体质的例外情形不谈，这些举动本身并不具有引起伤害或者死亡的直接危险，故不可能属于直接正犯。其次，辱骂行为要最终引起死伤结果，还必须经历挑拨奏效、对方侵袭、展开反击等多个因果环节，其中包括被挑拨人的行为，故似乎可以考虑成立间接正犯。但是，一方面，间接正犯必须表现为利用他人实现法益侵害，但在自招防卫中，杀人、伤害等行为却都是自招者自己一手完成的。另一方面，即使退一步认为侵害者遭受的损害是他自设风险的结果，故可以考虑自招者是利用被害人自我答责的行为实现了犯罪，但如前所述，挑拨对象作为一个具有完全控制能力和决定自由的人，是否会理会行为人的挑衅，是否会选择实施侵害，会实施多大强度的侵害，所有这些的决定权都始终牢牢掌握在他自己而非自招者手中。③ 故自招行为也难以成立间接正犯。

（2）再从主观上来看。即便在自招行为与结果联系最为紧密的挑拨防卫当中，行为人之所以实施挑衅行为，也并非意在借此直接实现加害的目的，而只是为了能更加"名正言顺"地杀害或者伤害对方，即为后续的结果行为创造更好的机会和条件而已。④

---

① Vgl. Baumann/Weber/Mitsch/Eisele, Strafrecht AT, 12. Aufl., 2016, § 14 Rn. 65; Sternberg-Lieben, in: Schönke/Schröder, StGB, 30. Aufl., 2019, vor §§ 32. Rn. 23.

② 参见梁根林：《预备犯普遍处罚原则的困境与突围——〈刑法〉第22条的解读与重构》，载《中国法学》2011年第2期。

③ 参见黎宏：《论正当防卫的主观条件》，载《法商研究》2007年第2期。Vgl. Paeffgen/Zabel, in: NK-StGB, 5. Aufl., 2017, vor §§ 32ff. Rn. 147.

④ Vgl. Kindhäuser, Gefährdung als Straftat, 1989, S. 116.

由此可见，自招行为完全缺少与损害结果相对应的犯罪实行行为的主客观特质，它顶多只属于《刑法》第 22 条第 1 款所规定的"为了犯罪，准备工具、制造条件的"犯罪预备行为。即使就原因中违法行为说时常拿来作类比的原因自由行为来说，多数学者也都认为，原因自由行为的犯罪着手原则上并非始于引起责任能力消失的原因行为，而是始于对法益产生直接侵害危险的结果行为。① 因此，若认为自招行为实施之时即为杀人、伤害犯罪的着手之际，则势必混淆实行行为与预备行为的界限。

2. 过分扩大重罪未遂犯的处罚范围。首先，如果认为挑衅行为本身就属于杀人、伤害罪的实行行为，那么当挑拨人辱骂无果、铩羽而归时，就需要以故意杀人罪或者故意伤害罪的未遂犯来追究其刑事责任。于是，只要案件事实显示出行为人在辱骂他人之前有实施暴力的倾向，或者对于他人的来袭以及自己的反击持放任态度，则即使此后事态迅速复归平静，丝毫未出现暴力冲突的危险状态，也应对行为人以故意杀人罪或者故意伤害罪论处。这就将大量原本只具有较轻法益侵害危险的行为悉数画入到了重罪圈之中。其次，按照原因中违法行为说的观点，由于不可能将正当防卫视为犯罪实行行为，故一旦挑拨行为实施完毕，即意味着故意杀人、故意伤害罪的实行行为已经终了。若此时对方对挑衅充耳不闻，则结果不发生已成定局，并不存在由行为人自动有效地防止结果发生的余地。于是，行为人在给他人生命、健康造成现实危险之前，就永久丧失了成立犯罪中止、进而获得"应当减轻或者免除处罚"待遇的机会。可是，在自招防卫者实现其加害故意的过程中，毕竟介入了被害人侵害行为这一具有决定性影响的因素，对自招者处罚的严厉程度，居然远远超出了法益侵害危险更为急迫的一般故意杀人、故意伤害行为。这实在令人不解，也让人难以接受。

3. 可能导致原因中违法行为概念自身的解体。按照原因中违法行为的逻辑，既然侮辱行为是故意杀人、故意伤害罪的构成要件行为，那就意味着，对方在洞察其挑拨防卫的意图后，为了防止挑拨人进一步借机对自己实施暴力，有权对其采取正当防卫，甚至可以行使《刑法》第 20 条第 3 款规定的特

---

① 参见张明楷：《刑法学》，法律出版社 2016 年版，第 343 页；陈兴良：《教义刑法学》，中国人民大学出版社 2017 年版，第 225 页。Vgl. Hillenkamp, in：LK‐StGB, 12. Aufl., 2006, § 22 Rn. 167；Eser/Bosch, in：Schönke/Schröder, StGB, 30. Aufl., 2019, § 22. Rn. 56.

殊防卫权。于是，由于对方的袭击不属于不法侵害，故挑拨者的反击行为也就不可能成立正当防卫。这样一来，又何来"原因行为违法、结果行为合法"之说呢？

（三）共同犯罪的认定

对于我国刑法所规定的犯罪参与体系究竟属于共犯正犯的区分制体系还是单一正犯体系，学界尚存在争论。但区分制说以及主张狭义共犯对于正犯具有限制从属性的观点仍然占据着优势地位。[①] 据此，由于原因中违法行为理论对原因行为和结果行为的法律属性作出了不同评价，故第三人参与故意自招防卫的行为是否成立共同犯罪，就会因为其加功的对象究竟是原因行为还是结果行为而有不同的结论。例如，甲为实现伤害 X 的意图，在公共场所对其百般谩骂，X 果然抄起棍棒向甲抢去。知情第三人乙的中途参与行为可能有两种情况：其一，若乙在挑拨行为进行过程中为甲的辱骂提供协助，则由于挑拨行为是符合故意伤害罪构成要件的违法行为，故乙成立故意伤害罪的帮助犯；其二，若乙并未参与挑拨行为，而是在甲对 X 实施正当防卫时才为其提供反击工具，则由于防卫行为是合法行为，故乙不成立犯罪。可是，参与和结果距离较远的原因行为可以成立共犯，参与和直接引起法益侵害的结果行为反而不成立共犯，该结论明显不合理。

五、结论

首先，本章的基本结论可以概括如下：第一，不论招致不法侵害的行为合法与否，也不论自招者对于不法侵害的引起抱有何种态度，其防卫权都不应受到剥夺或者限制。第二，自招侵害者在法律上可能需要承受的不利后果有二：其一，在自招行为违法的情况下，自招者需就该行为本身承担法律责任；其二，与自招者往往具有的较高的防卫能力相对应，对其防卫限度的把

[①] 对相关理论现状的最新总结，参见钱叶六：《共犯论的基础及其展开》，中国政法大学出版社 2014 年版。

握可能会比一般情况下更为严格。

其次，需要进一步反思：我国的审判实践为什么往往习惯于对自招侵害者的防卫权持如此强烈的否定态度呢？刑法学以外的因素固然不可忽视，例如，一旦出现死伤结果即需有人负责的传统观念依然盛行，受害人家属的呼吁和维护社会稳定的需要给办案机关造成了巨大压力，司法资源的紧张导致司法机关缺乏动力去花费时间和精力查清案件事实，以及司法机关内部存在的各种考核指标对定罪率存在影响等。[①] 但抛开这些不说，其原因恐怕在于，人们已经从道德层面出发，或以典型的案件事实为模板，赋予了正当防卫过多的伦理色彩，即把正当防卫的起因预想成了一幅强者欺凌弱者、罪恶之徒残害无辜良民的图景。于是乎，既然自招者对侵害的发生负有责任，既然防卫人是有备而来甚至主动迎战，那他就并非侵害行为威胁下的弱势受害方，也不值得给予同情，故冲突的双方谁也没有优越于对方的利益。然而，法律允许公民实施正当防卫，并不是因为他与侵害人相比处于劣势和窘境之中，也不是因为他在道德上有令人怜悯之处；而是因为在这场法益冲突中，侵害者作为以违法的方式威胁对方法益安全的人，已经不值得享有法律的完整保护，或者说是因为行为人通过制止不法侵害捍卫了法秩序的有效性。只要这一点没有发生改变，那么正当防卫权的存在就不会因防卫人具有过错而受到影响，更不会因防卫人对来犯"枕戈待旦"而受到动摇。

最后，若站在更为宏观的视角来观察，我们就会发现，正当防卫中"道德洁癖"现象的兴衰，与不法理论自身道德化趋势的起伏涨落休戚相关。因为，当不法理论偏重于将行为的反伦理性视为违法性的本质要素，进而以社会道德违反性为根据扩张不法成立的范围时，有关违法阻却事由的理论自然也会倾向于以行为人在道德方面存在可指摘之处为由限缩正当防卫成立的范围。这一点已为近代以来德国刑法学的发展史所印证。最初，在启蒙主义和法治国思想兴盛的李斯特时代，一元结果无价值论和法益侵害说在不法理论中占据着统治地位。彼时的刑法学说并未对自招侵害者行使防卫权设置明显

---

① 参见杨路生：《防卫权行使困局的成因及其破解》，载《海南大学学报（人文社会科学版）》2011年第2期；杨毅伟：《自我防卫与相互斗殴的刑事司法判定研究》，载《西南政法大学学报》2012年第6期。

的障碍,① 而是认为："不论行为人是否预见到了侵害，也不论被侵害者对于侵害是否负有责任，这在今天的法律看来（对于正当防卫的成立——引者注）都无关紧要。"② 然而，20 世纪 30 年代末以降，随着行为无价值的概念进入不法范畴之中，并被赋予了完全独立于法益侵害的社会道德内涵,③ 不法理论迅速遭遇到道德化潮水的猛烈冲击和广泛浸润。正是从这时起，防卫者对于不法侵害之引起所负有的过错，开始成为刑法理论剥夺或者削减其防卫权的理由。直至 20 世纪 70 年代，伴随客观归责理论的兴起，行为无价值在其内容上越来越强烈地依赖于法益侵害，而非道德违反，不法理论的伦理化色彩渐行减退。在此背景下，主张自招侵害无损防卫权行使的观点始得以复苏,④ 其影响也呈现出逐步扩大之势。因此，似乎可以预见，在我国，随着法益保护和行为刑法等法治国原则日益得到重视和贯彻，随着不法理论中法益侵害思想之地位的不断提升和巩固，有关正当防卫的理论和实践必将逐步摆脱一味追求道德纯洁性的倾向，对有道德瑕疵者的防卫权也会逐渐采取更为宽容的态度。

---

① Vgl. Spendel, in：LK – StGB, 11. Aufl.，1992，§ 32 Rn. 281.

② Liszt/Schmidt, Lehrbuch des Deutschen Strafrechts, 26. Aufl.，1932，S. 195f.

③ Vgl. Welzel, Über den substantiellen Begriff des Strafgesetzes, FS – Kohrausch, 1944，S. 105；Gallas, Zum gegenwärtigen Stand der Lehre vom Verbrechen, ZStW 67 (1955)，S. 39.

④ 标志性的文献有：Bockelmann, Notwehr gegen verschuldete Angriffe, FS – Honig, 1970，S. 19ff；Hassemer, Die provozierte Provokation oder über die Zukunft des Notwehrrechts, FS – Bockelmann, 1979，S. 225ff。

第三章 "维稳优先"的反思：紧迫性要件与防卫权

一、聚焦"于欢故意伤害案"

【于欢故意伤害案】（最高人民法院指导案例 93 号）2014 年 7 月，山东××工贸有限公司负责人苏某某及丈夫向吴某某、赵某某借款 100 万元，双方口头约定月息 10%。至 2015 年 10 月 20 日，苏某某共计还款 154 万元。2015 年 11 月 1 日，苏某某夫妇再向吴、赵二人借款 35 万元；2015 年 11 月 2 日至 2016 年 1 月 6 日，苏某某共计向赵某某还款 29.8 万元。2016 年 4 月 14 日 16 时许，赵某某以欠款未还清为由纠集郭某甲、郭某乙等十余人先后到山东××工贸有限公司催要欠款，20 时许杜某甲、杜某乙赶到该公司，并在该公司办公楼门厅外与其他人一起烧烤饮酒。约 21 时 50 分，杜某甲等人来到苏某某和苏某某之子于欢所在的办公楼一楼接待室内催要欠款，杜某甲实施了用污言秽语辱骂、裸露下体向其左右转动等侮辱言行，并用手拍打于欢面颊，其他讨债人员实施了揪抓于欢头发或按压于欢肩部不准其起身等行为。22 时 17 分许，民警接警后到达接待室，询问情况后警告双方不能打架，随即到院内寻找报警人，于欢、苏某某欲随民警离开接待室，但被杜某某等人阻止。杜某某等人卡于欢项部，将其推拉至接待室东南角。这时，于欢持刃长 15.3 厘米的单刃尖刀警告杜某甲等人不要靠近，杜某甲出言挑衅并逼近于欢，于欢遂捅刺杜某甲腹部一刀，又捅刺围逼在其身边的程某某胸部、严某某腹部以及郭某乙背部各一刀。22 时 26 分，辅警闻声返回接待室，责令于欢交出尖刀。杜某甲因失血性休克经抢救无效于次日 2 时许死亡，严某某、郭某乙的损伤构成重伤二级，程某某的损伤构成轻伤二级。①

在一审过程中，被告人于欢的辩护人提出于欢有正当防卫的情节，系防卫过当，要求减轻处罚。但一审山东省聊城市中级人民法院以于欢及其母亲所面临的不法侵害不具有紧迫性、不存在正当防卫意义的不法侵害前提为由，未采纳该意见。② 2017 年 2 月 17 日，一审法院以故意伤害罪判处于欢无期徒刑，剥夺政治权利终身。案件一经媒体披露，旋即引起轩然大波，对判决质疑批判之声不绝于耳。2017 年 6 月 23 日，二审山东省高级人民法院作出改判，认定于欢的行为具有防卫性质，但属于防卫过当，维持原判故意伤害罪的罪名，判处于欢有期徒刑 5 年。③

在司法实践中，公民正当防卫权所遭遇的最为严重的阻碍，主要来自于两个方面：一是紧迫性要件的增设。法院时常通过在正当防卫的法定要件之外以不法侵害缺乏紧迫性为由，从根本上否定行为人享有防卫权。二是防卫限度判断中的唯结果论。即便肯定行为人拥有防卫权，但如果案件中出现了侵害人重伤、死亡的结果，那么法院往往倾向于以防卫过当为名否定防卫行为的合法性。本案的一审判决正好体现了前一方面，二审判决则恰恰反映了后一方面。本章将重点研究紧迫性要件的问题，至于唯结果论的问题则留待本书第五章加以探讨。

众所周知，1997 年《刑法》的一大亮点是以"鼓励公民自觉地同犯罪行为作斗争，更好地保护被侵害人的利益"④ 为目的，对正当防卫条款进行了大幅修改，试图以此纠正实践中对正当防卫控制过严的现象。但是，二十多年来正当防卫司法实践的现状却表明，立法者苦心孤诣的努力对于消除以上两方面障碍来说，似乎效果并不尽如人意。那么，在正当防卫领域，人们反复批判诟病的弊端，何以如此普遍和顽固地存在着呢？面对热点案件，学者的责任不仅在于推动个案正义的实现，更在于对案件中所反映出的深层次问题进行反思，以期使每个争议案件都不再是鼓噪一时的谈资，而是真正能够成为促进基础理论、思维方法和价值立场革新与进步的里程碑。因此，对于以

---

① 参见山东省高级人民法院刑事附带民事判决书，(2017) 鲁刑终 151 号。
② 参见山东省聊城市中级人民法院刑事附带民事判决书，(2016) 鲁 15 刑初 33 号。
③ 参见山东省高级人民法院刑事附带民事判决书，(2017) 鲁刑终 151 号。
④ 赵秉志、赫兴旺：《论刑法典总则的改革与进展》，载《中国法学》1997 年第 2 期。

"于欢故意伤害案"为代表的一系列典型案例，理论界不能满足于应和舆论的喧嚣就事论事、浅尝辄止，而应当以此为契机，综合法教义学、社会学、政治学等多视角展开更为深广的思考与追问。

二、紧迫性要件的理论与实务考察

我国的刑法理论和审判实践广泛认为，不法侵害具备"紧迫性"是正当防卫的前提条件之一。但是，笔者在对现有文献和三百多个判例进行梳理后却发现，人们对"紧迫性"要件并没有一个统一的理解。概括起来，大致有以下五种说法：

1. "不法侵害正在进行"。有的判例认为："构成正当防卫的时间条件是不法侵害正在进行，即不法侵害具有紧迫性。"[①] 据此，在双方发生争执冲突的场合，如果对方已经逃走或者已被制服，则不存在紧迫的不法侵害。[②]

2. "无防备地被动应战"。不少判例提出：只有当行为人因事发突然而来不及躲避时，不法侵害才具有紧迫性；反之，若行为人在对不法侵害的发生有明确预见且完全有可能离开现场的情况下，非但不逃避，反而操持凶器积极应战，则应否定不法侵害的紧迫性。以该观点为根据，被判例认定为不具有紧迫性的典型情形包括：

（1）被害人追打被告人，但前者难以追上后者，被告人在本可逃离的情况下回击被害人。例如：

【沈荣高故意伤害案】2014年6月2日7时40分许，沈荣高在佛山市南海区××街道××大道××工业开发区××号路段清理广告贴纸时，将其工作用的喷壶放置于墙边后离开。其时，在该路段回收废品的被害人罗某某夫妇发现沈荣高的喷壶并取走。沈荣高返回时发现喷壶被罗某某夫妇取走，遂

---

① 谭某某故意伤害案，天津市第一中级人民法院刑事附带民事裁定书，（2015）一中刑终字第0581号。

② 参见厉某等故意伤害案，浙江省乐清市人民法院刑事判决书，（2016）浙0382刑初1716号；闫某某寻衅滋事、故意毁坏财物、故意伤害案，北京市第二中级人民法院刑事裁定书，（2017）京02刑终68号。

向其要回。后双方因争抢喷壶发生矛盾，沈荣高在索要喷壶遭拒后径自取走喷壶跑步离开，罗某某夫妇在争抢喷壶不成后，用啤酒瓶、秤砣砸沈荣高，并从后追赶沈荣高。沈荣高跑至其放置清洁工具的位置后，捡起铲刀并转身将铲刀对着罗某某，罗某某此时亦从旁边的地下捡起一块砖头，随后砸向沈荣高，沈荣高遂用铲刀捅向罗某某的腹部致其受伤倒地，后逃离现场。同日 8 时许，沈荣高主动到公安机关投案，公安人员在其租住的出租屋内起获作案工具铲刀一把。罗某某经送医院抢救无效于同月 3 日死亡。

主审法院认为：尽管罗某某在争执时用啤酒瓶、秤砣等物砸击沈荣高，并追打后者，可以认为存在侵害行为，但罗某某在案发时已达 74 岁高龄，现场监控录像亦反映罗某某夫妇行动迟缓，罗某某在沈荣高跑离第一现场时已无法赶上他，沈荣高完全可以离开现场，故不存在实施防卫的紧迫性和必要性。[①]

（2）被害人持凶器朝被告人驾驶的车辆冲来，被告人没有选择驾车离去，而是猛踩油门将被害人撞伤。例如：

【项华杰故意伤害案】被告人项华杰与徐某某保持 3 年左右的不正当男女关系，两人于 2014 年分手，徐某某又与曾某某保持不正当男女关系。2015 年 9 月 28 日早上，项华杰驾驶出租车从杭州市富阳区来到衢州市衢江区××小区××栋徐某某家楼下。7 时 50 分许，徐某某下楼并骑电动车离开，项华杰尾随，徐某某发现后又掉头回到自己家中，项华杰将车停在××小区××栋与××栋之间的绿化带旁。徐某某回家后，告诉曾某某，项华杰来了。曾某某遂持柴刀（全长约 1.3 米）从徐某某家下楼，沿小区绿化带绕行至柏油路（项华杰停车车头前方），朝项华杰驾驶的出租车左侧车头冲过来。项华杰见状，遂将车子挂一档猛踩油门冲撞曾某某，致曾某某撞击车前挡风玻璃后摔倒在地受伤。项华杰随即逃离案发现场。经法医鉴定，曾某某蛛网膜下腔出血、脑挫伤、颅内血肿，伴神经症状体征，构成重伤二级；右侧股骨粗隆间骨折，右股骨中下段多发骨折，构成轻伤一级；额骨右侧骨折、右侧第 1 - 5 肋骨骨折、胸 4 椎体右横突骨折、髌骨骨折，构成轻伤二级。

主审法院认为被告人项华杰的行为不构成正当防卫，因为项华杰案发时坐在车内，有较强的防御能力，其看到曾某某手持柴刀冲出来时，没有选择

---

① 参见广东省佛山市中级人民法院刑事判决书，（2015）佛中法刑一终字第 65 号。

驾车离开现场，而曾某某的行为并未对项华杰的人身造成任何损害，并不具有现实的紧迫性。①

（3）双方发生纠纷后，被告人预料到被害人可能来犯，在本有充足的时间离开现场、避免矛盾升级的情况下，却准备刀具严阵以待，等对方人员到场开始侵害后实施反击。例如：

【陈富荣故意伤害案】2015年4月24日晚10时许，被告人陈富荣因张某甲在其停靠于某超市门口处的轿车左后轮处小便，与张某甲发生抓扯、推搡。被人劝开后，张某甲打电话给其女婿张某乙，叫张某乙帮忙。张某乙又打电话叫林某某、夏某某帮忙。后林某某、夏某某、俸某某、钟某某、张某乙等人相继赶到现场，陈富荣见对方人多即从车内拿出水果刀。张某乙到现场后殴打陈富荣，俸某某、钟某某等人围住陈富荣，陈富荣用水果刀将俸某某、钟某某刺伤。经鉴定，被害人俸某某、钟某某所受损伤均为重伤二级。

法院未采纳陈富荣提出的自己行为属于正当防卫的辩护意见，理由在于：陈富荣与张某甲发生矛盾后，张某甲打电话找张某乙帮忙，陈富荣在这期间有充足的时间向国家机关寻求救济或者离开现场，即案发前陈富荣完全有条件回避矛盾的升级，但其不仅不躲避，反而准备刀具在现场等候对方人员的到来。由此反映出案发前陈富荣已流露出欲与对方人员打架的念头，并作好了准备，表明其存在侵害他人的意图。因此陈富荣并不是在不法侵害具有紧迫性的前提下被迫反击的。②

【曹小军故意伤害案】2013年8月17日14时许，被告人曹小军与工友朱某某在车间嬉戏，因朱某某触碰曹小军裆部，二人发生争执、扭打，曹小军将朱某某按倒在地，后被工友劝止。18时许下班后，曹小军担心遭到朱某某报复，从剪板车间废料堆里挑选了一块尖刀状金属片藏在身上。当曹小军走出厂门口时，等候在此的朱某某以及他叫来的朱某甲、杨某某对曹小军实施殴打，曹小军拿出尖刀状金属片刺中朱某某胸部、肋部及杨某某手臂等处，致朱某某右肺破裂大失血经抢救无效死亡，致杨某某轻微伤。

主审法院认为：曹小军在预料到可能与被害方遭遇的情况下，下班时并

---

① 参见浙江省衢州市衢江区人民法院刑事附带民事判决书，（2016）浙0803刑初72号。类似的判例参见赵捷故意伤害案，浙江省台州市中级人民法院刑事裁定书，（2016）浙10刑终557号。
② 参见四川省绵阳市中级人民法院刑事附带民事裁定书，（2015）绵刑终字第385号。

未回避，而是提前准备凶器，做好了一旦遭遇就持械斗殴的准备，故曹小军持锐器刺戳的行为不具备防卫的紧迫性要求。[①]

3. "不法侵害足够严重"。大量判例认为，如果对方没有使用器械工具，只是徒手实施殴打、破坏财物等侵害，那么由于该行为的杀伤力轻微，不会对他人的生命健康法益构成重大威胁，故侵害缺乏紧迫性。例如：

【丛建宇故意伤害案】2014年9月22日，被告人丛建宇在工作中与同事乌某某因琐事发生口角，乌某某将此事告诉男友徐某某。2014年9月23日21时许，徐某某与其找来的被害人于某某、韩某某、赵某某、李某丙等人，与乌某某在丛建宇下班路上等候。当丛建宇与同事李某甲、李某乙出现后，乌某某向徐某某指认丛建宇。徐某某等人遂尾随丛建宇至长春经济技术开发区××新居××、××栋楼之间，期间李某乙先行离开。徐某某上前将丛建宇喊住，并先动手推丛建宇一下，李某丙踢丛建宇一脚，双方开始发生厮打，李某甲跑出小区找李某乙。在撕打中，徐某某手持甩棍击打丛建宇头部一下，丛建宇用随身携带的卡簧刀，向徐某某腿部、韩某某腰部、于某某胸部、肋部、臀部连刺数刀，徐某某等人见状相继逃离现场。徐某某逃离现场不远，被赶过来的李某甲、李某乙抓住。随后，丛建宇拨打电话报警。被害人于某某被刺伤后在该小区××栋楼东侧楼角附近倒地死亡。经法医鉴定，于某某系单刃锐器刺切作用致心脏、肝脏破裂造成失血死亡。被害人徐某某外伤致左下肢刀刺伤已构成轻伤二级。

对于辩护人提出的丛建宇之行为属于防卫过当的辩护意见，主审法院认为：要认定防卫过当，不仅要求不法侵害正在发生，而且要求侵害具有紧迫性；现有证据虽然能够证实徐某某等人先动手殴打丛建宇，但不能证实这种侵害行为对丛建宇的身体健康甚至生命具有紧迫性，故不能认为丛建宇拿刀

[①] 参见浙江省高级人民法院刑事裁定书，（2014）浙刑一终字第140号。

反击的行为具有防卫的属性。①

4. "缺少寻求其他公民帮助的可能"。某些判例主张，如果案发现场人流量较大，或者有多名亲友在场，那么由于行为人可以通过请求他人劝阻的方式制止不法侵害，故防卫行为就不属于紧迫情形下的必要之举。例如：

【黄某某故意伤害案】2014 年 9 月，被告人黄某某因琐事与被害人梁某某发生矛盾，公安机关出警予以处置。2015 年 11 月 29 日 12 时许，梁某某在德保县××市场路口摆摊卖水果，在看见黄某某路过该处时，便上前拦截、纠缠黄某某，并率先动手攻击黄某某。后黄某某用拳头打中梁某某鼻子，梁某某被打后仰面倒地。后梁某某先后被送往德保县人民医院、右江民族医学院附属医院进行治疗，经右江民族医学院附属医院诊断，梁某某系颅脑两侧顶叶挫裂伤、蛛网膜下腔出血。经德保县公安局法医学鉴定，被害人梁某某的人体损伤程度为轻伤一级。

主审法院没有采纳被告人及辩护人关于黄某某的行为属于正当防卫的辩解意见，理由是：案发时段为中午 12 时许，案发地点人流量较大，结合现场的情况，本案缺乏正当防卫的紧迫性，故黄某某的行为不属于正当防卫。②

5. "缺少寻求公力救济的可能"。刑法理论界持紧迫性要件必要说的学者大多主张：所谓紧迫性是指不法侵害具有暴力性、攻击性和破坏性，从而导致行为人来不及求助于调解、仲裁和诉讼等公力救济途径；因此，由于贿赂犯罪、重婚犯罪以及民事违约等行为不具有上述特征，故不允许对之实施正当防卫。③ 一些判例也据此认为，一旦行为人可以通过向主管机关报告、提起

---

① 参见长春经济技术开发区人民法院刑事判决书，（2015）长经开刑初字第 00046 号。其他以侵害不够严重为由认定侵害不具有紧迫性的判例，参见谭某某故意伤害案，广东省佛山市中级人民法院（2004）佛刑初字第 161 号刑事判决书；王某某故意杀人案，海南省第一中级人民法院（2014）海南一中刑初字第 81 号刑事附带民事判决书；孙某某故意伤害案，广东省中山市中级人民法院（2014）中中法刑一初字第 69 号刑事判决书；王某故意伤害案，甘肃省白银市白银区人民法院（2015）白刑初字第 222 号刑事判决书；钟某乙故意伤害案，广东省高州市人民法院（2015）茂高法刑初字第 337 号刑事附带民事判决书；张某故意杀人案，新疆维吾尔自治区高级人民法院（2015）新刑一终字第 176 号刑事裁定书；何某某故意伤害案，广东省高级人民法院（2016）粤刑终 948 号刑事判决书。

② 参见广西壮族自治区德保县人民法院刑事判决书，（2016）桂 1024 刑初 154 号。类似的判例参见颜某某故意伤害案，陕西省宝鸡市中级人民法院刑事附带民事裁定书，（2014）宝中刑一终字第 00025 号；姚某某故意伤害案，上海市第一中级人民法院刑事判决书，（2015）沪一中刑初字第 89 号。

③ 参见马克昌主编：《犯罪通论》，武汉大学出版社 1999 年版，第 719 页；张明楷：《刑法学》，法律出版社 2016 年版，第 198 页；陈兴良：《正当防卫论》，中国人民大学出版社 2017 年版，第 74 页。

诉讼等方式维护权益，就应当否定侵害具有紧迫性。例如：

【胡某某等故意毁坏财物案】2011 年 3 月以来，因开县工业园区要征收开县赵家街道清桥村的土地，部分社员认为征地补偿标准过低，被告人张某某多次召集社员开会，提出社员要齐心阻止施工，如果园区强行施工就将挖掘机烧毁，并安排被告人胡某某准备汽油，安排程某某准备辣椒面用于泼洒园区工作人员。同年 6 月 15 日，张某某再次召集社员开会商量阻止施工事宜，向参会的社员分发辣椒面，要求社员自己带上工具。6 月 16 日 8 时许，开县工业园区组织施工队伍到清桥村施工，张某某、程某某、胡某某等村民赶到现场阻止。因部分社员刚刚与园区工作人员发生了纠纷，社员情绪激动，张某某用锄头将挖掘机驾驶室玻璃砸坏，并同刘某某等人喊"把挖掘机烧了"，周围村民起哄响应并说竹林有汽油。胡某某之妻周某某从竹林将汽油背到现场，胡某某点燃汽油瓶扔进驾驶室，周某某也向挖掘机扔汽油瓶子，造成挖掘机驾驶室等部分被烧毁。经鉴定，被损毁挖掘机的材料损失为 275785 元，加上维修费等损失共计 323785 元。

法院认为：作为正当防卫前提的不法侵害，应当具有进攻性、破坏性和紧迫性，并非对所有不法行为都可以进行防卫；本案中，开县人民政府为公共目的征地并进行建设系政府行政行为，在未经相关诉讼程序确认前，尚不能将该行为定性为违法行为；即使该行为经过行政诉讼程序被定性为违法行为，它也不属于紧迫的不法侵害，不能采取防卫的救济手段。①

首先可以确定的是，由于上述第一种观点所理解的紧迫性不过是对不法侵害之现实性的同义反复，它并未在"正在进行的不法侵害"之外为正当防卫的成立提出独立的要件，故没有专门加以研究的必要。后四种观点均将紧迫性理解为超然于侵害的现实性之外、对正当防卫的前提作进一步限制的要件。接下来，有两个问题需要依次探讨：第一，紧迫性要件的增设是否有违罪刑法定原则？第二，紧迫性要件的增设是否具有实质的合理性？

① 参见重庆市第二中级人民法院刑事附带民事判决书，(2015) 渝二中法刑再终字第 00001 号。

三、紧迫性要件的添加与罪刑法定

根据紧迫性要件必要说的看法，即便不法侵害处于正在进行的状态之中，一旦它不满足紧迫性要件，行为人仍不得享有正当防卫权。该说在法律条文以外为正当防卫增设了一个不成文的限制性要素。因为，我国《刑法》第 20 条本身并无"紧迫性"的要求，按照条文的语义，只要是针对"正在进行的不法侵害"，公民皆有权实施正当防卫。而且，从中国近现代刑法百年来的发展历程中，我们可以明显地觉察到立法者对于紧迫性要件的排斥态度。其一，自清末变法以来，"日本法成为中国采用西法的主要对象，成为影响中国法律改革的最重要的法源"①，故中国近现代的历次刑法立改活动，均无一例外地会将《日本刑法典》作为重要的参考。《日本刑法典》第 36 条明确规定，不法侵害的"急迫性"是正当防卫成立的前提。可是，从《大清新刑律》一直到现行的《中华人民共和国刑法》，近百年间出台的所有刑法草案和刑法典均无一步日本之后尘在正当防卫条款中规定紧迫性要件。② 其二，在 1997 年《刑法》颁行之前，曾有著名学者明确建议应当在正当防卫条款中为不法侵害增添"紧迫性"这一限制性条件，③ 但终未获得立法机关的采纳。所有这些事实大致可以说明，紧迫性要件在中国刑法中的缺失并非偶然，而是立法者有意为之的结果。不过，仅凭与立法者的原意不符这一点，尚不能得出紧迫性要件必要说不成立的结论。因为，"法律一旦开始适用，就会发展出固有的实效性，其将逾越立法者当初的预期"，故法律完全可能"渐渐地几乎发展出自己的生命，并因此远离原创者原本的想法"④。

本来，我们在对刑法分则具体犯罪的构成要件进行解释时，往往也会根据犯罪的本质、刑法条文之间的关系等因素，添加某些"不成文的构成要件

---

① 李贵连：《近代中国法律的变革与日本影响》，载《比较法研究》1994 年第 1 期。

② 关于这方面的资料，可参阅高铭暄、赵秉志编：《中国刑法规范与立法资料精选》，法律出版社 2013 年版；赵秉志、陈志军编：《中国近代刑法立法文献汇编》，法律出版社 2016 年版。

③ 参见赵秉志、赫兴旺、颜茂昆、肖中华：《中国刑法修改若干问题研究》，载《法学研究》1996 年第 5 期。

④ ［德］拉伦茨：《法学方法论》，陈爱娥译，商务印书馆 2015 年版，第 198 页。

要素"①。例如，我国《刑法》没有明文规定盗窃罪、诈骗罪等财产犯罪的成立需要以行为人具备非法占有的目的为必要，但通说为了合理区分财产罪与不可罚之盗用骗用行为，为了清晰地划定取得型财产罪与毁损罪之间的界限，依然认为非法占有的目的属于盗窃等财产罪的主观超过要素。需要注意的是，这种在法条之外增加要素的解释之所以被容许，关键是因为罪刑法定原则的功能在于抵御国家刑罚权无限扩张的危险，它禁止法外入罪，却并不排斥有利于被告人的法外出罪。正是由于不成文构成要件要素的引入限缩了某一犯罪成立的范围、对被告人产生了相对有利的影响，故不会与罪刑法定原则发生冲突。可是，对于法定正当化事由的解释却与此不同。因为，正当化事由的成立范围与犯罪的成立范围恰好呈现出此消彼长的关系，前者的限缩同时也就意味着后者的扩张。所以，一旦在法律条文之外对正当化事由附加新的限制性条件，似乎就是间接地实行了法外入罪。② 于是，首先需要回答：这种通过引入不成文的要素来对正当防卫权进行目的性限缩的做法，是否违反罪刑法定原则？张明楷教授认为："只有同时在违法阻却事由、责任阻却事由、客观处罚条件等领域贯彻罪刑法定主义，才能保障人权"，故"应当禁止对法定的犯罪阻却事由进行目的性限缩"③。不过，笔者认为，在正当防卫条款的明文规定之外增添紧迫性要件的做法，并不违背罪刑法定原则，因为有关正当化事由的法律解释本来就不处于罪刑法定原则的严格规制之下。理由如下：

首先，法定正当化事由的功能并不在于确定可罚行为类型的边界。由于直接决定刑罚权范围大小的是具体犯罪的构成要件，而构成要件的唯一来源就是刑法的规定，故刑法需要以尽量类型化和封闭化的方式对可罚行为的要件详加描述。无论是分则关于具体犯罪之特殊成立要件的描绘，还是总则对诸如故意、过失、未完成形态以及共同犯罪之类涉及犯罪之共同成立要件的叙述，都必须严格处在罪刑法定原则的监控之下。然而，法定正当化事由的特点则在于，虽"定居"于某一部门法，其势力范围却能遍布全体法领域。

---

① 张明楷：《刑法分则的解释原理》，中国人民大学出版社 2011 年版，第 427 页。

② Vgl. Hirsch, Rechtfertigungsgründe und Analogieverbot, GS - Tjong, 1985, S. 53.

③ 张明楷：《罪刑法定与刑法解释》，北京大学出版社 2009 年版，第 173 页。在德国刑法学界，也有不少学者持类似的看法。Vgl. Hirsch, in: LK - StGB, 11. Aufl., 1994, vor § 32 Rn. 37; Sternberg - Lieben, in: Schönke/Schröder, StGB, 30. Aufl., 2019, vor § 32 Rn. 25.

即便是《刑法》有所规定的正当防卫和紧急避险，其在本质上也并非专属于刑法领域，而是发源于整体法秩序、贯通适用于各个部门法。① 以下两个事实足以证明这一点：其一，我国《民法典》第181条和第182条亦对正当防卫、紧急避险在民法上的效果作了规定；其二，民法理论与实务在具体判断正当防卫、紧急避险的成立要件时，都会把《刑法》的相关条文作为解释的依据。② 可见，关于正当化事由的法律规定，不论其具体位于哪一部门法，其功能都仅在于确定行为合法与否，而不在于确定可罚性的有无。打一个形象的比方：如果将法定正当化事由比作一棵大树的话，那么其法律规定就如同树的基干，它定着在某一特定部门法的规范地面上；然而这棵大树赖以生存的根系，即正当化事由的合法性根基实际上却蔓延遍布于各个部门法的土壤之中，大树繁茂的枝叶所形成的绿荫，即它的合法化效果也突破了其主干所在的区域，覆盖到了整个法秩序。因此，我们无法将专属适用于犯罪构成要件的类型性和明确性要求，原样照搬地套用在正当化事由的身上。对于规定在《刑法》以外之其他法律中的正当化事由来说，这一点就更加明显。例如，根据《刑事诉讼法》第84条的规定，公民的扭送权属于一种法定正当化事由。但该条仅仅规定了可以扭送的对象，对于合法扭送行为的方式、限度等关键性要件却未置一词。我们恐怕很难以该条款不符合罪刑法定原则中的明确性原则为由直斥其违宪。因此，对法定正当化事由的解释起决定性作用的，除了法律的规定之外，更为重要的还是从以宪法为基础的整体法秩序中推导、提炼出来的正当化原则。③

其次，如果强行将罪刑法定原则适用于对正当化事由的解释，势必出现难以克服的理论困境。第一，如前所述，正当化事由的适用范围涵盖了多个不同的部门法领域。因此，一旦认为正当化事由的适用在刑法领域内需要受到罪刑法定原则的制约，那就会出现同一个正当化事由在刑法中的成立范围宽于其他部门法的现象。例如，甲为了保护自身法益，在不满足紧迫性要件

---

① Vgl. Krey, Studien zum Gesetzesvorbehalt im Strafrecht, 1977, S. 233ff; ders., Zur Einschränkung des Notwehrrechts bei der Verteidigung von Sachgütern, JZ 1979, S. 712.

② 参见张新宝：《侵权责任构成要件研究》，法律出版社2007年版，第61页。

③ Vgl. Lenckner, „Gebotensein" und „Erforderlichkeit" der Notwehr, GA 1968, S. 9; Roxin, Die „sozialethischen Einschränkungen" des Notwehrrechts, ZStW 93 (1981), S. 80.

的情况下故意导致不法侵害人乙重伤。在刑法上,如果根据罪刑法定原则禁止在《刑法》第 20 条的规定之外为正当防卫添加限制性要件,那么在甲的行为符合防卫限度要件的前提下,就应当认定该行为成立正当防卫、阻却违法。可是,由于民法的判断并不适用罪刑法定原则,故解释者完全可以根据紧迫性要件认定甲的行为不属于正当防卫、具备违法性。然而,刑法与其他部门法固然可以依照各自的目的为同一行为赋予不同的法律后果,却不应在行为合法与否的问题上产生根本的分歧。① 因此,同一个举动不可能一方面被刑法评价为合法的权利行使行为,另一方面却在民法上成了受到禁止的侵权行为。第二,无论是理论还是司法实践均承认,除了正当防卫、紧急避险等法定正当化事由之外,还存在着大量超法规的正当化事由。由于后者完全游离于实定法之外,故即便是主张正当化事由应受制于罪刑法定原则的学者也不得不承认,该观点难以适用于超法规的正当化事由。② 可是,法定和超法规的正当化事由在性质上并无差异。刑事立法者对于某种正当化事由究竟是通过明文规定的途径将之载入法典,还是采取缄默不语的方式留其于法规之外,这仅仅取决于立法的时机是否成熟、成文化的必要性有多高等技术性的考量。因此,单纯根据立法者一时一地的选择来决定罪刑法定原则的适用与否,似乎并不合理。

最后,将正当化事由的适用与罪刑法定原则脱钩,并不会打开恣意入罪的潘多拉盒子。因为,对正当化事由的解释虽然不必严格受到法律条文的限制,却必须经受其正当化根据的检验。譬如,《刑法》第 20 条并未规定正当防卫只能在别无其他法益保护方法的情况下才能实施。如果有学者提出应当为正当防卫的成立添加"不得已"的要件,那么这种解释并不违背罪刑法定原则。不过,在正当防卫正当化根据的问题上,虽然存在着法秩序维护说和法益值得保护性下降说之争,但无论是从捍卫法秩序还是从维护公民消极自由的角度来看,"法不能向不法让步"都是正当防卫不可撼动的铁律。为正当防卫增设补充性要件的观点既然与该原则背道而驰,那就逃脱不了被否定的命运。

---

① Vgl. Engisch, Die Einheit der Rechtsordnung, 1935, S. 58; Hirsch, in: LK – StGB, 11. Aufl., 1994, vor § 32 Rn. 10.

② Vgl. Hirsch, Rechtfertigungsgründe und Analogieverbot, GS – Tjong, 1985, S. 66; Rönnau, in: LK – StGB, 12. Aufl., 2006, vor § 32 Rn. 65.

四、紧迫性要件既不合理亦非必要

尽管紧迫性要件必要说并不违反罪刑法定原则，但本书认为，它要么奉行"秩序优于维权"的观念而与正当防卫的权利本位属性相左，要么无力真正实现公力救济与正当防卫之间的平衡，故缺乏存在的合理性与必要性。具体来说：

（一）正当防卫所体现的是公民根据宪法所享有的平等法律地位，故不能以破坏这种法律地位的方式剥夺公民的防卫权

我国《宪法》第33条第2款和第51条共同确立了公民在法律面前平等的原则。当某人以违法行为损害他人的法益时，他实际上试图通过这种方式取得强制和支配被侵害人的特权，故从本质上来说不法侵害者破坏的是自己和其他公民之间的平等关系；与此相应，正当防卫所维护的也不仅仅是财产、健康和生命等具体的法益，而是宪法上公民免受他人非法强制的自由和法律地位。[1] 由此我们可以得出以下三点认识：

1. 要求公民在面临不法侵害时履行逃避义务的观点，是不正确的。按照《宪法》第51条的规定，只要不对他人的自由构成妨碍，公民就尽可以理直气壮地行使其权利，而国家也有义务为其畅通无阻地行使自由营造安全的环境。因此，应当瞻前顾后、畏首畏尾的恰恰不该是合法行使自由的公民，而应当是试图不法侵袭他人者。一旦法律要求公民在遭遇不法侵害之时忍气吞声、退避三舍，那就意味着法律仅仅为了避免冲突的加剧而不问情由地强迫受到侵害的一方接受不平等的法律地位。这无异于是以国家的名义破坏个人尊严和社会公义。[2] 正因为如此，虽然《日本刑法典》第36条明确将不法侵害的急迫性规定为正当防卫的前提要件，但自20世纪70年代以来，无论是

---

① Vgl. Koch, Prinzipientheorie der Notwehreinschränkungen, ZStW 104（1992），S. 796；Pawlik, Die Notwehr nach Kant und Hegel, ZStW 114（2002），S. 268，271f.

② 详细的论证参见本书第二章。

理论还是判例均倾向于认为，不能仅仅因为行为人预先估计到可能会遭受侵害，就否定侵害的急迫性，进而为行为人课以躲避的义务。[①] 具体结合我国司法实践的现状，笔者想进一步说明以下两点：

第一，在大量判例中，法院之所以根据紧迫性要件否定行为人的防卫权，一个重要的理由在于，侵害行为是由双方先前的某种纠纷所引发。在许多法院看来，既然先前的纠纷是案件发生的导火索，那就说明双方对于矛盾升级为暴力冲突均负有责任，故遭遇侵害的一方就有义务通过躲避来缓和事态。然而，这恐怕是一种将法律与道德相混淆、只求息事宁人而不分是非曲直的观念。公民之间发生利益纠纷和争端，这本来就是社会生活中普遍存在的正常现象。只要没有越过法律禁令的红线，那么任何人为主张自身利益诉求所进行的活动，即便有失偏激或与伦理道德不符，也仍然属于行使个人自由的正当行为，同样受到法律的保护。同理，任何人只要在纠纷过程中突破了法律允许的边界，那么其行为就是不折不扣的不法侵害。因此，事前纠纷的存在，绝不意味着一方享有侵害另一方的权利，更不意味着遭受侵害的一方丧失了反击的权利。法律不能不分青红皂白地将平息冲突的义务强加在遭受不法侵害的一方身上。

第二，对于行为人本可以轻易逃脱的案件，许多法院之所以倾向于禁止行为人实施防卫，或许是基于这样的考虑：行为人若选择迎头反击不法侵害，则势必面临着在搏斗过程中负伤甚至丧命的风险；反之，若行为人选择逃离是非之地，则他既能够成功使法益免遭侵害，又可以避免陷入搏斗带来的风险，两全其美，何乐而不为呢？故此，法律为行为人施加躲避的义务，也完全是出于对其自身利益最大化的考虑。这种想法固然用心良苦，但它混淆了自由和义务的界限。既然我们承认正当防卫是公民的一项权利，那么究竟是选择行使还是放弃该权利，就只能交由公民自己来决断。权利的赋予并非只有在权利行使行为能够实现最大功利的前提下才有效；在个人自由的范围内，公民没有义务非要作出符合一般人理性的明智决定。由于"无论是理性还是

---

① ［日］桥爪隆：《日本正当防卫制度若干问题分析》，江溯、李世阳译，载《武陵学刊》2011年第4期；［日］山口厚：《日本正当防卫的新动向》，郑军男译，载《辽宁大学学报（哲学社会科学版）》2011年第5期。

非理性的举动，均同等程度地受到一般行为自由的保障"①，故纵然公民对自己的利益作出了在第三人看来不可理喻的决定，国家也不能越俎代庖。

值得注意的是，目前，已有指导性判例采取了正确的立场。例如：

【胡咏平故意伤害案】2002 年 3 月 19 日下午 3 时许，被告人胡咏平在厦门××运动器材有限公司上班期间，与同事张某某因搬材料问题发生口角，张某某扬言下班后要找人殴打胡咏平，并提前离厂。胡咏平从同事处得知张某某的扬言后，即准备二根钢筋条磨成锐器藏在身上。当天下午 5 时许，张某某纠集邱某甲、邱某乙在厦门××运动器材有限公司门口附近等候。在张某某指认后，邱某乙上前拦住刚刚下班的胡咏平，要把胡咏平拉到路边。胡咏平不从，邱某乙遂殴打胡咏平两个耳光。胡咏平即掏出一根钢筋条朝邱某乙的左胸部刺去，并转身逃跑。张某某、邱某甲见状，立即追赶并持钢管殴打胡咏平。尔后，张某某、邱某甲逃离现场。被害人邱某乙受伤后被"120"救护车送往杏林医院救治。被告人胡咏平被殴打后先到曾营派出所报案，后到杏林医院就诊时，经邱某乙指认，被杏林区公安分局刑警抓获归案。经法医鉴定，被害人邱某乙左胸部被刺后导致休克，心包填塞、心脏破裂，损伤程度为重伤。

一审厦门市杏林区人民法院认定胡咏平防卫过当，以故意伤害罪判处其有期徒刑 1 年。厦门市杏林区人民检察院则以被告人的行为不具有防卫性质为由，向厦门市中级人民法院提出抗诉。抗诉的理由主要有二：其一，胡咏平主观上具有斗殴的故意。因为当他得知张某某扬言要叫人殴打他后，应当向公司领导或公安机关报告以平息事态，或退让回避。而胡咏平不但不报告，反而积极准备工具。其二，胡咏平没有遭受正在进行的不法侵害。他被打的两耳光属于轻微伤害，对其人身安全造成的危害并不重大、紧迫，不属于"正在进行的不法侵害"，不符合防卫的前提条件。厦门市中级人民法院经二审审理后，裁定驳回抗诉，维持原判。针对抗诉的第一个理由，二审法院指出：首先，行为人在人身安全受到威胁后但尚未受到危害前准备工具的行为本身，并不能说明他是为了防卫还是斗殴。从本案的事实情况来看，胡咏平在从同事处得知张某某扬言下班后叫人殴打他之后，并不知道张某某会叫多少人，在何时、何地实施殴打，为应对威胁、以防不测，他事先准备工具的

---

① Roxin, Strafrecht AT, Bd. Ⅰ, 4. Aufl., 2006, § 13 Rn. 87.

行为不足以表明其具有与对方争勇斗狠的斗殴意图。而且胡咏平的确是在下班路上被张某某一伙拦住殴打之后才反击，这说明其准备工具的目的是为了防卫而不是斗殴。其次，像本案抗诉机关所认为的那样，当一个人的人身安全面临威胁时，只能报告单位领导或者公安机关，而不能作防卫准备，出门时只能徒手空拳，受到不法侵害时，只能呼救或者逃跑，只有在呼救或逃跑无效时才能就地取材或夺取对方工具进行防卫，这显然不合情理，不利于公民合法权利的保护，也与正当防卫的立法精神相悖。①

【陈某正当防卫案】（检例第45号）陈某，未成年人，某中学学生。2016年1月初，因陈某在甲的女朋友的网络空间留言示好，甲纠集乙等人，对陈某实施了殴打。2016年1月10日中午，甲、乙、丙等6人（均为未成年人），在陈某就读的中学门口，见陈某从大门走出，有人说陈某向老师告发他们打架，要去问个说法。甲等人尾随一段路后拦住陈某质问，陈某解释没有告状，甲等人不肯罢休，抓住并围殴陈某。乙的3位朋友（均为未成年人）正在附近，见状加入围殴陈某。其中，有人用膝盖顶击陈某的胸口，有人持石块击打陈某的手臂，有人持钢管击打陈某的背部，其他人对陈某或勒脖子或拳打脚踢。陈某掏出随身携带的折叠式水果刀（刀身长8.5厘米，不属于管制刀具），乱挥乱刺后逃脱。部分围殴人员继续追打并从后投掷石块，击中陈某的背部和腿部。陈某逃进学校，追打人员被学校保安拦住。陈某在反击过程中刺中了甲、乙和丙，经鉴定，该3人的损伤程度均构成重伤二级。陈某经人身检查，见身体多处软组织损伤。公安机关以陈某涉嫌故意伤害罪立案侦查，并对其采取刑事拘留强制措施，后提请检察机关批准逮捕。检察机关根据审查认定的事实，依据《刑法》第20条第1款的规定，认为陈某的行为属于正当防卫，不负刑事责任，决定不批准逮捕。公安机关将陈某释放同时要求复议。检察机关经复议，维持原决定。②

针对陈某案发时携带了水果刀的事实，检察机关指出："陈某随身携带刀具，不影响正当防卫的认定。对认定正当防卫有影响的，并不是防卫人携带了可用于自卫的工具，而是防卫人是否有相互斗殴的故意。陈某在事前没有

①　参见胡咏平故意伤害案，载中华人民共和国最高人民法院刑事审判第一、二、三、四、五庭主办：《中国刑事审判指导案例（侵犯公民人身权利、民主权利罪）》，法律出版社2009年版，第276页。
②　参见《最高人民检察院公报》2019年第1号（总第168号）第22~24页。

与对方约架斗殴的意图，被拦住后也是先解释退让，最后在遭到对方围打时才被迫还手，其随身携带水果刀，无论是日常携带还是事先有所防备，都不影响对正当防卫作出认定。"这再次肯定了，即便行为人对可能到来的侵害作了工具上的准备，也不影响其行使防卫权。

最近颁布的《指导意见》也明确了这一点，第9条指出："双方因琐事发生冲突，冲突结束后，一方又实施不法侵害，对方还击，包括使用工具还击的，一般应当认定为防卫行为。不能仅因行为人事先进行防卫准备，就影响对其防卫意图的认定。"

2. 禁止公民为制止轻微不法侵害而实施正当防卫，是不合理的。无论不法侵害所指向的具体法益是重大还是微小，它在本质上都是对公民不受他人强制和支配之平等法律地位的挑战。正因为如此，《刑法》第20条第1款关于防卫前提的规定并未对不法侵害的严重程度作出任何限制。① 所以，无论不法侵害如何轻微，受到侵害的公民原则上都不负有忍受的义务；绝非只有针对可能严重危及生命、健康的不法侵害，公民才有反击的权利。② 不法侵害的严重程度至多只能影响防卫限度的宽严。前述"胡咏平故意伤害案"的裁判理由正确地指出："正当防卫的前提条件是指存在'正在进行的不法侵害'，只要遭受到正在进行的不法侵害，不管程度轻重如何，都可以立即实施为制止不法侵害的相应的防卫行为。"③《指导意见》第5条也强调："不应将不法侵害不当限缩为暴力侵害或者犯罪行为。"

3. 仅仅因为第三人在场便勒令公民放弃防卫，是武断的。在此情形下，需要结合个案的具体情况，借助"事态接管"的标准来确定行为人能否实施正当防卫。即，只有当在场的其他公民或者警察已经切实控制住了或者确定能以更优的方式控制不法侵害时，才可以认为第三人已经有效接管了事态，不允许行为人防卫。具体来说，应当区分以下三种不同的情况来加以分析：

---

① 值得注意的是，在对1979年《刑法》进行修订的过程中，曾有学者建议应将正当防卫的起因条件限定在具有"严重性"的不法侵害之上。参见赵秉志、赫兴旺、颜茂昆、肖中华：《中国刑法修改若干问题研究》，载《法学研究》1996年第5期。但立法者并未采纳这一意见。

② 更何况，常常被法院认定为不具有紧迫性的"赤手空拳殴打"行为，事实上也完全可能导致受侵害者重伤，故难以将之归入"轻微不法侵害"之列。

③《胡咏平故意伤害案》，载中华人民共和国最高人民法院刑事审判第一、二、三、四、五庭主办：《中国刑事审判指导案例（侵犯公民人身权利、民主权利罪）》，法律出版社2009年版，第277页。

（1）当其他公民或者警察已经通过劝阻、扣押等方式使侵害人停止了侵害或者丧失了继续加害的能力时，由于不法侵害已经结束，故行为人此后对侵害人所实施的打击行为无法成立正当防卫。（2）在场的其他公民或者警察虽然尚未完全控制侵害人，但确定能够以更为理想的防卫手段有效制止不法侵害。尤其是对于警察来说，由于他们经过了严格和专业的体能、技术训练，配备了较为齐全和精良的防暴器具，故其在有效制止不法侵害的前提下尽量降低侵害人所受损害的能力，就远远高于普通公民。若行为人能够易如反掌地获得其帮助，则法律有理由要求他将防卫权交由这类人员行使。因为：其一，这一要求始终是以确保防卫效果不受减损为前提的，故绝不意味着迫使人向不法侵害让步和屈从，也丝毫没有牺牲行为人的自由与尊严。其二，这一要求是防卫限度条件的应有之义。[①] 因为，防卫的必要性本来就是指，行为人应当在同样能够有效制止不法侵害并保障自身安全的多种防卫手段中，选择给不法侵害人造成损害最小的那一种。（3）如果其他公民或者警察由于救助意愿不坚定、防卫能力有欠缺等原因而未能成功地接管事态，那么他们的在场便无法保证受侵害者的法益安全，在此情况下应当允许行为人实施防卫以自保。例如，即便有多名行为人的亲友在场，但若他们既手无寸铁也缺少体力和打斗技能方面的优势，仅凭其劝阻行为难以保证能使对方彻底放弃侵害意图，则行为人有权选择反击。

"对正当防卫的解释，始终都依赖于基本政治观念的变迁。"[②] 如果更进一步地探求深藏于学说背后的思想观念与政治立场，我们发现，紧迫性要件必要说中的第二、三、四种观点，集中展现了正当防卫的司法适用中，秩序需求对个人权利保障的强力挤压。作为一种个人的暴力反击举动，公民行使防卫权的行为不可避免地会在一定程度上打破社会的平和状态。因此，国家的管理者往往就需要在保护个人权益和维护社会安定这两方面进行权衡。朱勇教授曾指出："权利换和谐"，即"个体放弃或让渡部分权利，以置换共同体的整体和谐，这是中国传统社会的价值追求，也是中国传统

---

① Vgl. Rönnau/Hohn, in: LK – StGB, 12. Aufl., 2006, § 32 Rn. 183ff.; Kühl, Strafrecht AT, 8. Aufl., 2017, § 7 Rn. 119ff.

② Koch, Prinzipientheorie der Notwehreinschränkungen, ZStW 104 (1992), S. 800.

法律实现国家统治和社会控制、构建稳定的社会秩序的主要路径"①。如果回顾我国古代关于正当防卫的法律规定和司法实践，我们不难发现，在维权与秩序之间，中国传统法制的天平明显是朝后者一方倾斜的，由此导致个人通过防卫来捍卫自身法益的权利被收缩至极为狭小的范围之内。例如，《唐律疏议·斗讼律》第 9 条第 2 项规定："诸斗，两相殴伤者，各随轻重，两论如律。后下手理直者，减二等。至死者，不减。"② 据此，即便行为人是针对不法侵害展开必要的反击，亦应予以处罚，只是在量刑上可以减等处理；一旦防卫致对方死亡，则连减轻处罚的待遇也不复存在。同时，根据《唐律疏议》的解释，当卑幼者遭受尊长殴打时，即使卑幼"理直"，亦不得援引"后下手理直者，减二等"的规定对尊长实施防卫。又如，《唐律疏议·斗讼律》第 34 条规定："诸祖父母、父母为人所殴击，子孙即殴击之，非折伤者，勿论。折伤者，减凡斗折伤三等。至死者，依常律。"③ 可见，当祖父母、父母受他人侵害时，其子孙为保护祖父母、父母而实施防卫的，只有在防卫造成侵害者肢体折伤以下之轻伤的情况下，方不入罪。一旦折伤对方肢体，则只能对防卫人减轻处罚；若反击致侵害人死亡，则仍依"斗杀"罪论，处以绞刑或者斩刑。这些规定基本为此后历代刑律所承袭。

由于在古代中国，长幼、尊卑、亲疏之分乃维系社会稳定的支柱所在，④故对于"一准乎礼"的《唐律疏议》来说，维护家族伦理自然是其追求实现的核心目标。于是，《唐律疏议》之所以规定，卑幼者为反抗尊长的不法殴击所实施的防卫行为不存在任何减等的可能，就是因为在立法者的眼中，即使是个人的人身安全也应当为长幼有序的伦理秩序让位。与此形成鲜明对比的是，对于子孙为避免祖父母、父母被他人袭击而实施防卫的案件，由于立法者认为该行为有助于促进人伦孝道，故其能够享有的宽宥幅度甚至远远大于一般的正当防卫。这就说明，在一个以维护国家秩序为最高价值目标的国度，司法者往往倾向于模糊冲突双方的是非对错，不惜在一定范围内迫使无辜公民牺牲其权益和自由，从而换取社会的安定。毋庸置疑，任何一个社会的发

---

① 朱勇：《权利换和谐：中国传统法律的秩序路径》，载《中国法学》2008 年第 1 期。
② 长孙无忌等：《唐律疏议》，刘俊文点校，中华书局 1983 年版，第 393 页。
③ 长孙无忌等：《唐律疏议》，刘俊文点校，中华书局 1983 年版，第 422 页。
④ 参见瞿同祖：《中国法律与中国社会》，中华书局 2003 年版，第 295 页。

展都离不开相对稳定和有序的环境。但是，在现代法治国家中，社会的长治久安不可能依靠政治权力的高压来实现，和谐社会的建成也只能以公民的自由得到充分保障、个人的权利得到完全尊重为前提。捍卫自身法益免受不法侵害无疑是公民的一项基本权利，如果连这项权利的行使都得不到国家的支持，那么公民就难以树立起对规范的信赖、认同和尊重，以扼杀个人自由为代价换取的稳定也终将因为缺乏正义性而无法持久。

（二）能够真正实现公力救济与正当防卫之间平衡的，不是紧迫性要件，而是防卫权的行使条件

关于现代法治社会中公力救济与自力救济的关系，人们大致可以达成以下两点共识：一方面，公力救济途径的存在，并不是否定公民自力救济权的充分理由。在目前我国已基本建立起各类程序化的冲突解决机制的背景下，至少从理论上来说，任何公民在遭受权利侵害后都有获得国家救助的机会。因此，一旦认为公力救济具有绝对优先于自力救济的地位，那便意味着公民在遇到侵害时都只能先行忍让，尔后再寻求国家出面为其主持公道、恢复权利，这无异于从根本上否定了正当防卫权的存在。另一方面，将纠纷的解决、制裁的实施尽量纳入程序化的轨道之上，这又是法治国所追求的核心目标之一，故自力救济只能是对公力救济的补充，正当防卫也不例外。因此，如果事后的公力救济途径既能实现秩序安宁的价值追求，又能保障公民的合法权益不受忽视，那么法律就有理由根据公力救济优先的原则限制公民实施正当防卫。这样看来，将"缺少寻求公力救济的可能"这一点作为合理限制正当防卫权的根据，的确是号准了脉。但遗憾的是，紧迫性要件必要说中的第五种观点却并非对症之药。因为，不法侵害是否具有"暴力性、攻击性和破坏性"，这并不是决定公力救济能否优先于正当防卫的标准。

其一，对于缺少以上"三性"的行为，未必不能进行正当防卫。例如，盗窃被公认为是一种以平和甚至秘密的方式取得他人财物的侵害行为，它没有任何的暴力性和攻击性，所以用上述标准来衡量似乎也不具有紧迫性。但无论是理论还是实务均没有争议地认为，公民针对盗窃犯可以实施正当防卫。另外，如果将正当防卫中的不法侵害限定在具有积极进攻性的行为之上，那就等于否定了不作为成立不法侵害的可能。但时至今日，中外刑法理论的通

说均承认，既然作为和不作为在规范评价上完全可以实现等值，那就没有理由认为针对不作为形式的侵害行为不能实施正当防卫，故也没有理由认为只有积极进攻型的侵害才能成为正当防卫的起因。① 其二，对于具备以上"三性"的行为，也不见得就一概能实施正当防卫。例如，当行政机关一般违法的具体行政行为有可能当场毁损行政相对人价值不高的财物时，尽管该行为具有一定的暴力性和破坏性，但因为行政行为公定力的存在，也不能容许公民以正当防卫相抵抗。

事实上，公力救济途径是否具有优先于正当防卫权的地位，关键不在于侵害行为本身的样态，而是在于在特定社会条件和个案情境下，国家是否具有充分的理由期待公民放弃即时的私力救济。为此，笔者提出了"防卫权成立条件与行使条件分离说"，主张：

1. 确定不法侵害存在，这只是为防卫权的成立奠定了基础，但完全可能出于某种政策考量为防卫权的行使设置额外的要件，从而在特定的情形下"冻结"防卫权的行使，使之让位于公力救济机制。因此，使正当防卫在特定情形下让位于公力救济，这应当通过创设防卫权的行使条件来实现。

2. 由于现代法治国以公民基本权利的保障为基石，不允许随意以牺牲公民的自由为代价换取社会秩序的稳定，故国家能否期待公民在遇到不法侵害时暂时放弃行使防卫权，就取决于事后的公力救济能否为其提供足够的保护。于是，只有在以下三个要素同时具备时，才能认为公力救济途径需要并且能够取得优先于正当防卫的地位：（1）通过对所涉部门法的规范进行综合分析可以推知，法律在相关领域（例如，由具体行政行为或者民事债权债务所引起的纠纷）具有追求秩序安全价值的特殊需要；（2）受到不法行为损害的法益，能够通过事后的公力救济得以恢复；（3）受害公民在事后寻求公力救济途径的过程中，不会遭遇过分重大的困难。在本书接下来的第四章中，笔者将对这一学说展开详细的论述。

---

① 参见高铭暄主编：《刑法专论》，高等教育出版社 2006 年版，第 420 页。Vgl. Günther, in：SK－StGB, 7. Aufl., 1999, § 32 Rn. 30; Kindhäuser, in：NK－StGB, 4. Aufl., 2013, § 32 Rn. 33.

五、结论

紧迫性要件必要说在我国的盛行是"维稳优先"思维的产物，其多数的分支观点均经不起检验。调节公力救济和正当防卫之间的关系，或许是紧迫性要件唯一可能具有的合理功能。然而，随着它对于这一功能的实现日益显得力有未逮，随着独立的防卫权行使条件能够更理想地完成这一使命，紧迫性要件存在的正当性已然消失殆尽。

结合"于欢故意伤害案"来看，一审法院认定本案不存在防卫前提的理由在于："虽然当时其人身自由权利受到限制，也遭到对方辱骂和侮辱，但对方均未有人使用工具，在派出所已经出警的情况下，被告人于欢和其母亲的生命健康权利被侵犯的现实危险性较小，不存在防卫的紧迫性。"[1] 很明显，其论证综合运用了前述紧迫性要件必要说的第三种和第四种观点。但根据上文的分析，一审判决的见解是不能成立的。一方面，既然能够成为正当防卫前提的不法侵害并不限于针对生命健康的严重犯罪，而且法院也肯定了被告人及其母亲的人身自由和人格尊严当时正受到侵犯，那就没有任何理由禁止其实施防卫。另一方面，虽然民警接到报警后旋即抵达案发现场，但他们只是询问、警告一番，在没有解除被告人及其母亲受拘禁状态的情况下，就离开了接待室。这说明，民警并未有效地将事态置于自己的管控之下，没有从根本上使被告人及其母脱离险境。因此，二审判决关于"原判认定于欢捅刺被害人不存在正当防卫意义上的不法侵害确有不当，应予纠正"[2] 的判断，是正确的。

---

[1] 山东省聊城市中级人民法院刑事附带民事判决书，（2016）鲁 15 刑初 33 号。
[2] 山东省高级人民法院刑事附带民事判决书，（2017）鲁刑终 151 号。

第四章 公力救济的优先：
防卫权的行使条件

一、聚焦"范木根故意伤害案"等案件

基于"法不能向不法让步"的原则，正当防卫素来被视为最具积极性和强势性风格的正当化事由。刑法理论通说也据此认为："正当防卫并不仅是一种'不得已'的应急措施，而且是鼓励公民与违法犯罪行为作斗争的一种积极手段"，"即使在公民有条件……求助于司法机关的情况下，公民仍有权实施正当防卫"。[①] 这样说来，当公民的合法权益遭受不法侵害时，公力救济途径似乎并不具有优先于正当防卫的地位。然而，近年来在我国司法实践中频繁出现的以下两类案件，却对这一命题提出了挑战。

（一）暴力反抗违法行政行为

"在当下中国，几乎没有哪个词语像'拆迁'这样一再刺痛社会的神经。"[②] 在我国近年来快速的城市化进程中，房地产投资对于地方经济的发展形成了强大的拉动力量。伴随着"拆迁经济"如火如荼地兴起，暴力拆迁、流血拆迁的悲剧时有上演；与此同时，也出现了为抵抗强拆而导致拆迁者死伤的案件。那么，这种以暴力反抗拆迁的行为能否以正当防卫之名获得合法化呢？以下为两则典型案件：

[①] 高铭暄、马克昌主编：《刑法学》，北京大学出版社、高等教育出版社2017年版，第129页。
[②] 刘东亮：《拆迁乱象的根源分析与制度重整》，载《中国法学》2012年第4期。

【范木根故意伤害案】2013 年 10 月，苏州市虎丘区××镇政府将被告人范木根家等住户房屋的动迁工作，委托给××拆迁安置有限公司（简称××公司）。后××公司项目经理张某某又将该动迁事务违规转包给柳某甲和柳某乙（被害人，男，殁年 43 岁）。此后，柳某乙本人或其安排的其他人员多次至范木根家动员拆迁。期间，柳某乙等人采用了砸坏范木根家窗户玻璃、将屋内生活物品丢弃水井中等违法手段骚扰范木根及其家人。2013 年 12 月 3 日 10 时许，陆某某、戚某某、卞某某、周某某、孙某某受柳某乙指派，到范木根待拆迁房屋处，见范木根在家，便堵住前后门，并欲踢门进屋纠缠范木根商谈动迁事宜，因范木根夫妇在屋内反抗而未果。范木根为阻止对方企图持伸缩棍砸门窗进屋，拿出一把单刃尖刀，警告对方不要进入，否则便要拼命。随后，派出所巡逻警辅接到报警后赶至现场，对双方人员进行劝阻。范木根表示愿意前往派出所解决问题，但陆某某等人继续拉扯、纠缠范木根，阻止其离开现场。此时，柳某乙带领胡某某（被害人，男，殁年 24 岁）和吴某某驾车赶至现场，上前对范木根进行围堵、拉扯。范木根在被柳某乙打了一耳光后，将插于腰间的尖刀拔出。陆某某、胡某某和吴某某一起持金属伸缩棍击打范木根，范木根退让间持刀捅刺胡某某胸部一刀。柳某乙随即持手提包跃起击打范木根，落地时滑到路旁一侧水塘内，范木根持刀跟下水塘，往柳某乙右腰部、腹部各捅刺一刀。胡某某被刺后当场死亡；柳某乙送医院经抢救无效死亡。一审法院认定范木根的行为系防卫过当，以故意伤害罪判处其有期徒刑 8 年；二审维持原判。①

【张某某妨害公务、故意伤害案】为了城市建设和改善人居环境的需要，经安徽省人民政府批准，铜陵市狮子山区人民政府征用其辖区的土地，用于××路绿化带建设项目。被告人张某某的住房亦在被征收范围内。铜陵市狮子山区政府决定于 2013 年 11 月 8 日实施强制拆除，并决定专项行动由区城市管理行政执法局牵头负责，被害人黄某某任组长。2013 年 11 月 8 日 7 时许，张某某在其房屋楼顶通过扔石头、扔酒瓶、放鞭炮等方式阻止拆迁人员靠近。黄某某带领工作人员登上楼顶准备规劝，张某某用事先准备的汽油泼向黄某

---

① 参见范木根故意伤害案，江苏省高级人民法院刑事附带民事裁定书，（2015）苏刑一终字第 00155 号。本案被评为"2015 年中国十大影响性诉讼"，参见 http://www.infzm.com/content/114813/，2019 年 9 月 22 日访问。

某等人并引燃，导致黄某某被烧伤。经鉴定，黄某某的伤情为重伤，伤残等级为7级。另查明，2014年6月4日安徽省铜陵市中级人民法院作出（2014）铜中行初字第00001号行政判决书，确认狮子山区政府组织实施本次强制拆迁的行政行为违法。一审法院以故意伤害罪判处张某某有期徒刑3年10个月；二审维持原判。[①]

对于这类案件，首先需要明确的是，行为人暴力反抗所针对的拆迁行为成立具体行政行为。根据行政法的原理，一个行为构成具体行政行为的首要条件是行为主体必须具有行政权能。行政机关或者行政机构自不待言，即便是非行政机关或者非行政机构的主体，也可以通过法律、法规或者规章的授权以及行政委托的方式取得行政权能。[②] 在司法实践中，强制拆迁的实施大致存在两种情形：其一，像张某某妨害公务、故意伤害案那样，由政府主管部门直接组织拆迁。此时，拆迁行为毫无疑问属于具体行政行为。其二，如范木根故意伤害案所示，由政府将动迁补偿安置事宜委托给具备城市房屋拆迁资质的公司去办理。在行政委托中，受委托的组织是以委托行政机关的名义行使行政职能，由此产生的法律后果应由委托行政机关承担。因此，在范木根故意伤害案中，××公司以及接受转包之人根据行政委托所进行的拆迁活动，就属于应当由××镇政府承担法律责任的具体行政行为。[③]

这随即就引出了一个问题：针对违法的具体行政行为，公民是否享有直接实施正当防卫的权利？对此，我国的司法实践似乎尚未形成完全统一的意见。有的判例隐晦地予以了肯定。例如，对于范木根故意伤害案，既然判决认定被告人范木根反抗强拆的行为属于防卫过当，而防卫过当是以行为人具

---

① 参见张某某妨害公务、故意伤害案，安徽省铜陵市中级人民法院刑事附带民事裁定书，（2014）铜中刑终字第00100号。

② 参见姜明安主编：《行政法与行政诉讼法》，北京大学出版社、高等教育出版社2015年版，第185~186页。

③ 这一点也已经为我国的行政审判实践所确认。参见马良骥：《行政机关依合同拆除房屋行为的性质认定——浙江高院判决徐益忠等诉宁波市鄞州区人民政府其他行政复议案》，载《人民法院报》2014年1月9日第6版。需要附带说明的是，在本案中，尽管××公司在获得行政委托后又将动迁事务再行委托给柳某乙等人的转包行为违规，但这无法改变拆迁属于行使公权力的行政强制行为的事实。行政法上之所以禁止对受委托的职权再委托，是为了保证行政行为的规范性与合法性，而不是为了借此开脱行政机关的责任。所以，违规再委托这一情节并不影响柳某乙等人强拆活动的法律后果应由委托方镇政府来承担。

有防卫权为前提的，那么言下之意，法院认可公民有权针对违法的具体行政行为展开反击，只是这种反击不能逾越必要的限度。[①] 但更多的判例却对此持反对态度。例如，对于张某某妨害公务、故意伤害案，尽管在本案审理之前，区政府的拆迁行为已经被行政判决明确认定为违法，但法院仍然否认被告人享有正当防卫权。其理由是："行政机关的具体行政行为一经作出，行政相对人不服有权提出申辩，但非经有权机关确认为违法无效之前，即便具体行政行为违法，也应当服从与尊重，而不能抗拒执行，甚至以暴力抗拒。本案中，虽然狮子山区政府组织实施的对上诉人张某某房屋强制拆除行政行为违法，但张某某作为行政相对人，可以通过行政复议、行政诉讼等合法手段保护自己的合法权益。上诉人张某某采取暴力手段对抗，故意伤害行政执法人员，致人重伤的行为，不属于法律规定的正当防卫范畴。"[②] 在其他类似案件，以及公民以暴力抗拒执法人员检查、抵制拆除违章建筑的案件中，法院也常常以行为人应通过复议、诉讼等途径主张权利为由，否定其行为存在成立正当防卫的可能。[③]

（二）自力行使民法请求权

【沈崇西诉崔新华房屋租赁合同纠纷案】2006 年 10 月 9 日，原告沈崇西与被告崔新华签订了一份《房屋租赁协议》，崔新华为甲方、出租方，沈崇西为乙方、承租方，约定甲方将其从张光火（仙居宾馆）承租来的部分房屋转租给乙方，租期自 2006 年 10 月 16 日起至 2012 年 6 月 30 日止，租金每年88000 元。协议签订后，沈崇西对承租的房屋进行了装修，并开办了"仙居县金百汇休闲浴场"。2012 年 7 月 27 日，崔新华以沈崇西拖欠租金和已超期经

[①] 类似的判决意见，参见张某故意伤害案，辽宁省本溪市中级人民法院刑事判决书，（2009）本刑一初字第 17 号；侯某某故意杀人案，河南省郑州市中级人民法院刑事判决书，（2013）郑刑二初字第 74 号。

[②] 张某某妨害公务、故意伤害案，安徽省铜陵市中级人民法院刑事附带民事裁定书，（2014）铜中刑终字第 00100 号。

[③] 参见蒋某故意伤害案，江苏省南京市中级人民法院刑事附带民事裁定书，（2014）宁刑终字第 250 号；江某妨害公务案，广东省深圳市福田区人民法院刑事判决书，（2014）深福法刑初字第 1581 号；郑某诉温州市公安局龙湾区分局案，温州市龙湾区人民法院行政判决书，（2014）温龙行初字第 44 号；马某甲等妨害公务案，广西壮族自治区南宁市中级人民法院刑事裁定书，（2015）南市刑一终字第 138 号。

营 27 天构成合同违约为由，在浴场门口张贴了律师函，要求沈崇西在 2012 年 8 月 2 日前搬出承租的房屋，并付清拖欠的租金及赔偿经济损失 35000 元。沈崇西未如期搬出，崔新华便于 2012 年 8 月 3 日将浴场的饮水机、消毒柜、电冰箱、冲浪床、擦背床、洗衣机、沙发、电视机等物品搬出，收回了出租的房屋。①

在本案中，沈崇西在租约到期后仍继续占有房屋的行为，一方面违反了《合同法》第 235 条关于租赁期间届满承租人应返还租赁物的规定，侵犯了崔新华根据双方租赁合同所享有的债权；另一方面也妨害了房屋所有权人张光火（仙居宾馆）对该房屋的占有和使用。既然该行为违法地对他人的债权和物权造成了侵害，那么崔新华使用强力停止沈崇西继续占有房屋的举动，能否成立正当防卫呢？我国审判实践对此基本持否定意见。例如，本案的判决指出："从现有关于租赁合同的法律规定来看，在承租方违约情形下，法律并未赋予出租人有强行收回租赁物的权利，而应通过协商或法律途径解决。而且，原、被告的《房屋转租协议书》中并没有约定在承租方违约情形下，出租方可以强制收回其出租的房屋。在原、被告对租期理解不一致情形下，任何一方均可申请仲裁或提起诉讼，而被告崔新华即采取所谓的民事自助行为，强制收回其出租的房屋，既无法律规定也无合同约定，是对原告沈崇西权益的侵权……"②

在上述两类案件中，审判机关在作出否认行为人享有正当防卫权的裁决时，都不约而同地使用了一个论据，即"行为人不应采取自力救济，而应当寻求诉讼等公力救济途径去维护自身权益"。有两点是可以首先确定的。第一，假如认为公力救济方式一律优位于正当防卫，那么既然现代法治国对于一切民事、行政纠纷以及犯罪案件都设置了相应的复议、仲裁、诉讼机制，这就意味着，公民在遇到不法侵害时均应自动放弃反击，要么即时寻求警察的保护，要么只能在法益遭受侵害之后再去求助于国家的追诉程序。如此一来，公民的正当防卫权就几乎无立足之地，这与法律规定正当防卫的初衷是背道而驰的。但是，如果对于行政行为或者违约行为一概允许公民直接实施

---

① 参见浙江省仙居县人民法院民事判决书，(2012) 台仙民初字第 795 号。
② 浙江省仙居县人民法院民事判决书，(2012) 台仙民初字第 795 号。

正当防卫，又势必会造成程序性的救济途径被空悬虚置、私力救济恣意泛滥的局面。那么，公力救济途径在何种情况下才能取得优先于正当防卫的地位呢？这一问题跨越刑法、民法、行政法等多个部门法领域，集中体现了个人权利保障与社会秩序维护之间的冲突与平衡，直接涉及如何协调法治国中私力救济与公力救济之间的关系，故具有重要的现实意义。

　　本章将以上述两类案件为基本素材，首先论证，传统刑法理论将解决问题的希望寄托在不法侵害成立与否的判断之上，这一思路存在疑问；接着，笔者将以防卫权前提要件和行使要件的区分为基础，探讨正当防卫中公力救济优先原则的适用前提和边界。

二、行政行为公定力与公力救济优先

　　公民通过正当防卫反抗违法行政行为的权利，应当比普通情形下的正当防卫权受到更多的限制，对于这一点人们大致都是认同的。一些学者也意识到，这种限制根源于具体行政行为相比于一般行为所具有的一个特点，即公定力。[①] 但是，具体行政行为的公定力为何能够对正当防卫权产生制约，这种制约具体又是如何得到实现的，却有待法教义学展开更为细致的分析。从目前的研究现状来看，刑法理论普遍习惯于将行政行为的公定力纳入到行政行为的违法性判断中去。按照行政法理论，所谓行政行为的公定力，是指具体行政行为一经作出，不论是否合法，均被推定为合法有效，并要求所有国家机关、社会组织或者个人予以尊重的一种法律效力。[②] 既然公定力具有将某一具体行政行为推定为合法的功能，那么该行政行为在作出的当时就不可能成立《刑法》第 20 条第 1 款所规定的"不法侵害"，这也就从根本上排除了行政相对人行使防卫权的可能。但笔者认为，公定力涉及的是行政行为的效力，而非行政行为的合法性，它并不是从实体上决定行政行为是否违法，而只是

---

　　① 参见沈岿：《行政行为公定力与妨害公务》，载《中国法学》2006 年第 5 期；陈兴良主编：《刑法各论精释》（下卷），人民法院出版社 2015 年版，第 923 页。

　　② 参见叶必丰：《论行政行为的公定力》，载《法学研究》1997 年第 5 期；姜明安主编：《行政法与行政诉讼法》，北京大学出版社、高等教育出版社 2015 年版，第 199 页。

从程序上决定公民的正当防卫权是否应当让位于事后的复议、诉讼等公力救济机制。下文将首先厘清行政行为违法性的判断标准，在此基础之上提出并论证公定力所涉及的是防卫权的行使条件而非前提条件的观点。

（一）行政行为违法性判断标准的重新界定

我国《刑法》第 277 条规定了妨害公务罪，本罪成立的前提是"国家机关工作人员依法执行职务"。可见，对于暴力抵抗行政行为的案件来说，行政行为违法与否，同时关乎该行为能否成立正当防卫以及是否构成妨害公务罪。[①] 因此，在关于遭到公民反抗的具体行政行为是否合法的问题上，正当防卫和妨害公务罪素来都共用同一个认定标准。

为了能与行政行为公定力的合法推定功能保持一致，我国刑法学的主流观点试图在一定程度上缓和行政行为的合法性判断，从而使一个根据行政法或者诉讼法的规定属于违法的公务行为有可能在刑法上被视为合法，并据此排除公民的抵抗权。通说的基本主张可以概括为以下两点：第一，妨害公务罪中所谓的"依法执行公务"，是指公务活动在内容和形式上均合法，但在此应作相对宽松的解释，单纯的轻微违法一般不影响公务行为的合法性。第二，关于公务行为合法性的判断不应采取纯事后的客观立场，而应当立于行为当时来进行。[②]

与此相类似，德国刑法学的多数说和判例在解释《德国刑法典》第 113 条妨害公务罪中的公务行为合法性要件时，采用了所谓"刑法的违法性概念"（strafrechtlicher Rechtswidrigkeitsbegriff）说。该说认为：第一，关于公务行为的合法性判断，不应机械地拘泥于行政法的规定，而应当从刑法的特殊视角出发独立地加以判断；第二，只要公务行为处于行政主体的事务和地域管辖

---

① 需要注意的是，一旦认定国家机关工作人员的具体行政行为违法，由于《刑法》第 277 条规定的构成要件未能得到满足，故随即可以直接在构成要件符合性的层面上排除反抗行为成立妨害公务罪的可能，而无需展开正当防卫的判断。不过，当反抗行为所造成的损害结果超出了妨害公务罪构成要件所能涵盖的范围（如造成了国家机关工作人员重伤、死亡时），该行为虽然不符合妨害公务罪的构成要件，却满足了故意伤害罪或者故意杀人罪的构成要件，故需要进一步在违法性阶层考虑正当防卫的问题。

② 参见赵秉志主编：《扰乱公共秩序罪》，中国人民公安大学出版社 1999 年版，第 31～36 页；马克昌主编：《百罪通论》（下卷），北京大学出版社 2014 年版，第 891 页；陈兴良主编：《刑法各论精释》（下卷），人民法院出版社 2015 年版，第 923～924 页。

范围之内、符合基本的程序要求，并且行政主体在进行裁量时也尽到了必要的注意，那么即便该行为在实质上并不符合行政法或者诉讼法的规定，它在刑法上也仍然属于依法执行公务的活动。[①] 例如，按照《德国刑事诉讼法》第81a条的规定，警察在向犯罪嫌疑人抽取血样时，应当请具有开业资格的医师来实施。但是，联邦最高法院的判例认为，尽管被告警察通过一名助理医师完成了采血，但由于警方是基于善意误认为其行为已经满足了法律的要求，故该行为在刑法上依然可以被认定为合法。[②]

但笔者认为，对于具体行政行为是否违法的问题，应当站在事后（即裁判时），依照行政法的规定客观地加以判断。理由如下：

1. 国家基于正当目的侵犯公民基本权利的一切行为，均应严守法律所划定的边界，这一点不能因为所处的部门法不同而有多重标准。

众所周知，职务行为是正当化事由的一种。任何一类正当化事由的成立，都同时意味着行为者在一定范围内享有侵入他人自由空间的权利，遭受侵犯者也相应地负有忍受的义务。正是由于正当化事由涉及对公民基本权利的限制，所以作为其成立前提的事实要件就不能仅仅出现在行为人或者某个第三人的主观想象之中，而必须客观和现实地存在于外部世界。[③] 更何况，在现代法治国中，鉴于公权力与生俱来的强势性特征，国家为实现法定目的干涉公民自由的行为应当受到更为严格的控制。根据宪法上的法律保留原则，凡是限制公民权利的措施，都必须经由立法机关制定法律加以许可后方能实施。[④] 既然行政法和诉讼法为公务行为设定了种种要件，那就说明这些条件对于保证公务行为在法治轨道上运行、对于防范个人基本权利受到公权力任意剥夺来说，都是不可或缺的，也理应得到各个部门法的共同尊重。因此，如果在刑法教义学中，可以随意将某个合法性要件解释为"多余"或者"不重要"，那么刑法就会成为违法公务行为的庇护所。

2. 职务行为的及时性和有效性，根本无需通过在刑法上放宽合法性要件

---

① Vgl. BGHSt 4, 161 (164)；BGHSt 21, 334 (335)；BGHSt 24, 125 (132)；Rosenau, in：LK - StGB, 12. Aufl. , 2008, § 113 Rn. 34ff；Eser, in：Schönke/Schröder, StGB, 30. Aufl. , 2019, § 113 Rn. 21.

② Vgl. BGHSt 24, 125 (132)；BayObLG, NJW 1965, 1088 (1089).

③ Vgl. Gallas, Zur Struktur des strafrechtlichen Unrechtsbegriffs, FS - Bockelmann, 1979, S. 167；Sternberg - Lieben, in：Schönke/Schröder, StGB, 30. Aufl. , 2019, vor § § 32ff. Rn. 10ff.

④ 参见陈新民：《德国公法学基础理论》（上卷），法律出版社2010年版，第397页以下。

的认定标准就能得到保障。

通说的一个基本理由在于：如果完全站在事后的立场严格按照行政法或者诉讼法的规定去判断公务行为的合法性，就会导致一些实质合法的公务行为仅仅因为程序上有轻微瑕疵，或者一些在紧急情况下作出的公务行为仅仅因为事后发现行为主体的判断与事实不符，就被判定为违法，从而纵容公民任意以暴力相违抗。这样一来，国家机关工作人员就难以有效地执行公务、难以果断地应对和处置各类突发事件。[①] 但这种顾虑实乃杞人之忧。

第一，轻微违法的职务行为因为欠缺法益侵害性，故本来就不能成为正当防卫所针对的不法侵害。在行政法上，以违法的程度高低为标准，行政违法行为可以划分为轻微违法、一般违法和重大违法三类。轻微违法，是指行政行为仅在程序上有轻度瑕疵的情况。[②] 在该情形中，由于行政行为的证据依然确凿、适用法律法规仍属正确，故其违法性对行政相对人的实际权利并不会产生影响。正因为如此，《行政诉讼法》第74条第1款规定，对于行政行为程序轻微违法、对原告权利不产生实际影响的案件，法院只是判决确认该行为存在违法之处，但并不予以撤销。由于正当防卫的功能在于维护公民的法益不受侵犯，故它所反击的行为除了应具备违法性之外，还必须因该违法性而对他人的法益产生了现实的侵害危险。[③] 既然轻微违法的行政行为在实体上完全合法，那么它对公民法益的侵犯也就具有正当化的根据，单纯程序上的轻微缺陷并未对相对人的法益造成不当的威胁。所以，该行为就无法构成正当防卫中的"不法侵害"。例如：

【陈某某故意伤害案】被告人陈某某携带11000元外出经商，遇见执勤的便衣民警谢某某和阮某某。谢、阮二人见陈某某行色匆匆、十分可疑，便上前拦住陈某某要进行检查，陈某某不从。在纠缠中，阮某某表明自己的身份，并将公安局工作证在陈某某眼前晃了一下，但陈某某仍拒绝接受检查。谢、阮二人更觉可疑，于是强行将陈某某拉入城西管理区"老人之家"内检查。

① 参见赵秉志主编：《扰乱公共秩序罪》，中国人民公安大学出版社1999年版，第36页；钊作俊：《妨害公务罪比较研究》，载高铭暄、赵秉志主编：《刑法论丛》（第8卷），法律出版社2004年版，第380~381页。Vgl. Rönnau/Hohn, in: LK-StGB, 12. Aufl., 2006, § 32 Rn. 117.
② 参见胡建淼：《行政法学》，法律出版社2015年版，第643页。
③ Vgl. Perron/Eisele, in: Schönke/Schröder, StGB, 30. Aufl., 2019, § 32 Rn. 1.

谢、阮二人检查过陈某某身上及旅行袋后，还要继续检查陈某某的下身。陈某某提出要到公安局或派出所才让检查，谢、阮二人不予理睬，强行要解开陈的裤腰带。陈某某以为谢、阮是歹徒，要抢他藏在小腹部的 11000 元现金，便乘二人不备，抓起放在台面上的小刀向两人乱刺，导致谢某某重伤。①

在本案中，一方面，依照《警察法》第 9 条第 1 款的规定，警察对有违法犯罪嫌疑的人员，可以当场盘问、检查。因此，便衣民警谢、阮二人对形迹可疑的陈某某进行盘查是具有合法根据的。另一方面，《警察法》第 9 条也对检查、盘问的程序作了要求，即警察应当出示相应证件。但谢、阮在未穿着警服的情况下，仅仅将工作证在陈某某眼前晃一下，这起不到向对方示明自己身份的作用，而且二人对于陈某某提出的到公安局或派出所接受检查的合理要求置之不理，故其执法行为在程序上存在不当之处。不过，由于这种程序上的瑕疵并不足以使陈某某的人身、财产法益遭受毫无法律根据的侵犯，故不能以此认定陈某某面临着不法侵害。因此，陈某某的反抗行为不能成立正当防卫，只属于假想防卫。可见，根据行政法来认定行政行为的违法性，并不会导致公民对于轻微违法的行政行为也享有防卫权。

第二，公务行为应当合法，这并不等于要求国家机关工作人员在任何情况下作出的决定和判断都必须与客观事实完全吻合。的确，行政机关的工作人员，尤其是警察，往往需要面对突发的紧急事件。为有效保护国民和公共利益，法律有必要赋予其在事态尚不明朗之际当机立断的权利，或者如一些德国学者所言，有必要授予国家一定的"犯错误的特权"②。但是，在公务行为违法性的问题上采取事后判断的立场，丝毫无损于行政主体对这一权利的享有。因为，行政法和诉讼法本来就已经通过设置各种"预测性"的要件，为此预留了充足的空间。③ 例如，《刑事诉讼法》第 82 条规定，公安机关对于"重大嫌疑分子"有权先行拘留；又如，《警察法》第 9 条规定，为维护社会治安秩序，警察对有违法犯罪"嫌疑"的人员，可以当场检查。据此，警察行使拘留、检查权的前提事实并非对方是犯罪人，而是对方属于有犯罪嫌疑

---

① 参见赵秉志主编：《中国刑法案例与学理研究》（第 1 卷），法律出版社 2004 年版，第 438 页。

② Vgl. Amelung, Die Rechtfertigung von Polizeivollzugsbeamten, JuS 1986, S. 334.

③ Vgl. Schünemann, Rundum betrachtet, JA 1972, S. 707ff; Spendel, in: LK - StGB, 11. Aufl., 1992, § 32 Rn. 69.

的人。"嫌疑"是一种预测性的概念，它所描述的只是一种面向未来的或然性，而非终局的确定性，故"犯罪嫌疑人"本身就涵盖了两种可能：一是对方确属犯罪人，二是对方为无罪之人。因此，只要警察以一定的客观事实为依据对某人产生了合理的怀疑，不论最终认定的结论是该人有罪抑或无罪，都无法否认他属于"犯罪嫌疑人"的事实，也不能否定拘留、检查行为的正当性。[①] 其实，这与紧急避险前提要件的判断是一个道理。按照《刑法》第21条的规定，只有当面临着"正在发生的危险"时，行为人才能实施紧急避险。危险的存在只是表明，根据某个主体的估计，法益损害的出现具有较高的可能性；它本身就包含了损害发生和不发生这两种结局。故不能以最终未发生任何损害结果为由，否定危险状态的客观存在。[②] 由此可见，"预测性"要件的存在足以保证行政主体及时、有效地履行公务，这一点并不会因为公务行为的合法性判断是采取事前还是事后的立场而受到任何影响。

第三，即便站在事后的时点认定行政行为与行政法规定的合法性要件不符，也不会造成行政机关责任过重、公民抵抗权过大的弊端。首先，当行政法为合法行政行为设立的要件未得到满足时，这只是表明行政主体不具有侵入公民自由空间的权利，但并不意味着行政主体就必然要为此承担滥用职权或者玩忽职守的法律责任。例如，当警察本欲拘留犯罪嫌疑人 A，却将 B 错当成了 A 而加以拘留时，由于 B 根本不是"重大嫌疑分子"，故警察的拘留行为不成立合法的职务行为。但只要警察已经尽到了必要的注意义务，那就说明该错误不具有避免可能性，故他因为欠缺故意和过失而无需承担法律责任。其次，如果从结果无价值和行为无价值的二元论出发去理解不法，那么在行政主体因意外事件而发生错误认识的场合，该行为因缺少行为无价值所要求的主观违法要素而难以被评价为不法侵害，故相对人对其也就无权进行

---

① Vgl. Erb, Notwehr gegen rechtswidriges Verhalten von Amtsträgern, FS – Gössel, 2002, S. 220.

② 例如：某海轮船长甲装载国有货物从南美洲驶回国内，经过公海时收到台风紧急预报，称该船途经的海面将在 24 小时内出现 12 级台风。由于船远离陆地，不可能进港；而在原地抛锚、继续前行或者返航都无法避开台风的袭击。甲为减轻船只的负荷，以免船毁人亡，便命令船员将所载货物的 10% 抛入大海，然后继续航行。10 小时后，台风突然转向，该船未遭遇台风。参见赵长青、谭向北：《疑奇刑案析》，重庆出版社 1988 年版，第 422 页。在此，即便立于裁判时回望事件，也无法否认在甲实施抛货行为之时客观存在着遭遇台风袭击的盖然性。

正当防卫，至多只能实施防御性紧急避险。① 由于紧急避险受到补充性原则和法益均衡原则的限制，故行政相对人只有在分辩、解释、逃避等方式均无效的情况下，才能实施反击，而且这种反击所保护的法益在价值上不能低于它所损害的法益。这些都足以将公民的抵抗权限定在合理的范围之内。

3. 公民在行为当时无从准确地辨认公务行为是否合法，这并不是反对事后客观判断标准的有力理由。

难免会有人提出这样的疑问：作为普通公民的行政相对人既不熟谙繁杂的行政法条文和原理，又不可能像法官在事后裁判案件时那样拥有富足宽裕的判断时间；因此，一旦采用了事后客观的标准，就意味着行政相对人在案发当时根本无法准确把握眼前的行政行为合法与否，这将不利于公民行使防卫权。然而，这种担忧是没有根据的。首先，由于正当防卫是给公民法益造成损害的行为，故它在客观上究竟应当包含哪些要素，这主要取决于正当防卫的正当化根据，而非防卫人的认识可能性。② 在此，固然需要考虑受侵害行为威胁一方的利益，但同时也必须顾及因反击行为受损一方的利益。正当防卫的强势性在众多紧急权中无出其右，它对于防卫人来说固然是保护法益的一种有力手段，但对于侵害人而言却是一把杀伤力极大的锐器，故作为其前提条件的"不法侵害"必须受到较为严格的限制，而不能是任意的法益损害行为。其次，在法治社会中，公民防卫行为合法与否的最终裁决权本来就掌握在国家裁判机关，而非普通百姓手中，这就使得公民在拥有防卫权的同时必然承担着一定的风险。所以，公民一方面对违法行政行为享有抵抗权，但另一方面又必须冒自己对行政行为违法性的主观判断遭受法院否决的风险，这恰好体现了对公民基本权利和国家公务秩序的兼顾与平衡。③ 更何况，公民承担这种风险并不意味着其行为一旦不成立正当防卫就必然构成妨害公务等犯罪。因为，误将合法行政行为当作不法侵害加以反击的行为属于假想防卫

---

① Vgl. Roxin, Der strafrechtliche Rechtswidrigkeitsbegriff beim Handeln von Amtsträgern - eine überholte Konstruktion, FS - Pfeiffer, 1988, S. 49ff; Sternberg - Lieben, in: Schönke/Schröder, StGB, 30. Aufl., 2019, vor §§ 32ff. Rn. 86.

② Vgl. Hirsch, Die Notwehrvoraussetzung der Rechtswidrigkeit des Angriffs, FS - Dreher, 1977, S. 227.

③ 参见沈岿：《行政行为公定力与妨害公务》，载《中国法学》2006 年第 5 期；何海波：《公民对行政违法行为的藐视》，载《中国法学》2011 年第 6 期。

行为，它完全可能因为成立意外事件而无罪。

（二）行政行为公定力功能的重新定位

1. 公定力对防卫权的"冻结"效应。

在将行政行为的违法性判断与公定力相脱钩之后，就需要重新审视公定力的功能，以便为其限制正当防卫的成立范围寻找更为合理的理论路径。众所周知，行为满足犯罪的成立要件只是意味着国家（司法意义上的）刑罚权已经存在，但在某些情况下，刑罚权能否真正得到行使，却还取决于特定的客观处罚条件是否具备。在此，实际上是对刑罚权的成立要件和刑罚权的行使要件作了区分。前者对应于由不法和责任综合反映的行为的当罚性，它的具备表明国家原则上可以对行为人施以处罚；后者则对应于以刑事政策或者刑法以外考量为基础的特别的需罚性，它为国家在例外情形下限制对当罚行为的实际处罚创造了可能。[①] 同样的道理，我们也完全可以对正当防卫权的前提条件和行使条件作出区分。肯定不法侵害的存在，只是表明正当防卫权已经成立，在原则上也可以为公民行使。然而，在法治社会中，正当防卫作为私力救济的一种手段，其运用毕竟不能从根本上无视和挑战公力救济的权威。[②] 因此，当国家基于维护秩序安宁的考虑，针对特定的情形认为公力救济应当具有优先于正当防卫的地位时，就可能对防卫权的行使加以限制。于是，在确定行政行为违法的前提下，行政行为的公定力就可以成为国家限制公民行使防卫权的内在根据。

第一，从行政行为公定力的本质来看，公定力独一无二的核心功能并不在于推定具体行政行为合法，而在于为行政行为设置了排除相对人行使抵抗权的"保护层"。如果像通说所主张的那样，公定力的作用在于推定行政行为合法，或曰在于凸显国家对于认证行政行为合法性的垄断地位，那就难以说明拥有公定力的行政行为和不具有公定力的一般行为之间的本质差异。因为，在法治社会当中，一切行为，不论是公民个人还是国家机关所实施者，其违

---

① Vgl. Rudolphi, in: SK – StGB, 7. Aufl., 2003, vor § 19 Rn. 12.

② Vgl. Kindhäuser, Zur Notwehr gegen rechtswidrige Vollstreckungsmaßnahmen – Anmerkung zu BGH 1 StR 606/14 – Urteil vom 9. Juni 2015（LG Stuttgart），HRRS 2016, S. 442.

法与否（尤其是犯罪与否）的最终确认权本来就只能由国家裁判机关独享。例如，无论是秘密取走他人 1000 元现金，还是警察对相对人处以 1000 元罚款，这两个行为是否违法，都不可能由一般公民或者组织说了算，而只能听由法院来裁断。所以，即便不另行提出公定力的概念，似乎也不会妨害对行政行为合法性的推定；或者说，"合法推定"根本不是行政行为所专有的属性。

尽管行政法学领域关于公定力本质的学说不一而足，但学者们都一致承认，公定力是以追求法律的安定性为其价值目标的。即，假如任何行政相对人都可以以行政行为违法为由否定该行为所设立的权利义务关系，那么一国行政管理的有效性和法律秩序的稳定性就无法得到保障，随之而来的必将是无政府主义的泛滥，乃至国家制度的瘫痪和社会的动荡。[1] 因此，要使具体行政行为真正具有稳固社会秩序的能力与权威，仅由国家垄断对其合法性的事后确认权是远远不够的，关键是法律在行政行为作出当时就必须排除行政相对人即时行使抵抗权的可能，而这才是公定力概念所应承担的使命。由此可见，公定力的独特之处在于它能够起到不论具体行政行为是否违法均一律"冻结"公民防卫权的作用，从而使得行政机关"存在瑕疵、甚至可以通过（事后的）法律救济机制予以撤销的执行决定，在原则上先具有效力，并使相对人（暂时地）承担忍受义务"[2]。不妨举一例来说明：如前所述，无正当理由秘密取走他人 1000 元现金，和警察在没有法律依据的情况下处以某人 1000 元罚款，这两个行为的违法性最终都只能交由国家来认定。但是，由于前者没有公定力，故受害公民并无忍受义务，国家允许他在自行认定该行为违法的前提下对之实施防卫，只不过这种防卫是否正当还需要经过国家机关的检验。只要法院事后认定取财行为确属违法，则公民在必要限度内的反击行为就属于正当防卫。与此相反，由于后者具有公定力，公民的防卫权已经被"冻结"，故即便经法院事后确认该行政处罚违法，行政相对人的反击也不存在成立正当防卫的可能。

一言以蔽之，公定力的存在并不以具体行政行为被推定合法为先决条件，公定力使得具体行政行为具有了不依赖于其合法性的强制效力。由此可见，唯

---

① 参见叶必丰：《行政行为的效力研究》，中国人民大学出版社 2002 年版，第 75～76 页。

② Erb, in: MK – StGB, 2003, § 32 Rn. 74.

有将合法性和有效性分离开来，才能使公定力的独特功能与意义真正得以显现。

第二，将行政行为的公定力与行政行为的合法性相分离，也有利于对行政相对人的利益给予更为周密的保护。现代法治国以公民基本权利的保障为基石，不允许随意以牺牲公民的重大自由为代价换取社会秩序的稳定；故法律要想勒令个人停止私力救济，前提是它为国民提供的公力救济途径已足以实现法益保护的目的。假若如通说所言，公定力的作用在于推定行政行为合法，那就意味着"不法侵害"的事实完全不存在，行政相对人自始不享有正当防卫权。但是，如果将公定力抽身于合法性判断之外，那么当法院事后判定行政行为违法时，就仍然应当肯定不法侵害的存在，进而承认防卫权本身是成立的。公定力只是对相对人防卫权的程序性"冻结"，而非实体性消灭。这种"冻结"绝不是要陷相对人于"叫天天不应、呼地地不灵"的绝境，它是以公民能够在事后通过行政复议、诉讼等途径恢复权利、挽回损失为前提的。① 这就为公民在特殊情况下获准行使防卫权留下了余地。即，如果个案中的行政相对人缺少求助公力救济途径的可能，或者一旦不及时反击则势必造成事后无法挽回的重大损失，那就应当例外地"解冻"防卫权，允许公民重拾自力救济的武器。这在公力救济资源相对短缺的我国部分地区，具有特别重要的意义。

第三，在正当防卫的前提条件之外又提出防卫权行使条件的概念，这只是将内含于正当防卫之中的公权力优先原则在特定案件中加以显现和具体化而已，它并没有为正当防卫权额外地增添任何法外的限制性要素。因为，法律之所以规定正当防卫、紧急避险等紧急权，就是为了在公民无法及时得到公权力保护的紧急时刻，为其预留自力救济的空间。换言之，正当防卫制度的建立本身就是公力救济与私力救济相互平衡和协调的产物，公力救济的优先性和自力救济的补充性原本就是根植于正当防卫权当中的内在前提。因此，纵然这一点并未在正当防卫条款中载明，也丝毫不妨碍它成为指导正当防卫解释的基本原则。防卫权行使条件的提出，正是贯彻该原则的具体教义学途径。

2. 公定力"冻结"防卫权的界限。

在行政法学界，尽管也有个别学者赞成完全公定力说，② 但出于兼顾秩序

---

① Vgl. Erb, Notwehr gegen rechtswidriges Verhalten von Amtsträgern, FS – Gössel, 2002, S. 219f.

② 参见叶必丰：《行政行为的效力研究》，中国人民大学出版社 2002 年版，第 83～87 页。

维护与人权保障的考虑，多数学者支持有限公定力说。① 根据有限公定力说，因重大违法而被认定为无效的具体行政行为自始不具有公定力，也不能产生冻结防卫权的效果。以此为基础，根据行政行为违法的程度，可以将违法行政行为的公定力及其与相对人正当防卫权的关系，划分为以下三种类型：

首先，重大违法的行政行为，根据《行政诉讼法》第 75 条的规定属于无效行政行为，自始不具有公定力，故行政相对人可对之实施正当防卫。

其次，一般违法的行政行为，根据《行政诉讼法》第 74 条第 2 款的规定属于可撤销的行政行为。如果存在诉讼、复议等有效的公力救济途径，则行政行为具有公定力，行政相对人的防卫权被"冻结"；但如果缺少公力救济机制，或者事后救济无法挽回损失，则公定力不复存在，行政相对人仍可行使防卫权。

最后，轻微违法的行政行为，根据《行政诉讼法》第 74 条第 1 款第 2 项的规定属于仅被确认违法但不予撤销的行政行为，仍具有公定力。但如前所述，由于它不会对相对人的实际利益造成影响，故根本无法符合正当防卫的前提要件。所以，行政相对人自始不享有正当防卫权。

概而言之，只有在行政行为非属重大违法，并且存在有效的事后公力救济途径的情况下，行政行为才具有"冻结"公民防卫权的公定力。现将以上所述归纳整理并图示如下：

违法行政行为的种类	行政诉讼法上的后果	有无公定力		相对人能否正当防卫
重大违法	无效	×		√
一般违法	可撤销	缺少有效的事后公力救济途径	×	√
		存在有效的事后公力救济途径	√	×
轻微违法	确认违法、不撤销	√		×

① 参见吴婧萍：《行政行为公定力研究》，载《行政法学研究》1999 年第 3 期；刘莘：《具体行政行为效力初探》，载《中国法学》1998 年第 5 期；谭泽宗：《反思与超越：中国语境下行政抵抗权研究》，载《行政法学研究》2010 年第 2 期；何海波：《公民对行政违法行为的藐视》，载《中国法学》2011 年第 6 期。

现在，我们回过头去分析案例"范木根故意伤害案"和"张某某妨害公务、故意伤害案"。就"范木根故意伤害案"来说，根据国务院于 2011 年 1 月 21 日公布施行的《国有土地上房屋征收与补偿条例》第 27 条的规定，"实施房屋征收应当先补偿、后搬迁""任何单位和个人不得采取暴力、威胁或者违反规定中断供水、供热、供气、供电和道路通行等非法方式迫使被征收人搬迁"。柳某乙等人在尚未与范木根达成拆迁补偿协议的情况下，采用破坏、骚扰、殴打等手段逼迫范木根搬迁，这种暴力行为严重侵犯了相对人的财产、身体和住宅安宁法益，其违法性从一般人的角度就能很容易辨别出来。就"张某某妨害公务、故意伤害案"而言，尽管狮子山区政府征用辖区土地是用于绿化带建设，且得到了安徽省政府的批准，但根据《行政强制法》《土地管理法实施条例》以及最高人民法院《关于审理涉及农村集体土地行政案件若干问题的规定》，集体土地征收是否强制执行应由法院裁定。① 区政府在既未与张某某达成拆迁协议，又未申请法院强制执行的情况下，对张某某拥有合法产权的房屋实行强制拆除，同样对张某某的财产和住宅安宁构成了重大侵犯。因此，笔者认为，这两个案件中的强拆行为都存在重大明显的违法，应属于无效行政行为。所以，面对这种缺少公定力的行政行为，行政相对人没有义务消极地等待公力救济事后介入，他们有权即时实施防卫。当然，两案中被告人的反抗行为是否超过了防卫限度，还有待进一步探讨，由于它已超出了本章的论题范畴，故在此不作展开。

三、民法请求权纠纷与公力救济优先

（一）误入歧途的不法侵害欠缺论

对于自力实现民法请求权的案件，传统刑法理论也习惯于从否定不法侵害的成立入手压缩正当防卫权的存在空间。不过，这恐怕既号错了脉又开错了方。

---

① 参见安徽省铜陵市中级人民法院行政判决书，（2014）铜中行初字第 00001 号。

1. "紧迫性"要件说之反思。

在我国以及日本刑法理论界都存在着一种颇为流行的观点，主张可以通过侵害的"紧迫性"要件来限制民法请求权人的防卫权。具体来说：作为正当防卫的前提要件，不法侵害不仅应当"正在进行"，而且必须具备紧迫性；所谓紧迫性，是指不法侵害具有暴力性、进攻性和破坏性，致使行为人来不及借助公力救济的途径去保护法益。既然欠债不还所侵犯的权利可以通过提起民事诉讼等方式获得实现，那就说明这种侵害并不紧迫，故不允许公民自行实施防卫。[①] 然而，紧迫性既不适于成为正当防卫的独立要件，也难以为司法实践合理裁处案件提供令人满意的解释。具体来说：

（1）欠缺实定法依据。

纵观大陆法系各国的立法例，对于正当防卫中不法侵害的规定主要有两种模式。一是要求不法侵害必须具有紧迫性，二是只要求不法侵害应当正在进行。由于《日本刑法典》第 36 条第 1 款采取了前一立法模式，在"不法侵害"之前明文规定了"紧迫的"这一修饰限定词，故日本学者主张通过侵害的紧迫性要件来限制防卫权的行使，这至少在形式上是具有法律依据的。可是，在我国，无论是中华民国时期的刑法典，还是 1979 年颁布并适用至今的《刑法》，均在比较参考了包括日本在内的各国立法的基础上明确选择了前述第二种立法模式。这就说明，立法者是有意将侵害的紧迫性排除在了正当防卫的要件之外。因此，认为正当防卫的成立以不法侵害具有紧迫性为前提的观点，本身就忽视了中日两国刑法相关规定的重大差异。[②]

（2）适用中进退维谷。

首先，如果从本义上来理解紧迫性，那就意味着公民只要事先对侵害有所准备，甚至有所预见，即表明他原本有可能寻求公力救济的途径，故一律

[①]　参见高铭暄主编：《刑法学原理》（第 2 卷），中国人民大学出版社 1993 年版，第 208 页；马克昌主编：《犯罪通论》，武汉大学出版社 1999 年版，第 719 页；张明楷：《刑法学》，法律出版社 2016 年版，第 198 页；陈兴良：《正当防卫论》，中国人民大学出版社 2017 年版，第 74 页。日本学者的论述，参见〔日〕西田典之：《日本刑法总论》，王昭武、刘明祥译，法律出版社 2013 年版，第 136 页。

[②]　事实上，早在民国时期，就有学者明确指出了这一点。参见陈瑾昆：《刑法总则讲义》，吴允锋勘校，中国方正出版社 2004 年版，第 154 页以下；陈文彬：《中国新刑法总论》，夏菲勘校，中国方正出版社 2008 年版，第 123 页以下。

丧失行使正当防卫权的资格。我国的一些判例也正是以这种意义上的紧迫性要件为依据，否定了行为人的防卫权。[①] 然而，这种做法无异于宣告，公民要想享有防卫权，就必须首先使自己处于毫无防范、措手不及的劣势之中。这样一来，正当防卫岂不是在制度设计上就已经"协助"侵害人束缚住了防卫人的手脚，从而早早地锁定了防卫人的败局？这种几无胜算的权利，又如何与正当防卫有效保障公民法益不受侵害的立法宗旨相吻合呢？[②]

（3）判断标准不可行。

退一步说，即便承认紧迫性属于正当防卫的一个独立要件，但它要成为司法机关用以限制防卫权的解释工具，还必须具有相对明确和可操作的判断标准，从而使得法官能够准确地将具有紧迫性和缺乏紧迫性的情形区分开来。

首先，我国赞同紧迫性要件说的学者基本上都主张，侵害行为是否具有暴力性、进攻性和破坏性是判断紧迫性存在与否的具体指标。但这一观点明显有待商榷。第一，该标准并不能清晰地划定防卫权行使的边界。例如，盗窃被公认为是一种以平和甚至秘密的方式取得他人财物的侵害行为，它没有任何的暴力性和进攻性，所以用上述判断标准来衡量似乎也不具有紧迫性。然而，无论是刑法理论还是司法实践都没有争议地认为，公民针对盗窃犯可以实施正当防卫。第二，如果将正当防卫中的不法侵害限定于具有积极进攻性的侵害之上，那就等于否定了不作为成立不法侵害的可能。时至今日，中外刑法理论的通说均承认，既然作为和不作为在规范评价上完全可以实现等值，那就没有理由认为针对不作为的侵害行为不能实施正当防卫，故也没有理由认为只有积极进攻型的侵害才能成为正当防卫的起因。[③]

其次，还有学者认为，有无其他法律救济手段是认定紧迫性要件的标准。换言之，"即便现在正遭受侵害或者侵害正在逼近，如果具备完整的法律制度，可以请求公共机关排除这种侵害，而且尚有时间等待公共机关的救助，

---

① 参见刘洋、罗锐：《互殴中正当防卫的认定》，载《人民法院报》2005 年 11 月 1 日第 C03 版；姚鸣、黄晓梦：《何强等聚众斗殴案》，载《人民司法·案例》2013 年第 18 期。

② 参见本书第二章第二部分。

③ 参见高铭暄主编：《刑法专论》，高等教育出版社 2006 年版，第 420 页。Vgl. Günther, in: SK - StGB, 7. Aufl., 1999, § 32 Rn. 30；Kindhäuser, in: NK - StGB, 5. Aufl., 2017, § 32 Rn. 33.

就应当否定存在紧迫性"①。例如，当债务人乙拒不履行合同约定的支付 3 万元货款的债务时，债权人甲完全可以通过提起民事诉讼请求国家帮助其实现债权，故违约这一侵害行为不具有紧迫性。这时，我们就要求甲在一段时间（即诉讼期间）内暂且忍受自己的债权不能得到实现的不利后果，直至法院作出生效判决。按照这样的逻辑，也就意味着只要存在通过公力救济途径于事后挽回损失的可能，即可否定侵害的紧迫性。据此，当丁正在盗窃丙的 3 万元现金时，既然丙也完全可以在事后通过报警、自诉等方式请求国家启动刑事追诉程序追回被盗钱款，那么该侵害行为也不具有紧迫性。但恐怕没有人会接受这样的结论。

2. 债权是否受正当防卫保护？

本来，按照通行的看法，所有受到法律保护的个人法益均可以成为正当防卫的保护对象，作为财产法益表现形式之一的债权自然也不例外。② 但在德国刑法学界，以施彭德尔（Spendel）为代表的部分学者试图将债权排除在正当防卫的保护法益范围之外，从而否定违约行为成立不法侵害。该说以绝对权和相对权在构造上的差异为出发点，进而提出：绝对权所涉及的是一种业已存在的利益状态，这种对世权只要求他人消极地不予侵犯即可得到实现。所以，当它受到不法侵害时，通过正当防卫就可能维护或者恢复这种利益状态。然而，作为相对权的债权，它只有依靠特定义务人在将来积极地为一定给付方能得以实现，在此之前并不存在任何既有的利益状态。所以，对于债权而言，根本不存在捍卫某种利益不受侵犯的问题，而只有如何保证它在将来能如期得到实现的问题。③

这一观点是难以令人信服的。第一，该说过于狭隘地理解了财产法益损害的范畴。首先，尽管债权作为一种请求权，不能直接支配物，而只能以债务人的特定行为为其对象，但它在现代社会中早已被视为一种财产性利益，得到民法和刑法的共同保护。在民法上，债权可以成为侵权行为的对象。例

①　参见［日］西田典之：《日本刑法总论》，王昭武、刘明祥译，法律出版社 2013 年版，第 136 页。

②　Vgl. Jescheck/Weigend, Lehrbuch des Strafrechts AT, 5. Aufl. , 1996, S. 339; Perron, in: Schönke/ Schröder, StGB, 30. Aufl. , 2019, § 32 Rn. 4.

③　Vgl. Spendel, in: LK – StGB, 11. Aufl. , 1992, § 32 Rn. 191.

如，第三人妨害债务人履行债务的，构成对债权人的侵权。[1] 在刑法上，通过欺骗、敲诈勒索的方式使债权人免除数额较大债务的行为，成立侵犯其财产性利益的犯罪行为。因此，认为对于债权不可能存在利益侵害的说法，是不能成立的。其次，当债务履行期尚未届满时，由于债权的实现尚无法律上的保障，故或许可以认为债权只代表着一种预期的利益。然而，当债务履行期届满以后，若债务未得到清偿，则意味着债权人依照法律到期本应增加的财产没有增加，这对于债权人来说就已经是一种现实利益的减损。第二，该说难以解释，为什么绝对权也并非一概可以通过正当防卫来予以保护。[2] 例如，在沈崇西诉崔新华房屋租贷合同纠纷案中，沈崇西未按约定在租期届满时搬出所租房屋的行为，既使得崔新华的债权无法得到实现，又侵犯了房屋所有人的物权。按照该说的逻辑，既然绝对权遭受了侵害，那么崔新华或者房屋所有人完全可以通过正当防卫结束沈崇西对房屋的非法占有状态。可是，包括该说支持者在内的绝大多数学者均承认，对这种因租赁到期而出现的无权占有也不宜允许权利人实施正当防卫。[3] 这一结论明显与该说的出发点自相矛盾。

（二）防卫权行使条件说之提倡

从本章第二部分关于行政行为公定力与正当防卫之间关系的分析中，我们可以获得一个启示：防卫权的成立条件并不等于防卫权的行使条件；确定不法侵害存在，这只是为防卫权的成立奠定了基础，但国家完全可能出于某种政策考量为防卫权的行使设置额外的要件，从而在特定的情形下"冻结"防卫权的行使，使之让位于事后的公力救济机制。基于这样的思路，笔者认为：虽然债务人的违约行为构成了对债权人债权乃至物权的不法侵害，故正当防卫的前提要件已经具备；但鉴于请求权纠纷的特殊性以及自助行为这一特别正当化事由的存在，可以认为法律作出了在原则上禁止公民行使防卫权的决定。理由如下：

---

[1] 参见王泽鉴：《侵权行为》，北京大学出版社 2009 年版，第 313 页；王利明：《侵权责任法研究》（上卷），中国人民大学出版社 2011 年版，第 91 页。

[2] Vgl. Lagodny, Notwehr gegen Unterlassen, GA 1991, S. 308; Rönnau/Hohn, in: LK - StGB, 12. Aufl., 2006, § 32 Rn. 107.

[3] Vgl. Spendel, in: LK - StGB, 11. Aufl., 1992, § 32 Rn. 48f.

1. 在以债权债务为中心的民事纠纷中，赋予公力救济以优先的地位具有实质合理性。

第一，债权纠纷在对象和当事人方面所具有的特点，使得事后救济能够有效地维护受侵害方的利益。如前所述，国家能否期待公民放弃即时的私力救济，关键在于事后的公力救济能否为其提供足够有效的保护。[①] 这取决于以下两个因素：（1）纠纷所涉及的法益是否具有在事后得以恢复的可能？（2）寻求事后救济程序实现权利的成本与效率几何？

在大多数侵权的情形中，公力救济之所以不享有优位于公民防卫权的地位，原因有二：其一，就杀人、伤害、拘禁等侵犯人身法益的行为来说，由于人身法益不仅对于个人的存在和尊严具有极端重要的意义，而且也具有不可交换和抵偿性。所以，对事后救济的消极等待会给受害人带来无可弥补的重大损失，这对于公民基本权利的保护来说是无法容忍的。其二，在侵犯财产法益的行为当中，诸如盗窃、抢夺之类的侵害往往发生在陌生人之间，侵害行为从类型上来看具有较高的隐蔽性，而且侵害人在作案后也都会想方设法逃遁、隐匿，故一旦不及时实施自救，则事后的公力救济将因为侵害人无迹可寻、证据难觅而遥遥无期，甚至不了了之。然而，债权纠纷的特点却恰好能够使这两个因素大幅削弱，甚至不复存在。首先，债权债务所涉及的是单纯财产法益。财产法益所具有的可修补性，为法律要求债权人承担一定的忍受义务创造了前提。其次，由于债权债务发生在特定的民事主体之间，双方在订立、履行合同的过程中往往会结成较为密切的关系，故大都有充分的机会了解对方的信息。正是债权人和债务人之间这种"一对一"式紧密的人际关系的存在，使得取证的困难和成本大为降低，也使得在一方违约的情况下，另一方即便不能立即实现请求权，也可以通过向法院起诉并提供涉及合同的证据材料，借助公力救济完成债权的追偿。[②]

---

① Vgl. Lagodny, Notwehr gegen Unterlassen, GA 1991, S. 311.
② 即便抛开债权债务关系，我们也会发现，越是发生在关系密切之人之间的权利侵害，法律就越倾向于较大程度地限制暴力型自力救济权的行使，进而更多地要求当事人通过事后程序性的救济机制去维护权利。例如，刑法理论普遍认为，对于父母、子女、配偶所实施的不法侵害，在侵害不涉及重大人身安全的前提下，受侵害一方的防卫权会受到明显限制，他负有比一般正当防卫人更多的忍受义务。Vgl. Roxin, Die „sozialethischen Einschränkungen" des Notwehrrechts, ZStW 93 (1981), S. 100ff. 当然，除了公力救济的有效性之外，这种限制的根据还在于冲突双方相互负有的保护义务。

第二，合同法的特殊价值追求，使得国家在保护债权的同时也更加注重对民事交易安全性和稳定性的维护。尽管违约也是侵犯他人民事权利的行为，但现代民法均将由违约所产生的纠纷与其他侵权纠纷区别开来，使前者专属合同法规制，而把后者划归侵权法处理。这种区分源自于合同法与侵权法不同的价值取向。即，侵权法以救济被害人为中心，其基本理念是对受害人遭受的损害提供全面补偿；合同法的基本价值却是通过确认私法自治原则鼓励交易，进而促进社会财富的增长。① 由这一差异所决定，相较于侵权责任法专注于受害法益的补救来说，合同法的天平更加倾向于对既有交易关系和平稳交易秩序的维护。自力救济虽然有利于具体当事人民事权益的保障，但却会对民事交易的平和状态产生消极影响。有鉴于此，正如行政法为了保障公共管理秩序的稳定而赋予具体行政行为以公定力一样，合同法为了维护交易秩序的安定平和，也会为民事主体涉及合同的行为设置特殊的"保护层"，从而要求相对方除非符合自助行为的要件，否则在国家最终确认该行为违法之前，均应暂时忍受其带来的不利后果，不得擅自实施防卫。

需要特别说明的是：虽然承租人在租赁期满后拒不搬出的违约行为同时侵害了他人的物权，但这不影响法律对本权人的正当防卫权也实行"冻结"。理由有二：其一，既然承租人对房屋的占有是以租赁合同为基础，那么由双方当事人的密切关系所决定，事后公力救济途径的有效性仍然可以得到确保。其二，为了保障交易安全和维护经济秩序，《民法典》第462条规定，即便是无权占有也受到法律的临时保护。尽管我们无法据此认为一切无权占有均具备排斥正当防卫权的效力，但至少，与抢劫、抢夺、盗窃等根本不以民事交易关系为依托的无权占有不同，在占有人本来基于有效合同有权占有着物，只是在合同届满后才转变为无权占有的场合，由于该占有毕竟与合同关系有着紧密的关联，故法律有理由同样赋予占有状态以公定力般的特别保护，使国家垄断对该占有状态进行变更的权利。

---

① 参见王利明：《侵权责任法与合同法的界分——以侵权责任法的扩张为视角》，载《中国法学》2011年第3期。

2. 自助行为这一特殊违法阻却事由的存在，阻断了请求权人行使防卫权的进路。

所谓自助（Selbsthilfe）行为，是指权利人为保证自己的请求权得以实现，在情事紧迫而又不能及时求助于国家机关的情况下，对他人的财产或自由施加扣押、拘束或其他措施的行为。① 自助行为成文化的典型是《德国民法典》第 229 条的规定："在来不及请求机关援助，并且非于当时为之则请求权无法实现或者实现显有困难的情况下，以自助为目的将物件押收、破坏或者毁损者，或者以自助为目的将有逃亡嫌疑的债务人施以扣留者，或者对于义务人应容忍的行为，因其抗拒而加以制止者，不为违法。"我国《民法典》第 1177 条也明确规定："合法权益受到侵害，情况紧迫且不能及时获得国家机关保护，不立即采取措施将使其合法权益受到难以弥补的损害的，受害人可以在必要范围内采取扣留侵权人的财物等合理措施；但是，应当立即请求有关国家机关处理。"

20 世纪初的德国法学界普遍认为，正当防卫中的不法侵害只能由积极作为的形式构成。所以，公民对于不作为没有实施正当防卫的权利。但是，由于《德国民法典》第 229 条允许债权人对于逾期不履行债务这一不作为实施有限的自力救济，故通说倾向于将自助行为看成是对正当防卫权的一种例外性的补充或者扩张。然而，随着刑法理论中不作为犯教义学的发展，人们逐渐认识到作为和不作为在规范层面上完全可以获得等值的评价。于是，作为正当防卫前提条件的不法侵害自然就可以涵盖作为和不作为。在这种情况下，德国法学理论改变了以往的观点，转而主张《德国民法典》第 229 条是对正当防卫权的限制。② 具体来说：本来，对于不履行债务的行为也可以实施正当防卫；但是，《德国民法典》第 229 条已经专门对债权人的自救权设置了特别的规范。从该条款来看，自助行为的权利空间明显窄于正当防卫。正当防卫允许公民采用暴力手段实现权利，但自助行为只允许债权人采取措施维护债务得到清偿的外在条件，却并不允许他使用窃取、抢劫、敲诈勒索等手段直接实现债权。换言之，"自助只是为促进纠纷的解决创造条件，并没有解决纠

---

① 参见［德］梅迪库斯：《德国民法总论》，邵建东译，法律出版社 2013 年版，第 133 页；王利明、杨立新、王轶、程啸：《民法学》，法律出版社 2017 年版，第 904 页。

② Vgl. Arzt, Notwehr, Selbsthilfe, Bürgerwehr, FS－Schaffstein, 1975, S. 81.

纷本身，因此，在行为人实施自助行为（如扣押债务人的财产、限制其人身自由）之后，还应积极寻求纠纷的解决"①。既然对于欠债不还这种类型的不法侵害，出现了正当防卫与自助行为的竞合，那么根据特别法优于普通法的原则，应当排除债权人行使正当防卫权的可能，仅适用民法关于自助行为的规定。②

　　不过，在《民法典》施行之前，具体到中国的法律解释，则还有一个问题值得探讨。与《德国民法典》不同，我国包括《民法通则》《合同法》和《侵权责任法》在内的民事法律均未规定自助行为，这种立法上的差异是否意味着，在我国，债权人可以直接援用正当防卫的条款去实现债权呢？回答是否定的。理由在于：（1）我国的民事立法者此前之所以未对自助行为作出规定，恰恰是出于限制、而非扩张请求权人自救权的考虑。本来，我国多部民法典草案或者建议稿均在侵权行为法编中规定了自助行为。但在《侵权责任法》草案讨论过程中，人们对于相关规定的去留仍然存在巨大分歧。一种有力的意见认为，一旦在侵权责任法中规定了自助行为，就意味着对私力救济的鼓励，这可能造成自力救济泛滥、社会秩序受损的恶果。③ 正是在这一背景下，立法者最终放弃了对自助行为的明文规定。由此可见，我国民事立法者此前对于私力维护债权的顾虑远甚于《德国民法典》的制定者。既然立法者对于自助行为的成文化尚且表现得如此迟疑和犹豫，那他就更不可能允许公民运用更具果敢和凌厉风格的正当防卫去行使请求权。（2）对违法阻却事由的适用，并不以法律的明文规定为前提。所以，在我国的民事审判实践和民法理论实际上已将自助行为视为请求权行使领域中的唯一正当化事由的情况下，④ 应当承认自助行为对于正当防卫的"拦截"功能。此次《民法典》编纂过程中的一个亮点，就是经过反复讨论终于在侵权责任编中将自助行为法

① 张新宝：《侵权责任构成要件研究》，法律出版社 2007 年版，第 70 页。
② Vgl. Kühl, Angriff und Verteidigung bei der Notwehr, Jura 1993, S. 60; Günther, in: SK – StGB, 7. Aufl., 1999, § 32 Rn. 32; Rönnau/Hohn, in: LK – StGB, 12. Aufl., 2006, § 32 Rn. 105.
③ 参见杨立新：《侵权责任法立法最新讨论的 50 个问题》，载《河北法学》2009 年第 12 期；王利明：《侵权责任法研究》（上卷），中国人民大学出版社 2011 年版，第 438 页。
④ 参见夏明贵：《上海真维斯服饰有限公司与魏长远租赁合同纠纷上诉案——出租人强行收回租赁物的自力救济行为辨析》，载《人民司法·案例》2013 年第 24 期。

定化。① 因此，在《民法典》第 1177 条已经明文规定了自助行为的情况下，自助行为相对于正当防卫的优先适用地位已经无可置疑。

3. 禁止请求权人行使正当防卫权，这和刑法上对于权利行使行为的通行处理方法能够保持协调。

刑法理论普遍认为，请求权人采取盗窃、诈骗、敲诈勒索等手段直接行使权利的行为，不成立相应的财产犯罪。② 该命题与债权人对债务人不享有正当防卫权的论断并不矛盾。因为，自力行使债权的行为不成立财产犯罪的根据在于构成要件的欠缺，而不在于违法阻却事由的成立。财产犯罪的成立要求行为必须具有使被害人遭受财产损失的危险。但是，既然债务人本来就有义务向债权人交付相应的财产，那就难以认为权利行使行为具有给他造成财产损失的可能。需要注意的是，尽管在构成要件符合性层面就能得出权利行使行为无罪的结论，但对正当防卫问题的探讨绝非多此一举。因为，虽然请求权的行使者不成立财产犯罪，但如果其手段行为符合了其他犯罪的构成要件，则他依然有可能受到处罚。例如，债权人 X 采取暴力手段从债务人 Y 处抢回了拖欠自己未还的 3 万元现金，并造成 Y 轻伤。尽管该行为因缺少给 Y 造成财产损失的危险而不成立抢劫罪，但它已经满足了故意伤害罪的构成要件，而且该行为又无法被正当防卫合法化，故 X 仍需承担故意伤害罪的刑事责任。

综上所述，"在一个法治社会中，社会为公民提供了足够的法律保护，因此，公民利用自己的力量来实现自己的请求权，即使这种请求权是成立的，也只能是一种例外，而且还有特殊的和极其严格限制的前提条件的约束"③。债权人在遭遇债务人违约时，其请求权的合法实现方式应当是：（1）原则上，公力救济居于优先地位，债权人应当寻求诉讼途径。（2）如果出现债务人逃匿或者转移财产等对请求权的实现可能造成明显妨害的事实，而且来不及求助于国家机关，则债权人可以实施自助行为，暂时控制债务人人身或者扣押

---

① 参见王晨：《关于〈中华人民共和国民法典（草案）〉的说明》，载《人民日报》2020 年 5 月 23 日第 6 版。

② 参见张明楷：《刑法学》，法律出版社 2016 年版，第 932、1018 页；黎宏：《刑法学各论》，法律出版社 2016 年版，第 287、309 ~ 310 页。

③ ［德］拉伦茨：《德国民法通论》（上），王晓晔、邵建东、程建英、徐国建、谢怀栻译，法律出版社 2003 年版，第 371 页。

其财产，尔后及时向法院提起诉讼。（3）只有在因战乱、灾害等极端事件导致公力救济的可能已完全消失的例外情况下，债权人才能行使正当防卫权直接实现债权。

四、结论

首先，在法治国家当中，无论正当防卫如何具有强势性，它作为一种自力救济的方式无法取代公力救济，而只能对公力救济起到补充作用。因此，正当防卫的解释论有必要最大限度地实现维护公力救济机制的权威性和保护公民合法权益这两大价值诉求的平衡。

其次，使正当防卫在特定情形下让位于公力救济，这不应通过限缩解释正当防卫的前提条件（即"正在进行的不法侵害"），而应当通过创设防卫权的行使条件来实现。一方面，在不法侵害存在的情况下，防卫权的行使条件能够在需要公力救济途径居于优先地位的时候，起到"冻结"正当防卫权的作用；另一方面，由于肯定了防卫权前提条件的存在，故一旦公力救济优先原则的适用要件因社会情状的变化而例外地归于消失，公民即可恢复行使防卫权。

再次，只有在以下三个要素同时具备时，才能认为公力救济途径需要并且能够取得优先于正当防卫的地位：（1）通过对所涉部门法的规范进行综合分析可以推知，法律在相关领域具有追求秩序安定的特殊价值目标。（2）受到不法行为损害的法益，能够通过事后的公力救济得以恢复。（3）受害公民在事后寻求公力救济途径的过程中，不会遭遇过分重大的困难。因此，一国为公民提供的程序性救济、保护机制越健全和有效，则公力救济优先于正当防卫的可能性就越大。防卫权行使条件的引入，在一定程度上能够实现正当防卫教义学对社会发展变迁的感知与回应。

最后，"具有刑法意义的正当化事由，皆来源于法秩序的全体领域"[1]，故对于各正当化事由的解释和运用也理应具有整体法秩序的开阔视野。正当

---

[1] Roxin, Strafrecht AT, Bd. I, 4. Aufl., 2006, § 14 Rn. 32.

防卫教义学要获得更加纵深的发展，不能仅局限在刑法之中，而应当有意识地将目光扩及于宪法、行政法和民法；关于正当化事由的研究也并非专属于刑法学者，而应当由各部门法学者共同合力担当。

第五章 "唯结果论"的纠偏：
防卫限度的双层结构论

一、聚焦"于欢故意伤害案"

关于防卫限度的判断标准，我国刑法理论曾经存在过必需说和基本相适应说之间的对立。前者认为，决定防卫限度的关键在于防卫行为是否属于有效制止不法侵害所必不可少的反击手段；后者则强调，防卫限度的判断应当以防卫行为和侵害行为这两者在强度上的均衡关系为核心。在20世纪80年代中后期以前，两派的力量大致势均力敌。① 自20世纪80年代末以后，声称对必需说和基本相适应说进行了融合的折中理论逐渐取得了通说的地位。该说认为："必要限度的掌握和确定，应当以防卫行为是否能制止住正在进行的不法侵害为标准，同时考察所防卫的利益的性质和可能遭受的损害的程度，同不法侵害人造成损害的性质、程度大体相适应。"② 然而，我们只要稍加分析即可发现，这种理论名为折中，实则不过是改头换面全盘继承了基本相适

---

① 当时，支持基本相适应说的代表性文献有：金凯：《试论正当防卫与防卫过当的界限》，载《法学研究》1981年第1期；谢甲林：《关于正当防卫的几个问题》，载《法学》1984年第8期；郭守权、何泽宏、杨周武：《正当防卫与紧急避险》，群众出版社1987年版，第20页。赞成必需说的代表性文献有：卢云华：《试论正当防卫过当》，载《中国社会科学》1984年第2期；高格：《正当防卫与紧急避险》，福建人民出版社1985年版，第33页；姜伟：《正当防卫》，法律出版社1988年版，第86~88页。

② 高铭暄主编：《刑法专论》，高等教育出版社2006年版，第427页。类似的论述参见王作富：《中国刑法研究》，中国人民大学出版社1988年版，第208页；马克昌主编：《犯罪通论》，武汉大学出版社1999年版，第757页以下；陈兴良：《正当防卫论》，中国人民大学出版社2017年版，第121页。关于我国法院判例对折中说的采纳，参见《赵泉华被控故意伤害案》，载中华人民共和国最高人民法院刑事审判第一、二、三、四、五庭主办：《中国刑事审判指导案例》（第3卷），法律出版社2009年版，第300~301页。

应说的衣钵。因为，根据折中说，即使确定防卫行为乃制止不法侵害所不可或缺，但只要防卫与侵害之间不能保持基本均衡，则防卫行为仍属超过了必要限度。可见，"基本相适应"的标准在折中说中仍旧牢牢把持着最终的决定权。于是，基本相适应说的弊端在通说中就无法得到有效克服。[①] 与此相应，在承袭了通说的审判实践中，基本相适应的判断思路也占据着支配性的地位。在不法侵害单纯侵犯财产、住宅安宁等法益或者仅具有轻微暴力性质的情况下，只要防卫行为导致侵害人重伤、死亡，法院基本上就倾向于以"防卫行为的性质、手段、强度及可能造成的损害明显与不法侵害不相适应"[②] 为由，认定防卫超过了必要限度。[③] 就连折中说的倡导者高铭暄教授也承认，将该学说付诸实践的司法机关对防卫限度的掌握仍然显得过于严苛，"以至于该按照正当防卫处理的却当作防卫过当的案件处理，这极大地挫伤了老百姓同违法犯罪分子作斗争的积极性"。[④]

"于欢故意伤害案"[⑤] 的二审判决在论证被告人于欢的行为属于防卫过当时指出："根据本案查明的事实及在案证据，杜某甲一方虽然人数较多，但其实施不法侵害的意图是给苏某某夫妇施加压力以催讨债务，在催债过程中未携带、使用任何器械……当民警警告不能打架后，杜某甲一方并无打架的言行……在于欢持刀警告不要逼过来时，杜某甲等人虽有出言挑衅并向于欢围逼的行为，但并未实施强烈的攻击行为。"[⑥] 法院的上述论证旨在说明：侵害者一方所实施的行为虽有暴力的属性，但其程度并不严重，而于欢却采用了刀刺致死的防卫措施，两者相差明显。可见，二审判决是以重大损害结果作为判断防卫过当的重心，是以受保护之法益与受损害之法益在价值上的失衡作

---

①　对折中说的详细批判，参见陈璇：《正当防卫中风险分担原则之提倡》，载《法学评论》2009年第1期。

②　《汪海航故意伤害、贩卖毒品案》，载《人民司法·案例》2009年第18期。

③　代表性的判例参见：白亮：《驾车追赶抢夺嫌疑人致其伤亡是否属于正当防卫》，载《人民检察》2006年第12期（下）；江苏省无锡市惠山区人民法院刑事判决书，（2008）惠刑初字第164号；河南省开封市中级人民法院刑事判决书，（2009）汴刑终字第40号；《韩霖故意伤害案》，载中华人民共和国最高人民法院刑事审判第一、二、三、四、五庭主办：《刑事审判参考》（第69集），法律出版社2009年版；广东省广州市中级人民法院民事判决书，（2012）穗中法民一终字第349号。

④　参见高铭暄主编：《刑法专论》，高等教育出版社2006年版，第427页。

⑤　具体案情参见第三章第一部分。

⑥　山东省高级人民法院刑事附带民事判决书，（2017）鲁刑终151号。

为认定防卫过当的核心依据，这说明它完全承袭了基本相适应的总体思路。①

在笔者看来，折中说之所以始终无法跳出以法益抽象价值的简单对比来认定防卫限度的老路，以致在事实上给防卫限度提出了近似于防御性紧急避险的严格限制，根源在于它忽视了一点：在正当防卫中，双方法益值得保护的程度本来就不在同一水平线上，双方主体所应承担的风险大小也绝非"半斤对八两"。在防御性紧急避险中，尽管被害人是产生危险的来源，但制造这一危险的要么不是人所能控制和避免的举动，要么并非违反了对其他公民所负之义务的行为，故被害人法益的值得保护性只是略有下降，行为人也只有在损益大致相适应的范围内才有权要求被害人容忍自己的法益受到损害。但按照本书第一章关于正当防卫本质的分析，防卫行为的被害人既自陷险境又违反了义务，故其法益的值得保护性势必会出现远比防御性紧急避险被害人更为严重的降低，防卫权的限度也必然会突破"基本相适应"标准的束缚。

本章将首先探讨防卫限度与比例原则之间的关系，并试图超越教义学的层次挖掘结果导向思维的心理和文化成因；接着，将从行为导向出发，建构起构成要件与防卫限度双层次的检验机制；继而，针对与防卫限度相关联的两个重要问题，即防卫人对侵害人是否负有救助义务以及《刑法》第20条第3款属于注意规定还是法律拟制的问题展开探讨；最后，将笔者所倡导的防卫限度判断方法，运用到多个争议案件的分析之中。

二、正当防卫限度与比例原则

（一）比例原则对防卫限度合宪性解释的意义

《刑法》第20条第2款规定正当防卫不得"明显超过必要限度造成重大

---

① 在本案二审结束后，最高人民检察院公诉厅负责人于2017年5月28日答记者问时指出："虽然加害人人数众多但未使用工具，未进行严重暴力攻击……从防卫行为保护的法益与造成结果体现的法益衡量看，要保护的是人身自由和人格尊严，造成结果体现的法益是生命健康，两者相比不相适应。"这更为鲜明地表达了司法机关坚持基本相适应说的立场。参见史兆琨：《于欢的行为具有防卫性质但防卫过当——最高检公诉厅负责人就于欢故意伤害案有关问题答记者问》，载《检察日报》2017年5月29日第1版。

损害"。结合《刑法》第21条第2款对避险限度的规定同样使用了"必要限度"一词来看，"必要限度"是一个能够容纳多种不同解读的概括性用语。于是，当我们将防卫限度置于合宪性解释的语境下时，需要讨论的问题就是：既然正当防卫是对侵害人基本权利造成损害的行为，那么如何界定该损害行为的强度，才能与宪法的原则和精神相吻合呢？这就不能不引入比例原则。值得注意的是，我国的司法机关已经开始有意识地将比例原则的概念引入到了防卫限度的判断之中。例如，有的法官明确指出，"扭送过程中制止犯罪嫌疑人暴力反抗的，一般应认定为正当防卫，但行为限度要符合比例原则"，故"应权衡防卫行为所保护的法益性质与防卫行为所造成的损害后果，即所保护的法益与所损害的利益之间不能悬殊过大，不能为保护微小权益而造成不法侵害者重伤或者死亡"。①

比例原则发端于行政法，它素来被誉为公法领域的"帝王条款"，对于约束公权力、保障公民自由具有基础性的地位。比例原则主要包含以下四项内容:② 第一，目的正当性（legitimer Zweck）原则，即公权力措施所追求的目的必须符合实质正义的要求。第二，适当性（Geeignetheit）原则，即当法律或者行政权的行使给公民权利造成侵害时，它必须适于达成其预设的法定目的。第三，必要性（Erforderlichkeit）原则，是指在适于达成法定目的的所有措施中，应当选择对公民权利损害最小的那一种。第四，狭义比例性（Verhältnismäßigkeit im engeren Sinne）原则，是指国家权力的行使措施与其所欲达到的目的之间必须相称和均衡；即便某一措施乃为达到法定目的所必要，但如果它对公民基本权利带来的侵害过于严重，明显超过了法定目的所能实现的价值，则该措施仍不被允许。一些学者已经意识到了比例原则对于确定违法阻却事由限度的指导意义,③ 但相关的论述尚属浮光掠影，详细深入的分析仍付阙如。有鉴于此，在正式展开研究之前，需要首先明确以下两点：

---

① 刘立杰：《于龙等故意伤害案》，载《人民司法·案例》2011年第20期。引文中的着重号为引者所加。

② Vgl. Grzeszick, in: Maunz/Dürig, Grundgesetz – Kommentar, 86. EL Januar 2019, GG Art. 20 Ⅶ. Rn. 110ff.

③ 参见姜昕：《比例原则研究——一个宪政的视角》，法律出版社2008年版，第174页；姜涛：《追寻理性的罪刑模式：把比例原则植入刑法理论》，载《法律科学》2013年第1期；郑晓剑：《比例原则在民法上的适用及展开》，载《中国法学》2016年第2期。

1. 我国《宪法》虽然没有对比例原则作出明文规定，但其若干条文已经从实质上体现了对该原则的认可。

（1）《宪法》第 51 条规定："中华人民共和国公民在行使自由和权利的时候，不得损害国家的、社会的、集体的利益和其他公民的合法的自由和权利。"该条款一方面为国家限制公民基本权利提供了可能，但另一方面也昭示，只有在为了实现公共利益或者保护其他公民利益的前提下，才存在对公民基本权利加以限制的空间。这就体现了适当性原则的精神。（2）《宪法》第 33 条第 3 款规定："国家尊重和保障人权。"由于从体系上来看，该条款位于《宪法》第二章"公民的基本权利和义务"之首，故它势必能够对该章其他条款的解释发挥统领、指导的辐射功能。[①] 因此，《宪法》第 51 条关于允许对公民权利加以限制的规定，就必须处在人权条款的约束之下。将国家限制公民自由的行为严格收缩在必要和最低的限度之内，这本是人权条款的内在要求，故该条款与必要性及狭义比例性原则的价值追求是完全一致的。可见，"比例原则即使并未在宪法的人权条款中被明言提及，但是，由每个人权的本质应可包含该内在的原则。所以，比例原则……毋宁是一个法秩序的最根本原则，是法治国家原则由自身产生的最高规范"[②]。

2. 比例原则不仅适用于"国家机关—公民"，而且也适用于"公民—公民"的冲突关系。

有的学者主张，既然比例原则的宗旨在于抵御国家公权力给公民造成过度的侵犯，那么其适用范围就只能局限在公权力机关损害公民权利的情形之上；包括正当防卫在内的违法阻却事由所涉及的是公民个人之间的利益冲突，故并无适用比例原则的余地。[③] 但笔者对此不以为然。的确，比例原则滥觞于行政法领域；然而，时至今日，该原则早已跨越具体部门法的疆界而成为现代法治社会中具有普遍性和根本性的指导原则。[④] 因为：一方面，"人民基本权利的肯定及维护，是任何一个崇尚民主法治且实行宪政的国家所责无旁贷

---

① 参见陈征：《国家征税的宪法界限——以公民私有财产权为视角》，载《清华法学》2014 年第 3 期。

② 陈新民：《德国公法学基础理论》（上卷），法律出版社 2010 年版，第 424 页。

③ Vgl. Krey, Zur Einschränkung des Notwehrrechts bei der Verteidigung von Sachgütern, JZ 1979, S. 713；Renzikowski, Notstand und Notwehr, 1994, S. 315.

④ 参见郝银钟、席作立：《宪政视角下的比例原则》，载《法商研究》2004 年第 6 期。

的任务"①。所以，在法治国中，任何一种有损公民基本权利的行为欲获得合
法性，就必须具备正当化的根据，也必须严守一定的边界和限度。既然侵犯
公民自由的行为不仅可能来自于国家，而且亦可由个人实施，那么公民因行
使基本权利而损害其他公民权益的行为，就不能不同样处在比例原则的约束
和管控之下。② 另一方面，从实质上来看，正当防卫并非单纯涉及公民个人之
间的关系，它也关乎国家与个人的关系。本来，国家负有维护公民的基本权
利不受侵害的义务；但"正当化事由不仅排除了国家刑罚权的发动，而且还
剥夺了被害人的权利，使其无权要求行为人不去实施符合构成要件的行为，
故一切正当化事由的效果都在于缩减对被害人的保护"③。既然正当化事由的
成立意味着法律在一定范围内免除了国家对特定公民的保护义务，那么这种
事由的存在范围就没有理由不受比例原则的限制。④

综上所述，比例原则对于正当防卫限度的合宪性解释具有指导意义。

首先可以确定，无论是必需说还是基本相适应说，都承认以下两点：第
一，防卫行为必须具有保护法益免受侵害的能力；第二，正当防卫必须是在
多种能够同样有效制止不法侵害的反击行为当中，给侵害人造成损害最小的
那一种。最终使两派分道扬镳的问题是：法益均衡是否属于正当防卫的内在
要求？"利益衡量和狭义比例原则实际上内容应该是一致的，只是语言表达的
不同而已。"⑤ "比例原则中的利益衡量均落至于最后的狭义比例原则之上，
而妥当性原则与必要性原则一般不涉及对于各法益的价值判断，而将其留在
狭义比例性原则（法益衡量原则）之中。"⑥ 由此可见，防卫限度的两大学说
在贯彻比例原则中的适当性和必要性原则方面是完全一致的，二者的分歧在
于对待狭义比例性原则的态度。于是，关键性的问题已然浮出水面：狭义比
例性原则在防卫限度的判断中究竟应当居于何种地位？

---

① 陈新民：《德国公法学基础理论》（上卷），法律出版社 2010 年版，第 387 页。

② 参见张翔：《基本权利冲突的规范结构与解决模式》，载《法商研究》2006 年第 4 期。

③ Mitsch, Rechtfertigung und Opferverhalten, 2004, S. 30.

④ Vgl. Spendel, in: LK - StGB, 11. Aufl., 1992, § 32 Rn. 314; Bülte, Der Verhältnismäßigkeits
rundsatz im deutschen Notwehrrechts aus verfassungsrechtlicher und europäischer Perspektive, GA 2011,
S. 159.

⑤ 蔡震荣：《行政法理论与基本人权之保障》，台湾五南图书出版公司 1999 年版，第 131 页。

⑥ 王书成：《论比例原则中的利益衡量》，载《甘肃政法学院学报》2008 年第 2 期。

（二） 自由平等原则与法益均衡要件存在冲突

在比例原则中，"妥当性原则及必要性原则在根本上，是以达成措施目的为着眼点。所以，不会为手段的后果（不利人民之人权）而牺牲其为目标之追求。但是，（狭义）比例性原则根本上容有可推翻该目的的追求（只要被损害的人权重过所追求目的的价值的话）"，它决定的是"该目的应不应追求，继而手段要不要采取之问题"①。因此，一旦将狭义比例性原则引入防卫限度的判断，那么当公民的财产法益遭受他人不法侵害时，只要防卫行为足以导致侵害人重伤、死亡，即便这是为有效制止侵害所必不可少的最低反击手段，行为人也无权实施。② 这就意味着，在此情况下，行为人对自己的财产法益遭受侵害负有某种忍受义务，他要么只能采取那些无法保证有效性和安全性的轻度防卫措施，要么只能完全放弃防卫、坐等法益受损，待来日再寻求国家机关的帮助。然而，仅仅为了保全不法侵害人的人身安全而要求公民承担向不法侵害屈从、忍让的义务，这并不符合宪法关于公民平等自由权的规定。

1. 正当防卫不仅是在维护具体的法益免受损害，更是在捍卫某一公民在宪法上所具有的、与其他公民完全平等的自我决定权和人格尊严。

不论不法侵害人实际针对的是财产、名誉、健康还是生命，其挑战、蔑视对方法律地位和人格尊严的属性都是完全一致的。既然如此，面临不法侵害的所有公民就都有权采取为捍卫自身法律地位所必要的措施，而不受防卫行为损害和保护的法益之间价值对比关系的掣肘。③ 洛克（Locke）也指出，即便一名窃贼并无伤害、杀害他人的企图，但是"因为窃贼本无权利使用强力将我置于他的权力之下，不论他的借口是什么，所以我并无理由认为，那个想要夺去我的自由的人，在把我置于他的掌握之下以后，不会夺去我的其他一切东西。所以我可以合法地把他当作与我处于战争状态的人来对待，也

---

① 陈新民：《德国公法学基础理论》（上卷），法律出版社 2010 年版，第 418 页。

② See Boaz Sangero, Self‑Defence in Criminal Law（Oxford：Hart Publishing, 2006），p. 167.

③ Vgl. Jakobs, Kommentar：Rechtfertigung und Entschuldigung bei Befreiung aus besonderen Notlagen, in：Eser/ Nishihara（Hrsg.），Rechtfertigung und Entschuldigung, 1995, S. 152；Kühl, Freiheit und Solidarität bei den Notrechten, FS‑Hirsch, 1999, S. 260ff；Pawlik, Die Notwehr nach Kant und Hegel, ZStW 114（2002），S. 260ff；Kindhäuser, in：NK‑StGB, 4. Aufl., 2013, § 32 Rn. 13f.

就是说，如果我能够的话，就杀死他"①。

正当防卫是法律（包括刑法、民法）为公民自我决定权所规定的一种具体实现方式。② 既然宪法明确规定国家对于公民的消极自由负有保护的义务，那么国家除了需要消极地避免自己去侵犯公民的自由之外，还有责任积极地确保公民行使自我决定权的途径畅通无阻、行之有效。③ 可是，一旦在正当防卫中引入狭义比例性原则，就意味着公民在双方法益价值出现明显差距时，必须对不法侵害加以退让和容忍，这无疑将打破该公民与不法侵害者之间的平等法律关系，使前者的人格地位屈居于后者之下。这与宪法强调保护公民消极自由的条款是格格不入的。诚如弗里施（Frisch）所言："假如国家在设计公民的正当防卫权时，要求受侵害者应当容忍自己的人格尊严遭受一定的损害，那么国家的这种做法本身就违背了它在宪法上所肩负的一项使命，即对公民不可侵犯的尊严予以尊重和保障。"④

2. 正当防卫的发展史也在相当程度上证明，对消极自由的重视程度往往与对法益均衡原则的强调程度成反比关系。

首先，放眼德国。以 1517 年班贝根西斯（Bambergensis）刑法典和 1532年卡洛林纳（Carolina）刑法典为代表的中世纪刑法，虽然规定了正当防卫权，但却对防卫权的行使设定了种种严格的限制性条件：其一，公民只有在面临针对生命和身体法益的不法侵害时，才允许实施正当防卫。其二，公民在遭遇不法侵害时有义务先选择逃避，只有在逃避无效的情况下方可反击。进入 18 世纪，1794 年普鲁士刑法典将正当防卫保护的法益范围扩展到了财产之上，但仍然要求公民承担躲避义务，并且禁止为了保护财产法益而采用杀害侵害人的防卫手段。⑤ 随着 19 世纪以降公民社会的建立以及自由主义国家哲学的勃兴，刑法对正当防卫权的限制呈现出大幅削减的趋势。在这一历史

① ［英］洛克：《政府论》（下篇），叶启芳、瞿菊农译，商务印书馆1982年版，第12页。

② Vgl. Stratenwerth, Prinzipien der Rechtfertigung, ZStW 68（1956），S. 63f; Koch, Prinzipientheorie der Notwehreinschränkungen, ZStW 104（1992），S. 796.

③ Vgl. Koch, Prinzipientheorie der Notwehreinschränkungen, ZStW 104（1992），S. 797.

④ Frisch, Zur Problematik und zur Notwendigkeit einer Neufundierung der Notwehrdogmatik, FS – Yamanaka, 2017, S. 63.

⑤ Vgl. Krey, Zur Einschränkung des Notwehrrechts bei der Verteidigung von Sachgütern, JZ 1979, S. 704ff.

演进过程中具有里程碑意义的，是由费尔巴哈（Anselm v. Feuerbach）参与起草的 1813 年巴伐利亚刑法典。该法典第 125 条首次取消了正当防卫条款中关于狭义比例性原则的规定。1851 年普鲁士刑法典第 41 条在此基础上更进一步，不仅允许为保护财产法益使用致命的防卫手段，而且不再要求防卫人履行逃避义务。该条文原封不动地为德国统一后的 1871 年刑法典第 53 条所沿用。① 在纳粹统治期间，德国曾短暂出现了收紧防卫权行使条件的回潮。当时，帝国法院的判例和一度处于酝酿之中的刑法修改草案又重拾了逃避义务和法益均衡原则。② 但"二战"结束后，随着自由主义法治国思想的复兴，关于防卫限度的解释再度承接了 19 世纪后半叶至 20 世纪初的传统。德国 1975 年颁布的新刑法总则第 32 条关于正当防卫的规定，在实质内容上也基本继受了 1871 年刑法。③

　　其次，回首苏联。苏俄 1922 年刑法第 19 条和 1926 年刑法第 13 条，均未对防卫限度的具体内容作出规定。在斯大林时代，学界和司法机关对防卫限度的解释明显呈现严加控制的景象。彼时刑法理论的通说认为，一旦防卫造成的损害与侵害可能引起的损害不成比例，即属防卫过当；甚至还有不少学者主张，不允许为了避免轻伤害而导致侵害人死亡。苏联最高法院全体会议 1946 年 6 月 7 日的决议明确提出："正当防卫只有在防卫性质与所实施的侵袭行为的强度相适应时，才能认为是合法的。"④ 20 世纪 50 年代中叶，随着赫鲁晓夫改革政策的登台，学界和实务界对防卫限度要件的把握才逐步趋于宽松化。尽管 1958 年《苏联和各加盟共和国刑事立法纲要》第 13 条仍然规定防卫行为同不法侵害的性质不能显然不相称，但在实际解释中，法益均衡原则对防卫限度的制约却悄悄地趋向弱化和虚化。⑤ 苏联最高法院全体会议 1984 年 4 月 16 日决议第 8 条和第 9 条指出："法院在解决是否超过正当防卫

---

　　① Vgl. Krey, Zur Einschränkung des Notwehrrechts bei der Verteidigung von Sachgütern, JZ 1979, S. 707.

　　② Vgl. F. C. Schroeder, Die Notwehr als Indikator politischer Grundanschauungen, FS – Maurach, 1972, S. 131f.

　　③ Vgl. Rönnau/Hohn, in: LK – StGB, 12. Aufl., 2006, § 32 Rn. 4.

　　④ ［苏］契希克瓦节主编：《苏维埃刑法总则》，中央人民政府法制委员会编译室、中国人民大学刑法教研室译，法律出版社 1955 年版，第 312 页。

　　⑤ 参见卢云华：《试论正当防卫过当》，载《中国社会科学》1984 年第 2 期。

限度的问题时，不仅应该考虑防卫和侵害的手段是否相当，而且还要考虑威胁防卫人的侵害的危害性，防卫人对抗侵害的力量和可能性，以及其他能够反映加害人与防卫人力量对比的所有情节（加害人和防卫人的数量，他们的年龄、身体状况，是否有武器，侵害实施的地点和时间等）。各级法院应该注意到，在侵害引起的精神激动的状态中，防卫人并不总是能够准确地衡量危险的性质和选择相当的防卫手段。"① 很明显，法院在此已不再强调双方法益价值的均衡性对于相当性判断的决定性意义。它之所以不厌其详地罗列一众事实要素，甚至将防卫人的激动情绪也纳入考量的范围，恰恰是试图为脱离狭义比例性原则的束缚而"暗度陈仓"。难怪有苏联学者直截了当地提出："所谓防卫应该与侵害相适应，就是说，防卫应当在必要限度内进行。如果对侵害者造成轻微伤害即可以防卫的话，那么，就不能造成更大的伤害；如果以打击的方法可以防卫的话，便不能杀害。否则，即为防卫过当。"② 很明显，此种意义上的"相适应"实际上并没有为正当防卫提出超过必要性要件以外的限制。

最后，将目光转向中国。"我国固有律关于'正当防卫'的相关法理思想，虽曰发轫自上古时代，唯直迄唐律，始有具体而完整之立法理念与法律条文，散见于《唐律》之'贼盗律''斗讼律'及'捕亡律'之中，并为日后的宋元明清历代所沿袭。"③ 总体而言，我国古代法制对防卫限度的控制是极为严苛的。具体表现有二：（1）《唐律疏议·斗讼律》第 9 条第 2 项规定："诸斗，两相殴伤者，各随轻重，两论如律。后下手理直者，减二等。至死者，不减。"据此，即便行为人是针对不法侵害展开必要的反击，亦应予以处罚，只是在量刑上可以减等处理；一旦防卫致对方死亡，则连减轻处罚的待遇也不复存在。同时，当卑幼者遭受尊长殴打时，即使卑幼"理直"，亦不得援引"后下手理直者，减二等"的规定对尊长实施防卫。（2）《唐律疏议·斗讼律》第 34 条规定："诸祖父母、父母为人所殴击，子孙即殴击之，非折

---

① ［俄］库兹涅佐娃、佳日科娃主编：《俄罗斯刑法教程（总论）》（上卷·犯罪论），黄道秀译，中国法制出版社 2002 年版，第 453 页。

② ［日］浜口和久：《苏维埃刑法中正当防卫及其有关问题——介绍 B. И. 特卡钦科的观点》，陆青译，载《国外法学》1981 年第 2 期。

③ 桂齐逊：《唐律与台湾现行法关于"正当防卫"规定之比较研究》，载中南财经政法大学法律文化研究院编：《中西法律传统》（第 6 卷），北京大学出版社 2008 年版，第 95 页。

伤者，勿论。折伤者，减凡斗折伤三等。至死者，依常律。"可见，当祖父母、父母受他人侵害时，其子孙为保护祖父母、父母而实施防卫的，只有在防卫造成侵害者肢体折伤以下之轻伤的情况下，方不入罪。一旦折伤对方肢体，则只能对防卫人减轻处罚；若反击致侵害人死亡，则仍依"斗杀"罪论，处以绞刑或者斩刑。[①] 这些规定基本为此后历代刑律所承袭。及至中华民国时期，中国学者和法院判例才在继受大陆法系刑法思想的基础上，在防卫限度的判断中普遍放弃了严格的法益衡量标准。[②]

对中外正当防卫发展史的梳理与回顾，难免会使不少人颇感意外：本来，狭义比例性原则孜孜以求的就是对公民基本权利的保障，故按理说，在正当防卫领域，越是尊重个人自由的时代似乎就应当越强调该原则，而越是偏重国家主义的时代就应当越容易忽视该原则才对。可为什么现实的情况却大致相反呢？[③] 其实，这一点并不难得到解释。

第一，警察国家在本能上就对那些可能有损其权力垄断性的公民私力救济途径持排斥态度。在国家主义政治哲学眼中，经济生活和社会生活的各个方面应当处在国家的安排、监护和管控之下，故一切法益冲突和纠纷的解决也都必须由公权力统一包揽。一旦公民享有宽泛的正当防卫权，则意味着个人在特定情形下可以绕开国家机关自行解决冲突。因此，为了避免"大权旁落"，为了防止自身的权威被架空或者虚置，警察国自然就倾向于将公民的自卫权压缩在尽可能狭小的空间之内。[④] 相反，一旦承认公民的基本权利具有不依附于国家而独立存在的天赋属性，一旦政府逐渐退居到"守夜人"的角色之上，公权力对社会生活和个人自由的干预就只能局限在为维护共同生活所

---

① 《唐律疏议》在严格管控防卫限度的总基调下，也有两项例外：第一，对夜间非法侵入住宅者可防卫致死。《唐律疏议·贼盗律》第 22 条规定："诸夜无故入人家者，笞四十。主人登时杀者，勿论。"其二，对拒捕的特殊犯罪之现行犯可防卫致死。《唐律疏议·捕亡律》第 3 条第 1 项规定："诸被人殴击折伤以上，若盗及强奸，虽傍人皆得捕系，以送官司。捕格法，准上条。"《唐律疏议》释曰："'捕格法，准上条'，其捕者得格杀之；持杖及空手而走者，亦得杀之。"

② 参见陈瑾昆：《刑法总则讲义》，吴允锋勘校，中国方正出版社 2004 年版，第 163 页；王觐：《中华刑法论》，姚建龙勘校，中国方正出版社 2005 年版，第 221～222 页；陈文彬：《中国新刑法总论》，夏菲勘校，中国方正出版社 2008 年版，第 125 页。相关判例参见大理院民国 4 年上字 5977 号判例，大理院民国 5 年上字 51 号判例。

③ Vgl. Bülte, Der Verhältnismäßigkeitsgrundsatz im deutschen Notwehrrechts aus verfassungsrechtlicher und europäischer Perspektive, GA 2011, S. 148.

④ Vgl. Klose, Notrecht des Staates aus staatlicher Rechtsnot, ZStW 89 (1977), S. 66.

必不可少的有限范围之内。① 于是,公民在遭遇他人不法侵害时,自然就享有不待公权力介入就自行捍卫法益的权利。惟其如此,"早在处于启蒙时代的19世纪,人们就已经把对宽泛而凌厉的正当防卫权的认可,看作是个人积极性战胜绝对官吏国家的一个标志"②。

第二,凡是集权国家,无不赋予超个人的国家、集体、社会利益以优越于公民的无上地位。公民之间采用暴力手段相互搏击的行为,无疑会使社会的和平状态遭到破坏。所以,一个以维护国家秩序为最高价值目标的国度,便容易模糊冲突双方的是非曲直,不惜在一定范围内迫使无辜公民牺牲其权益和自由,从而换取社会的安定。例如,由于在古代中国,长幼、尊卑、亲疏之分乃维系社会稳定的支柱所在,③ 故对于"一准乎礼"的《唐律疏议》来说,维护家族伦理自然就成为其追求实现的首要目标。于是,《唐律疏议》之所以规定,卑幼者为反抗尊长的不法殴击所实施的防卫行为不存在任何减等的可能,就是因为在立法者的眼中,即使是个人的人身安全也应当为长幼有序的伦理秩序让位。与此形成鲜明对比的是,对于子孙为避免祖父母、父母被他人袭击而实施防卫的案件,由于立法者认为该行为有助于促进人伦孝道,故其能够享有的宽宥幅度甚至远远大于一般的正当防卫。④

由此可见,狭义比例性原则的适用本身并不必然能产生最大限度保护公民基本权利的效果。在行政法领域,由于狭义比例性原则对国家行政权发挥着软化作用,故它的适用有利于维护行政相对人,即公民的自由。然而,在正当防卫中,由于狭义比例性原则所约束的是公民的自卫权,故它在有利于保护侵害者法益的同时,必然意味着对遭遇不法侵害一方公民自由的克减。因此,尽管"正当防卫乃自然权利""正当防卫无历史"之类的法谚流传甚广,但这一判断其实并非放之四海而皆准、推之百世而不悖。因为,只有在

---

① 参见李强:《自由主义》,东方出版社2015年版,第231页以下。

② Arzt, Notwehr, Selbsthilfe, Bürgerwehr, FS - Schaffstein, 1975, S. 77.

③ 参见瞿同祖:《中国法律与中国社会》,中华书局2003年版,第295页。

④ 中国传统社会的司法者在处理纠纷时,往往并不以当事人在法律上的实际权利归属作为判案根据,而是更侧重考虑如何裁处案件才能实现最优的社会效果。这里的社会效果自然包括防止矛盾激化、保一方平安。因此,法官时常会对双方当事人又打又压。在此过程中,真正享有合法权益的一方就可能被迫忍受自身权利遭到损害。详见苏力:《送法下乡——中国基层司法制度研究》,中国政法大学出版社2000年版,第181、277页。不可否认,在中国传统的乡土社会中,这种判案策略具有一定的必然性和合理性,但它也集中体现了传统法制将社会秩序凌驾于个人自由之上的理念。

承认公民的消极自由与生俱来、神圣不可侵犯的时代，正当防卫权才真正是不言而喻、不证自明的。

3. "生命价最高"不是以狭义比例性原则限制正当防卫权的充分理由。

尽管《宪法》并未对生命权作出明确规定，但这并不妨碍生命权实际上所享有的至高无上的宪法地位。结合《宪法》第 33 条第 3 款关于国家尊重和保障人权的规定以及第 37 条和第 38 条关于公民的人身自由和人格尊严不受侵犯的规定，可以认为：第一，人权条款入宪使得宪法中的基本权利具有了开放性，故作为人权之基础的生命权自然处在宪法的保护之下。[①] 第二，人类要获得有尊严的存在和发展，前提是其生命的价值获得国家的承认；既然《宪法》明确将人格尊严列为保护对象，那它也必须对作为其根源的生命给予保障，故不允许将生命作为实现其他目的的手段。[②] 那么，如果容许公民为了保护财产法益而致不法侵害人死亡，是否会与《宪法》的上述规定相违背呢？回答是否定的。

首先，不能将公民为保护财产法益实施反击导致侵害人死亡的情形，简单地归结为"财产 vs 生命"的关系。理由在于：第一，如果单纯从双方所涉法益的价值高低出发主张"以命换财"不被允许，那么"以命换命"的防卫行为也不可能得到正当化。因为，刑法学界几乎一致认为，生命的价值不仅最高，而且也不可衡量，故不仅以生命换取其他法益的行为绝对受到禁止，即便是以生命换取生命的行为也属于违法。但如此一来，举凡致侵害人死亡的防卫行为，皆从根本上失去了得到正当化的可能，这种结论是不可接受的。第二，如前所述，与攻击性紧急避险的情况不同，盗窃犯损害的不仅是现金、首饰、汽车等财物的占有，而且是他人平等的法律地位。因此，当我们进行利益衡量时，不能只看到防卫行为保护了财产法益，而忽略了其维护公民人格尊严和自我决定权的一面；不能只看到侵害人的生命遭受了损害，而无视其法益值得保护性所出现的大幅下降。

其次，若不允许为保护财产而造成侵害人死亡，那么受到禁止的究竟是一切具有致侵害人死亡危险的防卫行为，还是仅限于故意杀死侵害人的防卫

---

① 参见上官丕亮：《论宪法上的生命权》，载《当代法学》2007 年第 1 期。
② 参见王旭：《宪法上的尊严理论及其体系化》，载《法学研究》2016 年第 1 期。

行为呢？如果认为，在保护对象是财产法益的情况下，只要某种防卫手段包含了导致侵害人死亡的可能性，则一概不允许行为人采用，那就几乎断绝了公民针对财产犯罪实施有效防卫行为的可能。因为，针对财产性不法侵害的常见防卫手段大致有两种：一是在盗窃、抢夺等行为正在实施的过程中，采用暴力防止财物的占有发生转移。例如，当某人正在实施盗窃之际，上前将其撞开；当某人近距离实施飞车抢夺之时，用木棍将其驾驶的摩托车掀翻。二是在侵害刚刚得手时，立即驾驶机动车紧随其后、将财产夺回。无论是根据一般人的日常生活经验还是从实际发生的案件都不难发现，撞击窃贼可能使其跌倒触碰硬物负伤，将抢夺者的摩托车掀翻容易致其坠地死亡，驾车高速追赶侵害者也可能引发严重交通事故。可见，这些暴力行为都不可避免地包含着某种致人重伤、死亡的危险。然而，它们又都是公民为及时保护财产法益所必须采用的防卫方法；假如连此类手段都得不到法律的容许，那就无异于要求公民在面对财产犯罪时只能无所作为。这样一来，正当防卫权在财产性不法侵害面前就将沦为一纸空文。

或许正是顾虑到了这一点，主张应在正当防卫中贯彻狭义比例性原则的学者，大多认为受到禁止的仅仅是为保护财产而故意杀人的防卫行为。[①] 可是，这种观点又与论者的立论前提相互矛盾，因为防卫限度实际上划定了不法侵害人忍受义务的范围。一旦认为危险性较低的过失致死行为并未超出防卫限度，那就说明在此范围内出现的死亡结果应由侵害者自行忍受。然而，众所周知，《刑法》为了实现对生命法益的保护，不仅以第 232 条的规定禁止故意杀人，而且也通过第 233 条的规定禁止过失致人死亡。既然在正当防卫中适用狭义比例性原则的目的在于保障不法侵害人的生命安全，那么侵害者对于防卫人致其死亡的任何行为都不可能有忍受的义务。按理说，不管防卫行为引起死亡的概率是达到了高度盖然性还是仅至一般可能性，不论致死行为是故意还是过失所为，都应当受到禁止才对。为何被防卫人过失致死的风

---

① Vgl. Frister, Zur Einschränkung des Notwehrrechts durch Art. 2 der Europäischen Menschenrechtskonvention, GA 1985, S. 564; Bernsmann, Überlegungen zur tödlichen Notwehr bei nicht lebensbedrohlichen Angriffen, ZStW 104 (1992), S. 315ff; Bülte, Der Verhältnismäßigkeitsgrundsatz im deutschen Notwehrrechts aus verfassungsrechtlicher und europäischer Perspektive, GA 2011, S. 160; Kindhäuser, in: NK – StGB, 5. Aufl., 2017, § 32 Rn. 113.

险就偏偏需要由侵害者自行承担呢？

最后，在尊重生命法益方面，法律为公民施加的义务不应重于国家所承担的义务。根据《宪法》第5条第4款和第53条的规定，国家机关和普通公民均负有遵守宪法和法律的义务。但关于这一义务，涉及国家机关的规定处在《宪法》第一章"总纲"之中，并且该款将"国家机关"明确列为各守法主体之首，而涉及公民的规定却位于《宪法》第二章"公民的基本权利和义务"之中。同时，结合《宪法》第27条关于国家机关工作原则、制度、效率和作风等的严格要求，不难看出，国家机关在履行宪法和法律义务方面理应成为公民的表率。相应地，我们不能向公民提出比国家机关更高的守法要求，不能命令公民去做国家机关自己都尚未完全做到的事情。在完全废除了非暴力犯罪死刑的国度，法律或许可以要求公民在未遭受生命威胁的情况下放弃使用足以致侵害人死亡的防卫手段。[①] 可是，在我国，尽管经过历次刑法修正案的削减，《刑法》中可适用死刑的非暴力犯罪数量已有明显下降，但毕竟像走私、贩卖、运输、制造毒品罪、贪污罪、受贿罪之类并不具有危及人身安全属性的犯罪依然留有死刑。既然国家的制裁体系尚未完全停止以剥夺生命的方式预防非暴力犯罪，那么法律似乎没有充分的理由去阻止国民在捍卫自身财产法益的过程中采用具有致死危险的防卫措施。

（三）社会团结原则难以证成防卫人忍让义务

尽管自由平等原则是法治国的基石，但每个公民毕竟都与他人共处在一个社会共同体当中，而且随着现代社会分工的日益精细，人们的生存和发展越来越依赖于其他的社会成员，故成员间的相互扶助、彼此忍让就成为社会得以存续的必备要件。因此，为了防止自由和个人主义的极端化对社会的存在基础造成侵蚀，有必要强调社会共同体的成员需要相互给予一定的照应，在必要时甚至应当适当地为他人牺牲自身利益、部分地放弃自己的自由，此即社会团结原则。

社会团结原则所提倡的并非不辨是非黑白的滥施同情，它意图体恤和照

---

① Vgl. Bülte, Der Verhältnismäßigkeitsgrundsatz im deutschen Notwehrrechts aus verfassungsrechtlicher und europäischer Perspektive, GA 2011, S. 160.

顾的仅仅是那些意外遭遇不幸的弱势群体。从以上关于社会团结原则正当化根据的论述可以看出，社会团结义务从本质上仍然来源于对公民自我决定权的尊重。只不过，该义务的产生并非来自个案中具体公民对某种法益损害的同意，而是来自理性的利己主义者出于实现自身利益最大化的长远之计而可能自愿作出的选择。可以想见，假使人人对于自己未来将要面临的各种困境和危难皆可未卜先知，进而曲突徙薪、未雨绸缪，那么正所谓"求人不如求己"，所有社会成员只需"各人自扫门前雪"即可，没有必要牺牲自己的利益去协助他人。公民之所以愿意牺牲部分自由，就是因为意识到自己总有可能遇到一些事先难以预料和控制的意外风险；正是为了尽量减少这种意外风险带来的损失，人们才甘愿承担起对他人的照顾义务，从而为自己换取最大限度的安全。紧急避险的限度就可以借此得到说明。由于人们无法预先知晓，他在将来可能发生的紧急状态中究竟会处于需要帮助者还是提供帮助者的地位，故为了保护那些直接关乎个人生存的重大利益，人们愿意让渡较轻的利益以帮扶身陷危难之人。于是，就攻击性紧急避险而言，当某人的重大法益面临紧迫危险时，在别无他法的情况下，在所付代价明显较低的限度内，法律有理由要求其他公民为协助此人脱险承担一定的牺牲义务；就防御性紧急避险来说，根据平等原则，公民针对任何无正当化根据给自己法益造成威胁的人，均有权反击，但是，有时危险制造者并未违反任何义务，甚至因为意外的原因而完全失去了对自己侵犯他人权利的行为加以预见和控制的能力。由此产生的法益冲突对于危险制造者来说毕竟也属于意外风险，故法律在保证遭遇危险之人享有反击权的同时，也有理由要求他在不损及自身重大利益的情况下，尽量对危险制造者给予照顾，避免对其造成过重的伤害。

然而，正当防卫的情形却不可与此同日而语。

第一，在正当防卫中，尽管侵害人面临着遭受反击的危险，但这种险境完全是他在事先具备控制、避免能力的情况下自行引起的，根本不属于无法预测的意外风险。[1] 侵害者若想免遭此种危险，只需不做违法之事即可。于是，在"无知之幕"的背后，参与制定社会规则的理性公民就会考虑到："既

---

[1] 参见本书第一章第三部分。

然这种风险具有可控性，那就说明我完全能够事先预防该危险发生在自己身上，而根本无需祈求别人的帮助；所以，对于那些执意选择冒险的人，我又有何必要牺牲自己的利益去为他们买单呢？"因此，一切守法的公民都不可能愿意与不法侵害人共同分担这一风险。①

第二，假如认为只要保护的法益价值明显低于防卫可能损害之法益的价值，防卫人就对侵害人负有团结义务，那就意味着，实施财产犯罪的人享有要求其他公民避免给自己造成伤亡的权利。这样一来，对于那些有意行骗施盗者而言，犯罪的风险和成本就会大大降低，守法之人在面对此类犯罪时反倒需要忍气吞声。所以，一旦设置了该团结义务，许多不甘吃亏的人就会想方设法去实施财产犯罪，从而借机享受一把得到社会照顾的权利。于是，社会成员的守法决心势必发生动摇，这是任何一名处在"无知之幕"背后、有可能成为盗窃诈骗行为受害人的规则制定者所无法容忍的。

第三，合理确定社会团结原则的适用范围，也离不开对一国法治发展阶段的评估。从国外的经验来看，至少在法治国建立的过程中，由于充分保障公民基本权利不受非法干涉是国家的首要任务，故应当以维护消极自由为重，赋予公民以强势的自卫权。起初，只要侵害人不具有侵犯他人法益的正当权利，无论他的行为是否违反了义务，公民均可在必要的限度内实施防卫，完全无需考虑狭义比例性原则。当公民的消极自由已获得基本保障时，国家便可以考虑通过部分弱化反击型紧急权的强度从而对侵害人的利益给予适当的兼顾。这时，防御性紧急避险就从正当防卫中分离了出来。它的产生意味着，对于那些并未违反义务、缺少结果避免能力的侵害者，公民反击的强度需要比正当防卫更为"手下留情"，应当保持损害法益与保护法益之间的大致均衡。② 从理论上讲，随着维护个人消极自由的制度愈加完备，公民寻求公权力保全自身财产法益的途径更为有效和多元，也许将来的法律会逐步要求，即便是针对那些实施了完全违法行为的侵害者，公民在防卫时也应当对之承担

---

① Vgl. Koriath, Einige Gedanken zur Notwehr, FS – Müller – Dietz, 2001, S. 382f.

② Vgl. Frister, Die Notwehr im System der Notrechte, GA 1988, S. 292ff; Renzikowski, Notstand und Notwehr, 1994, S. 318.

一定的社会团结义务。① 但就中国目前的法治建设状况来看，个人消极自由的保障体系仍有待完善。在此情况下，法律保护的天平似乎应当保持向防卫人一方倾斜，国家的当务之急也应当是保障遭受侵害的公民能充分行使防卫权。将社会团结的惠泽对象全面扩及财产性和轻微暴力性不法侵害人的实施者，这恐怕超越了我国的法治发展现实。所以，将社会团结原则和狭义比例性原则的适用限制在紧急避险之中，原则上不延及正当防卫，这或许是中国当下更为合理的选择。

三、结果导向思维的深层成因

尽管狭义比例原则与正当防卫的本质存在冲突，但我国司法实践在防卫限度的问题上，却素来存在"重结果、轻行为"的倾向。在不少判例中，侵害人重伤、死亡结果的出现几乎成了防卫过当的代名词。既然这一司法习惯是如此的根深蒂固，以至于立法者的权威表态和刑法理论的长期呼吁也未能从根本上撼动它，那么我们除了需要在技术层面上探寻祛除这一顽疾的法教义学药方之外，还有必要对造成其久治不愈的病根展开深层次的问切。

（一）结果无价值论无法为唯结果论的形成和强化承担责任

劳东燕教授提出，晚近以来结果无价值论在我国的强势兴起，为防卫过当领域中的"唯结果论"提供了强大的理论根据，故"任何试图在这一领域寻求突破的论者，首先面临的便是如何肃清结果无价值论的主导性影响的问

---

① 不过，即便是在当代的法治发达国家，也远未全面实现这一跨越。第一，就大陆法系而言，西班牙、意大利、丹麦、瑞典等国已经在刑法的正当防卫条款中明确规定了狭义比例性原则；但德国、奥地利、日本却对此持谨慎态度。Vgl. Rönnau/ Hohn, LK - StGB, 12. Aufl., 2006, § 32 Rn. 6ff. 参见［日］山口厚：《刑法总论》，付立庆译，中国人民大学出版社 2018 年版，第 136～138 页。第二，就英美法系来看，美国关于正当防卫的理论和实践似乎较为鲜明和严格地贯彻了狭义比例性原则，主张只有针对致命的暴力侵害行为，防卫人才享有杀害侵害者的权利。See Joshua Dressler, Understanding Criminal Law (Lexis Publishing, 2001), p. 222. 英国 1967 年刑法法案第 3 条只规定正当防卫所使用的暴力必须具有合理性，学者们认为它并未绝对禁止公民为保护财产法益而采取严重的暴力反击措施。See Jonathan Herring, Criminal Law: Text, Cases, and Materials (Oxford University Press, 2012), p. 650.

题"①。劳东燕教授试图站在刑法基本立场和思维方法的高度，突破就事论事的浅层次分析，对唯结果论进行更为鞭辟入里的剖析。对于这种研究范式，笔者深以为然。不过，在我看来，恐怕难以认为结果无价值论与唯结果论是桴鼓相应的关系，也难以将结果无价值论看作导致唯结果论大行其道的幕后"元凶"。理由如下：

1. 结果无价值论并不等于结果责任。

唯结果论的要害在于，赋予损害结果以过高的定罪权重，以损害结果的出现与否作为判定行为性质的决定性乃至唯一标准。它所体现出的是一种典型的结果责任的思维。然而，众所周知，结果责任的观念并不是在结果无价值论于 20 世纪初兴起之后才产生，而是早已普遍存在于前现代的人类社会中。② 从表面上来看，结果责任与结果无价值论似乎都对法益侵害结果情有独钟，但两者关注结果的出发点却大相径庭。结果责任注重结果，意在借助结果实现入罪的目的，它的信条是"有结果即有犯罪"。然而，结果无价值论强调结果，则旨在使结果发挥出罪的功能，其理念在于"无结果（包括危险）即无犯罪"。因为，结果无价值论的出现，是为了防止重蹈专制主义刑法仅以人主观上的犯罪意图为根据追究其刑事责任的覆辙，是为了贯彻以自由主义为其政治哲学基础的先客观后主观、先行为后行为人的行为刑法原则。由于阶层式犯罪论体系所采取的是逐层过滤的犯罪认定模式，故某一要素被置于该体系的首位，绝不意味着它对于决定犯罪的成立具有至高无上的权重，而只是表明它的存在是犯罪成立最起码的前提而已。于是，结果无价值论试图通过将法益侵害列入犯罪判断流程中的首要环节，从而把不具有法益侵害危险的行为一步到位地坚决排除在犯罪之外。同时，在结果无价值论中，即便肯定法益侵害结果或者危险的存在，在其后续的实质违法性和责任阶段中，也依然存在着大量的出罪滤层。事实上，从有结果即有罪责，到重视行为本身的正当与否以及行为人能否负责，这是人类刑法发展的大势所趋，结果无价值论作为古典犯罪理论的产物，丝毫没有逆这一历史潮流而动的意图和迹象，故不能把结果责任的弊病归罪于它。

---

① 劳东燕：《防卫过当的认定与结果无价值论的不足》，载《中外法学》2015 年第 5 期。

② Vgl. Arthur Kaufmann, Das Schuldprinzip, 2. Aufl., 1976, S. 217ff.

另外，如果认为结果无价值论与唯结果论心有灵犀、相见恨晚，那岂不意味着，我国的司法实践原本就普遍奉行着客观主义的立场，原本就与欧洲启蒙思想所催生的古典犯罪论不谋而合？恐怕没有人真正敢于承认这一点。相反，人们普遍认为，中国的司法实践长期以来都浸染着颇为浓重的主观化和伦理化的色彩，其弊端恰恰在于对法益侵害重视不足。① 或许，更加确切地说，我国的刑事司法实践本就缺乏固定的以行为为导向或者以结果为导向的思维方法，如果说有一个统一的指导思想的话，那似乎是"入罪和重刑导向"。换言之，在判断犯罪的积极成立要件时，既然从主观方面入手更便于肯定犯罪的成立，那就选择把行为的主观要素作为思考的起点，我国法院对主观未遂犯论的偏好就是明证；相反，在判断违法阻却事由时，既然从损害结果入手更易于否定出罪事由的成立，那就选择优先对法益侵害结果加以考虑，正当防卫中的唯结果论即为典型。故此，把我国正当防卫司法实践中存在的这种纯粹为满足入罪需要而对结果有所偏爱的做法，算到结果无价值论的头上，着实有些冤枉后者。

2. 从理论界的实际状况来看，也很难认为结果无价值论与正当防卫中的唯结果论具有内在和必然的联系。

例如，在德国，李斯特（V. Liszt）与梅茨格尔（Mezger）是公认的结果无价值论者，但他们都一致主张，防卫限度的判断标准是防卫行为本身的必要性，只要防卫行为是为保护法益所必不可少，则即便被保护的只是财产法益，也允许行为人杀死侵害人。② 又如，山口厚是当代日本刑法学中结果无价值论阵营的领军人物，但他明确指出："如果是为了排除侵害而必要且不可或缺的反击行为，即，面对非法侵害不是回避、退避，而是为了防卫所采取的最小必要限度之内的法益侵害行为，那么，无论是何种法益侵害行为，都应该是被允许的……不得因为造成了重大损害结果，就直接否定'作为防卫手段的相当性'。"③ 的确，在二元行为无价值论居于通说地位的当代德国，刑

---

① 参见张明楷：《法益初论》，中国政法大学出版社 2003 年版，第 339 页以下；周光权：《法治视野中的刑法客观主义》，法律出版社 2013 年版，第 260~266 页。

② Vgl. v. Liszt, Lehrbuch des Deutschen Strafrechts, 16 – 17. Aufl., 1908, S. 146；Mezger, Strafrecht, 3. Aufl., 1949, S. 236.

③ ［日］山口厚：《刑法总论》，付立庆译，中国人民大学出版社 2018 年版，第 136 页。

法理论和判例对于正当防卫限度的把握素以宽松著称。① 但需要注意的是：一方面，早在行为无价值论于 20 世纪 30 年代登上历史舞台之前，偏重行为标准的防卫限度论就已经在德国刑法理论和判例中被广为接受。另一方面，当今的二元行为无价值论在刑法基本立场上与结果无价值论并无根本分歧，② 而且在正当化事由基本原理的问题上，多数学者也大体沿用了由梅茨格尔所创立的利益衡量思想。③ 可见，行为无价值论占据主导地位这一点，并不是导致德国主流刑法理论对防卫限度作较宽松解释的决定性因素。

（二）唯结果论的盛行根源于中国人的生死观和实用理性思维

在中国民间流行着两句话，一是"死者为大"，二是"想要赢官司，先得死个人"。可见，在中国普通民众的一般观念中，只要出现了死亡结果，那么无论纠纷的原委究竟若何，也不管先前的对错究竟怎样，死者一方没理也可能变得有理。《指导意见》第 1 条也特别针对这一现象指出："要切实防止'谁能闹谁有理''谁死伤谁有理'的错误做法，坚决捍卫'法不能向不法让步'的法治精神。"从社会心理的角度来看，死亡的出现能够直接左右裁判结论，这是以下两个因素共同作用的结果。

1. 特殊的生死观。

尽管好生恶死乃人之普遍本能，但与西方人相比，中国人的生死观有以下两方面的特点。第一，死亡准备的缺失。在中国传统社会中，儒家思想对于国人生死观的塑造发挥了决定性影响。孔子曰："未知生，焉知死？"其意在引导人们将目光集中于此生此世的现实人生之上，把精力投入到对生命之社会价值的追求之中，而不是陷入对死亡及死后世界的思考。④ 儒家文化主张

---

① Vgl. Bülte, Der Verhältnismäßigkeitsgrundsatz im deutschen Notwehrrechts aus verfassungsrechtlicher und europäischer Perspektive, GA 2011, S. 146ff.

② 参见陈璇：《德国刑法学中结果无价值与行为无价值的流变、现状与趋势》，载《中外法学》2011 年第 2 期。

③ Vgl. Lenckner, Der Grundsatz der Güterabwägung als Grundlage der Rechtfertigung, GA 1985, S. 302ff; Rudolphi, Rechtfertigungsgründe im Strafrecht, GS – Armin Kaufmann, 1989, S. 392ff; Roxin, Strafrecht AT, Bd. I, 4. Aufl., 2006, § 14 Rn. 40ff.

④ 参见柏宁、尹梅：《医学视域下对中西方死亡文化差异的分析》，载《医学与哲学》2014 年第 5 期；王正、潘华峰、赵金媛、林钟宇、叶晓宪：《医患矛盾视角下中西方死亡观念差异与死亡教育研究》，载《中国民族民间医药》2015 年第 12 期。

生命的意义在于修身立德与建功立业,它在强调生的现实意义和生命之道德价值的同时,也营造了一种讳言和逃避死亡的观念。这样一来,一旦发生了死亡,特别是非正常死亡,人们就容易产生异常激烈的反应。第二,个体死亡的社群关联性。诚如陈顾远先生所言,"数千年间中国之社会组织,个人之地位不显,家族之观点居先"[①],中国的传统文化向来将个人与家族紧密地嵌合在一起,从而在相当程度上使个人的存在意义依附、从属于家族。[②] 于是,"身体发肤,受之父母,不敢毁伤,孝之始也"[③]。对个体生命健康的维护,不仅是实现其个人利益的需要,而且是他对整个家族应尽的责任;相应的,个体的亡故,也不仅代表着一条生命的消逝,更意味着整个家族的巨大创伤。[④] 在时下屡屡发生的医闹事件中,一些家属之所以在患者死因尚未查明之时就诉诸暴力,不得不说在很大程度上与这种死亡观念密切相关。

2. 实用理性思维。

仅有上述生死观的存在,尚不足以对唯结果论的形成给出充分的解释。因为,即便社会的成员对死亡有着高度的拒斥心理,但如果人们普遍重视对致死过程和缘由的理性追问,那也不至于唯结果马首是瞻。然而,中国的传统文化恰恰又是以实用理性为其基本精神的。实用理性指的是,在看待或者评判某一事物时,专注于可以通过经验感知的实际效用,而并不去思辨性地探求超越现实生活的抽象理念和价值。[⑤] 实用理性建构了中国人"经世致用""知行合一"等积极务实的生活态度,但这种重结果轻过程、重具体轻抽象的思维方式也带来了不容小觑的消极影响。例如,在科学方面,实用理性的盛行导致人们不屑于去关注那些与生产、生活无直接关联的自然现象,也不大愿意去对隐藏于现象背后的根本性原理加以深究,这在相当程度上束缚了中国古代科学的发展;[⑥] 在史学方面,实用理性使得人们缺少对历史终极目标的

---

① 陈顾远:《中国法制史概要》,商务印书馆2011年版,第56页。

② 参见张中秋:《中西法律文化比较研究》,中国政法大学出版社2006年版,第40页以下。

③ 《孝经·开宗明义》。

④ 在深受中华文明影响的日本社会,至今仍然流行着类似的观念,这使得日本有关死亡案件的司法实践也同样存在着鲜明的结果导向。Vgl. Makoto Ida, Zum heutigen Stand des japanischen Strafrechts und der japanischen Strafrechtswissenschaft, GA 2017, S. 77.

⑤ 参见李泽厚:《中国思想史论》,安徽文艺出版社1999年版,第1148页。

⑥ 参见陈炎:《儒家与道家对中国古代科学的制约——兼答"李约瑟难题"》,载《清华大学学报(哲学社会科学版)》2009年第1期。

关怀，信奉"成者王侯败者寇"的功利标准，将史学当成了政治统治的技术手段。① 同样，在纠纷的裁处和解决方面，实用理性导致人们只关注纠纷造成的最终后果，只考虑怎样的案件处理方式能够最大限度地达成尽量使各方满意的实效，不惜以无视纠纷发生过程中的是非曲直、以牺牲当事人的正当权利为代价。②

正是在以上两种因素的共同影响下，防卫案件中侵害人重伤或者死亡结果的出现，才令侵害人一方骤然获得了足以使司法评判的天平向其一端倾斜的巨大砝码，至于死伤者实施不法侵害在先、行为人是为制止侵害而被迫反击等真正对防卫行为的性质起决定作用的事实，反而退居次要的位置。

四、行为导向的双层检验机制

欲有效扭转司法实践中唯结果论的倾向，需要在刑法教义学的技术层面为防卫过当的成立设置更为严密的控制机制。笔者认为，侵害人重伤、死亡的结果要成为防卫人承担刑事责任的根据，必须经过构成要件与防卫限度双层次的检验。具体分述如下：

（一）倡导"被害人自我答责先于正当防卫"的判断思路

根据被害人自我答责的原理，若被害人在完全认识到自己的行为会给其法益造成损害的情况下，仍经自由决定实施了危险行为，则由此产生的危险和后果均应由被害人自行承担；第三人对被害人自设危险予以协助和促进的行为，由于并未创造出法所不容许的风险，故根本不属于符合构成要件的行为。③ 因此，假如能够认定不法侵害人所遭受的损害完全是他自设危险的结果，那么即便防卫行为与该损害具有条件关系，也可以直接否定防卫行为的构成要件符合性，自然也就没有必要进入防卫限度的判断。

---

① 参见邓晓芒：《论历史的本质》，载《社会科学论坛》2012 年第 5 期。
② 对于中国基层司法中的结果导向，苏力教授曾有较为深入的分析。参见苏力：《送法下乡——中国基层司法制度研究》，中国政法大学出版社 2000 年版，第 181、186 页。
③ Vgl. Frisch, Tatbestandsmäßiges Verhalten und Zurechnung des Erfolgs, 1988, S. 61.

能够集中体现这一点的，是预先设置防卫装置的情形。我国大多数学者认为，在防卫人为预防将来可能发生的不法侵害而事先设置自动枪、电网等装置的情形中，只要该防卫装置确实是在不法侵害出现时才自动产生反击效果，而且由此给侵害人造成的损害又处在防卫限度之内，则应认定成立正当防卫。① 但实际上，预先设立防卫装置的某些情形，可以不通过正当防卫，而直接借助被害人自我答责的原理就能实现出罪。这主要包括以下两种情形：第一，如果防卫人设置了社会通常的防护装置，例如，在围墙的顶部插上玻璃碴、架设铁丝网，导致盗贼在试图翻墙入院时被划伤，那么伤害结果从一开始就不能归责于防卫人。有的学者认为，排除归责的理由在于社会相当性，即这种防护措施本身能够得到社会公众的普遍接受。② 但是，单纯的经验事实不能成为规范评价所遵循的标准，"社会上的通常"并不必然代表着"规范上的正当"。因此，仅凭防卫措施的使用较为普遍这一事实，尚不能直接推导出设置防护装置的行为未制造法所不容许的风险、不符合伤害罪构成要件的结论。事实上，在此情形下，排除结果归责的实质性根据应当在于侵害者的自我答责。一方面，围墙以内的院落属于户主独占的空间，在未得到户主同意的情况下，本来就禁止任何人擅自入内；另一方面，围墙上的玻璃碴、铁丝网都是暴露在外、可为所有人看见的设施。由此可见，盗贼是在对伤害风险有正确认知的情况下，自行进入到一个本不应踏足其中的危险领域。这样一来，由此产生的伤害风险就应当完全由盗贼自行承担。第二，尽管防卫人所设置的防护设备不具有社会通常性，但防卫人事先为其设立了显著的警示标志，使得侵害人对危险获得了清晰的认识。例如，防卫人为了防盗给住宅安装了防卫装置后，又在院落外以醒目的方式张贴了"屋内安有智能型脉冲电子围栏，一触即发，擅自入内者后果自负"之类的警示标志，那么当盗贼仍一意孤行，结果在试图入室的过程中被电流击伤时，就应当认为，侵害人是在对防卫装置可能造成的后果有充分认识的情况下，主动将自己的法益带入

---

① 参见王政勋：《正当行为论》，法律出版社 2000 年版；第 147 页；徐久生、曹震南：《预先设置防卫装置行为的刑法审视》，载《海南大学学报（人文社会科学版）》2013 年第 5 期；张明楷：《刑法学》，法律出版社 2016 年版，第 203 页。

② Vgl. Müssig, Antizipierte Notwehr, ZStW 115 (2003), S. 235；Heinrich, Die Verwendung von Selbstschutzanlagen im Lichte des Strafrechts, ZIS 2010, S. 193.

了危险境地之中。① 于是，防卫人的行为并未创设法所不容许的风险，连构成要件行为都算不上，遑论防卫过当。②

值得注意的是，我国法院似乎已经开始有意无意地运用被害人自我答责的思想来限定防卫人的刑事责任。"张德军故意伤害案"的判决即为一例。

本案的案情是：

【张德军故意伤害案】2004 年 8 月 14 日 18 时许，死者胡某某驾驶两轮摩托车搭乘自诉人罗某某在四川省成都市成华区圣灯乡某村某处，趁一李姓妇女不备抢夺其佩戴的金项链后驾车逃逸。被告人张德军和现场群众刘某某、张某某等人闻讯后，立即乘坐由张德军驾驶的轿车追赶，并多次电话报警。当追至成都市三环路龙潭立交桥上时，刘某某、张某某等人责令胡某某、罗某某二人停车，但胡某某为摆脱追赶驾驶摩托车高速蛇形行驶。当张德军驾驶的轿车与胡某某驾驶的摩托车并行时，摩托车与右侧立交桥护栏和张德军

---

① Vgl. Schlüchter, Antizipierte Notwehr, FS – Lenckner, 1998, S. 321ff; Mitsch, Rechtfertigung nd Opferverhalten, 2004, S. 310ff; Heinrich, Die Verwendung von Selbstschutzanlagen im Lichte des Strafrechts, ZIS 2010, S. 194ff; Erb, in: MK – StGB, 3. Aufl. , 2017, § 32 Rn. 174ff.

② 不过，预先设置防卫装置能够成立被害人自我答责的前提是，被害人的行为确实满足了自设危险的全部要件。冯军教授曾举过一个例子：一男子时常于深更半夜在某女子的卧室窗外偷窥她，而且还常常趁该女子家中无人之际闯入其卧室搜集睡衣；女子对此极为恼火，遂在其卧室的茉莉花茶杯中放入毒药，男子在又一次进入卧室搜集睡衣时口口渴喝下了有毒的茉莉花茶，结果被毒死（以下简称"茉莉花茶案"）。对此，冯教授基于被害人自我答责的原理，指出："因为这个精神正常的成年男子侵入了他人在法规范上绝对安全的行为领域，所以，由此而造成自己生命的丧失，就不应该由他人来承担刑事责任。"（冯军：《刑法的规范化诠释》，载《法商研究》2005 年第 6 期。）在我看来，该见解似乎还有进一步研究的余地。第一，被害人自我答责的前提条件之一，是被害人必须对自己可能陷入的具体危险有明确和完整的认识。但在茉莉花茶案中，该名男子无从得知卧室内有足以致命的危险物品。第二，假设这名女子不是在室内的茉莉花茶中下毒，而是坐等男子入屋后用刀将其砍死，那么在有更为和缓的防卫手段足以将男子驱赶出去的情况下，该行为无疑属于防卫过当。这种情形本质上与上例并无不同，为何一个成立犯罪，另一个则连构成要件符合性也不具备呢？换句话说，同样都是针对某人非法进入他人私密空间的行为，为何在行为人事先设置防卫工具的情形下无需考虑防卫过当的问题，而当行为人亲自实施反击行为时，却需要受到防卫限度的制约呢？第三，不错，行为人有权在自己的私密空间内放置危险物品；但前提是该物品不会对他人的法益造成侵害危险。在本案中，既然女子明知自己在茉莉花茶中放入毒药的行为会导致对此毫不知情的他人死亡，那么她所创设的这一危险就不再是被容许的，被害人死亡的结果也必须归责于她的行为。至于说该女子的投毒行为最终是否成立犯罪，这取决于该行为能否满足正当防卫的成立要件。因此，对于我国司法实践中出现的为防盗贼而暗中在住宅室内安放防卫装置致使小偷伤害的案件（参见《在家里安放防卫装置将他人击伤是否构成犯罪》，载《人民公安报》2003 年 5 月 30 日），笔者认为不能以小偷是自我答责为由直接认定行为人无罪，必须在肯定结果可归责于行为的前提下将之纳入正当防卫的考察之中。

驾驶的轿车发生碰撞后侧翻，致使罗某某从摩托车上摔落桥面造成左小腿骨折等多处损伤，胡某某摔落桥下死亡。罗某某在治疗期间左小腿截肢，经法医鉴定为二级伤残。一审四川省成都市成华区人民法院判定被告人张德军无罪，且不承担民事赔偿责任。宣判后，自诉人并附带民事诉讼原告人不服，向四川省成都市中级人民法院提出上诉。成都市中级人民法院裁定驳回上诉，维持原判。[①]

法院在论证被告人无罪的理由时，除了主张张德军驾车追赶的举动符合《刑事诉讼法》关于公民扭送权的规定之外，[②] 还专门提到："死者胡某某和自诉人罗某某为摆脱现场群众的追赶，驾驶摩托车以危险状态高速行驶，是造成摩托车侧翻的直接原因，这一原因系死者胡某某和自诉人罗某某自我选择的结果。被告人张德军为了阻止犯罪嫌疑人逃逸而采取的高速追赶行为，与本案损害结果的发生没有因果关系……"[③] 判决所反映出来的对于防卫行为与损害结果之间归责关系的关注，改变了以往人们一遇到防卫行为产生严重结果的情况就一概将之归为防卫限度问题的惯常思维，这是值得赞赏的；但它所进行的具体分析却还值得推敲。因为：首先，刑法上的归责关系并不以行为与结果之间具有直接因果关系为必要，故仅以张德军的行为不是引起胡某某死亡、罗某某重伤的直接原因为由否定归责，是无法令人信服的。其次，说"危险状态系死者胡某某和自诉人罗某某自我选择的结果"，其根据至多在于如果胡、罗二人之前不选择抢夺他人的财物，也就不会招致他人开车追逐的险境。可是，这并不意味着胡、罗在立交桥上采取高速蛇形行驶的危险行为也是基于自愿选择的结果。相反，这一危险驾驶的行为是他们因受到张德军追赶而迫不得已实施的逃避措施。由于张德军高速驾驶机动车追击，特别

---

①　参见《张德军故意伤害案》，载中华人民共和国最高人民法院刑事审判第一、二、三、四、五庭主办：《刑事审判参考》，法律出版社 2006 年版，第 1~4 页。

②　法院之所以未考虑正当防卫，是因为在防卫时间的问题上存在误区，误以为抢夺既遂即意味着不法侵害的结束。但事实上，无论是刑法理论还是司法实务的通说均已承认，不法侵害的结束时间无需与犯罪既遂完全重合，即便侵害已经既遂，只要公民还能通过追击即时挽回损失，就应当认为不法侵害尚未结束。（参见刘家琛主编：《新刑法条文释义》（上），人民法院出版社 2001 年版，第 88 页；高铭暄主编：《刑法专论》，高等教育出版社 2006 年版，第 102 页。）据此，应当肯定本案中的被告人张德军有权实施正当防卫。

③　中华人民共和国最高人民法院刑事审判第一、二、三、四、五庭主办：《刑事审判参考》（总第 51 集），法律出版社 2006 年版，第 3 页。

是近距离并行行驶试图逼停对方的行为，本身就包含了使被害人在巨大精神压力之下失去平衡跌倒或者与其他车辆发生碰撞的高度危险性，故在欠缺被害人自愿接受的情况下，被害人高速驾驶这一介入因素并不能阻断追逐行为与死亡结果之间的归责关系。最后，我国学者几乎没有争议地认为，在行为人基于抢劫、伤害等加害目的追赶被害人的场合，即使被害人是因自己逃入危险地带而遭遇事故身亡，但只要这种逃避具有通常性，即行为人的行为导致被害人不得不或者几乎必然实施危险的逃避行为，那就不能以被害人自我答责为根据否定结果归责。① 从构成要件层面上来说，这种情形与本案的情况并无本质区别，故对于后者，同样也应当肯定被告人的行为具有构成要件符合性。

（二）建立"行为优先于结果"的防卫限度判断方法

1. "行为优位"方法的理论根据。

按照《刑法》第 20 条第 2 款的规定，"正当防卫明显超过必要限度造成重大损害"的，属于防卫过当。如何理解"明显超过必要限度"与"造成重大损害"，即所谓"行为过当"与"结果过当"之间的关系？对这个问题的回答，将直接决定防卫限度的判断思维。笔者认为："明显超过必要限度"与"造成重大损害"是防卫限度中相互独立的两个判断阶层；其中，关于"行为过当"的认定是判断"结果过当"的前提和基础。

首先，将行为过当与结果过当融为一体的做法，使立法者限制防卫过当成立的目的归于落空，客观上对唯结果论起到了推波助澜的作用。

一直以来，通说均强调行为过当与结果过当是一个不可分割的整体。即，凡是明显超过必要限度者必然造成重大损害，凡是造成重大损害者也莫不是明显超过了必要限度；不存在所谓"行为过当"而"结果不过当"或者相反

---

① 参见张明楷：《刑法学》，法律出版社 2016 年版，第 190 页；黎宏：《刑法学总论》，法律出版社 2016 年版，第 103 页。

的情况。① 这种观点的出现并非偶然，它是我国传统刑法理论中整体性、耦合性思维的一个典型体现。受到苏俄刑法学的影响，我国刑法理论往往习惯于根据辩证统一的哲学思想，将不同的理论范畴置于彼此依存、互为前提的"有机统一"的关系之中。于是，我们经常可以看到诸如此类的论述：就犯罪构成的诸要件来说，"任何要件脱离了这一整体都将不再成为犯罪构成的要件"，"同样，缺少了其中任何一个要件，其他要件也将丧失作为犯罪构成要件的意义"。②

在笔者看来，这种思维可能过分看重了犯罪论中各概念的描述功能，却忽略了它们为实现司法判断清晰化、合理化所应具有的方法论机能。具体来说，当我们在描述某一得到确定的犯罪行为时，由犯罪行为的整体性所决定，其各组成部分之间必然呈现出"你中有我，我中有你""一损俱损，一存俱存"的紧密联系。例如，就故意杀人罪的既遂犯来说，杀人行为必然是造成了死亡结果的行为，死亡结果也必然是杀人行为引起的结果；就身份犯而言，具有特定身份者必然是实施了危害行为的主体，危害行为也必然是具有特定身份者所实施的行为。可是，犯罪要件的功能绝不仅限于，甚至并不主要在于描述犯罪行为，更重要的还是在结论未定之时为司法判断提供思维上的指导。由于耦合式犯罪构成论是"在已经作出有关判断的情况下，把反映犯罪的四个要件耦合而成"，故它"不能反映在认定犯罪的司法逻辑进程中"③。因此，将统一的犯罪整体暂时分割为相互独立、先后有序的若干部分，这是使司法判断能够分步骤、有重点地循序进行的必由之路。同理，如果是在防卫过当的结论已经确定的情况下，那么从描述一个防卫过当行为的角度来说，我们当然可以声称行为过当是结果过当的题中之义、结果过当是行为过当的必备要素云云。但问题是，防卫限度理论的主要目的并不在于对一个既定的防卫过当行为加以叙述，而是在于发展出一套认定某一待检的行为是否成立

---

① 参见姜伟：《行为过当与结果过当关系质疑》，载《中国社会科学》1984年第5期；高格：《正当防卫与紧急避险》，福建人民出版社1985年版，第49页；周国钧、刘根菊：《正当防卫的理论与实践》，中国政法大学出版社1988年版，第160~161页；马克昌主编：《犯罪通论》，武汉大学出版社1999年版，第754~755页；张明楷：《刑法学》，法律出版社2016年版，第212页；陈兴良：《刑法适用总论》，中国人民大学出版社2017年版，第310页。
② 高铭暄主编：《刑法学原理》（第1卷），中国人民大学出版社1993年版，第445页。
③ 陈兴良：《刑法的知识转型（方法论）》，中国人民大学出版社2012年版，第409页。

防卫过当的司法标准和方法。因此，我们的思考重点应当是：怎样界定行为过当和结果过当这两者的关系，才能使关于防卫限度的判断更加符合刑法中正当防卫条款的规范目的呢？无论是立法机关所作的官方说明还是学者们所进行的学理解读均一致指出，1997 年对刑法中防卫过当条款的修改以及对特殊防卫权的增设，体现了放宽防卫限度、纠正司法实践中唯结果论现象的意图。[①] 可是，一旦对"明显超过必要限度"和"造成重大损害"作混同式、一体化的理解，则不仅无助于使防卫限度的判断形成主次有别、顺序分明的逻辑思路，而且导致防卫是否超过限度依然由是否造成重大损害这一结果性标准说了算。[②] 这样一来，唯结果论的司法积弊就无从得以根除，对防卫限度从宽把握、对防卫过当从严限制的立法宗旨也难以得到贯彻。

其次，在关于防卫限度的判断中，将防卫行为从损害结果中独立出来，并使之居于优先地位，这是由正当防卫的本质所决定的。

根据紧急权的基本原理，行为所造成之结果的严重性具有一票否决紧急行为合法性的权能，这是以行为人对紧急状态所带来的危险负有一定忍受义务为前提的。例如，在攻击性紧急避险的场合，一旦避险行为造成的损害大于其所避免的损害，避险行为即属违法。这也就意味着，在此情况下行为人丧失了紧急避险权，他只能选择忍受危险。本来，根据法治国当中的自由平等原则，自我决定的权利与自担风险的义务是不可分割的一体两面；任何公民对于发生在自己身上的危险都只能独自面对和承担，而不得"祸水东引"至其他无辜公民。[③] 只是，法律基于社会团结的思想，通过例外性地规定紧急避险赋予了遇险公民在满足特定条件的情况下取得社会其他成员照顾和帮扶的权利，从而容许其将一定程度的危险转嫁给第三人。因此，一旦法益均衡

---

① 参见赵秉志、肖中华：《正当防卫立法的进展与缺憾》，载《法学》1998 年第 12 期；王汉斌：《关于〈中华人民共和国刑法（修订草案）〉的说明——1997 年 3 月 6 日在第八届全国人民代表大会第五次会议上》，载高铭暄、赵秉志编：《新中国刑法立法文献资料总览》，中国人民公安大学出版社 2015 年版，第 697 页。

② 参见伍金平：《正当防卫司法适用的困境探析》，载《河北法学》2012 年第 5 期；劳东燕：《防卫过当的认定与结果无价值论的不足》，载《中外法学》2015 年第 5 期；储陈城：《正当防卫回归公众认同的路径——"混合主观"的肯认和"独立双重过当"的提倡》，载《政治与法律》2015 年第 9 期。

③ Vgl. Frister, Die Notwehr im System der Notrechte, GA 1988, S. 291f. ; Renzikowski, Notstand und Notwehr, 1994, S. 179.

要件未获满足，那么要求遇险公民自行忍受损害，这不过是使其丧失某种超常的优待、回复至自担风险的平常状态之中而已，于情于理皆无任何不妥。

然而，正当防卫的情况却大不相同。如果说对于攻击性紧急避险来说，要求忍受危险是原则，允许行使紧急权是例外；那么就正当防卫而言，允许行使紧急权是原则，要求忍受危险是例外。因为，既然按照平等原则，任何人在行使权利和自由时均不得侵害他人的权利和自由，那么任何公民对自己所遭遇的非法侵害也就自始没有退缩和忍受的义务。从防卫人的角度来说，由于侵害人已率先违背了对自己所负有的不得侵害的义务，那么对等地，自己也就不再负有不得损害侵害人利益的义务；① 从侵害人的角度来说，他不仅在本可以避免的情况下制造了法益冲突，从而使自己陷入到可能遭受损害的险境之中，而且也违反了不得侵害他人法益的义务，故其法益的值得保护程度较之于遭受侵害的法益来说，就出现了大幅"贬值"。② 总而言之，所谓"法无需向不法让步"，实质上就是指权利人无需向对其权利地位发起挑战者让步。③ 假如结果的严重性能够像在紧急避险当中那样，单独地发挥否定防卫行为合法性的作用，那便意味着，"在行为人只有通过采取具有造成严重结果之风险的手段才可能制止不法侵害的场合，他将在事实上丧失正当防卫权"④。遭遇侵害者也由此背负了吞下侵害所生之苦果的义务。这与正当防卫的本质完全相悖。

最后，任何一种法律制度或者法律解释方案都需要满足一个最起码的要求，即不可将公民逼入"上天无路、入地无门"的绝境。

换言之，它在追究一个人的法律责任时，还必须为其指明一条合法而且可行的出路，而不能只管高高在上地裁决说"这个不行、那个违法"，一旦面对被告人发出的"那我究竟该怎么办"的疑问时，却双手一摊、缄口不语。既然防卫人对不法侵害不负有忍让义务，那么法律在判断防卫限度时，就必

① Vgl. Hruschka, Strafrecht nach logisch – analytischer Methode, 2. Aufl. , 1988, S. 137.

② 参见本书第一章第三部分。

③ Vgl. Neumann, Individuelle und überindividuelle Begründung des Notwehrrechts, in: Lüderssen/ Nestler – Tremel/Weigend (Hrsg.), Modernes Strafrecht und ultima – ratio – Prinzip, 1990, S. 225; Pawlik, Die Notwehr nach Kant und Hegel, ZStW 114 (2002), S. 293.

④ R. Hassemer, Ungewollte, über das erforderliche Maß hinausgehende Auswirkungen einer Notwehrhandlungen – BGHSt 27, 313, JuS 1980, S. 417.

须给防卫人留出有效制止不法侵害的出路。唯结果论的特点恰恰就在于"只管判罚不管出路"，它只热衷于简单地根据损害结果来否定防卫行为的合法性，却拒绝设身处地地站在防卫人的角度去考虑：如果禁止采用现实案件中的防卫手段，那防卫人为了及时制止不法侵害又有什么其他更好的选择呢？既然正当防卫必然伴随着对暴力的使用，而且该暴力并非花拳绣腿般的"银样镴枪头"，而是始终担负着有效压制和排除不法侵害的使命，那么防卫行为就天然地或多或少包含着造成侵害人死伤的危险，就不可能百分之百地确保侵害人的人身安全毫发无损，也不可能总是恰到好处地将结果控制在与侵害完全均衡的尺度内。假如一方面允许公民采取必要的防卫措施，另一方面又禁止该措施自带的风险转化为实害结果，那岂不陷入到了"又要马儿跑又要马儿不吃草"的矛盾之中？因此，一旦法律准许公民实施某种防卫行为，它就必须连带地对该行为所包含的风险也一并予以容许，否则就无异于是对公民防卫权本身的否定。①

有鉴于此，有必要在思维上将"明显超过必要限度"和"造成重大损害"视为防卫过当的两个阶层，赋予行为过当以独立于和优先于结果过当的地位。唯有如此，才能依次从行为和结果这两个角度出发，对防卫过当的成立形成有效的双层检验关卡。《指导意见》也基本采取了行为过当与结果过当相分离的判断思维。其第 11 条规定："认定防卫过当应当同时具备'明显超过必要限度'和'造成重大损害'两个条件，缺一不可。"第 13 条又规定："防卫行为虽然明显超过必要限度但没有造成重大损害的，不应认定为防卫过当。"指导意见起草小组所撰写的《〈关于依法适用正当防卫制度的指导意见〉的理解与适用》更是明确指出："比较而言，将'明显超过必要限度'和'造成重大损害'作为两个要件把握更为妥当，更符合为正当防卫适当'松绑'的立法精神。"② 这就意味着，即便没有造成重大损害，也不妨碍认定防卫行为明显超过了必要限度，"造成重大损害"并不是"明显超过必要限

---

① Vgl. Geilen, Notwehr und Notwehrexzeβ, Jura 1981, S. 315; Rönnau/Hohn, in: LK – StGB, 12. Aufl., 2006, § 32 Rn. 193; Kühl, Strafrecht AT, 7. Aufl., 2012, § 7 Rn. 112; Perron/Eisele, in: Schönke/Schröder, StGB, 30. Aufl., 2019, § 32 Rn. 38.

② 参见指导意见起草小组（姜启波、周家海、喻海松、耿磊、郝方昉、李振华、李静）：《〈关于依法适用正当防卫制度的指导意见〉的理解与适用（附〈指导意见〉与典型案例）》，载《人民司法》2020 年第 28 期。

度"的组成要素。于是，防卫行为是否适当，就成为防卫限度判断的关键所在。

2. "行为优位"方法的实践贯彻。

基于"行为优位"的防卫限度判断思路，可以推导出一个结论：只要确定防卫行为适当，正当化的效果即可自动延伸覆盖该行为所引起的结果。即"防卫的合法性原则上只取决于一点，即防卫行为处在必要性的界限之内，只要肯定了这一点，那么即便防卫行为所产生的后果超越了为防卫所需要者，不论防卫人对此已经有所预见还是仅有预见的可能，该行为均属正当防卫"[1]。于是，防卫行为是否具有必要性，就成为防卫限度判断的枢纽所在。接下来，笔者将首先阐述必要性判断的基本原则，接着结合判例详细分析影响必要性判断的各种考量因素。

（1）基本原则的确立。

防卫限度的认定，实质上是关于不法侵害人的值得保护性在多大范围内不复存在的判断。对此，应当遵循以下两个基本原则：

首先，在及时、有效、安全地制止不法侵害的范围内，侵害人的值得保护性原则上归于消灭。由于不法侵害人是以违反义务的方式使自己的法益与他人的法益发生了冲突，故他本身在法律上就负有排除这一冲突境地的义务。[2] 假如侵害人履行该义务，并在终止冲突的过程中付出了相应的成本，则该损失自然只能由他自行承担。可是，若侵害人本人拒不履行该义务，而是由其他公民出面制止了不法侵害，那就可以认为其他公民是代侵害人完成了本应由他自己履行的义务。一方面，侵害人由此可能会享受到一定的好处。例如，若防卫人成功阻止了实害结果的发生，则侵害人的犯罪行为仅为未遂，其所承担的刑事责任就存在降低的可能；甚至在未造成任何损害的情况下，他还能免于担负民事损害赔偿责任。[3] 另一方面，侵害人在从中受益的同时也理应承受防卫行为为平息这场冲突而可能给自己带来的种种风险。故凡是在

---

① Bockelmann, Notrechtsbefugnisse bei Polizei, FS – Dreher, 1977, S. 248.

② Vgl. Günther, Defensivnotstand und Tütungsrecht, FS – Amelung, 2009, S. 149.

③ 因为侵权责任法是对受害人遭受侵害后提供救济的法律，根据"无损害无救济"的原则，侵权损害赔偿责任均以损害事实的发生为前提。参见王利明：《侵权责任法研究》（上卷），中国人民大学出版社 2011 年版，第 287 页。

为制止不法侵害所必要的范围内出现的法益损害风险，不论它在性质和程度上是小于、大于还是等于不法侵害，原则上均应由侵害人自己来承担。既然防卫人是在代替侵害人履行停止侵害、排除冲突的义务，那么法律在此首先要实现的是对被侵害之法益的保全，优先要保护的应当是防卫人而非不法侵害人，它不能以牺牲防卫的有效和防卫人的安全为代价降低侵害人可能遭受的损害。所以，尽管从法益保护原则出发，防卫人所采用的只能是为保护法益所需之最低度的反击手段，但要求防卫人选取较为和缓之防卫手段的先决条件是，这样做不会损害防卫行为的有效性，不会导致防卫人自己的人身、财产安全陷入更加危险的境地。换言之，"我们不能要求防卫人拿他自己的健康或其他重要的价值做赌注，去选择一种对侵害者威胁较小，但其效果却存在疑问的防卫手段"①。

于是，防卫限度的宽严不取决于侵害行为所针对的法益种类，而是取决于侵害行为给他人有效、安全防卫所造成的阻力和困难的大小。不可否认，在许多案件中，受侵害威胁之法益的重要性，确实与有效、安全防卫的难度成正比。但也完全可能出现相反的情况。即便是针对较低位阶之法益（如财产法益）的不法侵害，也可能会使防卫人在保护法益的过程中遭遇重重障碍与险境，从而迫使其不得不采用高强度甚至是危及对方生命的防卫手段。既然侵害行为实施的样态、时间和地点都是由侵害人自主选择的，那么防卫人为确保防卫的有效和安全而给侵害人带来的损害即便明显超出了侵害行为可能造成的损害，原则上也应由后者去忍受。所以，司法实践中盛行的"为保护财产法益绝对禁止导致侵害人死亡"的观念应当被克服。

其次，对侵害人值得保护性下降程度的认定应当贯彻"情境性"②的判断原则。判断时间点的选定其实就是在防卫行为人和被害人之间进行风险分

---

① Warda, Die Eignung der Verteidigung als Rechtfertigungselement bei der Notwehr, Jura 1990, 397.

② 在我国正当防卫理论中较早地明确提倡"'情境'判断"思想的是周光权教授。参见周光权：《正当防卫成立条件的"情境"判断》，载《法学》2006年第12期。但笔者认为，"情境"判断并不能一律适用于正当防卫的所有要件，而应当根据被害人值得保护性的差异做区别对待。例如，A误以为无辜的B是不法侵害人而对之实施防卫，造成其损害。即便一般人在当时情境下都会发生这样的误判，也不能据此认为不法侵害存在，进而肯定该行为成立正当防卫。因为，B作为并未实施任何不法侵害行为的人，其值得保护性没有出现丝毫的减损。所以，对于不法侵害存在与否的判断，不能立于事前，而只能立于事后的立场来进行。

担的过程。① 因为，在防卫行为已造成损害结果的情况下，若站在事后的时点去回看防卫行为，则必然会舍弃行为当时可能给防卫人的认识和行动能力产生制约的各种因素，从而以"事后诸葛亮"的姿态对防卫作出较为严苛的评判，故风险就会更多地由行为人一方承担；反之，若站在事前的时点来评价防卫行为，则更容易给予防卫人"设身处地""将心比心"式的体谅，故对防卫限度的把握就会较为宽松，风险也将更多地转移到被害人一方。既然法益冲突状态是不法侵害人以违反义务的方式引起的，既然他掌控着选择不法侵害实施方式和环境的主动性，那么在冲突解决过程中所出现的风险，就理应更多地由防卫被害人来承担。因此，防卫限度的判断必须置身于行为当时的境地之中。

笔者的上述观点与近年来司法解释的发展趋势是相契合的。首先，2015年3月2日，最高人民法院、最高人民检察院、公安部、司法部联合发布的《关于依法办理家庭暴力犯罪案件的意见》第19条规定："认定防卫行为是否'明显超过必要限度'，应当以足以制止并使防卫人免受家庭暴力不法侵害的需要为标准……"该意见对于防卫限度判断标准的界定，已丝毫不见基本相适应的内容，而完全以有效制止不法侵害的需要为根据。其次，《指导意见》第12条指出："防卫是否'明显超过必要限度'，应当……立足防卫人防卫时所处情境，结合社会公众的一般认知作出判断。"同时强调："不应当苛求防卫人必须采取与不法侵害基本相当的反击方式和强度。"该意见虽然没有明确采用为制止侵害所"必需"的标准，却确立了防卫限度判断的行为时立场，并从反面否定了基本相适应的思维。

综上所述，在判断防卫限度时，我们需要考虑的是：作为一名与防卫人具有相同能力、条件的公民，他在当时情形下还有没有比现实案件中的行为更为理想的其他防卫方案？如果行为人完全可以选择强度更小的反击措施，而且这样做既能达到同样的防卫效果，又不至于使自己的安全受到威胁，那他的防卫行为就超过了必要的限度；反之，若防卫人在现实防卫行为的基础上已退无可退，一旦减弱防卫的强度，要么无法保证能及时有效地阻止不法侵害，要么会增大防卫人本人面临的危险，则该行为造成的损害就属于侵害

---

① 详细的论述参见本书第六章。

人必须承担的风险。

（2）考量因素的展开。

①侵害行为给有效防卫造成的困难程度。

侵害人给有效防卫造成的困难和阻力越大，防卫人为排除障碍、制止不法侵害所采用之防卫手段的激烈和危险程度也必然会随之攀升，故侵害人值得保护的程度也就越小。这里需要考察的因素包括：

第一，侵害行为的强度。防卫的难度无疑会随着不法侵害暴力程度的上升而增加，这具体又可能取决于以下事实：其一，侵害者所使用的工具。例如，同样是实施暴力伤害之人，一名手持棍棒者比一名仅仅拳脚相加者更难对付；同样是面对抢劫行为，制服一名持枪抢劫犯远比战胜一名拿着小刀行劫的人要困难。其二，侵害者的寡众。在有的案件中，侵害者虽然并未持械，但却能够通过形成数量上的优势使得受攻击的一方难以有效反抗。以下案例可以说明这一点：

【袁某某故意伤害案】被告人袁某某与曹某甲之母张某甲在一购物中心分店工作，两人因工作问题产生纠纷。2011年8月20日13时许，张某甲伙同其丈夫曹某乙、其子曹某甲，曹某甲又纠集张某乙、钟某某等人前去教训袁某某。在购物中心分店店内，张某甲先打袁某某两耳光，曹某甲与张某乙等人又围殴袁某某至店内吧台附近。袁某某从裤袋内掏出随身携带的雕刻刀，将张某乙、钟某某刺伤。袁某某进入厨房拿了一把菜刀出来，几人才放弃殴打离去。经鉴定，张某乙所受损伤构成人体重伤，属7级伤残，钟某某受轻伤。一审法院认定袁某某的行为属于防卫过当，构成故意伤害罪，判处其有期徒刑2年；二审法院维持原判定罪部分，但改判袁某某有期徒刑2年，缓刑2年。①

对于类似的案件，法官往往认为，当侵害人对防卫人实施拳打脚踢时，一旦防卫人使用锐器造成对方伤害，由于两种手段并不均衡，故防卫超过了

---

① 参见山东省枣庄市中级人民法院刑事判决书，（2013）枣刑三终字第2号。

限度。① 本案的主审法院提出："被告人袁某某在附带民事诉讼原告人张某乙等人对其共同进行人身伤害、受到拳打脚踢的情况下，明知用刀刺在他人人身要害部位可能发生人体损伤的严重后果，但为了摆脱附带民事诉讼原告人张某乙等人的不法侵害，而放任这种危害结果的发生，使防卫行为超过了必要限度。"② 这种观点存在疑问：其一，判决只字不提防卫人享有制止不法侵害的权利，而是一味强调防卫人负有避免造成侵害人损伤的义务。实际上，正是因为造成了侵害人的损伤，才需要判断能否通过正当防卫来排除行为的违法性。③ 故不能仅以行为人在放任的心理支配下引起了侵害人的身体损伤为由，就断言防卫行为已然过限。其二，侵害人一方尽管并未使用刀枪棍棒等器械，但却集结了多达 5 人之众共同对袁某某实施围殴，这就导致后者处于寡不敌众的劣势之中。袁某某当时可选择的防卫手段无非两种：一是徒手反抗；二是使用随身携带或现场摆放的器具还击。若他赤手空拳地与对方搏击，自然能降低致人死伤的几率，但成功制止对方殴打的胜算也所剩无几。可见，袁某某使用杀伤力较高的刀具展开反击，完全是为了克服攻防力量对比悬殊给有效防卫带来的阻力；既然力量对比失衡的局面又是由张某乙等侵害人一手造成的，那么他们的法益在此范围内就不再值得法律予以保护。其三，当袁某某将张某乙和钟某某刺伤后，其余侵害人仍继续追打袁某某，直至后者进入厨房取出菜刀后方才罢休。该事实进一步佐证，袁某某的刀刺行为完全处在有效制止不法侵害的最低水平之上。

再以本书第三章第四部分提到的"陈某正当防卫案"（检例第 45 号）为例。检察机关所列的不起诉理由中，有两点值得注意：其一，关于防卫限度的判断，在一定程度上考虑了"侵害人的寡众"因素。检察机关提出："陈某被 9 人围住殴打，其中有人使用了钢管、石块等工具，双方实力相差悬殊，陈某借助水果刀增强防卫能力，在手段强度上合情合理。并且，对方在陈某逃脱时仍持续追打，共同侵害行为没有停止，所以就制止整体不法侵害的实

---

① 参见纪鹏辉：《本案是否构成正当防卫》，载《人民法院报》2009 年 11 月 25 日第 6 版；郭某故意伤害案，山西省长治市郊区人民法院刑事判决书，（2017）晋 0411 刑初 217 号；孟某某故意伤害案，吉林省德惠市人民法院刑事判决书，（2018）吉 0183 刑初 2 号；杨某某故意伤害案，福建省长乐市人民法院刑事判决书，（2018）闽 0182 刑初 138 号。

② 山东省枣庄市中级人民法院刑事判决书，（2013）枣刑三终字第 2 号。

③ 参见张明楷：《故意伤害罪司法现状的刑法学分析》，载《清华法学》2013 年第 1 期。

际需要来看，陈某持刀挥刺也没有不相适应之处。"一方面，检察机关没有将双方使用工具的杀伤力作为判断防卫限度的唯一参数，而是强调了"一比九"的人数差距，这无疑是值得肯定的。但另一方面，在本案中，毕竟侵害人一方动用了钢管、石块，这些器械与陈某所使用的折叠式水果刀在杀伤力方面不存在明显的悬殊，故即便不考虑双方人数上的差距，单纯以双方使用的工具作为考察对象，也较容易认定防卫措施未过当。但是，需要由最高司法机关通过指导案例来加以纠正的，恰恰是那种置侵害一方的人数优势于不顾、片面地以是否使用了工具作为判断过当与否之唯一标准的做法。正如"袁某某故意伤害案"所表明的那样，即便侵害一方赤手空拳，但人数上的绝对优势本身就能够给防卫人有效防卫带来巨大的困难，不动用工具便不足以弥补防卫人在整体力量对比中所处的劣势，故仍应肯定防卫人使用具有一定杀伤力的工具实施反击是有效制止不法侵害的唯一选择。其二，较为明确地肯定了"行为优位"的限度判断思路。检察机关认为："陈某的防卫行为致实施不法侵害的 3 人重伤，客观上造成了重大损害，但防卫措施并没有明显超过必要限度……依法不属于防卫过当。"这一论述将防卫行为所造成的重大损害和防卫措施本身的必要性区分开来，使得防卫行为必要性的判断获得了独立于损害结果的地位。

值得注意的是，2019 年杭州市检察院对于"盛春平正当防卫案"所作的处理，已突出强调了"攻防双方的人数对比"这一因素在防卫限度判断中的重要性。本案案情为：

【盛春平正当防卫案】盛春平系山东省莱州市人，在网上结识传销人员郭某（已被判刑）。2018 年 7 月 30 日，郭某以谈恋爱为名将盛春平骗至杭州市桐庐县，根据以"天津天狮"名义活动的传销组织安排，郭某等人接站后将盛春平诱至传销窝点。盛春平进入室内先在客厅休息，郭某、唐某强（已被判刑）、成某某等传销人员多次欲将其骗入卧室，意图通过采取"洗脑"、恐吓、体罚、殴打等"抖新人"措施威逼其加入传销组织，盛春平发觉情况异常予以拒绝。后在多次口头请求离开被拒并遭唐某强等人逼近时，拿出随身携带的水果刀警告，同时提出愿交付随身携带的钱财以求离开，但仍遭拒绝。之后，事先躲藏的传销人员邓某法、郭某江、刘某浈（三人已被判刑）等人也先后来到客厅。成某某等人陆续向盛春平逼近，盛春平被逼后退，当成某某上前意图夺刀时，盛春平持刀挥刺，划伤成某某右手腕及左颈，刺中成某某的左侧胸部，致心脏破裂，盛春平丢弃随身行李趁乱逃离现场。当日，传销人员将成某某送医院治疗。同年 8 月 4 日，成某某出院后，未遵医嘱继续进行康复治疗。8 月 11 日，成某某在传销窝点突发昏迷经送医院抢救无效死亡。经法医鉴定：成某某系左胸部遭受锐器刺戳作用致心脏破裂，在愈合过程中继续出血，最终引起心包填塞而死亡。[①]

与"陈某正当防卫案"（检例第 45 号）不同，在本案中，从双方行为的强度来看，侵害人始终只是徒手限制盛春平的人身自由，而盛春平却使用刀具进行挥刺；从双方行为的性质来看，侵害人只实施了非法拘禁的行为，而盛春平则实施了故意伤害的举动。如果根据前述司法实践所奉行的"手段均衡论"，极容易得出盛的行为明显超过了必要限度的结论。但杭州市检察院最终认定盛春平的行为成立正当防卫，决定对其不起诉。其中一个重要的理由就是"案发时双方人员力量对比悬殊，盛春平不借助防卫工具无法实现防卫目的"[②]。这就说明，检察院已经注意到，当防卫人遭遇 6 名侵害人协同实施拘禁时，尽管侵害人并未持有器械，但其在人数上所拥有的绝对优势足以给防卫人及时摆脱拘禁造成巨大的困难，故防卫人只有动用具有一定杀伤力的工具、采取较高强度的反击措施才能克服该困难。因此，盛春平所采取的持水果刀挥刺的防卫措施，仍然处在为有效排除不法侵害所必不可少的限度之内。当然，本案还有一个特殊的情节，也有利于认定正当防卫的成立。即：被害人成某某在案发后经过救治一度伤情稳定、生命体征平稳，但他出院后却未遵医嘱进行康复治疗，最终在传销窝点突发昏迷、抢救无效死亡。可见，在防卫行为与死亡结果之间，又介入了成某某自身疏于治疗的因素。从结果归责的原理来看，尽管成某某死亡的结果可溯因于防卫行为所制造的致命风险（即刺破心脏所造成的致死风险），但由于是被害人自身的重大疏忽导致其伤情恶化，故该介入因素有可能使死亡结果完全无法归责于防卫人。[③] 在《刑

---

① 参见"杭州市检察院依法对盛春平正当防卫案作出不起诉决定"，浙江检察微信公众号，2019 年 3 月 22 日。

② 史兆琨：《"对盛春平作出不起诉决定是公正的"》，载《检察日报》2019 年 4 月 2 日第 001 版。

③ Vgl. Burgstaller, Erfolgszurechnung bei nachträglichem Fehlverhalten, FS – Jescheck, 1985, S. 365ff; Roxin, Strafrecht AT, Bd. I, 4. Aufl., 2006, § 11 Rn. 144.

法》第 20 条第 2 款规定可罚的防卫过当以防卫行为"造成"重大损害为前提的情况下，一旦认定损害结果无法归责于防卫行为，那就从根本上排除了防卫人承担刑事责任的可能。不过，根据"行为优位"的判断思路，即便认定被害人疏于治疗的介入因素不能阻断结果对于防卫行为的可归责性，[1] 或者假设在防卫行为与死亡结果之间根本没有介入被害人的因素（例如，盛春平刺中成某某的心脏，致其当场死亡），既然防卫措施本身并未逾越必要性的范围，也同样不能认定盛春平的行为属于防卫过当。

新近颁布的《指导意见》也凸显了侵害人人数这一因素对于确定正当防卫必要限度的意义，试图以此克服实践中"唯工具论"的现象。其第 15 条规定，即便侵害人"未使用凶器或者未使用致命性凶器，但是根据不法侵害的人数、打击部位和力度等情况，确已严重危及他人人身安全的"，也同样可以认定不法侵害属于特殊防卫权条款中的"行凶"。

第二，侵害行为的环境。侵害人所选择的时间、地点也会对防卫行为的有效性产生影响。若侵害人将侵害时间选在夜间，则防卫人会因光线昏暗、视线不佳而无法准确地掌握反击的方式、力度和部位，故此时实现有效防御的难度就高于在光天化日之时。若侵害人将侵害地点选在对于防卫人来说十分陌生的偏僻之所或者空间极为封闭狭小的地方，则防卫人很难从容地选取反击工具和周旋策略，故这时制止侵害的困难将大于在防卫人较为熟悉或回旋余地较大的地点。

第三，侵害对象的防卫能力。侵害人所选择之对象的防卫能力越低，一方面，他达到侵害目的的把握固然越大；但另一方面，对方由于无从选择较为缓和的防卫方法，故为了有效保护法益就越有可能被迫求助于杀伤力难以控制的激烈手段。侵害对象防卫能力的高低主要取决于以下两个因素：首先，侵害对象的体力和格斗技能。这自然又受制于其年龄、性别、经历等情况。例如，同样都是遇到入室盗窃的梁上君子，对于一名武艺高强的退伍军官来说，完全可以略施拳脚就将侵害人擒获或赶跑；但瘫痪在床的老翁所能选择的有效防卫手段，却可能只有把床头的刀子掷向侵害人。其次，侵害对象事先准备的充分程度。这一点在自招防卫的情形中有集中的体现。如本书第二

---

[1]　Vgl. Frisch, Tatbestandsmäßiges Verhalten und Zurechnung des Erfolgs, 1988, S. 452f.

章所述，在包括挑拨防卫在内的自招防卫的场合，侵害者的值得保护性依然存在大幅下降，故自招侵害者仍享有防卫权。但是，侵害者毕竟是在受到防卫人挑衅之后才实施侵害，防卫人往往有条件为可能来临的袭击未雨绸缪，甚至有充裕的时间对防卫的工具、手段等进行周密考量，故他在保证防卫有效性的前提下尽量减弱防卫措施危险性的能力，就会明显比在猝不及防遭遇侵害的案件中要强。因此，当侵害人自愿选择这种人作为侵害对象时，其值得保护性的下降幅度就相对较小，我们也有理由要求防卫人采取较为克制的防卫手段。例如，A 与 B 因打麻将发生口角，A 对 B 多有言语上的刺激，B 誓言要教训 A 一顿。A 回家后找邻居借了一杆气枪，严阵以待。当 B 手持棍棒步步逼近，距离 A 的住宅尚有百米左右的距离时，由于 A 事先准备好了可供远距离射击的枪械，故他完全可以先采取鸣枪警告，或者枪击 B 非要害部位的方式，即可有效制止侵害。因此，若 A 直接朝 B 的心脏连开数枪致其死亡，即属防卫过当。当然，如果 A 只预备了一把匕首，B 则持长剑来袭，那么由于 A 没有可用以保证其占据优势的武器，故他在搏斗过程中为保护自身安全用匕首刺向 B 致其重伤甚至死亡的行为，未逾越防卫限度。[①]

又以本书第二章开头所举的"何强聚众斗殴案"[②] 为例。法院对于本案的判决是值得商榷的。首先，由于曾某某等人并未因何强的挑衅而丧失决定是否持刀伤害对方的自由和能力，故何强等人仍然享有防卫权。其次，何强等人在电话挑衅的同时，已经预先在人员配备、工具选取方面做足了迎接对方来袭的准备，对侵害人的情况也有清楚的认识，而且防御行为又是在自己熟悉的场所内展开，故有充分的能力把握反击的力度。因此，若被告人在有效制止侵害之外又给侵害人造成了重伤、死亡的后果，则应认定为防卫过当。但在本案中，由于侵害人仅遭受轻微伤，故不存在防卫过当的可能。

②侵害人给防卫人安全带来的危险程度。

防卫行为不仅要有效地保全受侵害行为威胁的法益，而且还要保障防卫

---

① 此案来源于张宝、毛康林：《预见不法侵害并积极准备防卫工具能否阻却成立正当防卫》，载《中国检察官》2014 年第 11 期。此处为方便讨论，对案情作了一些更改。

② 参见江苏省苏州市中级人民法院刑事判决书，(2012) 苏中刑终字第 0091 号。

人自身的安全在防卫过程中免受损害。[1] 防卫人因侵害行为面临的危险性越大，他就越有理由使用更加果断和强力的防卫措施保障自身安全，侵害人需要忍受的损害也就越大。[2] 对此应当考虑的因素同样包括三项：

第一，侵害者的装备。一旦侵害人携带了凶器，则意味着，"先发制人，后发制于人"[3]，假如防卫人未能迅速抢占优势制服侵害人，则可能面临着对方动用凶器的危险。例如，球迷乙对于足球运动员甲在赛场上的表现极为不满，在甲被教练换下场之际，冲上前用左手掐住甲的脖子，右手则拿着一个啤酒瓶。这时，虽然甲在体力上优于乙，他似乎只需采取较为和缓的方式与其撕扯打斗就足以制服对方，但由于乙手上握有具备较大杀伤力的器具，故若甲不挥拳猛击对方面部，使其当即丧失攻击能力，则很有可能招致酒瓶的袭击。因此，甲的防卫行为没有超出必要限度。[4]

第二，侵害行为的环境。侵害人为了达到成功侵害他人法益的目的，往往会在时间、地点的选取上追求出其不意、趁其不备的效果，这导致防卫人根本无法准确认识侵害者的多寡、手段和最终意图。在此情况下，假如不对事态作出较为严重的估计，假如不断然采取较为猛烈的反击手段，则防卫人的安全就没有可靠的保障。例如：

【朱忠喜故意伤害案】2008 年 1 月 18 日凌晨 3 时许，朱忠喜与其妻正在家中一楼卧室睡觉，二人被家中的响声惊醒。朱忠喜到客厅观察未发现有人，随后听到厨房有撬窗的声音，即嘱咐妻子迅速拨打 110 报警，自己则从卧室

---

[1] 笔者将"侵害人给有效防卫造成的困难程度"与"侵害人给防卫人安全带来的危险程度"这两个要素区分开来探讨，主要是基于两点考虑：第一，前者强调的是，防卫行为保护法益的目标能否得到实现，即"能否打胜仗"；后者强调的则是，防卫人是否会因为实施防卫而在人身、财产安全方面付出代价，即"是否损兵折将"。防卫人遇到的困难与防卫人所面临的危险，时常相互交织、同时消长，但也完全可能彼此独立。例如，乙在一个仓库内抢夺了甲的钱包后逃跑，由于仓库里的通道繁多复杂，不熟地形的甲要追上乙就显得十分吃力。在此，乙所选择的特定地点虽然给甲即时夺回财物制造了巨大的困难，但却并不会使其人身安全陷入危险。又如，乙手持小刀袭击一名拳击运动员甲。由于甲在体力上占据绝对优势，故如果纯粹从有效性来说，他只需赤手空拳与其搏斗就肯定能制服乙。但这样一来，甲为制止不法侵害所需的时间就会拉长，在此过程中便有可能被小刀划伤。因此，乙持刀侵害的行为，不见得给甲有效防卫造成了多大的障碍，但却使甲的身体安全在防卫过程中遇到了威胁。第二，我国传统的正当防卫论在确定防卫限度时，基本上都忽视了防卫人自身安全的保障与防卫强度的提高之间的关系，故在此有必要对侵害人给防卫人安全带来的危险这一因素加以特别强调。

[2] Vgl. Herzberg, Erlaubnistatbestandsirrtum und Deliktsaufbau, JA 1989, S. 247.

[3] 《汉书·项籍传》。

[4] Vgl. BayObLG, NStZ 1988, 409.

电脑桌下取出一把大砍刀至客厅。这时,窗户的防盗网已被撬开,一名男子黎某某正往屋里爬。眼看他马上就要进屋,朱忠喜持刀向黎某某头部连砍数刀,黎某某被其同伙拽出窗外。经鉴定,黎某某硬脑膜破裂、脑组织膨出、脑挫伤,为重伤,属1级伤残。一审法院认定朱忠喜的行为系防卫过当,以故意伤害罪判处其有期徒刑3年;二审法院维持原判中定罪部分,但改判朱忠喜有期徒刑3年,缓刑3年。[①]

笔者认为,本案被告人朱忠喜的行为成立正当防卫。理由在于:尽管非法侵入住宅罪在我国《刑法》中只是一个被配以3年以下有期徒刑或者拘役的轻罪,尽管事后查明,被害人黎某某只是意图入室行窃,似乎没有必要对其采取如此致命的反击;但如前所述,关于防卫限度的判断只能站在行为当时来进行,而且侵害人值得保护性的下降幅度与侵害行为给防卫人带来的危险程度成正比。"吾之茅屋乃吾之城堡,风能进,雨能进,国王不能进。"住宅作为公民最为私密的场所,作为公民最有理由期望享有自由和安全的地方,一旦遭遇他人无故侵入,势必使其因感到自己的人身安全正面临着无法预测和控制的威胁而产生强烈的恐惧心理。惟其如此,《刑法》第263条才会将"入户抢劫"规定为与"抢劫致人重伤、死亡"相并列的法定刑加重情节。本案中,当黎某某等人于半夜时分撬开防盗网进入他人住宅时,他们必然能够预见到,任何一名正常的居民在面对这一场景时都会突感自己和家人的安全正处于巨大的危险之中。对方入室究竟是为了单纯盗窃还是为了实施抢劫、杀人等暴力犯罪,是独自一人还是结伙而来,是徒手作案还是握有凶器,这一切对于防卫者而言都完全无从准确预估。若朱忠喜上前先作言语警告,或待其入屋查明真实来意及装备情况后再行反击,或赤手空拳与之搏斗,或只往其身上砍一刀,都无法保证能即刻使对方停止侵害,而且一旦打草惊蛇,难保不会引起对方改采暴力的侵害方式。因此,当防卫人为了能及时制止不法侵害和确保自身的安全不受威胁而采取了一招见效的打击时,由此造成的损害结果就只能由选择了这种特殊作案环境的侵害人自行承受。

事实上,在我国,无论是古代还是当今的立法者,都注意到了非法侵入住宅所具有的特殊危险性对防卫限度认定的影响。《汉律》规定:"无故入人室宅

庐舍，上人车船，牵引人欲犯法者，其时格杀之，无罪。"[①]《唐律疏议·贼盗律》也规定："诸夜无故入人家，笞四十。主人登时杀者，勿论。"[②] 在1997年《刑法》修订的过程中，特殊防卫权的对象也曾一度包含了非法侵入他人住宅者。1996年10月10日的刑法修订草案征求意见稿于第18条第4款规定："对以暴力方法实施杀人、抢劫、强奸、绑架以及严重危害国家、公共利益的犯罪行为，采取防卫行为，造成不法侵害人伤亡后果的，不负刑事责任。"同时又于该条第5款规定："对以破门撬锁或者使用暴力方法非法侵入他人住宅的，采取防卫行为，适用第四款规定。"只是后来考虑到非法侵入住宅行为的情况毕竟非常复杂，不宜不加区分地赋予行为人特殊防卫权，立法者才最终未将上述第5款纳入《刑法》之中。[③] 其实，在个案中，只要运用本书所倡导的判断标准，立法者当初的顾虑不难消除。因为，针对非法入室者能否致其死伤，完全取决于防卫人在当时情境下对事态发展和危险状态的掌控程度。若侵害人入室只是为了实施小偷小摸等不会对人身安全构成任何威胁的不法行为，而且防卫人基于与侵害人的特殊关系或通过某种途径对此也有充分的认知，那他完全可以仅使用轻微的暴力反击就足以保证防卫的有效性和安全性，在这种情况下，自然不允许防卫人随意致对方于死地。

第三，侵害对象的防卫能力。正所谓"艺高人胆大"，防卫人的防卫能力越高，其排除危险因素的途径就越多，在保证自身安全的情况下选取较为轻缓的防卫手段的空间也就越大。

③损害和保护之法益在价值上的悬殊程度。

原则上来说，只要是在为保证防卫有效性和安全性的限度之内，即使防卫人只是为了保护单纯的财产法益，他也有权造成侵害人重伤、死亡。但是，若防卫行为所保护的是价值极其低廉的财物，则应例外地绝对禁止防卫人采取直接导致侵害人死亡的反击措施。在德国，判例和通说一致认为，尽管法律原则上并不禁止公民为保护财产而使用可能危及侵害人生命的防卫手段，但当防卫行为保护和损害的法益之间在价值上极端悬殊时，

---

① 蔡枢衡：《中国刑法史》，广西人民出版社1983年版，第177页。
② 长孙无忌：《唐律疏议》，中华书局1983年版，第346页。
③ 参见高铭暄、赵秉志编：《中国刑法立法文献资料精选》，法律出版社2007年版，第533页；高铭暄：《中华人民共和国刑法的孕育诞生和发展完善》，北京大学出版社2012年版，第198～199页。

即使该行为具备必要性（Erforderlichkeit），也会被认定为因缺少要求性（Gebotenheit）而归于违法。这被称为对正当防卫权的"社会道德限制"（sozialethische Einschränkung）。[①] 从本书的立场来看，之所以对所涉财产数额极其微小的不法侵害绝对不允许使用明显具有致死危险的防卫措施，根据在于：尽管不法侵害人的整体利益遭遇了大幅贬值，但生命的值得保护性无论如何降低，也不可能连一个苹果、两个鸡蛋的价值都不如。可是，这毕竟只是正当防卫中的一种极端情况，是为了防止正当防卫权因过度膨胀而背离社会正义情感所做的例外限定。反观我国，司法实践对于正当防卫成立的认定恰恰不是过于宽松，而是过于严格，对于不法侵害人也并非保护不力，而是"过分偏爱"。在这种情况下，理论上的当务之急应当是着力树立"原则"，而不是一味强调"例外"。

值得注意的是，《指导意见》第 10 条规定："对于显著轻微的不法侵害，行为人在可以辨识的情况下，直接使用足以致人重伤或者死亡的方式进行制止的，不应认定为防卫行为。"对此，指导意见起草小组所撰写的《〈关于依法适用正当防卫制度的指导意见〉的理解与适用》解释道："这是因为，所谓'防卫'行为与加害行为有明显、重大悬殊，严重不相称，无法认定行为人具有防卫意图。例如，为防止小偷偷走 1 个苹果而对其开枪射击的，即使当时没有其他制止办法，也不能认定行为人具有防卫意图，不成立正当防卫或者防卫过当。"[②] 可见，对于保护法益与损害法益极端失衡的情况，《指导意见》的处理方式有两个特点：其一，认定该行为不成立正当防卫的理由不在于防卫过当，而在于欠缺防卫意思；其二，由于已经从根本上否定了行为的防卫属性，故对于行为人不存在适用《刑法》第 20 条第 2 款减免处罚的规定。笔者认为，这一解释意见似乎还有进一步商榷的余地。首先，只要存在不法侵害，那就存在对公民权利地位的侵犯，故行为人在对侵害事实有所认识的情况下实施的足以制止该侵害的行为，也就具有维护公民权利地位的属性，这

---

① Vgl. Lenckner, „Gebotensein" und „Erforderlichkeit" der Notwehr, GA 1968, S. 4f; Roxin, Die „sozialen Einschränkungen" des Notwehrrechts, ZStW 93（1981）, S. 94ff; Kindhäuser, in: NK - StGB, 5. Aufl. , 2017, § 32 Rn. 112ff.

② 参见指导意见起草小组（姜启波、周家海、喻海松、耿磊、郝方昉、李振华、李静）：《〈关于依法适用正当防卫制度的指导意见〉的理解与适用（附〈指导意见〉与典型案例）》，载《人民司法》2020 年第 28 期。

一点并不会因为双方法益相差悬殊而存在疑问。既然如此，就不应否定行为人享受"应当减轻或者免除处罚"待遇的资格。其次，不论是苹果园主为制止小偷偷走一颗苹果而对其进行射击，还是押车人员在处于绝对优势的情况下，直接持枪将徒手拦截运钞车的单个侵害人击毙，行为人都对侵害事实有着明确的认知，并且都积极追求保护财产法益免遭侵害的目的，其防卫意思的存在是难以否认的。至于说行为人在此之外还有给侵害人造成严重侵害的意图，这丝毫不能影响防卫意思的存在，它只是在确定行为超出防卫限度的情况下，对于确定行为人对于过当结果的罪过形式具有意义。最后，防卫意图是行为客观的防卫属性在行为人主观上的映射。所以，在行为人对于自己行为的事实状况没有发生错误认识的情况下，如果行为人真的缺乏防卫意图，那就必然意味着，该行为在客观上就完全不符合正当防卫的前提条件，或者说从客观上就可以直接认定该行为不具有防卫的性质。换言之，应当是行为在客观上不具有防卫的性质，决定了防卫人在主观上缺乏防卫意图；而不是反过来，防卫人缺乏防卫意图决定了行为不具有防卫属性。然而，《指导意见》一方面既不否认存在着不法侵害，也不否认行为具有制止不法侵害的功能，另一方面却以行为人缺乏防卫意图为由否定行为的防卫属性，这是有待商榷的。

3. 对防卫限度判断之可能情形的梳理。

结合《刑法》第20条第2款的规定，关于防卫限度的判断大致可能存在以下四种情形：

（1）防卫手段未明显超过必要限度，亦未造成重大损害的，自然不成立防卫过当。

（2）防卫手段未明显超过必要限度，但造成重大损害的，不成立防卫过当。对此，上文已经结合判例作过较为详细的分析。这里仅举出分别发生在中国和德国的三个案例来加以说明。

【管某某致王某某死亡案】 管某某与赵某某、杨某某三人均系某台资厂打工者。赵、杨两人经常与厂外一些无业人员混在一起，在厂内惹是生非。某日，杨某某与管某某在厂内打篮球时发生碰撞，赵、杨借机敲诈管某某请吃饭平息此事，否则就找人打他，遭管某某当场拒绝。次日，管某某坐在厂门外花坛边休息时，赵某某带领两名无业人员李某某、王某某（男，殁年20

岁）过来，对管某某实施殴打。在三人扭打过程中，王某某被管某某推倒在地后不省人事，双方即停止扭打。后王某某经医院抢救无效死亡。经法医鉴定显示，王某某系摔跌时右下颌着地致原发性脑干损伤死亡。[①]

【蓝某某致陈某某死亡案】 2016 年 3 月 19 日凌晨，福建省漳州市漳浦县顶坛村村民蓝某某在家中睡觉，隐约发觉有人偷窃其养殖的家禽，便起身查看。盗窃者陈某某发现蓝某某后，随即向外面的水泥路奔逃，蓝某某随后追赶。但是雨天路滑，蓝某某追了一段后，伸手从后面抓扯陈某某的左手衣袖，陈某某用力后甩挣脱蓝某某，随即侧身摔倒在水泥路面上，致颅脑损伤，经抢救无效死亡。[②]

【子弹击中太阳穴案】 某日深夜，被告人 A 发现其上司被多名男子围殴。其中，两人将上司摁住，另一人对其实施殴打。当 A 出于解救的意图冲向人群时，他受到了对方的撞击。于是，A 从裤腰处拔出一把手枪，用枪的把手用力击打控制其上司的那名侵害人的肩部，试图让他松手，在此过程中 A 并未将手指放在扳机上。不料，在打到第二下时，手枪发射出一枚子弹，击中了侵害者的左太阳穴，致其重伤。[③]

对于以上三个案件，需要首先对防卫行为的必要性加以判断。在遇到他人殴打时，推开或者撞倒对方，这是制止暴力袭击的基本手段；穷追不舍并上前拉扯盗窃者，这是为防止其继续逃窜、确保及时夺回被盗财物的起码措施；用枪把手敲击侵害人的肩部，这也是促使其即刻停止殴打的不可缺少的方法。如前所述，由于行为人在防卫过程中所负的义务仅限于将其手段调控在必要性的范围之内，而并不包括避免侵害人遭受重大的损害，故损害结果不能脱离防卫手段而独立地成为宣告防卫行为违法的依据。一旦确定防卫行为是为保证及时有效地制止不法侵害、切实保障防卫人自身安全所必不可少，

---

① 参见伍金平：《正当防卫司法适用的困境探析》，载《河北法学》2012 年第 5 期。

② 参见杨淑芳：《男子"追死"小偷，构成过失致人死亡罪吗》，载《河南法制报》2016 年 11 月 17 日第 014 版。需要说明的是，就笔者所查阅到的案情来看，尚不清楚蓝某某在发起追逐时，陈某某是否已取得对财物的占有。若陈某某是携带赃物逃窜，则蓝某某的追赶主要是为了夺回财物，故应考虑其行为是否成立正当防卫；若陈某某在未取得财物的情况下逃窜，则蓝某某的追赶行为就不具有保全法益的功能，而是纯粹为了抓捕犯罪嫌疑人，故应考虑其行为是否成立《刑事诉讼法》第 84 条规定的公民扭送权。本书暂且假定前一种情况。

③ Vgl. BGH, NJW 1978, S. 955.

那么该行为所包含的对侵害人造成损害的一切风险，对于侵害人来说都属于应由其自行承担的风险，对于防卫人而言则均属于被容许的风险。所以，无论是在推搡或者拉拽过程中致使侵害人跌倒身亡，亦或是在搏斗时枪支走火伤及侵害人，这都是为保障防卫手段具有必要的效果和威力所必须容忍的代价。

值得一提的是，有一种见解认为，对于上述案件，即便认定防卫明显超过必要限度造成了重大损害，也可以依照《刑法》第 16 条关于意外事件的规定排除行为人的刑事责任。但该观点还有待进一步斟酌。首先，根据人们的日常生活经验，猛然推撞他人或者在天雨路滑之际强力拉扯他人，都有可能导致对方摔倒并触碰地面而致伤。因此，很难说行为人对于死伤结果完全缺乏预见的可能性。其次，即使可以认定行为人对损害结果无法预见，但在区分不法和责任的阶层式犯罪论体系中，若将故意、过失等主观要素置于责任层面，则上述案件中这些必要的防卫举措依然具有违法性，只是因为欠缺罪过而得以阻却责任。于是，侵害人或者第三人仍可对之实施正当防卫。这似乎并不合理。

（3）防卫手段明显超过必要限度，但未造成重大损害的，不成立刑法上可罚的防卫过当。本来，从理论上来说，既然防卫的必要性是针对行为方式而非结果来说的，那么只要防卫手段逾越了必要的限度，该行为就失去了获得正当化的可能，即便没有造成实害结果，在行为人故意导致防卫超过限度的情况下，也应以未遂论处。但是，由于《刑法》第 20 条第 2 款已将实际发生重大损害列为防卫过当的必备要件，故未遂的防卫过当并不具有可罚性。

【张某甲被控故意杀人宣告无罪案】 1994 年 2 月 15 日 17 时许，新疆生产建设兵团农八师××团无业青年张某乙无事生非，无故打伤沙湾县汽车运输公司出纳员乔某某、司机王某某，致王颅骨骨折，脾脏破损（被切除）。随后又与同伙陈某甲手持凶器寻找制止其不法行为的保卫干部陈某乙报复，捣毁该团派出所四间房门锁，先后殴打无辜群众和保卫人员 9 人，其中重伤 2 人。两人扬言要杀死保卫干部陈某乙，当两人冲到陈某乙家时，被告人张某甲及时赶到，恐陈受害即鸣枪示警。两人不但不停止其不法侵害行为，反向被告人冲来。张某乙从后面抓住被告人的衣领，使其不得脱身，陈某甲举刀向被告人砍来，并叫喊："我劈死你！"在此紧急情况下，被告人向张某乙连击两枪，又向举刀砍来的陈某甲连击三枪，紧接着又朝正在地上蠕动的张某乙头部击一枪，即离开现场去报案。经法医鉴定：张某乙因心脏、肝脏被枪弹贯通致出血性休克死亡；陈某甲因心脏被枪弹贯通致出血性休克死亡。检察院指控被告人的行为属于防卫过当，构成故意杀人罪。法院认为，在被告人向张某乙头部射击之前，张某乙的心脏、肝脏已被击中，这是导致其死亡的原因，可见张某乙的死亡与其头部被击中无因果关系，遂判决被告人张某甲的行为属于正当防卫，不负刑事责任。[①]

由于在被告人连开数枪将张某乙和陈某甲击倒后，两人已经丧失了继续侵害的能力，故被告人朝张某乙头部再开一枪的行为本身已经超过了为制止侵害所必要的限度。法院以最后的枪击行为与死亡结果之间不存在因果关系为由，认为该行为未造成损害结果，故不属于防卫过当。这一判断思路是完全正确的。不过，就本案而言，恐怕还需要区分以下几种情况来分析：第一，若证据证明被告人在向张某乙头部开枪时，张某乙已经死亡，则应认为该结果与最后一枪之间毫无因果关系，不成立防卫过当。第二，若证据证明被告人在向张某乙头部开枪时，张某乙尚未死亡（从判决所描述的案情，即张某乙当时"正在蠕动"这一点来看，此种可能性似乎较大），那么尽管先前击中其心脏和肝脏的两枪已经使得张某乙的死亡将不可逆转地发生，但由于最后一枪毕竟提前了张某乙的死亡时间，故该行为对于发生在特定时点的具体死亡结果来说依然是不可或缺的条件。在此情况下，似乎仍应肯定最后一枪与死亡结果之间具有因果关系，成立防卫过当。第三，若现有证据无法证明被告人开最后一枪时张某乙是否已死，则应根据"存疑时有利于被告"的原则，否定因果关系的存在，进而排除防卫过当的成立。

（4）防卫手段明显超过必要限度，并且造成重大损害的，成立防卫过当。

（三）小结

综上所述，重大损害结果并不具有独自证立防卫过当的能力。只有在满足了以下两个条件的情况下，重大损害才能成为认定防卫过当的依据：其一，

[①] 参见新疆生产建设兵团农八师中级人民法院刑事判决书，（1994）兵八中法刑终字第56号。

防卫行为符合犯罪构成要件；其二，防卫手段已显著超过了必要限度。现将上文所述的行为导向的双层检验机制，以及可能得出的分析结论总结列表如下：

判断内容	情形	1	2	3	4
阶层1：构成要件判断	防卫行为是否属于构成要件行为	×	√	√	√
阶层2：正当防卫判断	防卫行为是否明显超过必要限度		×	√	√
	防卫行为是否造成重大损害			×	√
最终结论	是否成立防卫过当	×	×	×	√

五、防卫限度相关的两个问题

(一) 必要的防卫行为不产生救助义务

在此需要指出的是，只要行为人采取的是必要的防卫措施，那么他对于因防卫而受伤的不法侵害人不负有救助的义务。例如，Y 欲乘一妇女不备抢夺其手上的皮包，当他从右后侧飞奔至妇女身旁时，X 发现并冲上前将 Y 推倒在地；Y 跌倒后头部触碰到地上的石块，顿时血流不止；X 未予施救，扬长而去，Y 终因流血过多死亡（以下简称"石块案"）。对于本案，能否以 X 通过正当防卫这一先行行为给 Y 的生命造成了现实危险为由，认为他具有保证人的地位呢？张明楷教授对此持肯定回答。他认为："如果正当防卫造成了伤害（该伤害本身不过当），具有死亡的紧迫危险，发生死亡结果就会过当，那么，应当肯定正当防卫人具有救助义务。司法实践所面临的问题是，就正当防卫而言，在防卫人造成不法侵害人重伤，不法侵害已经停止，而防卫人却既不报警也不将不法侵害人送往医院抢救，导致流血过多死亡时，是否成立防卫过当？如果不认为防卫过当，明显不合适。如果认为防卫过当，则意味着承认行为人对不法侵害人具有抢救义务（对死亡结果具有防止义务）。"① 这一观点还值得进一步研究。

首先，如前所述，在判断防卫限度时，关键是要立于行为当时考察防卫的方式本身是否符合必要性的要求。一旦确定防卫的手段适当，则不论结果如何严重，均属于被容许的风险，不成立防卫过当。以"石块案"为例，既然能够认定 X 的推撞行为是当时为防止抢夺得逞的必要之举，故该防卫行为造成 Y 跌倒并不过当，那么防卫行为的正当性就已经终局性地得到了确定，无论事后是否出现死亡结果，该判断结论都不可能被改写。

其次，所谓"如果不认定为防卫过当，明显不合适""如果认定为防卫过当，则意味着承认行为人对不法侵害人具有抢救义务"的说法，明显体现出一种结论先定式的论证思维。这种论证要能够成立，前提是其预设的结论属于没有任何争议的不刊之论。根据张明楷教授在其教科书中的进一步说明，他之所以坚信该结论的正确性，是因为"如果不认定为防卫过当，就有可能导致防卫行为几乎不存在过当的可能"②。但问题在于：即便根据本文所提倡的行为优先的防卫限度判断方法，也只有在防卫手段符合必要性的情况下才排除了成立防卫过当的可能；一旦防卫手段并非为制止侵害所不可或缺并由此造成了重伤死亡结果（例如，在"石块案"中，X 直接举枪朝 Y 的头部近距离连开数枪将其击毙），该方法也将毫不含糊地得出防卫过当的结论。因此，纵然不根据事后发生的死亡结果认定防卫过当，也根本不会导致防卫过当失去其存在的空间。

再次，对正当防卫人课以救助义务的做法，有违规范与政策的目的理性。罗克辛（Roxin）曾试图运用被害人自我答责的原理来论证防卫人对不法侵害人不负有救助义务。他指出："在先行行为是正当防卫的场合，由此产生的危险完全处在不法侵害者的答责领域之内，故它不可归责于防卫行为人。"③ 德国联邦最高法院于 1970 年 7 月 29 日所作的一份判决亦认为："若某人通过实施不法侵害自设危险（Selbstgefährdung），那他就不得要求受到侵害的人作为

---

① 张明楷：《不作为犯中的先前行为》，载《法学研究》2011 年第 6 期。
② 张明楷：《刑法学》，法律出版社 2016 年版，第 155 页。
③ Roxin, Strafrecht AT, Bd. Ⅱ, 2003, § 32 Rn. 182.

保证人对自己施加保护。"[1] 笔者并不赞同这一论证理由。因为：一方面，如果说遭受对方防卫行为杀伤的危险原本就应由侵害人自我答责的话，那就意味着，正当防卫的成立具有直接否定防卫人客观归责，从而阻却防卫行为之构成要件符合性的功能。这将从根本上颠覆正当防卫的体系地位。可是，在正当防卫属于违法阻却事由而非构成要件排除事由这一学界共识尚未受到动摇的情况下，该结论恐怕还难以为人们所接受。另一方面，根据被害人自设危险的原理，唯有当危险的产生处在被害人的现实控制和支配之下时，我们才能把该危险所产生的损害结果归入被害人自我负责的范围。[2] 尽管正当防卫是不法侵害人有意识招致的，但防卫行为是否会发生、将以何种形式发生，却终究取决于受侵害者或者其他公民的自我决定，它并不处在侵害人的掌控之下。不过，尽管无法认定侵害人应对防卫行为自我答责，但他毕竟是防卫情境的始作俑者，这一点必然会使其法益在冲突中的值得保护性受到减损。因此，法律没有理由给予不法侵害人以优于一般守法公民的保护待遇。从我国法律来看，当某人纯粹因为意外而遭遇伤病时，周围的路人对他并无法律上的救助义务。在这种情况下，如果认为防卫人对侵害人具有保证人地位，则意味着实施了不法举动者的法益反而能够获得比意外遇险者更为有力和周到的法律保障；与此相应，制止了不法行为的公民反而需要承担比一般陌路之人更重的法律义务。[3] 无论是从善恶有报的朴素正义情感还是从惩恶扬善的刑事政策目标出发，这种结论都是难以被接受的。

最后，我国《刑法》缺少对见危不救罪的规定，这并不是将保证人地位强加于防卫人的理由。按照张明楷教授的看法，由于《德国刑法典》第323c条规定了见危不救罪，故即便不认为正当防卫能够产生作为义务，也可根据该条款对未予施救的防卫人追究刑事责任；但我国《刑法》中并无此罪，故

---

① BGHSt 23, 328.

② 参见黎宏：《刑法总论问题思考》，中国人民大学出版社 2007 年版，第 289 页；张明楷：《刑法学中危险接受的法理》，载《法学研究》2012 年第 5 期。Vgl. Kindhäuser, Strafrecht AT, 8. Aufl., 2017, § 11 Rn. 25; Sternberg – Lieben, in: Schönke/ Schröder, StGB, 30. Aufl., 2019, vor § 32 Rn. 52a.

③ Vgl. Schünemann, Grund und Grenzen der unechten Unterlassungsdelikte, 1971, S. 314; Spendel, in: LK – StGB, 11. Aufl., 1992, § 32 Rn. 332; Wohlers/Gaede, in: NK – StGB, 5. Aufl., 2017, § 13 Rn. 45.

有必要承认防卫人对侵害人的保证人地位；这样一来，既可以满足处罚的需要，对防卫人以故意杀人、过失致人死亡等犯罪论处，又可以根据《刑法》关于防卫过当应予减免处罚的规定避免对防卫人责罚过苛。在论者那里，不真正不作为犯的成立在此起到了填补漏洞的功效。在刑法对同一种行为既规定了重罪又规定了轻罪类型的情况下，轻罪固然可以成为行为不成立重罪时的替补。可是，重罪类型却不能反过来被用于堵截因刑法未规定轻罪类型而出现的处罚空隙。因为，重罪相较于轻罪而言必有足以使行为的不法或者责任明显升高的特殊要素，由罪刑均衡原则所决定，该要素的内涵和外延是相对确定的，并不会因为刑法存在处罚上的漏洞而有所改变。例如，以危险方法危害公共安全罪中的"其他方法"，只能是与放火、决水、爆炸、投放危险物质的危险性相当的手段。在《刑法修正案（八）》增设危险驾驶罪之前，我们不能因为从刑事政策上来说醉酒驾驶的行为具有处罚的必要，就在解释上扩张"其他方法"的涵盖范围，从而把单纯酒驾的行为也纳入到以危险方法危害公共安全罪之中。同理，不作为形式的故意杀人罪或者过失致人死亡罪与见危不救罪两相比较，无疑前者是重罪，后者是轻罪。不真正不作为犯中的保证人地位有其特定的要件和边界，解释者不能因为刑法未规定见危不救罪而随意降低或者歪曲保证人的认定标准，以图将单纯见危不救的行为也包摄于不作为的故意杀人罪或者过失致人死亡罪之中。因此，对于正当防卫人不予施救导致不法侵害人死亡的案件，既然难以证明防卫人具有保证人地位，同时刑法对于作为不真正不作为犯之"减轻形式"（minus）[1]的见危不救罪也并未作出规定，那就只能得出防卫人无罪的结论。

（二）《刑法》第 20 条第 3 款是注意规定而非法律拟制

《刑法》第 20 条第 2 款和第 3 款之间究竟是何关系，这是自 1997 年《刑法》颁布以来学者们一直争论不休的问题。在理论与实务界中，广泛存在着将两款规定相互对立的倾向。在不少学者和司法机关看来，既然《刑法》第 20 条第 3 款只是规定，针对严重危及人身安全的暴力侵害可以导致不法侵害人重伤死亡，那么通过反对解释就可以得出结论，一旦不法侵害不属于严重

---

[1]　Vgl. Freund, in：MK - StGB, 3. Aufl., 2017, § 323c Rn. 8.

危及人身安全的暴力侵害，则不允许防卫人造成侵害人重伤死亡。这样一来，实际上就把《刑法》第 20 条第 3 款看成了关于防卫限度的拟制性规定。即，《刑法》第 20 条第 2 款关于防卫限度的规定原本并不允许防卫行为造成侵害人重伤死亡，《刑法》第 20 条第 3 款正是针对该原则所创设的例外规则。[①] 可以说，这是我国正当防卫理论和实践中亟待澄清的一个重大误区。笔者认为：《刑法》第 20 条第 2 款与第 3 款实乃同源一脉，二者均奠基于行为优先的防卫限度判断思维之上；尽管学界习惯于将后者命名为"特殊防卫权"或"无限防卫权"，但实际上，"特殊防卫权"并不特殊，"无限防卫权"亦非无限。

第一，从《刑法》第 20 条第 3 款的立法背景来看。时任全国人大常委会副委员长的王汉斌在阐述 1997 年《刑法》第 20 条第 3 款的立法理由时指出，之所以专门订立该条款，是因为 1979 年《刑法》受制于"宜粗不宜细"的立法思想，"对正当防卫超过必要限度的规定太笼统，在实际执行中随意性较大，出现了不少问题。比如，受害人在受到不法侵害时把歹徒打伤了，人民警察在抓捕罪犯受到暴力攻击时开枪把人犯打伤了，不仅得不到保护，反而被以防卫过当追究刑事责任"，特殊防卫权的设立正是"为了保护被害人的利益，鼓励见义勇为"。[②] 可见，在立法机关眼中，导致实践中对防卫限度把握过严的根源并不在于 1979 年《刑法》关于防卫限度的规定存在根本性的缺漏和错误，而是在于其不够明确，给法官预留的裁断空间过大。因此，《刑法》第 20 条第 3 款的出现，并不是为了给防卫限度增添新的内容，而只是为了以更明确和具体的方式将原本就蕴含在防卫限度规定中的意义阐发出来，从而达到收缩司法者对于防卫限度的自由裁量权、防止司法机关曲解正当防卫立法意图的目的。

第二，从防卫限度的基本原理来看。主张应将《刑法》第 20 条第 3 款理解为法律拟制的学者运用了反对解释的方法。所谓反对解释（argumentum e contrario），是指根据法律条文的正面表述，推导其反面含义的解释技巧。但是，并非在任何情况下对于任何规范都能进行反对解释。只有在确定法条所

---

① 参见陈兴良：《正当防卫论》，中国人民大学出版社 2017 年版，第 260 页。
② 王汉斌：《关于〈中华人民共和国刑法（修订草案）〉的说明——1997 年 3 月 6 日在第八届全国人民代表大会第五次会议上》，载高铭暄、赵秉志编：《新中国刑法立法文献资料总览》，中国人民公安大学出版社 2015 年版，第 697 页。

规定的条件是产生某种法律效果的充分且必要条件时，反对解释方才有效；反之，如果法条所规定的条件并未穷尽足以引发某一法律效果的全部充分条件，那就不得采用反对解释。[①] 具体到《刑法》第 20 条第 3 款，要想得出该款是第 2 款之例外的结论，前提是我们能够确定，"对正在进行行凶、杀人、抢劫、强奸、绑架以及其他严重危及人身安全的暴力犯罪，采取防卫行为"，是"造成不法侵害人伤亡的，不属于防卫过当"这一法律效果的唯一充分条件。然而，该前提恰恰是无法成立的。

如前所述，由必要防卫手段所引发的损害结果，不论其严重程度几何，均可为正当化的效果所覆盖。由此可以顺理成章地得出以下两个解释结论：（1）当不法侵害是严重危及人身安全的暴力犯罪时，对于防卫人来说，无论是在制止侵害还是在保障自身安全方面都遇到了极大的困难，故欲有效制止侵害就必须选择高强度的暴力以求排除阻力，欲保证自身安全也必须采取大杀伤力的手段以期一招克敌。因此，在此情况下容许防卫人导致侵害人重伤死亡，这本来就是完全可以从防卫限度的一般判断标准中直接推导出来的当然结论；[②] 防卫人根本无须刑法的特别授权，便可以享有致侵害人重伤死亡的权利。由此可见，在防卫人面临严重危及人身安全的暴力侵害的场合，之所以致侵害人死伤的防卫行为合法，并不是因为防卫行为脱离了防卫限度的约束，也不是因为在此情况下的防卫权有何等特别之处，而完全是因为防卫行为不论给侵害人造成怎样的损害都不可能明显逾越必要限度。（2）即便是针对非严重暴力型的不法侵害，公民在满足了防卫手段必要性条件的前提下，也同样有权引起侵害人死伤的结果。显然，假如司法机关都能遵循行为优先的防卫限度判断方法，那么立法者本可高枕无忧，完全没有必要大动干戈专设《刑法》第 20 条第 3 款。正是因为司法实践中唯结果论的现象已到了令人无法容忍的地步，立法者才不得不亲自出面以正视听，将原本可以根据法律解释得出的结论以立法的形式明确加以宣示。所以，《刑法》第 20 条第 3 款所规定者，严格地说既不是"无过当防卫"（或"无限防卫"）也不是"特殊

---

① Vgl. Puppe, Kleine Schule des juristischen Denkens, 3. Aufl. , 2014, S. 171.

② 参见刘艳红、程红：《"无限防卫权"的提法不妥当》，载《法商研究》1999 年第 4 期；郭泽强、蒋娜：《刑法第 20 条第 3 款与第 1 款关系研究——兼论第 20 条第 3 款条款的意义》，载《法学家》2002 年第 6 期。

防卫"，而只是典型正当防卫的一种具体表现形式而已；本款只是对以上第（1）点解释结论的确认和重申，而绝不是对第（2）点解释结论的否定与排斥。对于防卫人造成侵害人重伤死亡的案件，防卫行为并非只有在符合该款规定的情况下才可能获得合法化。

这一观点也得到了《指导意见》的肯定。《指导意见》第18条明确指出："对于不符合特殊防卫起因条件的防卫行为，致不法侵害人伤亡的，如果没有明显超过必要限度，也应当认定为正当防卫，不负刑事责任。"

第三，在是否包含法益均衡原理这一点上，《刑法》第20条第2款与第3款并无差异。周光权教授明确主张应将《刑法》第20条第3款定性为法律拟制，其理由是："由于《刑法》第20条第2款对于防卫限度的规定，同时违反防卫行为相当性（没有'明显超过必要限度'）和利益均衡性（并未'造成重大损害'）的，才属于防卫过当；而《刑法》第20条第3款基本上只重视防卫必要性，对利益均衡原理并不特别考虑……这样的立法基本等于放弃了利益衡量，优先考虑了防卫行为的相当性。由于《刑法》第20条第3款主张行为只要具有防卫相当性，即可成立正当防卫，其限制条件和第2款相比要少一个，因此，可以认为《刑法》第20条第3款属于法律拟制（特别规定），而非注意规定。"[1] 但是，法条中载明了"造成重大损害结果"，这并不等于它在防卫限度的判断上加入了法益均衡性的考量。因为，假如法益均衡真的是判断防卫限度的基本原则之一，那就说明，如同在紧急避险当中那样，应当承认损害结果不成比例的严重性具有一票否决正当防卫成立的效力。然而，根据前文的分析，想要从根本上避免重蹈唯结果论的覆辙，恰恰不能认为《刑法》第20条第2款中的"造成重大损害"具有单独决定行为成立防卫过当的功能。"造成重大损害"只能在已经确定行为明显超过必要限度的前提下，对防卫过当的成立发挥进一步限定的作用。因此，"造成重大损害"一词在《刑法》第20条第2款中的出现，绝不意味着该条款包含了法益均衡的思想。同时，《刑法》第20条第3款之所以没有将损害结果列为防卫限度判断的考量因素，是因为在不法侵害属于严重危及人身安全的暴力犯罪的场合，再激烈的防卫手段也不可能"明显超过必要限度"，故自然也就没有必要再考

---

[1] 周光权：《论持续侵害与正当防卫的关系》，载《法学》2017 年第 4 期。

察损害结果是否严重。

六、争议性案件的剖析与反思

以上述"行为导向的双层检验机制"为分析框架，接下来对若干典型的争议性案件逐一展开分析：

（一）于欢故意伤害案（指导案例93号）

根据法院认定的证据和事实，笔者倾向于认为，被告人的行为成立正当防卫。以下分两步来展开分析：

1. 既然《刑法》第20条第3款属于注意规定，而注意规定的设立意图正在于引人关注，那么在判断防卫限度时自当优先考察行为是否符合该条款。首先，杜某某等人对被告人及其母亲所实施的拘禁和侮辱行为，不属于严重危及人身安全的暴力犯罪。其次，扇面颊、揪头发、按肩膀、推搡等举动，虽然带有一定暴力强制的性质，但其危险毕竟只停留在造成轻微伤、至多轻伤的程度以内，无法与"杀人、抢劫、强奸、绑架"相提并论。在这个问题上，笔者赞同二审判决的意见。

2. 由于《刑法》第20条第3款属于注意规定，致侵害人重伤死亡的防卫行为并非只有在符合该条款的情况下才可能获得正当化；故接下来，还需要根据《刑法》第20条第2款关于防卫限度的基本规定来加以判断。从行为优先的防卫限度判断方法出发，本案的关键性问题是：于欢刀刺的行为是否属于当时情况下为有效制止不法侵害、保障防卫人安全所必不可少的防卫措施呢？笔者倾向于给予肯定的回答。

其一，使用凶器是为弥补劣势所必要。在判断防卫限度时，不能孤立地比较双方所使用的工具和暴力强度，还必须整体地考察双方的实力对比关系，而人多势众还是势孤力单，正是其中极为重要的考量因素。在本案中，侵害人一方虽未动用工具，但参与者多达十余人，而防卫人一方则仅有于欢及其母两人。在人数相差如此悬殊的情况下，于欢要想即时突出重围、摆脱被扣押的处境，仅仅赤手空拳与对方搏斗几无成功的可能。他只有借助于具有一定杀伤力的工具，才能抵消己方在人数和体力方面存在的劣势。

其二，激烈反击是为预防不测所必需。在判断防卫限度时，不能只关注侵害行为侵犯的法益本身，还必须结合该行为发生的时间、场景等因素，为防卫人防控不确定的危险留出足够的行为空间。在许多案件中，由于不法侵害发生时的情势并不明朗，故防卫人无法准确估计侵害究竟会往何种方向发展、是否会升级和扩大，而一旦侵害果真演化为致命的袭击，则防卫时机很可能早已一去不返。于是，为了能周全地保障自身的安全，防卫人就不得不断然采取在事后看来似乎是过激的反应。这就涉及在防卫人和侵害人之间进行风险分担的问题。① 既然发生于特定时间和地点的侵害情境是由不法侵害人一手安排和引发的，那么事态不明情况下可能遭遇严重侵害的风险就不能落到受侵害者一方，防卫人因事态紧急而作出过分估计的风险必须由侵害人一方来承担。② 就本案来说，判决所反复论证的"侵害并不严重"，是事后才得以确定的结论。但就案发当时的情况来看：首先，于欢及其母亲长时间被杜某某等十余人围困在接待室内，即便在于欢持刀警告不要逼近之时，杜某某等人也毫无停止之意，依然步步围逼。暴力索取高利贷债务的现象在现实中并不鲜见，任何一名有基本社会经验的公民在此场景下都会感受到侵害"累积升高"的危险，③ 即侵害随着时间的推移很可能升级为严重的暴力袭击。其次，民警到场后无所作为，并未有效制止杜某某等人的侵害，反而离开了扣押被告人的接待室。此后，杜某某等人继续对被告人实施强制、推搡等暴力行为，完全没有停止侵害的迹象。一旦连公权力机关的出现都不能明显减弱侵害行为，不论其原因在于能力不及还是在于渎职枉法，受害公民都势必产生深重的危机感，预测到等待自己的可能是更为严重和激烈的袭击。综合以上两点可以认为，持刀捅刺是被告人在当时条件下为排除侵害、保障自身安全的不可缺少的手段，并未违反必要性的要求。既然行为人所采取的防卫手段未明显超过必要限度，那么纵然其造成的结果十分严重，也不存在成立防卫过当的可能。

---

① 详细的论述参见本书第六章。
② Vgl. Kühl, Strafrecht AT, 8. Aufl., 2017, § 7 Rn. 107.
③ 参见周光权：《论持续侵害与正当防卫的关系》，载《法学》2017 年第 4 期。

（二）朱凤山故意伤害（防卫过当）案（检例第 46 号）

【朱凤山故意伤害案】 朱凤山之女朱某与齐某系夫妻，朱某于 2016 年 1 月提起离婚诉讼并与齐某分居，朱某带女儿与朱凤山夫妇同住。齐某不同意离婚，为此经常到朱凤山家吵闹。2016 年 4 月 4 日，齐某在吵闹过程中，将朱凤山家门窗玻璃和朱某的汽车玻璃砸坏。朱凤山为防止齐某再进入院子，将院子一侧的小门锁上并焊上铁窗。2016 年 5 月 8 日 22 时许，齐某酒后驾车到朱凤山家，欲从小门进入院子，未得逞后在大门外叫骂。朱某不在家中，仅朱凤山夫妇带外孙女在家。朱凤山将情况告知齐某，齐某不肯作罢。朱凤山又分别给邻居和齐某的哥哥打电话，请他们将齐某劝离。在邻居的劝说下，齐某驾车离开。同日 23 时许，齐某驾车返回，站在汽车引擎盖上摇晃、攀爬院子大门，欲强行进入，朱凤山持铁叉阻拦后报警。齐某爬上院墙，在墙上用瓦片掷砸朱凤山。朱凤山躲到一边，并从屋内拿出宰羊刀防备。随后齐某跳入院内徒手与朱凤山撕扯，朱凤山刺中齐某胸部一刀。朱凤山见齐某受伤把大门打开，民警随后到达。齐某因主动脉、右心房及肺脏被刺破致急性大失血死亡。一审判决认定，齐某的违法行为尚未达到朱凤山必须通过持刀刺扎进行防卫制止的程度，朱凤山的行为不具有防卫性质，不属于防卫过当，遂以朱凤山犯故意伤害罪判处其有期徒刑 15 年，剥夺政治权利 5 年。朱凤山提出上诉。河北省人民检察院二审出庭认为朱凤山的行为属于防卫过当。河北省高级人民法院二审判决认定，朱凤山持刀致死被害人，属防卫过当，应当依法减轻处罚，对河北省人民检察院的出庭意见予以支持，遂判决撤销一审判决的量刑部分，改判朱凤山有期徒刑 7 年。①

正如本书第三章第四部分所述，作为正当防卫前提条件的"不法侵害"并不要求侵害达到一定严重的程度。因此，河北省人民检察院的二审出庭意见以及河北省高级人民法院的二审判决肯定朱凤山的行为具有防卫性质，这是正确的。但二审出庭意见和二审判决认定被告人的行为属于防卫过当，相关的论证理由还有进一步商榷的余地。本案的二审出庭意见以及最高人民检察院就本案提出的指导意义在论证朱凤山的行为明显超过必要限度时，提出

---

① 参见《最高人民检察院公报》2019 年第 1 号（总第 168 号）第 24～26 页。

了两个论据：其一，朱凤山在与齐某发生撕扯之前已经报警，也有继续周旋、安抚、等待的余地，故不应选择使用刀具直接捅刺对方要害部位。其二，齐某对朱凤山人身权利的侵犯尚属轻微，没有危及朱凤山及其家人的健康或生命的明显危险；朱凤山为保护住宅安宁和免受可能的一定人身侵害，而致侵害人丧失生命，就防卫与侵害的性质、手段、强度和结果等因素的对比来看，相差悬殊。① 这就意味着，在判断防卫行为是否处在必要限度之内时，除了要检验防卫手段是否为有效制止不法侵害所必不可少之外，还要考虑防卫强度与侵害强度之间的均衡性。很明显，出庭意见依循的依然是笔者先前已经批判过的基本相适说。先撇开这一点不说，出庭意见所提出的两个论据本身可能还存在疑问。

第一，"周旋、安抚、等待"只会使朱凤山陷入更加危险的境地。齐某先前已经多次前来滋扰、打砸，无论是朱凤山本人还是邻居的劝阻均未能从根本上制止其侵扰。因此，在齐某用瓦片掷砸朱凤山、强行闯入住宅并与朱凤山撕扯的情况下，根本无法指望仅通过好言相劝和静心等待就能制止住其侵害。

第二，在确定侵害的严重性时，不能局限于案发当时的侵害水平，而需要将侵害可能升级、扩大的危险也考虑在内。首先，的确正如出庭意见所言，"齐某上门闹事、滋扰的目的是不愿离婚，希望能与朱某和好继续共同生活，这与离婚后可能实施报复的行为有很大区别"。但侵害人的侵害动机及其与防卫人之间的关系，只能作为判断侵害危险性的一个参考，却不是决定性的因素，对侵害危险性的认定起关键作用的依然是行为当时的具体情状。齐某之所以频频闹事，正是因为他认为朱凤山是阻碍自己与朱某和好的人；因此，齐某希望与朱某重归于好的愿望，并不能保证他绝不会情绪失控对朱凤山实施严重暴力袭击。其次，齐某此次选择的侵害时间、地点和方式，包含有升级侵害强度的重大危险。如前所述，当我们看到侵害人侵入住宅这个事实的时候，不能只是机械地认为既然非法侵入住宅罪在《刑法》中只是一个配置了 3 年以下有期徒刑或者拘役的轻罪，那么防卫人面临的就必然只是一个轻微的不法侵害。因为，一旦公民住宅的防线被突破，则其生命、健康等重大

---

① 参见《最高人民检察院公报》2019 年第 1 号（总第 168 号）第 25 ~ 26 页。

法益就面临着不可预测的风险。防卫行为的出现必然使侵害发展的进程归于中断，所以我们在评估侵害的严重程度时，不能将目光局限在防卫行为出现之时不法侵害已然表露在外的状态，还必须考虑到如若没有反击措施的介入不法侵害进一步发展和升级的可能性，应当允许防卫人为确保自身安全而采取相对激烈的反击手段。就本案来说，正如出庭意见也承认的那样，"齐某的行为从吵闹到侵入住宅、侵犯人身，呈现升级趋势"。齐某先是在欲进入朱家院子未果后叫骂，在被劝返后复于夜间23时许通过攀爬院墙强行进入朱凤山的住宅，继而又实施朝朱凤山投掷瓦片和与之撕扯的行为。这都说明，齐某的侵害并非停留在单纯的侵入住宅，而是呈现出暴力程度渐次升高的趋势。

不过，朱凤山的刀刺行为是否具有必要性，还需要结合更多的案件细节才能确定。需要特别考虑的是双方的体力对比因素。尽管齐某没有携带凶器，但如果朱凤山在体型、力量上处于劣势，则应允许其动用杀伤力较大的锐器；反之，如果朱凤山在体力上处于绝对优势，只需通过徒手对抗或者用刀具伤害对方非要害部位的方式，就足以制服齐某，则持刀捅刺要害部位的行为就不具有必要性。尤其是，考虑到本案中防卫人与侵害人较为熟识，朱凤山事先也做好了预防对方来袭的一系列准备，其挑选防卫手段、把握防卫力度的空间和能力相对较大，这与前述"朱忠喜故意伤害案"中防卫人在对侵害人一无所知的情况下临时应战不同，故对于朱凤山防卫行为必要性的判断可以采取较为严格的标准。

（三）　王靖故意伤害案与董民刚正当防卫案

【王靖故意伤害案】被害人陈某某系被告人王靖妻子薛某某的前夫。2010年2月14日凌晨1时许（除夕之夜），陈某某来到北京市西城区前妻家中探望儿子，在卧室中见到了被告人王靖，二人因言语不和而扭打在一起，陈某某将王靖压在床上对其实施殴打，陈某某当时手里还握着一把刀。薛某某见状上前劝阻，左前臂被刀划伤。薛某某当时已经怀孕，她害怕再受伤，于是跑到外面呼救。其间，王靖夺过陈某某所持尖刀，陈某某手中的刀虽被夺下，但仍继续对王靖进行殴打，王靖持刀猛刺陈某某左胸部两刀，并扎伤陈某某左上臂一刀。后经鉴定，陈某某因被伤及心脏致急性失血性休克死亡。在王靖与陈某某搏斗过程中，薛某某打电话报警。王靖刺伤陈某某后，对其采取了抢救措施，用浴巾按着陈某某的胸，还给陈某某做人工呼吸，并让薛某某拨打120。之后警察和急救人员赶到了现场，被告人王靖被当场抓获归案。一审北京市第一中级人民法院以故意伤害罪判处被告人王靖有期徒刑5年。一审宣判后，附带民事诉讼原告人陈某对民事部分判决不服，被告人王靖对刑事部分和民事部分判决均不服，提出上诉。北京市高级人民法院认为原审判决认定部分事实不清，裁定撤销原一审判决，将本案发回北京市第一中级人民法院重新审判。北京市第一中级人民法院经重审认定被告人王靖犯故意伤害罪，判处有期徒刑3年6个月。陈某与王靖均不服，提出上诉。北京市高级人民法院终审裁定，驳回陈某及王靖的上诉，维持原判。①

本案的一审和二审法院均认为，被告人王靖的行为虽然具有防卫的性质，但明显超过了必要限度，由此造成重大损害，成立防卫过当。按照法官的评析，"本案中，被告人王靖的防卫行为可分为夺刀前和夺刀后两个阶段：第一阶段是王靖面对不法侵害人陈某某持刀行凶的行为实施反抗和夺刀的行为。陈某某持刀将王靖压在身下对其实施殴打，对王靖的人身安全构成严重的威胁，此时王靖无论采取何种防卫行为都不过分，只要能够有效地制止不法侵害，都应当认定为正当防卫；第二阶段是王靖将刀子从陈某某手中夺下后将其刺死的行为。当王靖成功地夺过陈某某所持的尖刀后，陈某某手中已经没有能够威胁王靖生命的武器了，陈某某虽然没有停止对王靖的殴打，不法侵害仍在继续，但是该不法侵害已经不致对王靖造成更严重的伤害。并且，此时王靖的妻子薛某某已经跑到外面呼救，王靖手中有刀，局势已经完全逆转，王靖在对抗中已处于优势状态，掌握了防卫的主动权。从王靖本人的供述来看，夺刀之后陈某某并没有使暴力侵害升级，而是继续徒手对其进行殴打。王靖本可以采取非致命的防卫措施，如将刀子扔掉徒手与之搏斗，或者刺伤其非要害部位迫其停止不法侵害……王靖持刀对陈某某的要害部位猛刺，造成陈某某死亡的后果，确实明显超出了正当防卫的必要限度"②。

在法院看来，王靖在夺刀后的正确防卫方法应当是，即刻将刀扔掉，然

① 参见北京市第一中级人民法院刑事判决书，（2011）一中刑初字第1790号；北京市高级人民法院刑事裁定书，（2012）高刑终字第99号。
② 参见高翼飞：《王靖故意伤害案——特殊防卫权应有防卫限度》，载《人民司法·案例》2014年第4期。

后徒手与陈某某搏斗，至多只能持刀往陈某某的非要害部位刺一下。但这种看法值得商榷。

首先，王靖选择使用刀具进行防卫具有合理性。因为，一方面，陈某某在王靖抢下尖刀之后依然压在他身上施暴。这就导致，被告人要取得对陈某某的优势进而制服他，除了使用手上这把尖刀之外，别无其他工具可选。另一方面，陈某某在毫无征兆的情况下突然来袭，也使被告人不能不担心：在刀被夺走之后，身上是否还有其他凶器？若将刀丢弃，陈是否会迅速拾起并重新刺向自己？假如王靖将刀弃之不用，则一旦上述担忧变为现实，就再无补救措施，其人身安全也将失去最后的防护可能。

其次，王靖刀刺的具体强度也是为保证防卫有效性和安全性所不可或缺的。因为一方面，侵害人始终将行为人置于其实力强制之下，这给行为人有效防卫制造了巨大的困难。行为人根本无法从容地选择反击部位、周到地控制打击次数，而只能朝最顺手、奏效最快的部位下手，只能通过反复刺扎尽快排除防卫阻力；另一方面，陈某某穷凶极恶的侵害手法也使人有理由相信，若只是向他的四肢等非要害部位扎一下就住手，则极有可能非但不能及时制止殴打，反而招致对方更凶狠的袭击。

最后，即便从形式上来理解《刑法》第 20 条第 3 款，也不能认定王靖的行为是防卫过当。因为，"严重危及人身安全的暴力犯罪"并不限于使用凶器的行为。[①] 不能认为，只要侵害人赤手空拳，就绝对不存在"严重危及人身安全的暴力犯罪"。《指导意见》第 15 条已明确指出，"未使用凶器或者未使用致命性凶器，但是根据不法侵害的人数、打击部位和力度等情况，确已严重危及他人人身安全的"，应当认定为《刑法》第 20 条第 3 款中的"行凶"。在本案中，即使陈某某不使用刀具，仅凭其掐脖子、持续殴打的行为也足以认定他所实施的是给王靖的生命、健康带来严重威胁的暴力侵害，故只要该侵害仍在继续中，王靖就依然享有特殊防卫权。因此，王靖的行为不属于防卫过当。

值得关注的是，2019 年检察机关对于"董民刚正当防卫案"的处理，比较充分地体现了以上（特别是第二点）考量。

---

① 参见高铭暄主编：《刑法专论》，高等教育出版社 2006 年版，第 439 页。

【董民刚正当防卫案】2018 年 5 月 20 日晚 22 时许，董民刚在堂屋看电视。此时，曾与董民刚之妻李某有感情纠纷的刁某醉酒后翻墙进入院内，并不顾阻拦强行进到堂屋，之后又用脚踹卧室房门。正在卧室休息的李某将门打开，刁某上前将李某的上衣撕坏，后又将前来劝阻的董民刚的上衣撕坏。刁某殴打董民刚，并多次声称"我今天要整死你"，并使用尖头车钥匙向董民刚戳扎，致董民刚脸部受伤出血。刁某继续殴打并让董民刚跪下，要求董民刚和李某离婚，并签写离婚协议书。董民刚欲逃出屋门，却被刁某拽住继续殴打。此时，董民刚看到茶几上有一把干活用的剪刀，便随手拿起与刁某搏斗，刁某继续殴打并说要整死董民刚，董民刚持剪刀将刁某身体多处刺伤，致使其心脏被刺破而死亡。

公安机关主张，刁某在殴打时所使用的凶器不过是一把车钥匙，该物件不足以剥夺对方的生命，但董民刚却用剪刀反复刺扎刁某的身体，故该反击行为明显超过了必要限度，属于防卫过当。[①] 但检察院却最终认定董民刚的行为成立正当防卫，并据此对其作出了不起诉的决定。[②] 尽管从事后查明的情况来看，刁某当时并未持有大杀伤力的武器，但他在殴打的过程中多次扬言要"整死"董民刚，董民刚也因刁某持车钥匙戳扎而身体多处负伤流血。在突然遭受暴力袭击的时刻，董民刚无从确切地分辨刁某究竟使用的是何种工具。刁某一手造成的这一局面，使得董民刚有理由相信自己的人身安全处在急迫的威胁之中；因此他为了保障自身的安全，使用剪刀刺扎对方的行为是排除不法侵害所必需的反击措施，没有超过必要限度。

（四）为夺回财物追击致侵害人死伤案件

在司法实践中，时常发生公民在遭遇抢劫、抢夺或者盗窃后即时追击侵害者并在此过程中导致侵害人重伤或者死亡的案件。我国判例对这类案件的处理并不统一。除了本章第四部分所列的"张德军故意伤害案"[③] 之外，较为典型的案件还包括：

---

① 参见周斌：《河北巨鹿正当防卫案调查》，载《法制日报》2019 年 6 月 18 日第 004 版。

② 参见肖俊林：《不让正义迟到 不向不法让步》，载《检察日报》2019 年 6 月 18 日第 001 版。

③ 参见中华人民共和国最高人民法院刑事审判第一、二、三、四、五庭主办：《刑事审判参考》（总第 51 集），法律出版社 2006 年版，第 1 页以下。

　　【季某某致盖某某重伤案】 2012 年 1 月 9 日晚 8 时 50 分左右，盖某某伙同程某某驾驶一辆黑色桑塔纳轿车来到季某某位于利津县××镇商业街开设的网吧门口盗窃摩托车。二人在盗窃过程中被季某某发现，其上前予以制止，但二人手持木棍对其进行暴力恐吓，在季某某到网吧喊人帮忙的过程中，盖某某骑上抢劫的摩托车在前，程某某驾驶黑色桑塔纳轿车在后向利津县城方向逃窜。在看到二人抢劫摩托车逃跑后，季某某与摩托车的车主尚某某分别驾驶比亚迪轿车和面包车在后面追赶。在追逐过程中，程某某为抗拒追捕保护其和盖某某逃跑，在高速行驶状态下左右晃动不断变换位置以阻挡季某某和尚某某的车辆，而季某某和尚某某也采取紧逼的措施想逼停盖某某和程某某驾驶的车辆，当车辆行驶至利津县××镇××庄路口时，尚某某驾驶的面包车与程某某驾驶的桑塔纳轿车平行行驶，季某某驾驶的车辆跟在两辆车的后面，三人车辆车速均在 120 公里/小时以上，尚某某驾驶的面包车在公路中心线附近，程某某驾驶的桑塔纳轿车在中心线右外侧，两车在相互逼靠的过程中发生碰撞，由于该次碰撞，前面两车速度骤然下降，致使跟在后面的季某某刹车不及，紧急向右打方向，恰巧与驾驶摩托车正在逃窜的盖某某相撞，致使其受重伤。一审和二审法院均根据《刑法》第 20 条第 3 款和《民法通则》第 128 条的规定，认定季某某撞伤盖某某的行为属于正当防卫，并未超过必要限度，季某某不承担民事责任。①

　　【负某某故意伤害案】 2005 年 7 月 18 日，被告人负某某的母亲郭某某戴着金项链骑摩托车上街时，被齐某某和高某某盯上。两人驾驶摩托车尾随郭某某到一医院附近时，趁其不备，将其脖子上的金项链扯断抢走。负某某恰好开车路过此地，见状加大油门追赶齐、高二人。赶上摩托车后，为防止两人逃跑，负某某猛打方向盘，将摩托车撞翻，导致齐某某当场死亡，高某某受轻伤。法院认定负某某防卫过当，构成故意伤害罪，但免于刑事处罚。②

　　【龙某某正当防卫案】 莫某某、庞某甲与庞某乙合谋实施抢劫。三人于 2008 年 7 月 14 日凌晨 4 时到龙某某（女）位于佛山市顺德区伦教街道一处住宅的车库附近，莫某某驾驶摩托车在附近接应，庞某甲和庞某乙则戴上白色

---

　　①　参见山东省东营市中级人民法院民事判决书，(2014) 东民一终字第 24 号。
　　②　参见胡爱精：《驾车撞死抢夺者该否定罪》，载《检察日报》2006 年 5 月 22 日第 1 版。

手套，各持一个铁制钻头守候在龙某某住宅车库两旁。5 时 15 分许，庞某甲、庞某乙见龙某某驾驶小汽车从车库出来。庞某甲走到汽车驾驶座旁，庞某乙走到汽车副驾驶座旁，分别用铁制钻头敲打两边的汽车玻璃。将汽车玻璃敲碎后，庞某甲用手拉扯住龙某某的头发，庞某乙则抢走龙某某放在副驾驶座的一个装有现金 80360 元以及若干收款单据等物的手袋。得手后，莫某某开动摩托车搭载庞某甲、庞某乙逃跑。龙某某见状驾驶汽车追赶，当追至小区二期北面的绿化带时，龙某某驾驶汽车将摩托车连同车上的三人撞倒。莫某某、庞某乙被撞倒后爬起逃跑，庞某甲当场死亡。法院认定龙某某的行为成立正当防卫。①

【王某某正当防卫案】2009 年 10 月 18 日 13 时许，唐某甲与唐某乙协商共同抢夺他人财物，并作出具体分工，由唐某甲负责寻找抢夺目标直接实施抢夺，唐某乙负责驾驶摩托车接应逃离作案现场。当日 17 时许，唐某甲、唐某乙来到重庆市高新区××超市附近，见被告王某某从该超市购物出来，进入停靠在路边的奔驰轿车内放置东西准备启动离去，唐某甲趁王某某不备，拉开该轿车副驾驶座位车门，抢走放在副驾驶座位上的黑色手提包一个，随即乘坐唐某乙驾驶的豪江牌 HJ150 型摩托车往相反方向逃离现场。王某某见状当即驾车调头追赶，在重庆市高新区××五星城附近将摩托车撞倒，追回了被抢的手提包，并当即报警。随后，公安人员赶赴现场，将唐某甲、唐某乙捉获。经清点，被抢夺的手提包内放有人民币 84749 元、港币 9550 元。法院认定王某某的行为成立正当防卫，其不承担民事责任。②

1. 两个前提条件的厘清。

第一，就针对财产法益的不法侵害来说，侵害的结束时点与相应犯罪的既遂时点无须保持一致。即便侵害已经既遂，只要公民还能通过追赶、堵截、控制侵害人当即夺回被盗被抢的财物，就应当认为不法侵害尚未结束。③ 这是

---

① 参见陈笑尘、卢放兴：《女车主撞死劫匪之后——对佛山中院表态"正当防卫"的法律解读》，载《中国审判》2009 年第 5 期。
② 参见重庆市沙坪坝区人民法院民事判决书，（2011）沙法民初字第 02402 号。
③ 这一观点已经成为理论界和实务界普遍接受的主流意见。参见刘家琛主编：《新刑法条文释义》（上），人民法院出版社 2001 年版，第 88 页；高铭暄主编：《刑法专论》，高等教育出版社 2006 年版，第 422 页；张明楷：《刑法学》，法律出版社 2016 年版，第 202 页；陈兴良：《正当防卫论》，中国人民大学出版社 2017 年版，第 102～103 页。

由犯罪既未遂和正当防卫这两种制度的不同立法目的所决定的。具体来说：《刑法》第 23 条之所以对既遂和未遂进行严格的区分，是为了能够在司法实践中准确地认定犯罪行为的法益侵害程度，从而为正确量刑奠定基础。然而，《刑法》第 20 条第 1 款对不法侵害之存在时间的规定，其目的仅仅在于将公民的合法防卫行为限定在可以即时挽回损失、保全法益的范围之内，而不是为了精确地认定犯罪人刑事责任的大小，所以正当防卫中不法侵害的结束没有理由非要与犯罪的既遂保持一致。当抢劫、抢夺或者盗窃的行为人已经取得财物但还没有逃脱被害人和周围群众的追踪时，即时挽回财产损失的时机尚未丧失，权利侵害状态还可以马上被终结。在这种情况下，我们就不能机械地套用犯罪既遂的理论，简单地断定不法侵害已经结束。① 我国审判实践中存在的将财产犯罪的既遂时间等同于侵害结束时间的做法，② 不当地挤压了正当防卫的成立范围。

目前，《指导意见》也明确采纳了这一观点，其第 6 条指出："在财产犯罪中，不法侵害人虽已取得财物，但通过追赶、阻击等措施能够追回财物的，可以视为不法侵害仍在进行……"

第二，防卫是否过当，与侵害人先前实施的是抢劫罪还是单纯财产罪没有必然联系。首先，即便侵害人先前实施的是抢劫罪，也绝不必然意味着防卫人可以行使特殊防卫权。在为夺回财物而追击侵害人并致其死伤的案件中，"龙某某正当防卫案"是我国法院少有的明确肯定行为成立正当防卫的判例。主审法官认定龙某某的行为属于正当防卫的理由在于：既然在龙某某驱车撞向摩托车时抢劫行为仍在进行之中，而按照《刑法》第 20 条第 3 款的规定，公民

① 详细论证参见陈璇：《论正当防卫中民众观念与法律解释的融合——由张德军案件引发的问题和思考》，载《中国刑事法杂志》2007 年第 4 期。

② 例如，"黄中权故意伤害案"的主审法官认为："本案姜某与同伙实施抢劫后逃离现场，针对黄中权的不法侵害行为已经结束。"（参见陈兴良、张军、胡云腾主编：《人民法院刑事指导案例裁判要旨通纂》（上卷），北京大学出版社 2018 年版，第 701 页。）又如，"温演森等故意伤害、盗窃案"的二审裁定书指出："……在本案当中，被害人张某在实施盗窃他人手机的行为之后就已逃走，被盗财物已完全脱离失主的控制，盗窃行为完全终了，温演森……随后的追击行为并不是针对正在发生的盗窃行为，亦不符合正当防卫的时间性条件。"〔广东省惠州市中级人民法院刑事裁定书，（2015）惠中法刑一终字第 151 号〕。

针对抢劫罪可以行使特殊防卫权，那么该撞击行为就可以成立正当防卫。[①] 然而，这种看法对《刑法》第 20 条第 3 款作了过于形式化的理解。事实上，并非只要不法侵害符合该款所列罪名，就一律允许行为人行使特殊防卫权，该款的适用还受到"严重危及人身安全的暴力犯罪"这一实质条件的制约。换言之，对于特殊防卫权前提条件的认定，"应当以暴力犯罪来严格界定与限制刑法所列举的行凶、杀人、抢劫、强奸、绑架等犯罪"[②]。《指导意见》也肯定了这一点，其第 16 条强调，《刑法》第 20 条第 3 款所规定的"'杀人、抢劫、强奸、绑架'，是指具体犯罪行为而不是具体罪名。……有关行为没有严重危及人身安全的，应当适用一般防卫的法律规定"。因此，尽管不法侵害人实施了抢劫罪，而且在防卫人即时追赶的情况下，可以认定抢劫的侵害行为仍在进行；但只要侵害者在此过程中仅仅是消极地逃避，而没有重新针对他人人身使用暴力，那么在防卫行为实施当时就并不存在"严重危及人身安全的暴力犯罪"，[③] 故不能直接援用《刑法》第 20 条第 3 款关于特殊防卫权的规定，而仍然需要对防卫限度进行具体判断。其次，如前所述，《刑法》第 20 条第 3 款是注意规定而非法律拟制，不能认为只要侵害不属于严重危及人身安全的暴力犯罪，就一概不允许防卫行为致侵害人死伤；所以，纵然侵害人先前实施的是单纯财产罪，但只要追击行为符合防卫的"有效性、安全性和最低性"要求，也完全可能不成立防卫过当。

值得注意的是，在"季某某致盖某某重伤案"中，主审法院依据《刑法》第 20 条第 3 款认定季某某的行为成立正当防卫。不过，其理由并不在于盖某某和程某某先前实施的是（转化型）抢劫罪，而是在于侵害人在逃窜过程中又使用了新的暴力。即，程某某为了保护自己和盖某某能顺利逃脱，驾驶车辆在时速超过 120 公里/小时的情况下，采用左右晃动等逼靠措施，给追赶二人的季某某和尚某某造成了重大人身安全隐患。[④] 笔者认为该论断还有进

---

① 参见陈笑尘、卢放兴：《女车主撞死劫匪之后——对佛山中院表态"正当防卫"的法律解读》，载《中国审判》2009 年第 5 期。

② 陈兴良：《刑法适用总论》（上卷），中国人民大学出版社 2017 年版，第 339 页。持相同看法的有王政勋：《正当行为论》，法律出版社 2000 年版，第 206 页；高铭暄主编：《刑法专论》，高等教育出版社 2006 年版，第 439~440 页；张明楷：《刑法学》，法律出版社 2016 年版，第 216 页。

③ 参见张理恒：《驾车追赶抢劫者致死系防卫过当》，载《检察日报》2013 年 2 月 27 日第 3 版。

④ 参见山东省东营市中级人民法院民事判决书，(2014) 东民一终字第 24 号。

一步讨论的余地。因为，《刑法》第 20 条第 3 款所谓"严重危及人身安全的暴力犯罪"，并非指所有可能对他人人身安全构成威胁的行为，而只能是对他人生命、健康等人身法益造成直接性、攻击性侵害的暴力行为。本案中，侵害者程某某和盖某某在前，防卫人尚某某和季某某在后，故尽管程、盖二人高速左右晃动的行为会对尚、季的安全行驶带来一定的影响，但毕竟不会立即对防卫人的人身安全带来直接的侵害，其攻击性和危险性毕竟与调转车头朝防卫人撞击或者从车窗朝防卫人开枪射击、投掷锐器等行为不可同日而语。因此，笔者认为，对于本案似乎不宜直接援用特殊防卫权，而应当根据防卫限度的一般判断原理进行具体分析。

2. 防卫限度判断的展开。

当不法侵害人在取得财物后驾车逃离时，普通公民要想自行夺回财物，可设想的方案大致有：其一，一直紧跟其后，直到侵害人驾驶的车辆燃油耗尽、无力再逃；其二，采取近距离威吓的方式使侵害人产生心理压力，迫使其停车；其三，撞击对方驾驶的车辆，使其丧失行进能力。第一种选择固然能大大降低侵害人伤亡的可能，但随之而来的却是防卫效果的骤然减弱和防卫人所遇危险的大幅增高。因为：首先，选择行进方向与路线的主动权本就掌握在侵害人手上，故旷日持久地消极追赶，只会更有利于侵害人伺机逃离。其次，持续高速地在道路上行进，也会明显增加防卫人遭遇意外的风险。最后，即使在长时间追逐后真能使侵害人陷入走投无路的境地，防卫人也很可能需要与侵害人搏斗之后才能抢回财物，这样一来防卫的成功率和安全性就毫无保障。可见，正是侵害人采取的这种逃避方式，使防卫人可选择的有效且安全的防卫途径极其有限；故当防卫人被迫采用了较为猛烈的手段时，其中包含的风险就应由侵害人自行"买单"。因此，像"张德军故意伤害案"中的行为人那样选择第二种方案，即驾车与对方平行行驶，就属于为达到防卫效果的必要之举。另外，在高速追赶的同时另行实施逼停或其他威吓行为，这对于一名普通驾驶者的技术和心理素质来说毕竟是一个不小的挑战，防卫人在实施该行为时也仍需面临相当的风险。在此情况下，应当允许行为人选择更为有效和对自身更为安全的第三种方案，即直接撞击侵害人的车辆。故"贠某某故意伤害案"以及"龙某某正当防卫案"中，被告人的行为均未超出必要限度，不属于防卫过当。

值得注意的是，目前已有个别判例在此类案件中基本贯彻了"行为优位"的防卫限度判断方法。例如，对于"王某某正当防卫案"，法院在论证被告开车撞击抢夺者所驾驶之摩托车的行为成立正当防卫时，提出："被告的防卫行为虽导致原告受伤，但被告作为个人，在面对两个犯罪行为人时，不采取这一方式不足以抵抗现实的侵害，因此，被告的行为并未超过必要的限度，满足正当防卫的限度条件。"① 主审法院对于本案的评析意见则说得更为透彻："从防卫的强度来看，针对原告的抢夺行为，如果被告不对原告实施伤害并使得原告暂时丧失攻击能力，根本不可能挽回损失，也就是说，不如此就不足以制止不法侵害。从防卫的手段来看，根据当时情势及双方的力量对比，抢夺人骑乘摩托车逃逸，被告除驾车追击外，已没有更好的选择。同时，被告作为一名手无寸铁的女子，面对两名壮年男子，如果不以车辆作为防卫工具——驾车追击，并无其他有效防卫方式。"② 很明显，法院对于防卫限度的判断已经舍弃了法益均衡性的考量，真正将考察焦点放在了以确保防卫"及时、有效和安全"为前提的防卫行为必要性之上。笔者对此表示赞同。

七、结论

1997 年《刑法》颁布后，人们似乎一度乐观地认为，正当防卫条款的完备化能够使先前存在于司法实践中的问题一劳永逸地获得解决。这种"立法依赖"的观念，在一定程度上使得这些年来中国正当防卫理论的研究总体上呈现出发展乏力、暮气略重的景象，无论是研究方法的创新性还是研究内容的突破性，均逊色于刑法总论的诸多其他领域。紧迫性要件的存在和唯结果论的盛行说明，绑缚于正当防卫权之上的绳索并没有因为 1997 年《刑法》的颁布而自动脱落。这为"徒法不足以自行"的箴言添加了一个鲜活的注脚，它昭示我们，如果缺少了合理、发达的教义学理论作为法律适用的向导与保障，那么无论初衷如何良好、设计如何精良的立法都难逃被歪曲和架空的危

---

① 重庆市沙坪坝区人民法院民事判决书，（2011）沙法民初字第 02402 号。
② 邹砚：《唐某甲诉王某某侵犯人身权纠纷案——正当防卫时间与限度的民事判断》，载《人民司法·案例》2012 年第 14 期。

险。刑法学亟待建构起一套真正触及思维方法和社会文化根源的正当防卫教义学。鉴于司法实践严控正当防卫权的做法，是"维稳优先"的治理理念以及中国社会生死观和实用理性的深根在司法领域中所结出的枝叶，可以预想，要真正使公民防卫权从不当的束缚中解放出来，或许还需要经历一个相对漫长的过程，也需要法学界付出更多的努力。

第六章 "误判特权"的边界：风险分担与判断时点

一、聚焦"于海明致刘海龙死亡案"

【于海明致刘海龙死亡案】（检例第 47 号）2018 年 8 月 27 日 21 时 30 分许，刘海龙醉酒驾驶宝马轿车，载唐某某等沿昆山市震川路西行至顺帆路路口时，向右强行闯入非机动车道，与正常骑自行车的于海明险些碰擦，双方遂发生争执。刘海龙车上一同伴先下车与于海明发生争执，经同行人员劝解返回车辆时，刘海龙突然下车，上前推搡、踢打于海明。虽经劝架，刘海龙仍持续追打，后返回宝马轿车取出一把砍刀（经鉴定，该刀为尖角双面开刃，全长 59 厘米，其中刀身长 43 厘米、宽 5 厘米，系管制刀具），连续用刀击打于海明颈部、腰部、腿部。击打中砍刀甩脱，于海明抢到砍刀，并在争夺中捅刺刘海龙腹部、臀部，砍击右胸、左肩、左肘，刺砍过程持续 7 秒。刘海龙受伤后跑向宝马轿车，于海明继续追砍 2 刀均未砍中，其中 1 刀砍中汽车。刘海龙逃离后，倒在距宝马轿车东北侧 30 余米处的绿化带内，后经送医抢救无效于当日死亡。经法医鉴定并结合视频监控认定，在 7 秒时间内，刘海龙连续被刺砍 5 刀，其中，第 1 刀为左腹部刺戳伤，致腹部大静脉、肠管、肠系膜破裂；其余 4 刀依次造成左臀部、右胸部并右上臂、左肩部、左肘部共 5 处开放性创口及 3 处骨折，死因为失血性休克。①

---

① 参见卢志坚：《于海明的行为属于正当防卫，不负刑事责任》，载《检察日报》2018 年 9 月 2 日第 1～2 版。

2018年9月1日，昆山市公安局在商请检察机关提前介入后发出通报，认定于海明的行为成立正当防卫、不负刑事责任，并据此撤销案件。① 警方对本案的处理结论赢得了社会舆论几乎一边倒的欢呼与喝彩，案发之初出现的种种争议似乎也随着警方通报的发布而归于平息。在笔者看来，尽管于海明案在司法程序上的确已经尘埃落定，但刑法理论界却有必要以此为契机开启并推进正当防卫领域中一个重大基础性问题的研讨。本案中，引起争议的关键事实在于：于海明在成功抢到砍刀后对刘海龙连续多次实施的砍击，发生在刘已不再握有凶器、也没有继续实施明显暴力侵袭的情况之下，其中有两次砍击还发生在刘转身朝宝马车跑去的过程中。于是，在于海明持刀砍杀之时，究竟是否存在着严重危及其人身安全的不法侵害，就成为决定他的行为能否成立正当防卫的核心问题所在。众所周知，作为紧急权的一种，正当防卫往往发生在千钧一发、刻不容缓的危急时刻，不仅预留给行为人思考和反应的时间极为有限，而且还会使行为人处在精神紧张、情绪激动的心理状态之中，从而令其辨识和决断能力出现下降。因此，行为人对于不法侵害之存否以及不法侵害之强弱的判断，有时就会与现实状况发生偏离。在防卫人存在误判的情况下，究竟应当站在哪一时间点、根据何种事实来认定正当防卫的前提要件和限度要件呢？

我国刑法理论关于正当化事由的研究存在一个突出的短板，即"重成立要件的实体内容、轻成立要件的判断标准"。与构成要件领域内对危险判断标准如火如荼的争论盛况形成鲜明对比的是，学界鲜有对判断正当防卫客观要件所需的资料、时点与立场展开系统探究的努力。不过，纵观现有的学术文献和司法判例，对此问题大体存在以下两种基本倾向：

1. 事后标准说。

我国刑法学通说在论及防卫起因要件时，强调："正当防卫的起因是指真实存在的不法侵害，而不是指侵害表示，更不是指主观想象的或主观推测的不法侵害。如果行为人把不是不法侵害的行为误认为不法侵害进行了防卫，这种行为不是正当防卫，而叫假想防卫。"② 同时，不少学者在论述防卫限度

① 参见昆山市公安局关于昆山市震川路于海明致刘海龙死亡案件调查处理情况通报，2018年9月1日。

② 高铭暄主编：《刑法学原理》（第2卷），中国人民大学出版社1993年版，第208页。

要件时也指出：行为是否符合防卫限度，应当运用客观的标准，综合考量案发当时的全部事实情况，对防卫行为与不法侵害各自的性质、手段、强度进行全面的分析比较；一旦确定在客观上只需使用明显比现实的防卫行为更为轻微的反击手段即足以有效制止不法侵害，就应当认为行为人的防卫行为超出了防卫限度许可的范围，若防卫人在行为当时不可能认识到这一点，则可根据意外事件排除犯罪的成立。① 冯军教授发表的关于"于海明致刘海龙死亡案"的评论，也明确秉持了事后标准说。他认为：刘海龙在被于海明第一刀砍成致命伤之后，就已经在实际上丧失了继续侵害的能力，故至少从于海明继续砍刘海龙左臀部的第二刀开始，于的伤害行为都是不必要的过当行为；即使于海明误以为对方仍具有行凶的能力和意图，即便该认识错误不可避免，也不能改变其行为的过当性质，仅仅影响其防卫过当的法律后果。② 在司法实践中，也存在支持该立场的判例。例如：

【金某乙故意伤害案】 2013 年 8 月 26 日晚，赵某某在明知金某甲要对金某乙实施伤害的情况下，将经其现场观察确认后的金某乙在一丧户家守夜的信息电话告知金某甲。金某甲获知信息后，于当晚 23 时许纠集陈某甲、陈某乙，携带两把砍刀，坐出租车至该丧户处。23 时 36 分许，金某甲到达现场，看到金某乙正在临时搭建的棚架下与周某甲等人打牌，金某甲持砍刀冲上前朝金某乙后颈部砍了一刀，金某乙被砍后立即起身逃跑。金某甲和陈某甲各持一把砍刀在后追砍，金某乙躲到周某甲身后并操起旁边一长板凳挥舞抵挡。周某甲在劝拦过程中被砍中腰背部受伤。在此过程中，陈某乙进棚，在现场操起一长板凳冲进来伺机帮助金某甲。金某乙持长板凳冲顶金某甲，双方倒在圆桌下的地面上互相扭打。陈某甲在旁持砍刀砍向金某乙。与此同时，当晚守夜的周某乙、程某某、钱某某先后过来各拿起一长板凳上前拦阻陈某甲和金某甲。周某乙和钱某某各持一长板凳将陈某甲逼退出棚外。同时，金某乙起身后手持长凳砸打金某甲，金某甲随后起身持刀退向雨棚外，金某乙等人持长板凳追出。金某甲退至距雨棚出口十余米的道路西北侧绿化人行道时，

---

① 参见马克昌主编：《犯罪通论》，武汉大学出版社 1999 年版，第 762 页；陈兴良：《正当防卫论》，中国人民大学出版社 2017 年版，第 125、146～147 页。

② 参见冯军：《"昆山砍人案"的冷思考，打捞那些被忽略的细节》，载《中国检察官》2018 年第 18 期。

因体力不支被砸打后受伤倒地。金某乙随即持长板凳继续砸金某甲头面部数下。金某甲后经抢救无效死亡。

对于本案，一审法院认定被告人金某乙在金某甲倒地后持长板凳朝其头面部砸击数下致其死亡的行为属于防卫过当，并以故意伤害罪判处金某乙有期徒刑5年。金某乙在上诉意见中辩称：自己在守丧时无故遭遇金某甲等人持砍刀砍击肩颈等要害部位，在严重受伤后才持板凳反击，而且己方在力量和工具杀伤力方面明显处于劣势，完全是在仓皇、惊恐的状态下将行凶者砸击致死，符合正当防卫的成立要件。二审法院未采纳该意见，其理由在于：不可否认，金某乙先前已被金某甲等人无故砍击致伤，故他判断金某甲仍具备继续实施不法侵害的可能，这有一定的合理性和必然性；但是，根据现场监控以及多名证人的证言，金某甲退出雨棚时其力已竭，金某乙身旁已有他人相助，无论从人员数量还是个人身体状况来看，金某甲的暴力侵害已经受到有效压制，不足以再严重危及金某乙的人身安全。[①] 可见，法院在认定不法侵害是否继续进行时，有意识地排除了行为人的主观判断，完全以事后查证的客观事实作为判断的依据。

【黄某故意伤害案】 2016年7月6日23时许，被告人黄某途经黄某乙家门外小路与黄某乙相遇，吸毒并患有艾滋病的黄某乙突然打黄某一拳，在双方拉扯中黄某乙咬住黄某的右手背，黄某担心被黄某乙传染艾滋病，惊慌中摸到地上的一根木棍打倒黄某乙即跑回家。次日3时许，黄某乙被其母亲发现死在其家门外的小路上。经鉴定，黄某乙是因左侧腰背部被钝性物体打击致脾脏及左肾破裂引起急性失血性休克而死亡，黄某所受的损伤为轻微伤。

一审法院未肯定黄某的行为具有防卫性质，而是直接以故意伤害罪判处其有期徒刑12年、剥夺政治权利2年。黄某认为原判量刑畸重，遂提起上诉。其上诉理由之一是案件发生在半夜天黑之际，自己精神高度紧张，加之三四年前黄某乙曾用带血的针筒威胁过其家人，故他确信黄某乙是以传染高危疾病的方式对其进行不法侵害，这才导致自己无法正确把握防卫的限度，故应适用《刑法》关于防卫过当应予减轻或者免除处罚的规定。二审法院首先肯定了被告人的行为具有防卫性质，继而指出：黄某乙采取咬伤的方式意

---

① 参见浙江省温州市中级人民法院刑事判决书，(2015) 浙温刑终字第1881号。

图传播艾滋病给黄某，尽管该方式足以造成黄某极大的心理恐慌，但该侵害行为并不必然导致黄某感染艾滋病，况且黄某事实上也并未因此染病，这就说明黄某乙的不法侵害不足以危及黄某的生命权，故应认定被告人的行为属于防卫过当。① 在此，法院对于侵害人撕咬行为危险性的判定，也明显是基于事后查明的全部事实来进行的。

2. 事前标准说。

近年来，有部分学者提出：对于正当防卫的所有客观要件均应立于事前的时点、站在理性第三人或曰社会一般人的角度来加以认定；即便事后发现行为人的认知与客观事实不符，但只要理性第三人在当时条件下会作出与行为人相同的判断，则应以行为人的认识为准认定正当防卫的客观条件已经具备。② 周光权教授所提出的"正当防卫成立条件的'情境'判断"学说，就是其代表。他主张：只要具有社会一般理解能力的第三人处于防卫人行为当时的特殊情境下，也会认为存在不法侵害，也会认为不法侵害正在进行，进而产生防卫意思实施反击，并且也会选择和防卫人相同强度的防卫措施，那么即便事后证明侵害人所使用的凶器为假，也可以认定正当防卫的全部成立条件已获满足。③ 针对晚近以来出现的多个热点案件，出于克服我国正当防卫理论和实践中长期存在的"唯结果论"积弊的需要，越来越多的学者开始强调，在判断正当防卫的要件时，应当立足防卫人的视角，设身处地地充分考虑紧急状态对行为人判断、反应和行动能力所带来的影响，不可强人所难、以全知全能的标准相苛责。④ 一时间，倡导事前标准说的呼声似有渐趋高涨之

---

① 参见黄某故意伤害案，广西壮族自治区高级人民法院刑事判决书，（2017）桂刑终 184 号。

② 参见夏菲菲、黄威：《正当防卫中"不法侵害"的主客观问题研究》，载《新学术》2007 年第 2 期；张宝：《防卫紧迫性判断标准的刑法教义学诠释》，载《中州学刊》2018 年第 5 期。

③ 参见周光权：《正当防卫成立条件的"情境"判断》，载《法学》2006 年第 12 期。

④ 参见劳东燕：《防卫过当的认定与结果无价值论的不足》，载《中外法学》2015 年第 5 期；沈德咏：《我们应当如何适用正当防卫制度》，载《人民法院报》2017 年 6 月 26 日第 002 版；周光权：《论持续侵害与正当防卫的关系》，载《法学》2017 年第 4 期；尹子文：《防卫过当的实务认定与反思——基于 722 份刑事判决的分析》，载《现代法学》2018 年第 1 期；车浩：《昆山启示录：正当防卫不是拳击比赛而是抗击侵略》，"中国法律评论"公众号，2018 年 9 月 2 日；邹兵建：《正当防卫中"明显超过必要限度"的法教义学研究》，载《法学》2018 年第 11 期；吴允锋：《正当防卫限度的判断规则》，载《政治与法律》2018 年第 6 期；黄云波：《对防卫者岂能用"圣人标准"苛责？》，载《民主与法制》2018 年第 37 期；梁根林：《防卫过当不法判断的立场、标准与逻辑》，载《法学》2019 年第 2 期；王钢：《正当防卫的正当化依据与防卫限度——兼论营救酷刑的合法性》，元照出版公司 2019 年版，第 181 页。

势。司法实践中也有判例持类似的见解。例如，对于"于海明致刘海龙死亡案"，警方通报指出："司法实践中，考量是否属于'行凶'，不能苛求防卫人在应急反应情况下作出理性判断，更不能以防卫人遭受实际伤害为前提，而要根据现场具体情景及社会一般人的认知水平进行判断。"① 又如：

【苏某甲故意伤害、故意杀人案】2015 年 1 月 18 日 4 时许，阮某某酒后携带刀具，从武鸣县城乘车与另两人到被告人苏某甲的家门前，打砸苏某甲家的大铁门，对苏某甲、苏某乙等人进行威胁。苏某甲、苏某乙下楼后与阮某某发生争执，苏某乙打电话报警，阮某某见状持刀去追苏某乙。苏某甲随后拿起一根扁担，想制止阮某某。阮某某边骂边持刀朝苏某甲捅刺，苏某甲则用扁担朝阮某某打去。扁担裂成两半后，苏某甲将扁担扔掉。阮某某仍持刀冲向苏某甲，苏某甲拾起地上的旧水泥砖打中阮某某头部，阮继续持刀朝苏某甲捅刺。苏某甲即捡起另外一块水泥砖朝阮的头部打去，阮某某被击中后慢慢斜倒下去。苏某甲将手中的水泥砖再次砸向阮某某，击中其头部，造成阮某某受重伤经抢救无效死亡。经鉴定，阮某某系左颞枕部遭钝性打击后致重型颅脑损伤死亡。

一审法院认定被告人的行为属于防卫过当，以故意伤害罪判处其有期徒刑 3 年、缓刑 3 年。检察院针对该判决提起抗诉，认为：当阮某某被苏某甲打中头部跌倒后，事实上已经丧失了继续侵害的能力，既然现实的、正在进行的不法侵害已不复存在，那么苏某甲持水泥砖再次击打阮某某头部的行为就不具有防卫的性质，而是报复性的故意伤害。二审法院裁定驳回抗诉、维持原判，理由是：一方面，在双方对打的过程中阮某某的尖刀始终未离手，故苏某甲认为如不奋起还击，阮某某会再次起身实施侵害，这种判断符合正常人的心理态度，具有合理性，故应认定不法侵害于当时仍在继续进行，苏某甲实施防卫行为是适时的。另一方面，苏某甲在明知阮某某已经受伤倒地暂时无反抗能力的情况下，继续用水泥砖砸击阮某某，该防卫行为已超过足

---

① 昆山市公安局关于昆山市震川路于海明致刘海龙死亡案案件调查处理情况通报，2018 年 9 月 1 日。

以制止不法侵害所需要的强度并造成了重大损害，故属于防卫过当。[①]

再如，"于海明致刘海龙死亡案"发生后不久，又出现了引起社会广泛关注的"涞源反杀案"：

【涞源反杀案】被害人王某甲于2018年1月结识王某乙后，多次要求与其进一步交往，均被拒绝。同年5月至6月期间，王某甲采取携带甩棍、刀具上门滋扰，以自杀相威胁，发送含有死亡威胁内容的手机短信，扬言要杀王某乙兄妹等方式，先后六次到王某乙家中、学校等地对王某乙及其家人不断骚扰、威胁。王某乙及家人先后躲避到县城宾馆、亲戚家居住，并向涞源县、张家口市、北京市等地公安机关报警，公安机关多次出警，对王某甲训诫无效。2018年6月底，王某乙的家人借来两条狗护院，在院中安装了监控设备，在卧室放置了铁锹、菜刀、木棍等，并让王某乙不定期更换卧室予以防范。

2018年7月11日17时许，王某甲到达涞源县城，购买了两把水果刀和霹雳手套，预约了一辆小轿车，并于当晚乘预约车到王某乙家。23时许，王某甲携带两把水果刀、甩棍翻墙进入王某乙家院中，引起护院的狗叫。王某丙在住房内见王某甲持凶器进入院中，即让王某乙报警，并拿铁锹冲出住房，与王某甲打斗。王某甲用水果刀（刀身长11cm、宽2.4cm）划伤王某丙手臂。随后，赵某某持菜刀跑出住房加入打斗，王某甲用甩棍（金属材质、全长51.4cm）击打赵某某头部、手部，赵某某手中菜刀被打掉。此时王某乙也从住房内拿出菜刀跑到院中，王某甲见到后冲向王某乙，王某乙转身往回跑，王某甲在后追赶。王某丙、赵某某为保护王某乙追打王某甲，三人扭打在一起。王某乙上前拉拽，被王某甲划伤腹部。王某甲用右臂勒住王某乙脖子，王某丙、赵某某急忙冲上去，赵某某上前拉拽王某甲，王某丙用铁锹从后面猛击王某甲。王某甲勒着王某乙脖子躲闪并将王某乙拉倒在地，王某乙挣脱起身后回屋拿出菜刀，向王某甲砍去。期间，王某乙回屋用手机报警两次。王某丙、赵某某继续持木棍、菜刀与王某甲对打，王某甲倒地后两次欲起身。王某丙、赵某某担心其起身实施侵害，就连续先后用菜刀、木棍击打王某甲，直至王某甲不再动弹。经鉴定，王某甲头面部、枕部、颈部、双肩及双臂多

[①] 参见苏某甲故意伤害、故意杀人案，广西壮族自治区南宁市中级人民法院刑事附带民事裁定书，(2016) 桂01刑终108号。类似的判例，见龚某某故意伤害案，广西壮族自治区南宁市武鸣区人民法院刑事判决书，(2017) 桂0122刑初80号。

处受伤，符合颅脑损伤合并失血性休克死亡；王某丙胸部、双臂多处受刺伤、划伤，伤情属于轻伤二级；赵某某头部、手部受伤，王某某腹部受伤，均属轻微伤。

涞源县人民检察院认定王某丙、赵某某的行为构成正当防卫，决定对其不起诉。检察院认为，王某甲倒地后王某丙、赵某某继续刀砍棍击的行为依然属于正当防卫，理由在于：其一，王某甲身材高大，年轻力壮，所持凶器足以严重危及人身安全，王某甲虽然被打倒在地，还两次试图起身，王某丙、赵某某当时不能确定王某甲是否已被制伏，担心其再次实施不法侵害行为，又继续用菜刀、木棍击打王某甲，与之前的防卫行为有紧密连续性，属于一体化的防卫行为。其二，根据案发时现场环境，不能对王某丙、赵某某防卫行为的强度过于苛求。王某丙家在村边，周边住宅无人居住，案发时已是深夜，院内无灯光，王某甲突然持凶器翻墙入宅实施暴力侵害，王某丙、赵某某受到惊吓，精神高度紧张，心理极度恐惧。在上述情境下，要求他们在无法判断王某甲倒地后是否会继续实施侵害行为的情况下，即刻停止防卫行为不具有合理性和现实性。[①] 在此，检察院对于防卫限度的判断很明显采取了事前的判断立场。因为，该不起诉决定没有将王某甲倒地作为侵害的结束时点，而是将两名行为人当时的合理担心以及他们的精神情绪对于其判断能力所产生的影响作为认定防卫是否必要的关键因素。

当前，《指导意见》也明确肯定了事前标准说的基本立场，第2条指出："要立足防卫人防卫时的具体情境，综合考虑案件发生的整体经过，结合一般人在类似情境下的可能反应，依法准确把握防卫的时间、限度等条件。要充分考虑防卫人面临不法侵害时的紧迫状态和紧张心理，防止在事后以正常情况下冷静理性、客观精确的标准去评判防卫人。"

从我国理论研究和司法实践的现状来看，刑法学界关于正当防卫成立条件之判断标准的探讨，亟待着力回答的核心问题主要有以下两个：

其一，不同判断标准的争议焦点究竟何在？如前文引述的学说和判例所示，人们支持事前标准说的一个重要论据是"法不强人所难"，即认为只有立足于行为当时的情境之中、以一般人的认知能力为标准去判断正当防卫的要

---

① 参见保定市人民检察院关于对"涞源反杀案"决定不起诉有关情况的通报，2019年3月3日。

件，才能避免对处于紧急状态下的行为人提出超越其能力所及范围的要求。但这一说法恐怕还值得推敲。因为，无论是事后标准说还是事前标准说，都对行为人判断能力的有限性给予了充分的考量，只不过二者考虑该因素的具体路径存在差异。具体来说：事前标准说将认知能力因素内置于正当防卫客观要件的判断之中，主张只要行为人对事实的误判无可避免，即应"将错就错"，直接以行为人主观认识的情况肯定正当防卫的成立。唯有当行为人对误判负有过失时，才能按照事实认识错误的原理追究其过失犯的刑事责任。与此相反，事后标准说则将认知能力因素定位在正当防卫客观要件的判断框架之外。在确定不法侵害存否以及强弱时，该说的确丝毫不顾及行为人的心理状态和辨识能力；但是，即便在基于纯客观的立场认定行为不符合正当防卫客观要件的情况下，该说也绝没有径行肯定行为人有罪，而是进一步依照事实认识错误的原理，视行为人对不当损害结果是否具有预见和避免的能力，来决定其行为是否构成过失犯罪。由此可见，在行为人对误判的发生缺乏避免可能性的情况下，无论是事后标准说还是事前标准说都拥有行之有效的出罪机制。[①] 只不过前者的依据是意外事件，后者的依据则是正当防卫。因此，认为事后标准说是以"事后诸葛亮"的姿态给行为人提出了过分严苛的要求、只有采取事前标准说才能体现出对行为人设身处地式的体察，这种看法恐怕失之武断。既然如此，我们就有必要首先追根溯源，切实弄清不同认定标准之间的真正差别和实质争点。

其二，确定正当防卫要件判断标准的实质依据是什么？就我国现有的研究成果来看，无论是事前标准说还是事后标准说，大多仍停留在较为表面和粗糙的论述之上，往往只是满足于就事论事地宣示自身立场，而未能站在犯罪论构造和紧急权体系的高度，对支撑各自立场的理论基石展开系统和深入的分析。正是基础性研究的相对缺失，不仅使得审判实践对相关问题的处理呈现出盲目、随意的乱象，而且导致学者自身的立场有时也出现摇摆不定、前后不一的情况。例如，虽然陈兴良教授在总体上倾向于事后标准说，但他同时又认为："我说在考察正当防卫的必要限度问题上采取客观标准，不是说

---

① Vgl. Graul, Notwehr oder Putativnotwehr – wo ist der Unterschied?, JuS 1995, S. 1051; Perron/Eisele, in: Schönke/Schröder, StGB, 30. Aufl., 2019, § 32 Rn. 28.

把防卫人的主观因素一概排除在我们的视野以外。恰恰相反，防卫人的主观因素在确定正当防卫的客观需要时具有十分重要的意义。所以，我们应该设身处地地判断防卫人在正当防卫情况下的主观意图，分析产生其主观意图的客观基础……对于这些由于个人的主观素质的差异所带来的对不法侵害的反应的差别，我们在考察正当防卫必要限度的时候，不能不加以考虑。在这个意义上，我认为，在考察正当防卫的必要限度问题上，仍应坚持主观和客观相统一的原则。"① 问题是，如果将防卫人的主观认识和意图纳入防卫限度的判断之中，就不可避免地面临着当主客观不一致时究竟以何者为准的追问，而一旦在这个问题上作出了偏向行为人素质和能力的抉择，则势必倒向与客观标准背道而驰的事前标准说。可见，只有揭示出用以指导确立防卫条件判断标准的深层次理论根基，才能保证判断标准的稳定和一贯。

有鉴于此，本章将首先阐明，事前与事后标准说的实质区别来源于赋权事由与免责事由的划分；接着，以归责原理作为划定误判特权边界的指针，将行为人的误判划分为三种类型分别加以分析。

二、争议焦点的探寻与理论基础的确定

（一）赋权事由与免责事由的区分

我国传统刑法理论习惯于把正当防卫、紧急避险称为"排除犯罪性事由"② 或者"排除社会危害性事由"③。这实际上忽视了在出罪事由内部进一步区分赋权事由与免责事由的必要性。

所谓赋权事由，是指法律在特定情形下授予行为人以侵犯他人法益的权利，从而使得该行为及其造成的结果均获得法秩序的肯定性评价。既然赋权事由不仅能使行为人获得无罪判决，而且还能令其享有获准侵犯他人法益的权限，那就说明，该事由直接关乎公民自由空间的边界，它"不但为行为人

① 陈兴良：《正当防卫论》，中国人民大学出版社2017年版，第125～126页。
② 马克昌主编：《犯罪通论》，武汉大学出版社1999年版，第707页。
③ 高铭暄主编：《刑法学原理》（第2卷），中国人民大学出版社1993年版，第196页。

免除了负担，而且还给受害人增添了负担"①。在这种涉及公民基本权利界限的根本性问题上，不能止步于单纯刑法领域中罪与非罪的判断，而必须立于以宪法为统领的全体法秩序的视野下展开通盘考量。因此，赋权事由不是刑法独家评价的结果，而是经过各个部门法一致认可后的产物。

免责事由指的是，行为人并不享有损害他人法益的权利，其行为造成的损害结果始终受到法秩序的否定性评价，只不过由于该结果的发生对于行为人来说缺乏避免可能性，故不可归责于他。"立法者放弃运用刑罚手段来制裁某一举动方式，这并不必然意味着他容许该行为存在。"② 正如人们所熟知的，盗窃他人 20 元现金的举动之所以不成立犯罪，并非因为法律对该举动予以肯定，而只是因为其法益侵害的严重性未达到必须动用刑罚来应对的程度。同样，就免责事由来说，无论是汽车司机在根本不可预见的情况下导致某路人死亡，还是精神病人在无法辨认和控制自己行为的情况下将他人杀死，该行为之所以无罪，并不是因为汽车司机与精神病患者获得了剥夺对方生命的权利，③ 而仅仅是基于两项专属于刑法领域的价值考量：其一，责任原则。即，刑罚的发动必须以法益侵害结果的发生对于行为人来说具有避免可能性为前提，任何脱离了可谴责性的刑罚都必将使行为人沦为用于威慑他人或者满足受害方复仇情绪的工具，是对个人尊严的侵犯。其二，一般预防。即，只有将犯罪限定在公民避免能力可及的行为之上，才能使刑事判决真正发挥行为导向的功能。由此可见，免责事由完全发端于刑法特有的目的理性之中，这也决定了其适用范围基本上只能局限在刑法领域之内。

既然在赋权事由中，行为人获得了损害他人法益的权利，那么与此相应，受损者的法益便在一定范围内失去了法律的保护，他有义务对行为人的权利行使行为加以忍受，既无权向对方展开反击，也不得将损害转嫁给第三人。可是，就免责事由来说，由于行为人并不享有侵犯他人法益的权利，受损方的法益始终处在法律的保护之下，故受损方并无忍受义务，这就为他通过行使紧急权保全自身法益留下了空间。

---

① Gallas, Zur Struktur des strafrechtlichen Unrechtsbegriffs, FS – Bockelmann, 1979, S. 167.

② Amelung, Zur Kritik des kriminalpolitischen Strafrechtssystems von Roxin, in: Schünemann (Hrsg.), Grundfragen des modernen Strafrechtssystems, 1984, S. 94.

③ Vgl. Kindhäuser, Erlaubtes Risiko und Sorgfaltswidrigkeit, GA 1994, S. 217.

（二） 正当防卫属于赋权事由

在德国刑法学界，以赫茨贝格（Herzberg）、弗里施（Frisch）、弗罗因德（Freund）为代表的部分学者主张，包括正当防卫在内的正当化事由只是一种单纯的行为许可（Handlungserlaubnis）。具体来说，正当化事由的功能仅仅在于说明，"一个原本因符合构成要件而受到禁止的举动，是否由于某种情形的特殊性而不再是（足以引起刑罚后果的）受禁止的举动"①。它的成立并不意味着行为人对他人的法益享有侵入的权利（Eingriffsbefugnis），也不意味着受损的一方负有忍受的义务。从这一点来看，正当化事由本质上就是"被容许的风险"（下文将这种观点简称为"单纯行为许可说"）。② 不可否认，是否一切正当化事由都包含侵入他人法益的权利从而足以引起受损方的忍受义务，这在理论上还有讨论的余地。一种颇具影响的学说认为，如果某一正当化事由的前提要件中存在某种内含了不确定性的预测要素，例如推定被害人承诺中的"被害人可能会予以同意"、公民扭送权中的"具有逃跑的嫌疑"等，那么只有当行为人的合理推测在事后被证明与事实真相相符，例如只有当事后证实被害人的确愿意予以承诺、被扭送者彼时确实意图逃窜时，才能认为该正当化事由足以产生侵入权利；一旦推测与事实真相不符，则合法化的效果仅限于行为本身，而无法扩及于损害结果，故只能根据被容许风险的思想认定相应的行为不违法，但受损方却并不因此负有忍受义务。③ 但即便如此，正当防卫也始终是一种典型的赋权事由，单纯行为许可说将正当防卫与被容许风险相提并论的说法，是站不住脚的。

第一，综合各个部门法的相关规定来看，正当防卫的法律效果绝不止于消极出罪，而是积极地使行为人获得了受全体法秩序肯定的权利。首先，尽管《刑法》第 20 条为正当防卫设定的法律后果仅仅是"不负刑事责任"，但

---

① Frisch, Vorsatz und Risiko, 1983, S. 425.

② Vgl. Herzberg, Erlaubnistatbestandsirrtum und Deliktsaufbau（Teil 1）, JA 1989, S. 247f; Freund, Richtiges Entscheiden – am Beispiel der Verhaltensbewertung aus der Perspektive des Betroffenen, insbesondere im Strafrecht, GA 1991, S. 407; Schlehofer, in: MK – StGB, 3. Aufl., 2017, vor 32 Rn. 78ff.

③ Vgl. Günther, in: SK – StGB, 6. Aufl., 1998, vor § 32 Rn. 57; Sternberg – Lieben, in: Schönke/Schröder, StGB, 30. Aufl., 2019, vor § 32 Rn. 10b.

在我国《刑法》创制和修改的过程中，立法者始终认为，正当防卫属于"公民的一项合法权利"。① 其次，我国民法和行政法规范也对正当防卫与被容许风险的法律后果作出了明确区分。《民法典》第 181 条第 1 款规定："因正当防卫造成损害的，不承担民事责任。"这一规定从根本上排除了在防卫行为完全合规的情况下防卫人承担赔偿责任的可能。与此相对，《道路交通安全法》第 76 条第 1 款第 2 项却规定："机动车与非机动车驾驶人、行人之间发生交通事故……机动车一方没有过错的，承担不超过百分之十的赔偿责任。"可见，即使机动车驾驶者在驾车时完全遵守交通规则，对于事故的发生毫无预见和避免的可能，也需要在一定范围内承担赔偿责任。② 这就说明，被容许的风险并不能像正当防卫那样拥有绝对的合法性，它依然保留了使行为人负担法律责任的可能。

第二，被容许的风险在本质上属于免责事由。被容许的风险之所以不成立不法，并不是因为某一制造和实现风险的事件本身获得了许可，而是因为该事件虽为法所反对，却无法归责于行为人。被容许风险的概念，是在现代工业社会高速发展的背景下应运而生的。道路交通、工矿生产要满足社会经济的需要，就不可避免地带有一定的风险，而且这种风险将随着运输和生产活动效率的提升而增高。本来，一切有意遵守刑法上行为规范的公民，都有义务将自己遵守规范的能力维持在一定的水平之上；如果他在力所能及的范围内因缺少必要的小心谨慎而不当地削弱了自身的规范遵守能力，则刑法可以就出现的法益损害结果向该公民发出责难，认定其违反了注意义务。③ 不过，假如完全按照个人预见和避免能力的标准来确定注意义务，那么相关活动的运行效率必然只能徘徊于极低的水平之上。因此，在技术进步和危险增多相生相伴的现代社会，为了保障经济与科技的正常发展，有必要容忍公民在从事风险业务时预见和避免损害结果的能力在一定范围内出现下降。④ 这便

---

① 高铭暄：《中华人民共和国刑法的孕育诞生和发展完善》，北京大学出版社 2012 年版，第 25 页。另参见王汉斌：《关于〈中华人民共和国刑法（修订草案）〉的说明（1996 年 12 月 24 日）》，载高铭暄、赵秉志编：《新中国刑法立法文献资料总览》，中国人民公安大学出版社 2015 年版，第 593 页。

② 参见杨立新：《我国道路交通事故责任归责原则研究》，载《法学》2008 年第 10 期。

③ Vgl. Hruschka, Strafrecht nach logisch – analytischer Methode, 2. Aufl., 1988, S. 313; Kindhäuser, Zur Funktion von Sorgfaltsnormen, FS – Schünemann, 2014, S. 147.

④ Vgl. Kindhäuser, Erlaubtes Risiko und Sorgfaltswidrigkeit, GA 1994, S. 216.

是刑法上被容许风险的实质。可见，所谓被容许的风险，并不是指某种法益侵害的危险和结果得到了法秩序的认可，而是指行为人的注意能力在一定范围内出现减降的状态不具有规范上的可谴责性，它在法律属性上与正当防卫有着本质区别。

第三，将正当防卫理解为一种单纯行为许可的做法，有混同违法阻却事由与责任阻却事由之虞。本来，犯罪论体系的建构是否必须遵循不法与责任相分离的模式，对此尚有进一步研究的空间，故笔者一直认为，不宜将不法和责任的划分奉为分析刑法学具体问题时不可动摇的铁律和前提。不过，既然大多数支持单纯行为许可说的学者均无意废弃不法与责任相分离的构想，那么该说的提出按理就不应当对这种阶层划分构成威胁。然而，我们却发现，失去了侵入权利的正当化事由，实际上已经难以和责任阻却事由划清界限。

一般认为，正当防卫杀人与无责任能力者杀人的差别在于：在前一情形中，容许性规范的介入使得"禁止杀人"的行为规范不再适用于具体个案，故相关的杀人行为已归于合法；在后一情形中，"禁止杀人"的行为规范依然发挥着效力，这使得相关的杀人行为始终保持着受法律禁止的属性。[1] 不过，两种杀人行为在法律上所获评价的差异，必须最终落实到不同的法律后果之上，否则就只是纸上谈兵。合法与违法行为之间的差别，最集中地体现在其他公民对该行为是否享有紧急防御权的问题上。通说认为，针对由无责任能力者所实施的侵害行为，其他公民有权进行正当防卫，但其防卫权需要受到一定的限制，例如，防卫人应当首先选择退避、应当更为严格地把握防卫强度等。[2] 如果认为，正当防卫的杀人行为只能获得行为方面的许可，那就意味着，虽然该行为的行为无价值由于正当化事由的成立而被取消，其结果无价值却依然留存。针对缺少行为无价值但具备结果无价值的举动，有的学者主张可以进行有限制的正当防卫，有的学者则认为只能进行防御性紧急避险。[3]

---

[1] 参见张明楷：《违法阻却事由与犯罪构成体系》，载《法学家》2010 年第 1 期。Vgl. Jescheck/Weigend, Lehrbuch des Strafrechts AT, 5. Aufl., 1996, S.475f; Sternberg – Lieben, in: Schönke/Schröder, StGB, 30. Aufl., 2019, vor § 32 Rn. 1.

[2] Vgl. Kühl, Strafrecht AT, 8. Aufl., 2017, § 7 Rn. 196; Kindhäuser, in: NK – StGB, 5. Aufl., 2017, § 32 Rn. 109.

[3] 对相关争论的概述，参见张明楷：《刑法学》，法律出版社 2016 年版，第 199～200 页。Vgl. Roxin, Strafrecht AT, Bd. 1, 4. Aufl., 2006, § 15 Rn. 14ff.

如果赞同前一种观点，则正当防卫的杀人行为与无责任能力者的杀人行为在法律后果上完全一致；即便是支持后一种观点，由于防御性紧急避险权与受到了种种限制的正当防卫权之间并无本质的区别，① 故两种行为的法律后果也没有本质差异。由此可见，一旦在违法阻却事由中去除了侵入权利，正当化事由在实际的法律后果上就与责任阻却事由相差无几，所谓前者受到法律的容许而后者依然为法律所禁止的论断，便沦为了一句空话，不法与责任的界分也势必难以为继。事实上，即便是一些力主摒弃"不法—责任"阶层划分的学者，也不得不承认，侵入权利以及与之紧密相伴的受损方忍受义务，是正当化事由不可抹杀的本质特征。②

如前所述，在行为人对误判的发生不负有过错的情况下，事后标准说与事前标准说在定罪的问题上殊途同归，二者将分别以意外事件和正当防卫为依据达到排除可罚性的效果。尽管意外事件和正当防卫同属出罪事由，但二者在法律性质上却大相径庭，前者乃植根于刑法专属领域的免责事由，后者则系源自于全体法秩序、包含了侵入权利的赋权事由。于是，同样是在行为人对误判的发生没有过错的情况下，行为人按照事前标准说所获得的待遇明显优越于事后标准说。因为，一旦根据事前标准认定相关行为成立正当防卫，那么由防卫权所产生的受损方的忍受义务，即可从根本上断绝受损方以及第三人通过行使正当防卫、紧急避险等紧急权实施反击的可能。但是，假若遵从事后标准说将相关行为定性为意外事件，则受损方及第三人对之并无忍受义务，他们至少有权对行为人采取防御性紧急避险，相应地，行为人对该紧急权给自己带来的损害反而需要承担忍受的义务。③ 至此，事前标准说与事后标准说的争论焦点终于浮出水面：在正当防卫的判断中，能否以及在多大范围内能够赋予行为人"误判特权"，从而使其在主客观不一致的情况下并非仅仅依据免责事由出罪，而是能够依据赋权事由享有对他人的侵入权利呢？

---

① Vgl. Roxin, Die „sozialethischen Einschränkungen" des Notwehrrechts, ZStW 93 (1981), S. 82; Pawlik, Der rechtfertigende Defensivnotstand, Jura 2002, S. 28.

② 参见［德］米夏埃尔·帕夫利克：《"最近几代人所取得的最为重要的教义学进步"？——评刑法中不法与责任的区分》，陈璇译，载陈兴良主编：《刑事法评论》（第35卷），北京大学出版社2015年版，第316页。

③ Vgl. Graul, Notwehr oder Putativnotwehr – wo ist der Unterschied?, JuS 1995, S. 1051.

(三) 归责原理、风险分担与误判特权

行为人一方享有紧急权的反面就是受害者一方负有忍受义务,故紧急权的成立意味着法律为受害人的法益所设置的保护屏障在一定范围内被撤除。换言之,"正当化事由不仅排除了国家刑罚权的发动,而且剥夺了被害人的权利,使其无权要求行为人不去实施符合构成要件的行为。一切正当化事由的效果都在于缩减对被害人的保护"①。因此,紧急权的建构必须首先回答一个元问题:紧急行为受害者的法益失去法律保护的根据究竟何在?

刑法中的归责判断具有两方面的意义:第一,确定行为人是否成立犯罪。即,从刑法上来说,能够将他人遭受的某种损害归责于行为人,这是行为人承担刑事责任的关键。第二,确定行为人在利益冲突中的值得保护性。根据"自我决定权的反面就是自我答责"② 的思想,若某人是在对风险有确切认知和实际支配的情况下自愿置身于风险之中,则此人的法益在自陷危险的限度内不再值得保护,该风险给他造成的损害应当由其自行承受。③ 紧急权发生在不同主体的利益冲突之中,而这种冲突的最终消解需要以牺牲其中一方的法益为代价。冲突一方对于利益冲突之发生负有的责任越大,则意味着他对于利益冲突可能给自己带来的种种风险越需要自负其责;于是,法律就越有理由要求他为平息该冲突支付成本,也越有理由在消除冲突的过程中撤销对其法益的保护。因此,利益冲突的是否发生以及在多大程度上可归责于某一方,就成为确定该公民的法益是否以及在多大范围内不再值得保护的决定性标准。④ 紧急权体系正是以这一思想为基础建构起来的。首先,如果某人以违反法义务的方式一手制造了利益冲突,那就说明利益冲突的产生完全可归责于他。在为消除冲突所必要的范围内,该人法益的值得保护性原则上将归于消失。由此产生了最为强势和凌厉的紧急权——正当防卫。其次,若某人并未

---

① Mitsch, Rechtfertigung und Opfersverhalten, 2004, S. 30.

② Renzikowski, Notstand und Notwehr, 1994, S. 179.

③ 参见冯军:《刑法中的自我答责》,载《中国法学》2006 年第 3 期。

④ Vgl. Frister, Die Notwehr im System der Notrechte, GA 1988, S. 301ff; Jakobs, Kommentar: Rechtfertigung und Entschuldigung bei Befreiung aus besonderen Notlagen (Notwehr, Notstand, Pflichtenkollision), in: Eser/ Nishihara (Hrsg.), Rechtfertigung und Entschuldigung, 1995, S. 145.

现实地实施违反法义务的举动，只是在客观上引发了利益冲突的局面，则利益冲突之于他的可归责程度就会较前一种情形有所减弱。因此，在为消除冲突所必要的范围内，该人法益的值得保护性将出现明显的下降，但并未完全消失。这便产生了强势程度略逊于正当防卫的紧急权——防御性紧急避险。[①]最后，如若利益冲突的出现完全不可归责于某人，那么原本并不允许强令他承担为消除该冲突所需付出的代价。唯有根据现代法治国普遍承认的社会团结原则，[②] 才能在极为严格的条件下例外地承认可以由无辜第三人担负有限的牺牲义务。这就是所受束缚最多、行使强度最弱的紧急权——攻击性紧急避险。

由此可见，行为人侵入权利的范围取决于受损方法益的值得保护性，而受损方法益的值得保护性又取决于受损方对于利益冲突的可归责性。这为正当防卫误判特权问题的解决提供了启示。正当防卫领域内值得研究的误判类型主要有三种：一是侵害实际上未发生，行为人误以为有；二是侵害实际上较轻，防卫人误以为较重；三是侵害实际上已结束，防卫人误以为还在持续。从纯客观的角度来看，行为人的行为要么损害了非不法侵害人的利益，要么给侵害人造成的损害超出了为制止侵害所必需的限度。这时，对于防卫限度的判断究竟是采取事前还是事后标准，就涉及如何就上述损害结果在防卫人和被防卫人之间进行风险分担的问题。[③] 本来，按照犯罪判断的基本思维，应当首先确定行为人认识或者应当认识的对象是什么，然后再考察行为人是否认识或者是否能够认识该对象。作为主观要件的行为人认知和作为客观要件的认知对象应当是截然分离的；若认知与其对象发生偏离，本无以主观认知改变客观对象之理，而只能依照认识错误的原理加以处断。事后标准说正是基于这一思维，通过拒绝承认行为人享有防卫权、仅使其免于刑事责任，从而令行为人承担了相对更多的风险。与此相反，事前标准说则授予了行为人以一定的误判特权，直接根据行为人的主观认识将客观上不存在侵害的情形拟制为有侵害，将实际较轻的侵害拟制为重侵害，将已结束的侵害拟制为仍在持续的侵害，从而按行为人想象的

---

① Vgl. Pawlik, Der rechtfertigende Defensivnotstand, Jura 2002, S. 26f; Köhler, Die objektive Zurechnung der Gefahr als Voraussetzung der der Eingriffsbefugnis im Defensivnotstand, FS – F. C. Schroeder, 2006, S. 262ff; Engländer, Grund und Grenze der Nothilfe, 2008, S. 96ff.

② Vgl. Kühl, Freiheit und Solidarität bei den Notrechten, FS – Hirsch, 1999, S. 263ff; Frisch, Notstandsregelungen als Ausdruck von Rechtsprinzipien, FS – Puppe, 2011, S. 438ff.

③ 参见陈璇：《正当防卫中风险分担原则之提倡》，载《法学评论》2009 年第 1 期。

情境取消被防卫者法益的值得保护性，要求他为行为人造成的损害承担忍受义务。这样一来，由误判所产生的风险就更多地落到了被防卫人的头上。既然误判特权的成立，将使得防卫行为受损方忍受义务的成立基础从现实存在的事实扩大至行为人主观想象的情境，那么为了防止防卫权无限扩张，为了避免受损方遭受不公正的待遇，就必须使行为人的误判特权与受损方在法律上的答责性相关联。于是，行为人的误判是否以及在多大程度上可归责于由被防卫人所实施的、引起了利益冲突的违法行为，就成为划定行为人误判特权边界的关键。接下来，笔者将针对正当防卫中的三种误判类型分别展开探讨。

三、类型 1：关于侵害存在与否的误判

关于是否存在不法侵害的判断，必须坚持以事后查明的客观事实为标准。换言之，只要某人并未以现实的不法行为引发利益冲突，就不应承认行为人享有误判特权。理由如下：

第一，由正当防卫的赋权事由属性所决定，对其前提要件的认定必须侧重对受损者一方利益的保障，而不能一味强调行为人判断能力的有限性。全面事前标准说主张对于正当防卫的一切客观成立要件均应采取行为时的判断标准。该说以规范论为基础，其基本的论证逻辑是：禁止和命令规范是犯罪构成要件的基石，其任务在于告知公民不得为和应当为何种举动；与此相对，容许规范则是正当化事由的基石，作为禁止和命令规范的反面，其功能在于宣示公民有权实施何种举动。这两类规范相互补充，共同构筑起了刑法上行为规范的完整内容，它们通过引导和调控公民的行为，从而最终实现了刑法保护法益的目的。既然人们一致认为，禁止和命令规范所提出的要求不得超出规范对象者能力所及的范围，那么同样地，在容许规范的适用过程中，也应当对规范对象者认识能力的局限性予以充分考虑。① 一言以蔽之，"刑法上

---

① Vgl. Nowakowski, Zur Lehre von der Rechtswidrigkeit, ZStW 63 (1951), S. 329; Zielinski, Handlungs – und Erfolgsunwert im Unrechtsbegriff, 1973, S. 244ff; Armin Kaufmann, Zum Stande der Lehre vom personalen Unrecht, FS – Welzel, 1974, S. 401f; Wolter, Objektive und personale Zurechnung von Verhalten, Gefahr und Verletzung in einem funktionalen Straftatsystem, 1981, S. 137; Frisch, Vorsatz und Risiko, 1983, S. 425ff.

的行为规范，不论是禁止和命令规范也好还是容许规范也罢，只有当站在事前的时点、从规范对象者的角度来看其前提要件具有认识的可能性时，这些规范才可能得到遵守，进而也才具有意义"①。

在笔者看来，这一见解可能还存在疑问，因为它忽视了前述赋权事由与免责事由的区分。不难看出，该说的立论前提在于：容许性规范就是禁止与命令性规范的反面，"容许性规范所包含的行为＝不违反禁止与命令规范的行为"。但是，这一命题本身恰恰难以成立。不违反禁止与命令性规范的行为实际上包括两类：（1）不可归责的法益侵害行为。根据"超出能力所及范围的义务无效"（impossibilium nulla est obligatio）的原则，只有当行为人有能力履行禁止和命令规范所设定的义务而拒不履行时，才能认定他违反了规范。（2）符合容许性规范的法益侵害行为。容许性规范通过在特殊情况下授予行为人以侵害他人法益的权利，从而使得原本受到禁止的行为被例外地取消了规范违反的属性。可见，只要将不可归责的法益侵害行为排除在规范违反的范围之外，就已经充分地展现了对公民有限认知能力的关照。所以，践行"法不强人所难"的精神，这并不是容许性规范的特有任务所在。②

作为赋权事由的基础，容许性规范的功能并不限于否定行为的违法性，更在于赋予其一种积极的规范评价；它向广大公民宣示的，并非何种行为消极地不违反禁止和命令规范，而是何种举动能够积极地获得法秩序的首肯。本来，根据《宪法》第33条第2款和第51条所确立的自由平等原则，任何侵犯他人法益的行径均为法所不容。如果某种法益侵害行为只是成立免责事由，那么这仅仅排除了该行为成立犯罪的可能，却并未使受损方的法益处于不受法律保护的状态，法秩序依然为他保留了行使紧急权、向行为人请求损害赔偿等救济途径。可是，若某种法益侵害行为成立赋权事由，则意味着国家在一定范围内撤销了对受损方法益的保护，从而断绝了他寻求私力和公力救济的可能。法治国的一个基本要求是："在诸如基本人权的问题上，宪法和法律必须防止一个社会以多数人的名义随意干涉和侵害。"③ 然而，一旦以行

① Rudolphi, Rechtfertigungsgründe im Strafrecht, GS – Armin Kaufmann, 1989, S. 384.
② Vgl. Schroth, Die Annahme und das ,, Für – Möglich – Halten " von Umständen, die einen anerkannten Rechtfertigungsgrund begründen, FS – Arthur Kaufmann, 1993, S. 606.
③ 顾肃：《自由主义基本理念》，译林出版社2013年版，第147页。

为当时一般人认识的事实作为正当防卫前提要件的判断基础，那就意味着：只要社会上的多数人在当时都会一致断定某人正在实施不法侵害，即便此人实乃无辜的守法公民，他也百口莫辩，唯有自认倒霉，对他人以防卫之名对自身法益造成的损害忍气吞声。这样一来，法秩序对公民基本权利的保障就失去了确定性和平等性，这是任何法治社会都不能接受的。由此可见，一种法益侵害行为要想不仅不受禁止，而且获得规范的积极评价进而成为人人皆须忍让的一项权利，就必须满足比免责事由更为严格的要求。① 正是由于容许性规范不但要为行为人提供行动指南，更涉及重新划定法律对受损者法益的保护区间，所以它就不能像免责事由那样只是片面地专注于行为人一方的认识和行动能力，更要审慎地顾及受损者一方的利益。

第二，仅仅依据受损方的举动与行为人误判的产生具有事实因果关系这一点，并不足以推导出行为人享有误判特权的结论。有的学者意识到了全面事前标准说的弊病，便试图在该说的基础上进行调整，主张应当根据侵害的假象是否可归责于受损方，来决定对防卫前提要件究竟是采取事前还是事后的标准（下文将这种观点简称为"限制的事前标准说"）。具体来说：（1）如果受损方的某个举动与行为人产生不法侵害正在进行的错觉之间有因果关系，那么，即便该举动不违法，误判的风险也应当由受损一方自行承担。例如：

【侦探电影案】在一个人迹罕至的地下停车场内，H看见在楼梯出口处，蒙面人A正举起一把消音手枪瞄准了一名弯腰探向汽车后备箱的司机B。H以为A意图射杀毫无防备的B，遂快步冲上前猛力将A撞开，导致A从陡直的楼梯口跌下身亡。事后查明，A所使用的是一把玩具手枪，他和B当时正在为一部侦探电影的演员遴选比赛作排练。

在本案中，既然H的误解完全是A自己一手造成的，那么A就必须为由此招来了他人的防卫行为而自食其果。（2）只有当侵害的假象完全不可归责于他受损方时，才应当采取事后标准，否认行为人享有防卫权。②

限制的事前标准说将正当防卫判断标准的选取与归责概念相关联，笔者对这一基本思路深表赞同。但遗憾的是，该说所使用的具体"归责"标准，

---

① Vgl. Hirsch, in: LK – StGB, 11. Aufl., 1993, § 34 Rn. 30; Kühl, Strafrecht AT, 8. Aufl., 2017, § 8 Rn. 52.

② Vgl. Momsen/Rackow, Der Erlaubnistatbestandsirrtum in der Fallbearbeitung, JA 2006, S. 554f.

却无力担负起划定误判特权边界的重任。因为：

其一，能够影响受损方法益的值得保护性的，只能是法律而不是日常生活或者伦理道德意义上的归责。依照《宪法》第 51 条的规定，公民的行动自由仅仅止于对"国家的、社会的、集体的利益和其他公民的合法的自由和权利"的损害。反过来说，只要公民的行为没有侵害到他人的利益，那么不论该行为是否违反伦理道德、是否会引起社会其他成员的疑惑和不快，国家都不能对其自由加以扣减，也不能降低对其法益的保护力度。在"侦探电影案"中，在一处不至于滋扰他人的僻静场地进行表演练习，该举动没有对任何人的利益造成损害，所以它完全处在 A 和 B 的行动自由空间之内。可是，限制的事前标准说却为这种自由行使行为配置了与真实的不法侵害行为完全相同的法律后果，使一名为实现演艺梦想而从事正常排练活动的业余演员，在法律上遭遇到了与谋杀犯罪人毫无二致的处境。如若公民在行使自由的过程中，除了要避免自己的行为给他人现实地造成损害之外，还要时时处处保证自己的合法行为看上去"像合法行为"，小心提防它给别人带来一种可能侵害他人利益的印象，那就意味着一切容易引起他人不安和误解的合法举动，都应当如同真正的违法行为一样被彻底杜绝。于是，大量恶作剧式的戏谑都是违法的，诸多在舞台以外的场所进行的逼真模仿也都应当被禁止。如此一来，公民的自由空间势必遭到令人难以忍受的大幅度缩减。在法律上，公民只有义务不去实施违法行为，却没有义务进一步给自己的合法行为装扮上清白无辜的外观。因此，在受损方未实施任何违法举动的情况下，不论侵害的假象是否可归因于他，受损方的法益均始终处在法律的完整保护之下。

其二，限制的事前标准说所采取的归责标准脱离了规范内涵的制约，其宽泛无边的外延根本无法将事前标准说限定在合理的范围之内。例如，甲对乙实施暴力侵袭，乙拿起木棍反击，偶然经过此地的丙见状上前试图将甲和乙分隔开，以防止暴力冲突升级，乙误以为丙是对方的帮手，便举棍将其打成重伤。按照限制事前标准说的逻辑，完全可以认为，既然是丙执意介入他人争端的举动引起了乙的误解，那么丙就应当自行承担遭受对方防卫的风险。可是，丙所实施的是挺身而出制止冲突的义举，这样一名富有正义感和责任心的公民怎么能被置于与真正的不法侵害人相同的法律地位，进而背负起忍受他人打击的义务呢？

第三，事后检验所遇到的查证困难，并不是在防卫前提要件的问题上采取事前标准的理由。我们先来看两则分别出自德国帝国法院和联邦最高法院的著名判例：

【护林员案】护林员 E 发现了一名配有枪支的偷猎者 F，便向他鸣枪示警，勒令其立即放下武器，但 F 却持枪转身往后方跑去。E 为免遭 F 的袭击，开枪击中了他的腿部。德国帝国法院认为：在当时情形下，若 E 稍有迟疑，他遭遇对方袭击的危险就会上升。因为 F 有可能会找到一处有利的遮挡地形，或者利用 E 猝不及防的时机朝他射击。故应当认定 E 在行为当时面临着正在进行的不法侵害。①

【上衣口袋案】被告人 J 与被害人 K 素来不睦。K 曾经毫无来由地用一把左轮手枪指着 J 向其发出威胁，所幸当时在场的第三人及时将手枪从 K 的手上打落。J 与 K 的关系因而变得益发紧张，故 J 此后也极力试图避免与 K 碰面。数日后，二人还是在一家酒馆不期而遇。就在 K 将自己的手移向装有手枪的上衣口袋时，J 迅速举枪射击，致 K 重伤。联邦最高法院认为：在行为当时有明显的征兆说明，K 向藏有手枪的口袋伸手的举动已经对 J 的安全构成了直接威胁，故从客观的、至少从被告人的视角来看，已经出现了一种危险的情境，只有立即采取防卫措施才足以排除这一危险。因此，应当认为行为时存在着现实的不法侵害。②

持全面事前标准说的学者提出："'成功的'反抗措施打断了行为的进程，这是正当防卫的实质所在。事后判断标准所遇到的困境就在于，危险性是否会转化为现实的法益侵害行为，这在事后往往是无法确定的。"③ 譬如，在上述两个案例中，F 在向后退却时既可能只是为了避免被捕而逃之夭夭，也可能是想迅速退守至某个隐蔽之处，以便向 E 展开攻击；K 向口袋伸手的动作既可能是准备射杀 J，也可能是为了吓唬威胁 J，还可能只是去取口袋中的其他物品。④ 可是，行为人先下手为强的防卫举措使得事态的发展历程就此归于

---

① Vgl. RGSt 53, 132（133）.

② Vgl. BGH, NJW 1973, S. 255.

③ Schröder, Angriff, Scheinangriff und die Erforderlichkeit der Abwehr vermeintlich gefährlicher Angriffe, JuS 2000, S. 237.

④ Vgl. Geilen, Notwehr und Notwehrexzeβ, Jura 1981, S. 206f.

中断，行为所包含的多种可能性也终局性地失去了转化为现实的机会。于是，被防卫者当时的真实意图究竟为何、行为是否真的会朝不法侵害的方向迈进，就成为悬案，要想在事后获得确定的答案几无可能。因此，对于不法侵害存在与否的认定，只能立于行为当时来进行。[①] 但这一观点是难以成立的。

一方面，不可否认，在被防卫者的举动含有多种可能性的场合，如果行为人稍加耽搁或者犹豫，那么一旦不法侵害真的到来，则有效制止侵害的时机往往已一去不返；所以，从事前立场出发肯定不法侵害的存在，的确实现了对行为人一方利益的充分保障。但是，作为锋芒最为强劲的一种赋权事由，正当防卫犹如一把双刃剑，它在授予防卫人以有效保护法益之利器的同时，也构成了对被防卫者一方利益的重大损害。因此，我们在确定正当防卫的前提要件时，不能一门心思只想着如何使防卫人的行动更为有效和便利，不可一味强调"机不可失、时不再来"，从而置被防卫者的利益于不顾。只有在证实了被防卫者的确意图实施不法侵害的情况下才能允许行为人行使防卫权，这正是鉴于正当防卫权自身特殊的凌厉性而对防卫人与被防卫人双方利益进行理性权衡后得出的必然结论。[②]

另一方面，事后判断标准并不会陷行为人于束手待毙的绝境。因为，可以用于保护行为人一方利益的紧急权不独正当防卫一家，在无法证实被防卫者是否确有侵害意图的情况下，依然存在允许其行使防御性紧急避险权的空间。因为，作为紧急避险前提要件的"危险"，其可能存在的时间跨域宽于"正在进行的不法侵害"。[③] 假如事后难以确定被防卫者当时的真实意图，那么应当以事后能够查明的行为当时存在的全部客观事实为基础，考察行为时是否存在明显的危险倾向，即是否一旦不当机立断采取措施，则在下一时间点就有较大可能出现难以被有效制止的侵害行为。

在"护林员案"中，尽管最终无法确定 F 转身退走的真实意图，但在依法执行公务的护林员已经明确要求 F 放下武器并鸣枪示警的情况下，按照常

---

① Vgl. Mitsch, Rechtfertigung einer Ohrfeige － BayObLG, NJW 1991, 2031, JuS 1992, S. 291.

② Vgl. Roxin, Von welchem Zeitpunkt an ist ein Angriff gegenwärtig und löst das Notwehrrecht aus?, GS － Zong UK Tjong, 1985, S. 145; Frister, Strafrecht AT, 8. Aufl., 2018, § 16 Rn. 16.

③ Vgl. Neumann, in: NK － StGB, 5. Aufl., 2017, § 34 Rn. 56; Erb, in: MK － StGB, 3. Aufl., 2017, § 34 Rn. 78, 83.

理推断，如果 F 确实无意与 E 发生武力冲突，就应当立即就范，至少在放下枪支后再行逃窜，这样做并不会给他自己带来任何风险。既然 F 坚持携带枪支后撤，那便说明他在很大概率上并未放弃对 E 使用枪械的意图。故可以认为 E 面临着遭到 F 开枪袭击的现实可能性。就"上衣口袋案"来看，先前出现的 K 持枪威胁 J 生命安全的事件，已经使得双方关系处于剑拔弩张、一触即发的紧张状态之中。在此特殊背景下，任何一种有接触凶器嫌疑的举动都会使人感受到暴力即将来临的意味，都可能点燃引发冲突陡然升级的导火索。作为一名理性的公民，K 当然是知晓这一道理的。假设他果真无意对 J 实施侵害，完全可以避免在 J 面前做出这种引人猜疑的举动。因此，K 将手移向装有手枪的口袋，有相当大的可能是为了取出手枪对 J 发出威胁甚至直接朝他开枪。据此，可以肯定 J 在当时已经身陷可能遭受对方暴力侵害的危险之中。因此，E 和 J 在"不得已"，即在穷尽了诸如逃避、警告等其他方法均无从有效消除危险的前提下，有权分别对 F 和 K 实施防御性紧急避险。

第四，在不法侵害存否的问题上采取事前标准，将会使法秩序的评价陷入自相矛盾的境地。"当两个人的法益发生了冲突，双方为了保护各自的法益而'相互搏斗'时，法秩序必须说明，随后赶来的警察应当采取有利于哪一方的介入措施。即，法秩序必须作出决断，参与扭打的双方究竟哪一方需要对法益损害加以忍受，哪一方不需要。"[1] 可是，一旦站在事前的立场上去认定防卫的前提条件，则由于是否存在不法侵害都是从冲突双方各自的视角出发来加以判断的，所以就会出现防卫人与不法侵害人的法律地位完全一致的奇特现象。以前述"侦探电影案"为例：事前标准说主张，既然任何一名处在 H 境况下的理性第三人都会误以为 A 正在对 B 实施不法侵害，那就应当认为 H 将 A 撞下楼梯的行为成立正当防卫。如果将这一立场贯彻到底，那么当 H 冲向 A 的那一刻，由于任何一名处在 A 境况下的理性第三人也完全有理由相信 H 是不法侵害者，故假如 A 对 H 采取了暴力反击，则该行为同样也属于正当防卫。这就意味着，对于合法的防卫行为竟然还可以正当防卫，正当化事由行为人所拥有的权利居然和被评价为不法侵害者之人的权利不相上下。[2]

---

[1] Frister, Strafrecht AT, 8. Aufl., 2018, § 14 Rn. 10. Vgl. auch Börgers, Studien zum Gefahrurteil im Strafrecht, 2008, S. 102ff.

[2] Vgl. Rönnau/Hohn, in: LK – StGB, 12. Aufl., 2006, § 32 Rn. 154.

这种自相冲突的结论根本无法为公民廓清合法与违法举动的边界，更遑论发挥事前标准说念兹在兹的行为导向功能。

第五，从法律条文的用语来看，假如立法者在防卫前提的判断问题上果真支持事前标准，就完全可以而且应当将防卫前提表述为"有不法侵害嫌疑的行为"或者"可能是不法侵害的行为"。可是，既然《刑法》第 20 条第 1 款在规定正当防卫前提条件时选择了"正在进行的不法侵害"这一措辞，那就说明在立法者看来，能够引起正当防卫权的只能是现实存在的不法侵害。

四、类型 2：关于侵害严重程度的误判

误判特权问题在防卫限度领域内具体表现为：虽然现实存在正在进行的不法侵害，但防卫人对侵害行为的强度和危险性作了过分严重的估计，进而采取较为激烈的防卫手段给侵害人造成了重大损害；从事后来看，防卫人当时其实只需采取更为轻缓的反击措施，就足以及时、有效地制止不法侵害。结合司法实践来看，关于侵害严重程度的误判大体呈现为以下两种情况：

其一，对侵害手段和工具存在误解。如在"黄某故意伤害案"中，黄某误以为黄某乙口咬的行为具有传染艾滋病毒的高度危险，但医学证明，这种方式导致艾滋病传播的概率极低。① 此外，较为典型的还有以下这种使用仿真武器实施侵害的案件：

【李某丁等故意伤害案】2015 年 1 月 3 日，被害人林某某多次到李某甲家中闹事，向亲戚朋友要钱，林某某的母亲李某乙给了林某某 3000 元。当天 15 时许，林某某又来到二舅李某丙家中，当时李某乙及其他亲属正在李某丙家中聊天，林某某找到李某乙后，把李某乙叫到李某丙家的客厅内，向李某乙索要 1 万元。李某乙说现在没钱，林某某便掏出一把黑色手枪（经提取后发现是仿真手枪）指着李某乙的头部说，不给钱就开枪打死李某乙。正在大门外的四名被告人李某丁、李某戊、李某己、李某甲见状便冲入客厅。情急之下，李某丁从林某某后面用铁锤砸向林某某的后脑，林某某倒在地上。李某

---

① 参见蒋明、高翔：《针扎咬伤会不会感染艾滋病》，载《科技日报》2003 年 7 月 8 日。

丁四人上前按住林某某，林某某拼命反抗，李某丁、李某戊两人用同一把铁锤击打林某某头部和胸部，李某乙、李某甲分别按住林某某的手脚，然后四人用绳子、铁链将林某某捆绑，用透明胶纸将其嘴巴封住，将他扛到隔壁老屋的一个房间里。次日早上，李某乙发现林某某已经死亡。经鉴定，林某某是胸部受到钝性物体反复作用造成心脏破裂，引起心包填塞死亡。法院判决四名被告人的行为属于防卫过当，成立故意伤害罪。①

其二，对侵害者意图存在误解。如本书第五章第四部分曾经援用过的"朱忠喜故意伤害案"。

笔者认为，对于不法侵害的严重程度应当采取防卫人个人化的事前判断标准，即应当将一名配备了防卫人认识能力的理性标准人置于行为当时的情境之中，以他所认识到的侵害事实作为判断防卫限度的基础。接下来，需要依次回答以下两个问题：第一，关于侵害严重程度的判断为什么不同于关于侵害存否的判断，应当采取事前的视角？第二，对侵害严重程度所进行的事前判断，为何不能以一般人而应以行为人能力为基准？

（一）误判的可归责性与事前判断视角的选定

在防卫人对侵害强度发生误判的情形下，之所以需要采取行为当时的判断视角，从而将误判的风险更多地分配给侵害者承担，理由在于：

1. 正当防卫是其他公民代侵害人履行排险义务的行为，防卫人为此付出的合理额外成本，只能算在一手制造了冲突的侵害人账上。

不法侵害的成立，意味着利益冲突是由被防卫者以违反法义务的方式引起的。故侵害人本来就在法律上负有停止侵害、排除冲突境地的义务。②假如侵害人自行履行了该义务，并在终止冲突的过程中付出了必要的成本，那么该损失自然只能由他自己承担。若侵害人本人拒不履行该义务，而是由其他公民以防卫的方式出面制止了不法侵害，则可以认为是防卫者代侵害人履行了后者自己所负有的义务。从这种义务的代行当中，侵害人能够享

---

① 参见李某丁、李某戊、李某乙、李某甲故意伤害案，广东省梅州市梅县区人民法院刑事判决书，（2015）梅县法刑初字第 124 号。

② Vgl. Günther, Defensivnotstand und Tötungsrecht, FS – Amelung, 2009, S. 149.

有到一定的好处。因为：一方面，一旦防卫人成功阻止了实害结果的发生，则侵害人的犯罪行为即止于未遂，他所承担的刑事责任就存在降低的可能；另一方面，在未造成任何损害的情况下，根据侵权责任法中"无损害即无救济"的原则，他还能免于担负民事损害赔偿的责任。既然如此，侵害人在从中获益的同时，也理应承受防卫人为平息这场利益冲突所可能给自己带来的种种风险。

由侵害人与防卫人双方的信息不对称所决定，后者为消除冲突所需耗费的成本，往往会高于前者。具体来说：在侵害人自行消除冲突的场合，侵害者本人就是利益冲突的始作俑者，他对自身侵害行为的性质和强度均了如指掌，故能够准确地将为制止冲突所需付出的代价降低到最低限度。然而，在其他公民通过防卫手段替侵害人履行该义务的场合，防卫人时常难以完全摸清侵害行为的底细，而只能从侵害的外观出发去大体推测其危险性。这样一来，防卫人在试图平息利益冲突的过程中，就不可避免地会因为对侵害事实缺乏了解，而不得不制造出比侵害人自己履行义务的情形相比更为高昂的排险成本。之所以会出现这部分额外成本，完全是因为最了解侵害实情的不法侵害者本人既没有亲自履行排险义务，又没有向代替他履行该义务的防卫人透露真相。因此，由防卫人合理误判所产生的这种额外成本，就不能由防卫人、而应当全部由侵害人自己来承受。换言之，在合理误判的范围内，防卫人有权采取在行为当时看来为及时、有效制止侵害所必要的反击措施，该措施给侵害人带来的一切损害皆可为正当防卫的合法化效果所覆盖。

2. 防卫人对侵害性质发生的合理误判，处在侵害人实际支配的区域之内。这里区分以下两类情形来加以分析：

（1）如果侵害人蓄意制造假象引起对方误判，那么误判风险自然可归责于他。对于抢劫、强奸、敲诈勒索等侵害来说，成功排除或者削弱对方的意志自由是实现侵害目的的关键所在。因此，使用虚假武器令对方产生自身生命和健康仿佛已危在旦夕的错觉，进而在恐惧心理支配下放弃反抗，就是一种理想的作案方式。这时，误判的形成也就成为侵害手段不可或缺的内在组成部分。不过，在这种"极限施压"的侵害策略中，防止对方负隅顽抗的效果总是与刺激对方绝地反击的风险相伴。当受侵害者产生误判时，固然有可能如侵害者所期望的那样，受侵害者迫于压力不得不俯首帖耳，但也可能出现另一种情况，即受侵害者不甘束手就擒，为了摆脱险境而采取极端激烈的手段拼死抗击。例如，在"李某丁等故意伤害案"中，林某某用仿真手枪指着李某乙头部，其本意在于使李某乙误信自己已处在兵在项上的生死关头，进而交出1万元现金，结果反而激起了周围第三人的强力反击。既然超常的收益与超常的风险同时依存于这种以假乱真的侵害方式之上，那么一旦侵害人有意地选择这种方式，他就不能只是怡然享受由此所生的收益，而是同时也需要自行承担其中包含的风险。①

（2）即便防卫人的误判并非侵害者有意引起，但只要误判的发生处在合理（即防卫人不可避免）的范围之内，则侵害者对此至少已有所预见或者具有预见的可能性。受侵害人或者第三人之所以会对侵害行为的危险性发生误解，必然是因为其判断能力发生了下降，而认知能力出现减弱的原因不外乎在于：侵害发生的环境容易使人陷入惊慌失措、草木皆兵的精神状态，或者侵害以迅雷不及掩耳之势降临，给人留下的反应时间过于短暂。例如，在"黄某故意伤害案"中，黄某及其家人先前曾多次遭遇黄某乙威胁传播艾滋病，加之作为缺少医学专业知识的普通公民，黄某只知艾滋病的严重性，却并不了解其传播的有效途径和方式。因此，当黄某于夜半时分突遇黄某乙袭击时，前者在慌乱间极易误以为传染艾滋病的危险已迫在眉睫。

又如，在"朱忠喜故意伤害案"中，尽管黎某某等人只是意图入室盗窃，但他们所选择的侵害情境却有两个特殊之处：

其一，地点是他人的住宅内。"住宅在此已然并非简简单单的一种物理性建筑构造，而是承载了近代立宪主义精神的、个人及其家庭的一般私生活得以在其中自由展开的、实行私自治的物理空间……住宅的那道有形或无形的'门'由此构成人们的社会安全感在心理防线上的最后一道'闸门'。"② 因此，住宅作为公民最为私密的个人空间，作为公民最有理由期待享有绝对自由与安全的地方，一旦遭遇他人无故侵入，势必使其感受到自己的人身安全正面临无法预测和控制的威胁。

---

① Vgl. Otto, Die vorgetäuschte Notwehr – /Nothilfelage, Jura 1988, S. 332；Jakobs, Strafrecht AT, 2. Aufl. , 1991, 11/9.

② 白斌：《宪法价值视域中的涉户犯罪——基于法教义学的体系化重构》，载《法学研究》2013年第6期。

其二，时间在深夜。夜晚的到来使得人类视知觉作用的领域大大缩小，随着对周围信息支配能力的骤减，人的安全感和判断力也会相应下降。对方入室究竟是为了单纯盗窃还是为了实施抢劫、杀人等暴力犯罪，是独自一人还是结伙而来，是徒手作案还是握有凶器，这一切对于突然从睡梦中惊醒的朱忠喜而言都缺乏准确预估的可能。在此情况下，由防卫人认知能力的减弱所产生的误判风险可归责于侵害者。一则，特定的作案时间、空间和对象都是侵害人自由选择的结果，他事先完全能够预见到这种时空条件会导致对方高估侵害的严重程度，从而做出与侵害的实际危险不相称的激烈反应。二则，尽管侵害人所选取的作案情境未必是侵害能够成功的前提和关键，但这种情境往往会起到神不知鬼不觉，或者出其不意、趁其不备的效果，从而在一定程度上提高侵害得手的胜算。三则，许多侵害行为本来就具有几乎不受控制地溢出侵害人原定计划的风险。尽管按照事后的供述，"朱忠喜故意伤害案"当中的黎某某等人可能只是意图盗窃财物，但司法实践中的大量案件却表明，诸多原本打算入室盗窃的犯罪人一旦遇到他人察觉、制止或者擒拿，会几乎本能性地转为实施暴力侵害。事实上，恐怕就连黎某某等人自己也难以断言，如果他们成功入室后被屋主发现，就绝对不会为了达到取财或者逃脱的目的而诉诸暴力手段。诚如普珀（Puppe）所言："若防卫人没能制止住侵害者，则侵害者的侵害行为究竟会到达何种程度，这无论是站在事后还是立于事前都是无法得到确定的。"① 这种由侵害行为发展方向的不确定性所产生的风险，自然只能由侵害的发起者来承受。

3. 侵害人引起的误判，有时本身就足以升高侵害的客观严重程度。在侵害人使用仿真武器实施抢劫等行为的场合，不法侵害绝非单纯只对财产法益构成了威胁。一方面，误判的形成会使受侵害者的自我决定权遭到现实侵犯。以"李某丁等故意伤害案"为例，尽管林某某所持的手枪不具有任何击发功能，但这并不意味着李某乙仅仅面临着针对财产法益的侵害。因为，由于李某乙当时误以为自己面对的是一把真枪，故她被迫处于必须在交付财物和被当场击毙这两种恶害之间进行抉择的困境之中。可见，被胁迫者对假武器信

---

① Puppe, Strafrecht AT, 2. Aufl., 2011, § 12 Rn. 5.

以为真的认识状态直接导致其自由决定的空间遭受了大幅度限制，[①] 故"不论胁迫者能否将其发出的威胁真正付诸实现，胁迫行为都损害到了受侵害者的决定自由"[②]。另一方面，使用假冒的武器还可能引发周围公众的恐慌，从而对社会秩序造成冲击。《刑法》第291条之一第1款所规定的投放虚假危险物质罪，正说明了此类行为对社会秩序法益所造成的危害。

（二）防卫者个人化之标准人形象的证成

既然由防卫人合理误判所产生的风险应当由侵害人来承担，那么我们就需要预先设定一个标准人，将之置于案发当时的具体情境之中，看他将会作出怎样的判断和反应，以此评判防卫人的认知及反击行为是否处在合理的范围之内。如果标准人和防卫人一样会产生误判、进而采取与现实防卫行为大体相当的激烈反击措施，那就可以认为行为人的误判是合理的；反之，若标准人并不会高估侵害的危险性，那就说明该误判并不合理。由于对侵害行为的认知，直接与防卫主体的年龄、性别、智力、视听功能等因素相关，故标准人的设定必然面临一个问题，即应当如何配置该标准人的先天资质和后天素养。笔者主张，防卫限度中标准人的设定应当以防卫人本人，而非抽象一般人的能力为基础。[③] 理由如下：

1. 脱离了防卫人能力的一般人标准，不足以合理地划定误判特权的边界。防卫人与一般人能力之间的关系，无非有以下三种：其一，防卫人能力与一般人能力一致；其二，防卫人能力高于一般人能力；其三，防卫人能力低于

---

① Vgl. Born, Die Rechtfertigung der Abwehr vorgetäuschter Angriffe, 1984, S. 151; Rönnau/Hohn, in: LK - StGB, 12. Aufl., 2006, § 32 Rn. 94.

② Amelung, Sein und Schein bei der Notwehr gegen die Drohung mit einer Scheinwaffe, Jura 2003, S. 95.

③ 赞同防卫限度的判断应立于事前时点的学者，基本上都主张一般人标准说。除本章第一部分所列文献外，亦参见黄荣坚：《基础刑法学》（上），中国人民大学出版社2009年版，第153页；林山田：《刑法通论》（上册），北京大学出版社2012年版，第205页；林钰雄：《新刑法总则》，元照出版有限公司2018年版，第258页。Vgl. Bockelmann, Notrechtsbefugnisse der Polizei, FS - Dreher, 1977, S. 247; Jescheck/ Weigend, Lehrbuch des Strafrechts AT, 5. Aufl., 1996, S. 343; Gropp, Strafrecht AT, 4. Aufl., 2015, § 5 Rn. 148; Wessels/Beulke/Satzger, Strafrecht AT, 46. Aufl., 2016, Rn. 502. 笔者也曾一度支持该说（参见陈璇：《正当防卫中风险分担原则之提倡》，载《法学评论》2009年第1期），但现在经过反思后改变了原先的观点。

一般人能力。当防卫人能力与一般人能力完全一致、防卫人与一般人均会发生误判时，不存在争议。故以下着重讨论后两种情形。

（1）防卫人能力高于一般人能力，一般人会发生误判，而防卫人却不会。例如，对"李某丁等故意伤害案"的案情稍作改动：尽管其他人均误以为林某某使用的是真枪，但防卫人因与林某某关系密切，故知道他行前携带的不过是一把早先在玩具市场上购得的仿真手枪而已。这时，由于防卫人并未发生误判，他完全可以采取诸如冲上前将林某某摁倒在地等非致命性的防卫手段，即足以当即制止抢劫行为，故不能以一般人的认识状况为准允许防卫人选取直接置人于死地的暴力措施。事实上，即便是主张一般人标准说的学者，大多也都认同应当将防卫人本人基于较高能力而认识到的事实纳入防卫限度的判断基础，[1] 或者认为这里的一般人并非抽象的平均人，它需要结合防卫人所处的社会交往圈子、从事的职业以及担负的社会角色等个体因素来加以具体化。[2]

但问题在于：首先，与一直以来困扰现代客观归责理论的特别认知问题[3]相仿，一旦在行为人能力优于平均人能力的情况下承认特别认知对于防卫限度的决定性意义，那就说明单凭一般人标准一己之力是无法准确界定防卫限度的。既然如此，为何不一步到位地直接求助于防卫人个人化的标准，而非要先绕道经过一般人标准这一关，然后再搬出"原则与例外"的说辞去辗转考虑行为人个人能力呢？与防卫人个人化的标准说相比，"一般人能力 + 行为人特别能力"的思考方式除了徒增认定的工序和时间之外，实在看不出有多少优势。其次，人的社会角色具有多方面、多层次性，对社会角色的界定越精准，就越需要紧密联系性别、年龄、受教育程度、智识水准等个人化指标。故一旦根据防卫人所处的社会角色对一般人进行具体化，则与防卫人能

---

① Vgl. Frisch, Vorsatz und Risiko, 1983, S. 441; BGH, NJW 1989, S. 3027; Samson, in: SK - StGB, 5. Aufl., 1992, § 32 Rn. 41; Schröder, Angriff, Scheinangriff und die Erforderlichkeit der Abwehr vermeintlich gefährlicher Angriffe, JuS 2000, S. 240f; Roxin, Strafrecht AT, Bd. 1, 4. Aufl., 2006, § 15 Rn. 46.

② Vgl. Schaffstein, Der Maßstab für das Gefahrurteil beim rechtfertigenden Notstand, FS - Bruns, 1978, S. 102ff; Rudolphi, Rechtfertigungsgründe im Strafrecht, GS - Armin Kaufmann, 1989, S. 388.

③ 对此参见陈璇：《论客观归责中危险的判断方法——"以行为时全体客观事实为基础的一般人预测"之提倡》，载《中国法学》2011 年第 3 期。

力相关的一切因素就将难以阻挡地悉数涌入考量的视域，以社会角色为基础的一般人的认识能力也将愈加接近于行为人本人的认识能力。① 例如，假定行为人是一名运动员，那么我们不能以抽象的运动员作为标准人，而最终需要结合个案中行为人的具体情况将标准人设定为：在国内一线城市受过 10 年职业训练、曾在全国性赛事中晋级、年龄在 25 岁左右的男性散打运动员。不难看出，经过了此番具体化加工后产生的所谓一般人标准，实际上已经与防卫人个人化的标准相差无几了。

（2）防卫人能力低于一般人能力，防卫人发生了误判，而一般人却不会。不妨再对"李某丁等故意伤害案"的案情略作改动：当林某某掏出一把玩具枪指向李某乙逼迫其交出财物时，由于这把枪的外形过于夸张，一般人一眼就能分辨出这是供儿童戏耍的玩具枪。但是，李某乙因为有高度近视，故仍将之错认成了一把真枪，继而抢起木棍猛砸林某某的头部导致其死亡。这时，究竟应当以一般人还是行为人的认识能力为准，就取决于：由防卫人认知能力过低所引发的风险，是否应当由侵害人来承担？笔者的回答是肯定的。因为，无论是侵害对象还是侵害手段，都是由侵害人自由选择和决定的。侵害者无不希望针对易于得逞的对象下手，也无不力图选取效果最佳的作案工具。既然侵害人敢于动用某种一般人均不会认为是真武器的物件去实施抢劫，那就说明他事先已经认识到，至少有可能认识到：由于被抢劫者的认识能力较低，故即便使用逼真程度不高的假武器，也足以产生巨大的震慑作用。这样一来，防卫人因出现误判而反应过激的风险，自当归责于侵害人，也理应由他自行承受。

2. 采取防卫人个人化的标准人形象，并不会导致关于误判是否合理的判断丧失客观的衡量标准。针对本书所主张的观点，难免会有人提出这样的质疑：如果以防卫人自身能力作为设定标准人的基础，就可能使标准人与防卫人完全同一，令前者失去评价和规制现实防卫行为的功能，进而导致凡是防卫人发生的误判都会被认定为合理。但是，只要我们对标准人的"力素"和"心素"进行了区分，这种顾虑就自然烟消云散。

某人要在正当防卫的过程中避免给侵害人造成不必要的损害，需要同

① Vgl. Zieschang, Die Gefährdungsdelikte, 1998, S. 59.

时具备"力"和"心"这两方面的条件。在"力"的方面，他需要具备一定的认知和行动能力；在"心"的方面，他需要抱有将损害控制在为制止侵害、保护法益所必要之范围内的谨慎态度。"防卫行为不得过当"是防卫人所承担的一项法律义务，发出这种期待的只能是法规范，而不能是某个个人。[①] 因为，要求公民谨慎地把握防卫强度，这是法秩序基于规范目的和政策考量对所有社会成员发出的统一要求；法规范可以承认公民的能力有大小，却无法容忍公民遵守防卫限度要求的态度有差别。所以，个人化的标准人形象仅仅是根据行为人的实际能力去确定标准人的"力素"，但并没有以防卫人本人对防卫行为所持的现实态度为圭臬，去确定标准人的"心素"。对标准人"心素"的确定，始终须以一名理想的守法公民对待防卫行为的应有态度作为基础。既然正当防卫权的宗旨在于保障法益免受不法侵害，那么尽管法律并不禁止行为人在具有防卫意识的同时夹带报复、泄愤等有道德瑕疵的一己私欲，[②] 但一名守法公民应当坚守的底线是，不得任由个人情绪腐蚀自己作为一名守法公民对于防卫限度本应怀有的谨慎态度，不能听凭感情冲动削弱自己正确判断侵害事实、把握反击强度的基本能力。何况，根据前述归责原理，侵害人也只是在为制止侵害所必要的范围内才负有忍受其法益受损的义务，故他也有权期待防卫人以一名守法公民应有的态度对待自己。一旦具体个案中的防卫人，在对待防卫行为的谨慎态度上落后于标准的守法公民，那么防卫人所发生的误判便不具有合理性，他也不再享有误判特权。

仍以"李某丁等故意伤害案"为例，假设林某某在实施抢劫的过程中，突然掏出一根长约 20 厘米的黑色塑料棒，防卫人的视力正常，本来完全能够分辩出这是一根杀伤力有限的小型棍棒，却因与侵害人积怨已深，在盛怒之下未及看清对方手中的物件，误以为是一把手枪，遂随手拾起一把砍刀照头劈去，致林某某当场死亡。在此，防卫人之所以产生误判，并非因为能力不济，而是因为在复仇情绪的驱使下失去了一名守法公民在判断防卫情境时应有的理智，故他所出现的认识错误缺乏合理性。由此可见，标准人"心素"的规范化和统一性，足以保证标准人不会丧失作为客观衡量尺度的功能；以

---

① Vgl. Binding, Die Normen und ihre Übertretung, Bd. Ⅳ, 1919, S. 512, 516.

② 参见黎宏：《刑法学总论》，法律出版社 2016 年版，第 134 页。

防卫人个人能力作为设定标准人的基础，绝不等于认为误判合理与否完全由防卫人自己说了算。

3. 以防卫人本人的能力作为设定标准人的基础，并不会冲击不法与责任的阶层划分。一些学者之所以主张采用一般人标准，在很大程度上是考虑到：从犯罪论体系的定位来看，正当防卫没有争议地归属于违法性阶层，作为违法阻却事由基础的容许规范，其功能在于为所有人提出一个客观的、普遍适用的行为准则；但如果对防卫限度的判断采取了防卫人个人化的标准，那就意味着违法判断与责任判断的标准归于混同，这势必严重危及不法与责任的区分。[①] 笔者对此有不同看法。

第一，"一般人标准—行为人标准"的两分法，难以成为不法与责任的界分依据。的确，自从人的不法理论将故意、过失等主观要素从责任阶层前移至不法阶层之后，大陆法系刑法学的主流观点认为，不法与责任的基础均包含决定规范，但二者所依据的标准有所不同：不法中的决定规范指向的是社会一般人，而责任中的决定规范才指向具体个案中的行为人。[②] 但是，这种学说本身就存在重大疑问。其一，"一般人标准—行为人标准"两分法的适用范围仅限于过失犯，它在故意犯中毫无用武之地。即便在人的不法理论那里，作为主观构成要件要素的故意以及与之相关的事实认识错误，也始终是以具体行为人本人事实上的认识作为判断依据，这里并无所谓"社会一般人"的容身之所。那么，为什么到了过失犯领域，不法的判断就需要与行为人自身的能力相隔离，转而求助于一个抽象化的一般人呢？其二，只有当行为规范以个案中的行为人为对象得到了具体化之后，它才能真正实现一般预防的功能。行为规范的形式效力与实际效能不可混为一谈；一般预防在立法和司法两个不同层面上的实现形态，也应加以区分。停留在立法层面上的行为规范仅仅是因为具有形式上的法律效力才成为公民的行动准则；由这种准则的高

---

① 参见梁根林：《防卫过当不法判断的立场、标准与逻辑》，载《法学》2019 年第 2 期。Vgl. Schaffstein, Der Maβstab für das Gefahrurteil beim rechtfertigenden Notstand, FS - Bruns, 1978, S. 94; Rudolphi, Rechtfertigungsgründe im Strafrecht, GS - Armin Kaufmann, 1989, S. 388.

② 参见 [日] 大谷实：《刑法讲义总论》，黎宏译，中国人民大学出版社 2008 年版，第 216 页；周光权：《行为无价值论的中国展开》，法律出版社 2015 年版，第 100 ~ 101 页。Vgl. Welzel, Das Deutsche Strafrecht, 11. Aufl., 1969, S. 51; Jescheck/Weigend, Lehrbuch des Strafrechts AT, 5. Aufl., 1996, S. 243f, 274.

度概括性和抽象性所决定，它离引导行为、预防犯罪这一目标的真正实现还相距甚远。要使公民确切地获知行为规范的要求，还必须求助于以个案为基础的司法层面。在司法阶段，一般预防的实现方式不再是提出抽象的规则，而是通过个案中的归责判断将行为规范的适用条件清晰、详尽地展现在国民面前。① 正是因为不法属于刑法教义学和刑事司法的范畴，正是因为人的不法理论在把主观要素纳入不法的同时就已经将归责判断引进到了不法当中，故不法中的行为规范要想在现实生活中而非纸面上发挥一般预防的机能，就不能仅仅满足于发出抽象的行为规则，而必须超越立法层面的形式效力，以个案中现实的行为人而非虚拟的抽象一般人的能力为基础明示其要求。事实上，人的不法理论普遍采用的以行为人特别能力去补充一般人标准的做法，已足以印证这一点。可见，"一般人—行为人"的二元论能否真正成为不法与责任的界分标准，这本来就是大可质疑的。②

第二，在本类型的误判中，事前判断所要确定的不是能否排除行为人的责任，而是应否赋予行为人以侵入权利。尽管对于阶层体系划分的具体标准争议重重，但人们基本能够达成一个共识，即不法关注的问题是，是否存在某种为法规范所不容许的法益侵害事实；而责任意图回答的问题则是，法秩序可否就某一法益侵害事实向行为人发出责难。假如像全面事前标准说那样，认为在防卫人对侵害事实发生误判的场合，正当防卫成立与否取决于防卫人一方的可非难性，那么由于这时关于正当防卫的认定实际上已等同于针对行为人的归责判断，故采取防卫人个人化的标准或许确有混淆不法和责任的危险。可是，既然根据本章第二部分的分析，正当防卫不是单纯的行为许可，而是一种赋权事由，那么在防卫人对侵害强度发生误判的场合，尽管笔者也支持关于防卫限度的判断应当站在行为当时来进行，但与全面事前标准说不

---

① Vgl. Jakobs, Studien zum fahrlässigen Erfolgsdelikt, 1972, S. 67ff; Stratenwerth, Zur Individualisierung des Sorgfaltsmaβstabes beim Fahrlässigkeitsdelikt, FS – Jescheck, Bd. 1, 1985, S. 294ff; Rostalski, Normentheorie und Fahrlässigkeit, GA 2016, S. 77.

② Vgl. Kindhäuser, Der subjektive Tatbestand im Verbrechensaufbau. Zugleich eine Kritik der Lehre von der objektiven Zurechnung, GA 2007, 448ff; Duttge, Personales Unrecht: Entwicklungslinien, gegenwärtiger Stand und Zukunftsfragen, in: Jehlr/Lipp/Yamanaka (Hrsg.), Rezeption und Reform im japanischen und deutschen Recht, 2008, S. 204; ders., "Erlaubtes Risiko" in einer personalen Unrechtslehre, FS – Maiwald, 2010, S. 151.

同，事前标准在这里的应用并非意在认定防卫人是否值得谴责，而是为了确定误判风险是否处在侵害者的答责空间之内，进而需要由他自行承担。可见，在该判断中，行为人能力的运用与防卫人的非难可能性问题毫无关联，它所聚焦的始终是侵害人法益值得保护性的下降程度及其忍受义务的范围。因此，防卫人个人化的标准人形象并没有将原属责任的问题带入不法，从而抹杀两大阶层的分野。

五、类型 3：关于侵害是否持续的误判

最后需要探讨的一类情形是：由于侵害人已经丧失了继续侵害的能力，或者侵害人已经自动放弃了侵害行为，又或者侵害行为已经实现既遂，故不法侵害在事实上已经结束，但防卫人误以为它仍在继续，从而在防卫意图支配下对侵害人造成了损害。前述案例"于海明致刘海龙死亡案""金某乙故意伤害案""苏某甲故意伤害、故意杀人案"所涉及的就是这类情形。我国刑法理论的主流观点向来习惯于将该情形归入"事后防卫"，主张"应按照处理认识错误的原则，根据防卫人主观上是否有过失，分别按照过失犯罪或意外事件处理"①。换言之，通说对于本类型的误判采取了事后的判断标准。但是，笔者认为：当防卫人对侵害行为是否仍然持续存在误认时，仍应坚持防卫人个人化的事前判断标准，肯定防卫人在误判不可避免的范围内享有误判特权。

（一）二元判断法则的提出

不可否认，乍看起来，侵害行为是否仍在持续似乎也就是侵害是否存在的问题，故沿袭前述对类型 1 之误判的处理方法，对本类型的误判也同样适用事后标准，仿佛顺理成章。然而，从误判的归责结构来看，类型 3

---

① 高铭暄、马克昌主编：《刑法学》，北京大学出版社、高等教育出版社 2017 年版，第 134 页。类似的论述参见周国钧、刘根菊：《正当防卫的理论与实践》，中国政法大学出版社 1988 年版，第 140 页；王政勋：《正当行为论》，法律出版社 2000 年版，第 145～146 页；陈兴良：《正当防卫论》，中国人民大学出版社 2017 年版，第 163 页。

实际上更接近于类型2。因为：在类型1中，被防卫者自始至终并未以违反法义务的方式制造利益冲突，故一方面，其法益的值得保护性从未发生减损；另一方面，行为人的误判也无法在法律上归责于他。与此不同，在类型3中，毕竟是被防卫者以不法行为引起了利益冲突在先。由此带来两个后果：其一，作为利益冲突的始作俑者，侵害者法益的值得保护性已经出现了大幅下降。其二，相对于被动应战的防卫人而言，主动发起进攻的侵害者在对侵害事实的认知和支配方面具有明显的优势，侵害行为将会进行到何种程度、冲突状态将会持续至哪一时点，在很大程度上都处于侵害者的掌控之下。

在侵害人实际上已经停止侵害，但防卫人无从确定的情况下，摆在我们面前的有这样两套风险分配方案：第一，根据事后标准，禁止防卫人继续反击，则防卫人在行为时就需要冒可能受到对方继续侵害的危险；第二，根据事前标准，允许防卫人继续反击，则侵害者在行为时就需要忍受自己在停止侵害后继续遭受对方防卫的危险。由侵害者对于侵害事实所具有的"管控优势"所决定，风险分配的天平依然应当向侵害人一方倾斜。假如侵害人想要终结冲突状态，从而使自身法益的值得保护性复归至冲突发生前的正常水平，那么，要么他已经完全丧失了继续侵害的能力，要么他必须在停止侵害的同时准确无误地向防卫人表明自己放下屠刀、偃旗息鼓的决心。因此，在防卫人对侵害的持续时间存在合理"多虑"的情形下，即便侵害在事实上已经结束，也不能自动使侵害人法益的值得保护性复原，误判所生的风险在一定条件下仍需由侵害人承担。具体来说，关于侵害是否结束的判断应当遵循以下两个基本法则：

1. "终结侵害能力法则"。如果侵害人已根本失去了继续侵害的身体条件，例如，因为被反击行为所伤或者因为突发疾病而瘫倒在地、不省人事，那自然可以断定侵害已告结束。但是，若侵害人的侵害能力尚未完全消失，而只是处于衰减的过程之中，则还不能否认侵害行为仍在持续。因为，体力严重下降的侵害人或许无法直接挥拳展开持久的搏击，却仍有能力动用轻便而有杀伤力的工具去继续实施侵害，如向对方投掷利器或者开枪射击。

2. "履行释明义务法则"。在侵害人仍然保有一定侵害能力的情况下，若侵害人只是单纯停止攻击或者口头表示服输、求饶，一般还不足以宣告侵害结束。① 因为，利益冲突状态的出现，使得侵害人与防卫人之间的相互信任荡然无存。生活经验使防卫人有理由怀疑，这或许是侵害人通过营造形势缓和的假象释放烟幕、以图趁自己放松戒备之际出奇制胜的一种策略，也可能是侵害人为了争取时间以期寻求更为有利的战机、地形和工具的缓兵之计。所以，侵害人必须通过进一步的实际行动、以更为明晰和可信的方式彻底打消防卫人的担忧与疑虑，例如，清除身上携带的一切凶器、束手委身于他人的控制和扭送、积极投入对伤者的救助等。若侵害人在继续保有侵害能力的情况下，没有充分履行这种"释明义务"，导致侵害是否仍在持续处在令人难辨真相、无所适从的状态，则"由此产生的不利后果就应当由侵害人来负担——归根结底，正是他自己制造了这种不明朗的局势，这是他违法举动的产物"②。

在这个问题上，《指导意见》也采取了事前判断的标准，其第6条指出："对于不法侵害虽然暂时中断或者被暂时制止，但不法侵害人仍有继续实施侵害的现实可能性的，应当认定为不法侵害仍在进行；……对于不法侵害人确已失去侵害能力或者确已放弃侵害的，应当认定为不法侵害已经结束。对于不法侵害是否已经……结束，应当立足防卫人在防卫时所处情境，按照社会公众的一般认知，依法作出合乎情理的判断，不能苛求防卫人。"

（二）对相关案件的分析

1. 先来看"于海明致刘海龙死亡案"。对于本案，可以分成两个阶段来依次加以分析：

第一阶段，从于海明遭遇刘海龙侵害开始到刘海龙退却时为止。纵使刘海龙当时只是用刀背或者刀把拍击于海明的颈部、腰部和腿部，而且后者也的确未遭受实际的严重伤害，但我们在判断防卫限度时，不能把目光局限于侵害行为在遭到防卫措施打断之前已然显露出的严重程度，而必须将侵害行为可能累积升高的发展趋势也考虑在内。③ 正如《指导意见》第12条所指出的那样："在判断不法侵害的危害程度时，不仅要考虑已经造成的损害，还要

---

① 参见姜伟：《正当防卫》，法律出版社1988年版，第73～74页。

② Erb, in: MK–StGB, 3. Aufl., 2017, § 32 Rn. 104.

③ 参见周光权：《论持续侵害与正当防卫的关系》，载《法学》2017年第4期。

考虑造成进一步损害的紧迫危险性和现实可能性。"既然刘海龙已经持管制刀具展开袭击，那他就随时可能进一步将暴力侵害升级为更为危险的砍刺行为，可以认为于海明已经面临《刑法》第20条第3款所规定的"严重危及人身安全的暴力犯罪"。因此，于海明在抢到砍刀后旋即朝刘海龙的腹部捅刺的行为，属于为即刻制止侵害所必要的举措。尽管从事后的法医鉴定来看，这一刀刺中了刘海龙的重要脏器，给他造成了致命伤，但在行为当时，刘海龙尚未表现出任何停止侵害的迹象。况且，现实中也大量存在侵害者虽遭受致命伤害但在意志支撑下仍短时保持强劲攻击能力的情况。故刘海龙在7秒钟的时间内仍具有反扑夺刀的危险，不能认为不法侵害已经结束。于是，行为人在本阶段连续实施的5次捅刺和砍杀行为，均处在防卫的必要限度之内。

第二阶段，从刘海龙退却至于海明追砍2刀为止。要确定行为人的追砍行为是否仍属必要的防卫之举，关键问题在于如何理解刘海龙的退却行为的意义。刘海龙受伤后跑向宝马轿车的举动包含两种可能：他或许是意图回身去取藏于车内的其他凶器继续与于搏斗，也或许只是单纯地想要逃离现场。所以，在此有必要结合更具体的案件细节区分两种情况来加以探讨：（1）假如刘海龙在遭受前番多次砍刺后已明显出现伤势危殆、体力不支的状态，难以再继续还击，并且刘海龙在退却时已明确哀求告饶，那么结合侵害人的客观能力和主观意志两个方面，可以认为他向轿车跑去的行为属于单纯的逃避，不法侵害已不复存在。于是，于海明的追砍行为就不再必要，无法成立正当防卫。若行为人是在一时激愤之下对形势作了错误估计，误以为侵害状态尚在持续，则有可能成立过失犯罪。（2）假如没有确凿的征表说明刘海龙已基本丧失侵害能力并且无心恋战，那就说明刘海龙短暂停顿后伺机继续侵害的危险并未消失，于海明一旦有所迟疑便可能招致对方的强烈反攻。在这种情形下，即使事后证明侵害人当时确已完全放弃侵害的意图，但既然他并没有以可信和明确的方式履行"释明义务"，那么由侵害状态的不确定性所带来的风险，就只能由他而非防卫人来承担。正如德国联邦最高法院于1989年在案件事实与本案相仿的一则判例中所指出的，"一直到侵害的危险已被彻底排除，即行为人已无须再担心对方会再度实施侵害的时间点以前，行为人都可以行使正当防卫权"①。从现有证据来看，刘海龙在被砍伤后既未立时失去运动的能力，又没有明确地表达求饶、服软的意思，故应当认为不法侵害仍在持续，于海明有权追击。综上分析，昆山市公安局认定于海明的行为成立正当防卫的结论，是值得赞同的。②

2. 再来看"金某乙故意伤害案""苏某甲故意伤害、故意杀人案"和"涞源反杀案"。在这三个案件中，不法侵害人在防卫人的强势反击下已经出现侵害能力明显减弱的迹象："金某乙故意伤害案"中的金某甲被长凳击伤后在退走的过程中因体力不支倒地，"苏某甲故意伤害、故意杀人案"中的阮某某被对方用水泥砖击中头部后已慢慢斜倒，"涞源反杀案"中的王某甲被打倒在地。但是，根据前述两个判断法则，还不能认定不法侵害已经结束。因为：一方面，在当时情形下，防卫人无法确定侵害者是否遭受了"一剑封喉"的致命伤。日常生活经验表明，在打斗过程中，体力较好者负伤跌倒后起身再战的情况并不鲜见。故仅从侵害人倒地这一事实本身，并不足以得出他已彻底丧失侵害能力的结论。另一方面，由于前两个案件中的侵害人均始终手持刀具，所以他们即便倒地不起，也完全可能向防卫人挥舞或者投掷刀具。既然金某甲、阮某某以及王某甲既没有完全失去侵害能力，也没有明确表露出放弃侵害的意图，那就应当认定不法侵害仍在持续，金某乙、苏某甲以及王某丙和赵某某均有权采取防卫措施彻底消除侵害人反攻的危险。在这一点上，"苏某甲故意伤害、故意杀人案"的二审裁定以及"涞源反杀案"的不起诉决定所持的观点是正确的。

不过，"苏某甲故意伤害、故意杀人案"的二审裁定又以苏某甲"本可以

① BGH 1. 3. 1989 - 3 StR 11/89，BeckRS 1989，31105765. 德国法院判例中类似的论述，vgl. BayObLG 13. 12. 1990 - RReg 5 St 152/90，JZ 1991，936；BayObLG 28. 2. 1991，NJW 1991，2031；OLG Koblenz 17. 1. 2011，StV 2011，622（623）.

② 当确定防卫人是在侵害已经结束之后继续实施了不必要的反击行为时，究竟是应当按照防卫不适时还是防卫过当的原则来处理，理论界尚存争议。（参见赵金伟：《防卫过当减免处罚根据及适用研究》，载《青海社会科学》2017年第3期。）根据上文关于"类型3在归责构造上更接近于类型2而非类型1"的基本判断，笔者认为，只要侵害结束后的损害行为可以视为先前防卫行为的持续，就应将之定性为防卫过当（本章第八部分对此有详细论述）。根据《刑法》第20条第2款的规定，防卫过当的成立不仅要求防卫行为本身明确超过必要限度，而且要求不必要的防卫措施确实引起了重大损害结果。因此，即便认为于海明追砍两刀的行为逾越了必要限度，但由于这两刀最终均未砍中刘海龙的身躯，刘海龙的死亡完全是由第一阶段的5次砍刺行为所致，而该阶段的反击没有疑问地处在必要限度的范围之内，故同样应当否定于海明的行为成立防卫过当。

采取其他方式制服阮某某"为由认为其行为属于防卫过当。笔者对此有不同意见。因为，既然阮某某持刀行凶的危险尚未消失，那就应当允许行为人使用有效、安全地遏制危险所必要的手段。在双方激烈对阵的过程中，战机往往稍纵即逝，胜负时常定于一瞬，许多情况下短暂的一刻就足以导致形势翻转。尽管阮某某在斜倒的那一刻暂停了侵害，但若不当机立断彻底剥夺其还手的能力，则他仍有可能在下一秒钟使用手中的刀具继续攻击。法律固然要求防卫人应当选择给侵害人造成损害最小的防卫手段，但这绝非强令其行"宋襄公之仁"；让防卫人承担该义务的前提是，他采用较轻的防卫手段既不会减弱防卫行为的有效性，也不至于危及自身的安全。[①] 可是，在本案中，一旦苏某甲在侵害者倒地之时改用更为和缓的防卫手段，如赤手空拳上前殴打、控制对方，这不仅无法保证能切实制止侵害，而且也使防卫人自身的安全处于更为危险的境地。所以，难以认为苏某甲继续掷水泥砖砸击的方式明显超过了必要限度。同理，对于"涞源反杀案"来说，在王某甲倒地后仍两次试图起身的情况下，王某丙、赵某某二人为彻底根除其侵害能力而继续用菜刀、木棍击打被害人的行为，没有逾越防卫限度。本案的不起诉决定对行为的定性，是值得赞同的。

六、结论

为了改变我国正当防卫研究中存在的"重要件内容、轻判断标准"的现状，本章以归责思想和紧急权的基本原理为基础，结合司法实践的典型判例，对正当防卫误判特权的问题展开了体系化的探讨，初步得出以下结论：

1. 对于正当防卫的成立要件无论是采用事前还是事后标准，都存在充足的出罪渠道以防止处罚范围的无限扩张，都不会出现在刑法上强行为人所难的局面。只有在出罪事由内部进一步明确区分赋权事由和免责事由，才能揭示出不同判断标准之争的实质意义。正当防卫客观要件判断标准的核心问题

---

① Vgl. Warda, Die Eignung der Verteidigung als Rechtfertigungselement bei der Notwehr (§§ 32 StGB, 227 BGB), Jura 1990, S. 397; Rönnau/Hohn, in: LK – StGB, 12. Aufl., 2006, § 32 Rn. 174; Kühl, Strafrecht AT, 8. Aufl., 2017, § 7 Rn. 103.

在于，在主观认知与客观事实不符的情况下，是否应当肯定行为人在一定范围内仍享有以受损者的忍受义务为特征的侵入权利。

2. 紧急行为受损方对于利益冲突的可归责性，决定了其法益的值得保护性是否以及在多大程度上会出现下降，进而决定了行为人紧急权以及受损方忍受义务的范围。

3. 根据上述思想，正当防卫误判特权的边界主要由以下两个原则来划定：（1）只要被防卫者未以违反法义务的方式引起利益冲突并且诱发误判的形成，则由于被防卫者法益的值得保护性自始未发生减损，故不存在成立误判特权的余地。因此，关于不法侵害存在与否的判断，必须坚持事后的立场，否定行为人享有误判特权。（2）在被防卫者以违法的方式制造了利益冲突的前提下，无论是对于侵害强度还是对于侵害持续时间的误判，均需要根据防卫人个人化的事前标准考察误判的形成是否具有合理性；若防卫人原本有充足的能力辨识出侵害事实的真相，却在个人情绪因素的影响下疏于注意，则该误判不具有合理性，无法成立误判特权。

第七章　防卫过当的罪过：
防卫意识与犯罪故意

一、争点聚焦与典型实例

关于防卫过当的罪过形式问题，我国刑法理论素有争议。以至于有学者感叹："防卫过当的罪过形式是一个十分复杂的问题，也可以说是正当防卫理论中观点最混乱的问题之一。"[1] 少数学者认为防卫过当既可以成立过失犯罪，也可以成立故意犯罪。[2] 但学界的主流意见却对故意形式的防卫过当持限制甚至是完全否认的态度。其中，通说主张，防卫过当的罪过形式不能是直接故意，而只能是过失和间接故意；[3] 有人则提出，若坚持防卫意识必要说，则应当认为防卫过当的罪过形式只能是过失。[4] 从司法实践来看，我国判例的观点

---

[1]　陈兴良：《刑法适用总论》（上卷），中国人民大学出版社 2006 年版，第 310 页。

[2]　参见高格：《正当防卫与紧急避险》，福建人民出版社 1985 年版，第 53～54 页；周国钧、刘根菊：《正当防卫的理论与实践》，中国政法大学出版社 1988 年版，第 161 页；马克昌：《刑法理论探索》，法律出版社 1995 年版，第 80～81 页；张明楷：《刑法学》，法律出版社 2016 年版，第 213～214 页。值得注意的是，张明楷教授以前曾主张防卫过当只能由过失构成（参见张明楷：《刑法学》，法律出版社 2003 年版，第 269 页），但自其第三版教科书以来，他改变了原来的观点。

[3]　参见王作富：《中国刑法研究》，中国人民大学出版社 1988 年版，第 211～212 页；姜伟：《正当防卫》，法律出版社 1988 年版，第 139 页；马克昌主编：《犯罪通论》，武汉大学出版社 1999 年版，第 768 页；田宏杰：《刑法中的正当化行为》，中国检察出版社 2004 年版，第 247～249 页；郭泽强：《正当防卫制度研究的新视界》，中国社会科学出版社 2010 年版，第 120 页；高铭暄、马克昌主编：《刑法学》，北京大学出版社、高等教育出版社 2017 年版，第 136 页；陈兴良：《正当防卫论》，中国人民大学出版社 2017 年版，第 177 页以下。

[4]　参见郭守权、何泽宏、杨周武：《正当防卫与紧急避险》，群众出版社 1987 年版，第 108 页；曾宪信：《犯罪构成论》，武汉大学出版社 1988 年版，第 134 页；胡东飞：《论防卫过当的罪过形式》，载《法学评论》2008 年第 4 期。

颇不一致。对于造成不法侵害人重伤结果的防卫过当，不少判例认定行为人构成故意伤害罪，即承认防卫过当的罪过形式可以是故意。[①] 但是，对于造成不法侵害人死亡结果的防卫过当，判例则鲜见以故意杀人罪论处，而是倾向于认定行为人构成故意伤害（致人死亡）罪。由于在故意伤害罪的结果加重犯中，行为人对死亡结果的罪过形式只能是过失，而防卫过当的结果正是致人死亡，可见法院在审理这类案件时多主张将防卫过当的罪过形式限定于过失。[②] 2009 年，湖北省巴东县人民法院在对邓玉娇案件进行审理后判决被告人因防卫过当而构成故意伤害罪。该判决除掀起了人们对防卫限度问题的探讨热潮之外，也再度引发了对防卫过当能否构成故意犯罪的讨论。[③]

在我看来，学者们关于防卫过当罪过形式的争论焦点实际上集中在以下两个问题上：

1. 如何确定防卫意识的具体内容？众所周知，防卫过当以行为具备除限度条件外的正当防卫的全部成立要件为前提。所以防卫过当的主观罪过实际上就是与正当防卫主观要件相并存的一种心理状态。故防卫过当罪过形式的范围大小直接取决于防卫意识的内容及其与犯意的兼容程度。需要首先明确的是，尽管有学者从一元结果无价值论的立场出发主张把防卫意识排除出正当防卫的成立条件之外，[④] 但无论是从我国的立法规定还是从刑法理论上来看都应当坚持将防卫意识视为正当防卫的必备要件之一。第一，根据我国《刑法》第 20 条第 1 款的规定，正当防卫的成立以主观正当化要素的存在为必要，即行为必须是"为了使国家、公共利益、本人或者他人的人身、财产和其他权利免受正在进行的不法侵害"。第二，应当将正当化的行为与不成立犯罪的行为区分开来。防卫意识不必要说的论据之一是："成立犯罪要求所谓主客观相一致，并不意味着不成立犯罪的行为也必须主客观相一致；只要不符

① 参见蒋春年防卫过当故意伤害案，载最高人民法院中国应用法学研究所编：《人民法院案例选（1992 - 1999 年合订本）刑事卷》（上），中国法制出版社 2000 年版，第 496 页以下；李宇故意伤害案，河南省桐柏县人民法院刑事附带民事判决书，（2006）桐刑初字第 20 号。

② 参见孙明亮故意伤害案，载《最高人民法院公报》1985 年第 2 号；李泉、周连勇：《赵某挥刀砍人构成防卫过当》，载《人民法院报》2006 年 12 月 22 日第 11 版；郭清君、周泽春、陈君：《邓玉娇一审被判免予刑事处罚》，载《检察日报》2009 年 6 月 17 日第 1 版。

③ 参见卜安津：《防卫过当造成严重伤害只能构成过失伤害罪——邓玉娇案中的罪名引发的思考》，载 http://article.chinalawinfo.com/ArticleHtml/Article_48396.shtml，2019 年 9 月 14 日访问。

④ 参见张明楷：《刑法学》，法律出版社 2016 年版，第 204 页以下。

合犯罪成立条件，就不成立犯罪，至于它是否主客观相一致，则不应在考虑之列。"① 然而，正当化的行为与不成立犯罪的行为并非全等的两个概念；前者是指受到整体法秩序提倡和肯定的行为，而后者则除此之外还包含那些虽无法得到法秩序的积极评价，但尚未达到犯罪要求的举动。例如，欠缺客观法益侵害危险的迷信犯和欠缺主观罪过的意外事件均不成立犯罪，但它们无论如何都不属于正当化的行为。相反，由于正当防卫是一种为整体法秩序所肯定的行为，故它的成立必然以主客观两方面均得到法的积极评价为要件。由此可见，以不成立犯罪的行为无需主客观相统一为由，认为正当化的行为也并非以主观正当化要素的具备为必要的说法不能成立。在确定防卫意识是正当防卫不可或缺的成立要件之后，如果认为防卫意识既要求行为人认识到自己的行为是与正在进行的不法侵害相对抗这一正当化的事实，又要求他必须具有而且只能具有保护合法权益的积极目的，那就容易得出防卫过当排斥故意或直接故意的结论；相反，如果弱化防卫目的在防卫意识中的地位，则能够使防卫过当容纳更多的罪过形式。

2. 如果认为防卫过当的罪过形式包括故意（直接故意与间接故意），那么从刑法相关的规定来看是否会引起解释论上的困境和不协调？

本章将通过以下研究表明：防卫意识仅以行为人认识到正当化的事实为必要；防卫过当的罪过形式完全能够与犯罪故意相兼容。为便于探讨，笔者选取出以下三个真实案例以供下文分析：

【温某故意伤害案】1997 年 8 月 24 日晨 6 时许，被害人余某及孙某、曹某三人到被告人温某所开的包子店，由孙某买了 6 只烧卖，未付钱即离开。温某上前索要烧卖钱，遭到拒绝。余某把腰间别的单刃刀亮出来，并扬言要用刀捅人。余某一伙还将温某硬往马路方向推，温某不从，双方发生争执和扭打。余某将单刃刀拔出，对温某进行威胁。温某即上前夺刀，刀被抢落在地，众人均弯腰抢刀。最后刀被温某抢到手，他即向余某的腹部及背部连刺数刀，致使余某肝脏破裂，急性大出血死亡。②

【猎枪案】1988 年 10 月 31 日傍晚，具有狩猎合法资格的猎人 J 手持猎枪

---

① 张明楷：《刑法学》，法律出版社 2016 年版，第 205 页。
② 参见最高人民法院中国应用法学研究所编：《人民法院案例选（1992－1999 年合订本）刑事卷》（上），中国法制出版社 2000 年版，第 499 页以下。

看护着一片新播了种的田地。17 点 30 分许，喝醉了酒的 M 闯进田地。J 多次口头警告要求 M 离开，但 M 非但不听，反而攥着拳头步步逼近，并说："让我帮你拿着这把枪走来走去地打扰别人吧！"J 开枪向离 M 脚部约 1 米远的右侧地面射击，以示警告，但 M 仍然继续前进并大声威胁要夺走 J 的猎枪。在这种情况下，J 朝 M 的左胸部开枪，致使 M 中弹当场死亡。[①]

【郭某故意伤害案】被告人郭某从某国营工厂退休后仍留在原厂看仓库，住在仓库旁边的一间小屋内。在看管仓库期间，他曾几次发现仓库被盗，但均未破获。1984 年 5 月 25 日晚 9 时许，郭某忽听得房后的草堆里有响声，他认为可能又有人来偷东西，就顺手抄起一根铁棍观察动静。当晚夜色漆黑，郭某隐约看到草堆动了并逐渐向上拱起，露出一个人头。他想："可发现坏人了，绝不能叫他跑掉！"于是举起铁棍朝那人头部打去。结果被打的是一个正在草堆里玩捉迷藏的小孩。小孩虽经医院抢救脱险，但造成严重脑震荡，终身残废。[②]

二、以防卫意识内容的重构为切入点的立论

通说否认直接故意能够成为防卫过当罪过形式的主要根据在于：正当防卫以行为人具有积极追求制止不法侵害、保护合法权益的防卫目的为其主观要件；正是由于正当防卫的目的与犯罪的目的是相互对立和排斥的，两者无法共处于同一个人的头脑之中，故防卫意识不可能与直接故意并存。[③] 但是，笔者认为：只要行为人是在认识到自己与正在进行的不法侵害相对抗的情况下实施行为的，就可以认定防卫意识的成立，除此之外不需要积极的防卫目的。理由如下：

第一，在以法益侵害思想为基础的现代不法论框架内，必须将纯粹的道德要素排除于行为无价值的范畴之外。毫无疑问，主张防卫意识属于正当防卫之成立要件的观点是以结果无价值和行为无价值的二元不法论为其基础的，

---

① Vgl. BGH NStZ 1989, S. 474 ff.
② 参见阮齐林主编：《刑法总则案例教程》，中国政法大学出版社 1999 年版，第 212~213 页。
③ 参见陈兴良：《刑法适用总论》（上卷），中国人民大学出版社 2006 年版，第 311 页；高铭暄、马克昌主编：《刑法学》，北京大学出版社、高等教育出版社 2017 年版，第 136 页。

因为二元论强调：只有结果无价值与行为无价值同时存在才能成立不法；只有两者同时被取消才能成立正当化事由。① 防卫意识的存在就是对行为无价值的否定。但需要注意的是，二元论中的行为无价值实际上经历了从伦理道德化逐渐向法益侵害化演变的过程。

的确，由于受到哈特曼（Hartmann）道德哲学的强烈影响，故行为无价值在其产生之初不可避免地带有极为浓厚的道德主义色彩。该概念的创始人韦尔策尔（Welzel）明确指出：刑法最为根本和直接的任务是保护社会道德，只有通过对社会道德的维护才能更为有效地实现法益保护；② 行为无价值具有独立于结果无价值的实质内容，不论结果是否最终出现，指向法益侵害的意志行为本身从社会道德上来看也是应当受到禁止的。③ 但随着人们对刑法中法益概念的日益重视，随着强调法益侵害结果与构成要件之间具有内在紧密联系的客观归责理论的不断发展，德国刑法学中的行为无价值在其内容上越来越强烈地依赖于法益侵害，而非道德违反。这主要体现为以下几点：（1）将行为引起法益侵害的现实可能性视为行为无价值的核心要素。鉴于一元行为无价值论曾以结果是否发生纯属偶然为由彻底否定了结果无价值参与构建不法的资格，通说目前强调：只有在客观上能够归责于行为的法益侵害结果才能成立结果无价值；相应地，也只有在客观上具有引发结果无价值之可能性的行为才能成立行为无价值。于是，行为无价值就成了一个主客观相统一的概念，除了故意等主观要素之外，它还包含行为的法益侵害性这一客观要素。④（2）对于旨在从行为无价值的角度出发来限制不法成立范围的社会相当性理论，多数学者主张应当用客观归责和以法益侵害为指导的目的性限缩解释来加以替代。即便是坚持该理论的学者也大都抛弃了韦尔策尔的"社会

---

① Vgl. Roxin, Strafrecht AT, Bd. Ⅰ, 4. Aufl., 2006, § 10 Rn. 88, § 14 Rn. 97; Eisele, in: Schönke/Schröder, StGB, 30. Aufl., 2019, vor § 13 Rn. 52ff; Sternberg – Lieben, in: Schönke/Schröder, StGB, 30. Aufl., 2019, vor § 32 Rn. 13ff.

② Vgl. Welzel, Das Deutsche Strafrecht, 11. Aufl., 1969, S. 1ff.

③ Vgl. Welzel, Über den substantiellen Begriff des Strafgesetzes, FS – Kohlrausch, 1944, S. 105.

④ Vgl. Gallas, Zur Struktur des strafrechtlichen Unrechtsbegriffs, FS – Bockelmann, 1979, S. 159, 165; Wolter, Objektive und personale Zurechnung von Verhalten, Gefahr und Verletzung in einem funktionalen Straftatsystem, 1981, S. 26f, 50; Jescheck/Weigend, Lehrbuch des Strafrechts AT, 5. Aufl., 1996, S. 240ff; Stratenwerth/Kuhlen, Strafrecht AT, 6. Aufl., 2011, § 8 Rn. 60.

道德"判断标准。① （3）目前的通说和判例均已否定主观倾向和内心状态属于性犯罪和伪证犯罪的构成要件要素。② 正是由于德国刑法学中的行为无价值实现了法益侵害化与去道德化的自我更新，所以它才能经受住现代法治国中法益保护思想的考验而得以继续存在。同样，在日本，最近的行为无价值论已不再是当年深受韦尔策尔理论影响的团藤重光等学者所主张的行为无价值论了，它在主张排除道德主义的立场上和结果无价值论完全一致。③

由此可见，在现代二元不法论中，法律上的行为无价值并不等于道德上的行为无价值。只要行为人是在认识到自己正与不法侵害作斗争的情况下使其行为向实现结果有价值（即实现法益保护）的方向推进，那么即便他主观上并非或并非主要是为了追求保护合法权益，而是心怀借机报复、泄愤等其他不良目的，也毫不妨碍该行为获得法律上的积极评价，并由此否定行为无价值的成立。"以防卫行为人完全是出于仇恨和报复的目的而实施行为为由主张对其加以处罚的观点，不能以行为无价值的存在为其理由……而只能以纯粹的思想态度无价值（Gesinnungsunwert）为其根据。但是，基于法治国的理由，这种思想态度刑法（Gesinnungsstrafrecht）早已遭到了否定。"④ 因此，像我国通说那样要求防卫人必须以积极追求保护合法权益为其唯一目的，甚至强调"正当防卫的目的在正当防卫的构成中占有十分重要的地位，它……决定了防卫人主观上崇高的正义感和道德感"⑤ 的说法，实际上是从道德主义的立场出发对防卫意识提出了过分的要求。

第二，不法行为主观要素的多样性决定了违法阻却事由的主观要素也必然具有多种形式。（1）从刑法理论上来说，根据《刑法》第 14 条和第 15 条的规定，无论行为人是希望、放任、轻信可以避免还是应当认识而未认识危

---

① Vgl. Eser, „Sozialadäquanz ": eine überflüssige oder unverzichtbare Rechtsfigur?, FS – Roxin, 2001, S. 209ff; Roxin, Strafrecht AT, Bd. Ⅰ, 4. Aufl., 2006, § 10 Rn. 36ff.

② Vgl. Maurach/Schroeder/Maiwald, Strafrecht BT, Teilbd. 1, 10. Aufl., 2009, S. 191; Hörnle, in: MK – StGB, 3. Aufl., 2017, § 184h Rn. 7; Bosch/Schittenhelm, in: Schönke/Schröder, StGB, 30. Aufl., 2019, vor § 153 Rn. 3ff.

③ 参见 ［日］山口厚：《日本刑法学中的行为无价值论与结果无价值论》，金光旭译，载《中外法学》2008 年第 4 期。

④ Rudolphi, Inhalt und Funktion des Handlungsunwertes im Rahmen der Personalen Unrechtslehre, in: FS – Maurach, 1972, S. 57ff.

⑤ 陈兴良：《刑法适用总论》（上卷），中国人民大学出版社 2006 年版，第 293 页。

害社会的结果，均可以成立不法的主观要素。由于从法律的价值评判上来看，作为不法阻却事由的正当防卫在主客观各方面均与不法行为正好相反，故在主观不法要素呈现出多样化的情况下，防卫意识也应当具有与各种类型的主观不法要素相对应的多种表现形式。事实上，在当代德国刑法学中这一观点已被广为接受。因为从犯罪阶层体系的角度来说，既然实现构成要件的行为包括故意和过失行为，那么以构成要件符合性为基础的违法阻却事由自然也就包含故意和过失的形式。[①]（2）从司法实践的角度来看，如果要求正当防卫人在行为时一定要具有明确的制止不法侵害、保护合法权益的目的，那么对于诸如本想开枪警告不料却误击不法侵害人、本欲挥鞭策马避开不法侵害人不想却抽中后者的行为，由于行为人在实施行为的那一刻并不具有以防卫制止不法侵害的积极目的，所以就无法承认其为正当防卫，但这明显是不合理的。[②]我国的通说之所以将防卫意识仅仅局限于积极追求正当化结果的目的之上，或许是源于对现实生活中常见的正当防卫案件的总结和归纳。但是对法律概念之内涵与外延的把握不应拘泥于有限的典型事实，而应从规范的角度来加以确定。因此，只要行为人知道自己处于与不法侵害相对抗的状态之中，那么不论他在行为当时是希望、放任、低估还是未认识到制止不法侵害、保护合法权益的结果发生，都存在成立防卫意识的余地。

第三，将防卫意识界定为行为人对不法侵害事实的认识也并不违反《刑法》第 20 条第 1 款关于"为了使合法权益免受正在进行的不法侵害"的规定。（1）从我国刑法对正当防卫的整体规定来看，立法者倾向于尽量扩大正当防卫成立的范围。和 1979 年《刑法》相比，1997 年《刑法》对正当防卫条款主要进行了两处修订：一是将防卫过当的定义由原来的"正当防卫超过必要限度造成不应有的损害"改为"正当防卫明显超过必要限度造成重大损害"，从而对防卫过当的成立设置了更为严格的限定；二是增加了特殊防卫权的条款。可见，立法者对公民行使正当防卫权的行为明显表现出鼓励和支持

[①] Vgl. Sternberg – Lieben, in: Schönke/Schröder, StGB, 30. Aufl., 2019, vor § 32 Rn. 92ff.

[②] 当然，对于这类案件也可以设想出另一种解释方案：虽然由于行为人不具有防卫意识，故该行为不成立正当防卫；但因为行为在客观结果上制止住了不法侵害，它欠缺结果无价值，所以同样不成立犯罪。不过，行为人毕竟是在不具有法敌对意志的情况下实施了有益于维护法秩序的行动，故该行为就不应仅仅是非罪行为，而应当属于为法律所肯定的正当行为（即赋权事由）。

的态度。因此，不应将"为了……"的规定理解成立法者要求行为人必须在主观上明确具有制止不法侵害、保护法益的积极目的，而应当将其理解为：立法者旨在通过该规定防止将那些在主观上纯粹出于追求法益侵害的法敌对意志、仅在客观上偶然制止了不法侵害的行为也认定为正当防卫。（2）根据刑法的真实目的，对刑法中从表面字义来看失之过窄的条文进行适当的扩大解释，符合刑法解释的原理。更何况，这种对防卫意识的扩大解释从根本上拓宽了正当化事由的成立空间，从而限制了刑罚处罚的范围，故并不存在违背罪刑法定原则的问题。事实上，《德国刑法典》第 32 条关于正当防卫的规定也使用了"为了……"的用语（"um－zu－Satz"），但这并不妨碍通说和判例将防卫意识界定为行为人对正当防卫的前提事实有所认识的心理状态。①

既然综上所述，防卫意识的成立只需行为人认识到自己是与不法侵害相对抗的事实就足够了，② 除此之外并不要求他必须以制止不法侵害、保护合法权益为其唯一目的，那么无论是直接还是间接的犯罪故意都可以与防卫意识相并存。具体而言，有如下几点需要特别加以说明：

首先，从现实来看，行为人完全可能同时对正当防卫产生的正当结果与防卫过当产生的危害结果分别持希望或放任的态度。有的学者认为："防卫人认识到自己的行为是与正在进行的不法侵害行为作斗争。这就表明，防卫人主观上不可能认为自己的防卫行为是危害社会的故意犯罪行为。"③ 然而，这一论断仅仅适用于防卫行为所保护的对象。即一旦防卫人认识到其行为是与正在进行的不法侵害相对抗，他就不可能认为自己的行为对不法侵害所威胁的合法权益产生了危害的效果。因为人对同一个对象不可能同时具备两种完全相反和矛盾的心理态度。但是，正当防卫所针对的对象其实有两个：一是保护对象，即正受到不法侵害威胁的合法权益；二是防卫对象，即不法侵害人的利益。由正当防卫行为对象的这种双重性所决定，具有防卫意识的行为人不可能对保护对象产生犯罪故意，并不意味着他不可能对防卫对象产生犯罪故意。防卫人完全可能在追求或容忍处于不法侵害威胁下的法益获得拯救

① Vgl. Loos, Zum Inhalt der subjektiven Rechtfertigungselemente, FS－Oehler, 1985, S. 236; Roxin, Strafrecht AT, Bd. Ⅰ, 4. Aufl., 2006, § 14 Rn. 100f.
② 相同的见解，参见黎宏：《刑法学总论》，法律出版社 2016 年版，第 134 页。
③ 胡东飞：《论防卫过当的罪过形式》，载《法学评论》2008 年第 4 期。

这一结果的同时，对行为可能给不法侵害人之利益造成过当损害的结果抱有希望或放任的态度。在"温某故意伤害案"中，温某抢到单刃刀后，余某所实施的不法侵害虽仍在进行，但危险程度已大为减弱。一方面，温某在举刀刺余某时既认识到不法侵害的事实，又具有制止不法侵害、保护自身合法权益的目的，故明显具有防卫意识。但另一方面，他也明知在不法侵害强度已明显降低的情况下只需采取刺向对方非要害部位的方式就足以实现防卫意图，但仍毫无顾忌地向余某的腹、背等要害部位连刺数刀。这说明温某在追求保护合法权益之结果的同时对防卫行为超出必要限度造成余某死亡的后果采取了放任这一间接故意的态度。在"猎枪案"中，J明知自己只需朝M的腿部射击就足以制止不法侵害，但仍实施了近距离直接向M的心脏部位射击的行为，这说明J在具有防卫意识的同时也对M死亡的过当结果抱有直接故意的态度。

值得注意的是，德国刑法理论没有争议地认为防卫过当既可以成立过失犯也可以成立故意犯。若行为人在实施行为时有意识地采取了超过必要限度的防卫措施，则构成故意犯罪；若行为人对防卫手段产生了错误认识从而无意识地实施了过当防卫，则适用容许性构成要件错误（Erlaubnistatbestandsirrtum）的原理，以假想防卫论，[1] 可以成立过失犯罪。[2]

---

① 需要注意的是，德国学者对假想防卫的理解与我国传统刑法理论不尽一致。我国刑法学一般认为，所谓假想防卫是指实际上不存在不法侵害，但行为人误认为发生了不法侵害而实施的损害行为。然而，德国刑法理论中的假想防卫（Putativnotwehr）除了行为人对不法侵害的存在与否产生误认的情形之外，还包括行为人由于过分严重地估计了侵害的强度而对防卫手段是否具有必要性发生误判的情形。（Vgl. Maurach/Zipf, Strafrecht AT, Teilbd. 1, 8. Aufl., 1992, § 38 Rn. 17；Jescheck/Weigend, Lehrbuch des Strafrechts AT, 5. Aufl., 1996, S. 350；Wessels/Beulke/Satzger, Strafrecht AT, 47. Aufl., 2017, Rn. 712.）

② Vgl. Maurach/Zipf, Strafrecht AT, Teilbd. 1, 8. Aufl., 1992, § 38 Rn. 17, 18；Jescheck/Weigend, Lehrbuch des Strafrechts AT, 5. Aufl., 1996, S. 490；Fischer, StGB, 59. Aufl., 2012, § 33 Rn. 2；Perron/Eisele, in：Schönke/Schröder, StGB, 30. Aufl., 2019, § 33 Rn. 1. 在德国三阶层犯罪论体系中，正当防卫既可以是故意也可以是过失，同时防卫过当既可以是故意也可以是过失。这其中的关系可以用下表来加以说明：

	符合正当防卫的要件	防卫超过必要限度	
符合故意犯构成要件的行为	故意形式的正当防卫	①对过当持故意→故意犯罪	若防卫过当出于慌乱、恐惧和惊愕，可根据《德国刑法典》第33条阻却责任
		②对过当持过失→过失犯罪	
符合过失犯构成要件的行为	过失形式的正当防卫	过失犯罪	

其次，认为防卫过当的罪过形式可以是故意的观点，并未混淆生活意义上的故意与刑法意义上的犯罪故意。有的学者提出："从一般生活意义上理解，防卫行为当然是'故意'或者'有意'实施的，但这种故意从刑法意义上来看，显然不同于犯罪的故意……不能因为正当防卫是出于防卫故意而实施的，就认为防卫过当也是（犯罪）故意。"[①] 但从上文的分析可以看出，之所以说防卫过当能够由故意构成，并不是因为防卫行为本身是故意的，而恰恰是因为行为人完全可能对其防卫过当造成的危害结果持希望或放任的态度。可见，这里对故意的认定始终是严格按照《刑法》第 14 条对犯罪故意的定义来进行的，并未与生活意义上的故意相混同。

最后，不能以不当地限制公民正当防卫权的方法来论证防卫过当只包含过失犯罪的观点。持防卫过当不能成立故意犯罪之见解的学者虽然承认，在甲举枪向盗窃了一个西瓜的乙射击并致后者死亡的案件中，确实应当认定甲的行为构成故意杀人罪；但同时又认为：得出该结论并非因为甲构成防卫过当，而是因为对于乙盗窃一个西瓜的行为，甲根本不能实施刑法意义上的正当防卫。[②] 这种说法大有进一步商榷的余地。首先，基于"法不能向不法让步"的公理，法律上的正当防卫并未对不法侵害的强度大小提出要求。因此，公民在面对任何不法侵害时都有权采取防卫措施，只是其行为不能超过由不法侵害的轻重缓急所决定的防卫必要限度。如果认为只有当不法侵害达到了一定的严重程度时才能允许人们实施正当防卫，那就等于是要求公民在不法侵害面前低头屈服，等于是对公民维护法益的基本权利随意地加以限制和剥夺。这既违背常理，又和我国刑法规定正当防卫的立法宗旨不符。所以，即便是面对乙盗窃一个西瓜的侵害，也没有理由否认甲享有正当防卫的权利。其次，退一步说，即使承认过于轻微的侵害不能成为正当防卫所针对的不法侵害，但并非只有在不法侵害极为轻微的情形中才需要将某些不当的防卫行为认定为故意犯罪。在"猎枪案"中，醉汉 M 侵入耕地踩踏农田的行为绝不属于极度轻微的侵害。在这种情况下，不援引防卫过当就无法说明 J 朝 M 心脏部位射击的行为成立故意杀人罪的实质根据。

[①]　胡东飞：《论防卫过当的罪过形式》，载《法学评论》2008 年第 4 期。
[②]　参见胡东飞：《论防卫过当的罪过形式》，载《法学评论》2008 年第 4 期。

三、以刑法条文解释的协调性为视角的论证

结合我国《刑法》的相关规定来看，认为防卫过当包含故意犯罪的观点不仅具有立法上的根据，而且较之于其他观点来说能够更好地实现条文解释之间的相互协调。

1.《刑法》第 20 条第 2 款只是规定"正当防卫明显超过必要限度造成重大损害的，应当负刑事责任"，并未将防卫过当的罪过形式限定于过失犯罪。因此，认为防卫过当不能构成故意犯罪的说法缺乏法律依据。

2.《刑法》关于防卫过当以造成重大损害结果为其成立要件的规定并不能证明防卫过当只能构成过失犯罪。有的学者认为，由于防卫过当的成立以行为造成不法侵害人重伤、死亡为必要，故认定防卫过当成立故意犯罪并不合适。因为故意伤害罪、故意杀人罪的成立并不要求出现重伤、死亡的结果。[①] 但是：

其一，既然无论是《刑法》总则第 15 条关于过失犯罪的总括规定，还是《刑法》分则关于各个过失犯罪的具体规定都已明确将危害结果的发生列为过失犯的成立要件，那么如果说防卫过当只能成立过失犯罪的话，《刑法》就只需规定为"正当防卫因过失明显超过必要限度的，应当负刑事责任"，而完全没有必要再强调防卫过当以重大损害结果的发生为要件。可见，《刑法》在未对防卫过当的罪过形式加以限制的情况下又设置了损害结果方面的要求，对此应当解释为：《刑法》对故意形式的防卫过当成立犯罪设定了特殊的限制性条件。

其二，《刑法》要求故意的防卫过当也以重大损害结果的出现为要件有着充分的理由：（1）防卫过当以行为符合除限度条件之外的正当防卫的所有成立要件为前提。因此，与一般的故意犯罪相比，故意形式的防卫过当的一个重要特点就在于防卫与故意犯罪共存于一个行为之中，在于犯罪故意指向的对象与防卫所要反击的对象完全重合（均为不法侵害人）。由此决定，如果行

---

① 参见胡东飞：《论防卫过当的罪过形式》，载《法学评论》2008 年第 4 期。

为最终在客观上并未造成明显逾越了必要限度的重大损害结果，那么往往就很难认定行为人具有防卫过当的故意。（2）若行为人以过当的故意实施防卫但并未造成过当结果，那么从理论上说确实可以考虑以未遂罪论处。例如，我们不妨对"猎枪案"的案件事实稍加改动：假设J虽然瞄准M的胸部开枪射击，但由于枪法欠佳致使子弹打偏，只击中M的腿部，那么由于J抱有杀人的故意，而且其行为也具有致人死亡的客观危险，故可以考虑将其行为认定为故意杀人罪的未遂。[①] 然而，故意防卫过当的未遂毕竟从客观上来说实现了一个完全为法秩序所积极肯定的结果，从主观上来说其犯罪故意也伴随着一个正当的防卫意识；而且在很多情况下，防卫过当的犯罪故意的产生也与不法侵害所制造的紧张气氛和急迫状态密切相关。因此，和一般的故意犯罪相比，故意防卫过当的未遂无论是在行为的实质违法性和责任方面，还是在通过刑罚来实现预防的必要性方面都已经微弱到了可以忽略不计的程度。（3）如前所述，我国的立法者是本着扩大正当防卫成立范围、鼓励公民充分行使正当防卫权的宗旨来制定正当防卫条款的。所以，为避免挫伤公民行使防卫权的积极性，不应对虽意图防卫过当但客观上并未造成超越必要限度之重大损害结果的行为加以惩处。

3. 将故意纳入防卫过当罪过形式的做法，并不违背《刑法》关于防卫过当应当减免处罚的规定。《刑法》第20条第2款之所以规定防卫过当"应当减轻或者免除处罚"，是因为较之于其他的犯罪而言，防卫过当的违法性和责任均有明显的降低。一方面，防卫过当的行为人毕竟是出于防卫的意识使原本处于不法侵害威胁下的合法权益转危为安，故行为的结果无价值和行为无价值均因为正当防卫的存在而得到大幅抵消。另一方面，防卫过当往往发生在行为人因不法侵害的突如其来和迫在眉睫而极度紧张、慌乱和恐惧的情况中，同时，在行为责任原则（Tatschuldprinzip）之下，违法性的降低也会间接

① 例如：《德国刑法典》并未如我国《刑法》那样规定防卫过当以造成重大损害结果为前提条件，防卫是否过当仅仅取决于防卫行为本身是否必要。Vgl. Rönnau/Hohn, in: LK - StGB, 12. Aufl., 2006, § 32 Rn. 175; Kindhäuser, in: NK - StGB, 5. Aufl., 2017, § 32 Rn. 92. 于是，一方面，一种必要的防卫措施并不会仅仅因为造成了重大损害结果而成立防卫过当；但另一方面，一种超过了必要限度的防卫措施也不会仅仅因为没有造成重大损害结果而不成立防卫过当。因此，理论和实务均承认只要防卫行为本身逾越了必要性的边界，即便未遂也存在成立防卫过当的空间。Vgl. BGH, NStZ 2002, 141.

影响到责任的程度,① 故行为人的可非难性也会得到相应的减弱。

现在的问题是：责任的减弱能否适用于故意形式的防卫过当？对此，德国刑法理论存在不同意见。《德国刑法典》第33条规定，如果防卫过当是出于慌乱、恐惧或者惊愕的心理状态，则不予处罚。学界一致将该条所规定的情形认定为责任阻却事由。少数学者主张，这一条款只适用于过失的防卫过当。因为在慌乱等情绪影响下的防卫过当不可能是一种故意行为；相反，如果行为人是有意地实施防卫过当，那就说明其心理上的恐慌与紧张还未达到《德国刑法典》第33条所要求的阻却责任的程度。② 不过，通说和判例均认为该条款同样可以适用于故意的防卫过当。理由主要有四:③ 其一，从条文语义上来说，《德国刑法典》第33条并未将其适用范围局限在过失的防卫过当。其二，从立法史的角度来看，在刑法起草过程中，确实曾有意见认为应将条文表述为"行为人在无意识的情况下超过防卫限度"，但立法者最终并未采纳这一建议。其三，从现实来看，当行为人处于慌乱、恐惧等心理状态之中时，未必会丧失意志决定的能力。其四，若将《德国刑法典》第33条理解为仅针对过失防卫过当的情形，则该条文实际上就成了一个多余的规定。因为按照德国的刑法理论和司法实践，无意识的防卫过当属于容许性构成要件错误的一种类型,④ 故应根据错误是否能够避免而分别认定行为成立过失犯或者完全阻却责任。换言之，过失防卫过当的问题只要根据固有的理论和实践就能得到圆满的解决，根本无须求助于《德国刑法典》第33条的特别规定。

结合我国《刑法》的规定，笔者认为，责任的减轻与故意的防卫过当并不冲突。理由在于：

---

① 参见陈璇：《德国刑法学中结果无价值与行为无价值的流变、现状与趋势》，载《中外法学》2011年第2期。

② Vgl. Welzel, Das Deutsche Strafrecht, 11. Aufl., 1969, S. 88; Schmidhäuser, Strafrecht AT (Studienbuch), 2. Aufl., 1984, 8/31; Perron/Eisele, in: Schönke/Schröder, StGB, 30. Aufl., 2019, § 33 Rn. 6.

③ Vgl. BGHSt 39, 133 (139); BGH NStZ 1989, S. 474 (475); Zieschang, in: LK‑StGB, 12. Aufl., 2006, § 33 Rn. 49ff; Roxin, Strafrecht AT, Bd. I, 4. Aufl., 2006, § 22 Rn. 82ff; Theile, Der bewusste Notwehrexzess, JuS 2006, S. 965ff; Wessels/Beulke/Satzger, Strafrecht AT, 47. Aufl., 2017, Rn. 670; Erb, in: MK‑StGB, 3. Aufl., 2017, § 33 Rn. 15; Kühl, Strafrecht AT, 8. Aufl., 2017, § 12 Rn. 148.

④ Vgl. Kindhäuser, Strafrecht AT, 8. Aufl., 2017, § 29 Rn. 12.

（1）在防卫过当中，影响行为人责任程度的各种心理或者情绪状态与犯罪故意是可以共存的。因为，即便是在高度紧张和极为恐慌的情况下，防卫人认识事物和做出决定的能力往往也只是不同程度地有所削弱，而不是完全丧失。行为人完全可能出于对不法侵害及其实施者的恐惧，或者出于求生的欲望为了尽快摆脱险境而有意地采取过激的反击手段。即使在这种情况下，由于行为人的心理受到了急迫压力的影响，而且这种情绪上的激动应主要归咎于不法侵害人所造成的危险境地，故行为人的可非难性同样可以得到降低。例如，在"温某故意伤害案"中，当温某抢到尖刀朝余某刺去时，他对刀刺对方腹部和背部极有可能致对方死亡的事实并未丧失认识的能力，但正是由于当时受到余某等人的围攻，所以温某才在极为激动和紧张的情绪支配下选择了极端的防卫手段。可见，故意的防卫过当与责任减轻能够并存。又如，对于"猎枪案"，杜伊斯堡州法院本来是以故意杀人罪判处被告人 J 有期自由刑 3 年，理由是被告人在当时仍然具有正确感知和领会行为事实的能力。但联邦最高法院改判被告人无罪，并且指出："根据由帝国法院所创设、并为联邦最高法院所采纳的判决意见，《德国刑法典》第 33 条所规定的各种冲动情绪究竟是否达到了能够导致行为人对事实状况产生重大错误认识的程度，这并不重要。一旦确定震惊、恐惧或害怕的精神状态存在，就不能根据行为人是否具有权衡防卫措施是必要还是过当的能力来对该精神状态进行区别。即使行为人是在对事实有正确认识的情况下出于上述情绪而有意地实施了防卫过当，也应当适用《德国刑法典》第 33 条的规定。"[①] 换言之，认识和决定能力的存在并不能否认行为人责任的减少。（2）与《德国刑法典》不同，我国《刑法》对防卫过当从宽处罚的规定具有较大的伸缩余地，因为第 20 条第 2 款规定防卫过当应当减轻或者免除处罚，而非一概不予处罚。这就为防卫过当容纳更多的罪过形式提供了更为充分的空间。在故意形式的防卫过当中，一方面，行为人毕竟具有犯罪故意，故其行为无价值比过失的防卫过当要高；另一方面，情绪因素对行为人心理的影响一般也比过失防卫过当的情形要轻，故其责任也比后者要大。因此，在一般情况下，对故意的防卫过当完全可以只予以减轻处罚。

---

① BGH, NStZ 1989, S. 475.

4. 将防卫人故意导致不法侵害人死亡结果发生的行为认定为故意杀人罪，并不会引发不合理的结论。我国法院之所以一直有意避免对出现了死亡结果的防卫过当案件适用故意杀人罪的条款，甚至在已经明确认识到防卫人"明知……可能造成被害人伤残或死亡，但却放任这种结果的发生……属于间接故意"的情况下，仍坚持认定防卫过当构成故意伤害（致死）罪,① 或许是出于对民众法感情的顾虑，即一般人在情感上毕竟很难将制止了不法侵害的防卫人与故意杀人犯联系在一起。但这种做法实际上存在十分明显的缺陷：

（1）将防卫过当认定为故意伤害（致死）罪严重混淆了防卫的有意性和犯罪的故意。因为，即便按照某些判例的意见认为行为人对不法侵害人的死亡是持过失的态度，合理的推论逻辑也应当是：由于防卫人有意伤害不法侵害人的行为是以正当防卫为根据的合法举动，所以该行为本身并不是刑法予以否定的对象；刑法要追究的只是行为超过了必要限度所造成的死亡结果。由于行为人对死亡这一不当结果具有过失，故防卫过当应成立过失致人死亡罪，而非故意伤害（致死）罪。换言之，从一般生活的意义上来说，行为人确实是有意地对不法侵害人实施了伤害行为，并过失地引起了后者死亡的结果。但是，从刑法评价上来说，由于有意伤害的行为已被正当防卫合法化，故不存在成立故意伤害罪的可能；只有该伤害行为导致的加重部分，即过失致人死亡的事实才能成立犯罪。可见，法院忽视了防卫过当必须以行为符合除限度条件以外的正当防卫的全部成立要件为前提的原则，把已经获得正当化的有意伤害行为又纳入犯罪事实之中，从而将正当防卫的有意性与犯罪的故意混为一谈。（2）将故意致人死亡的防卫过当认定为故意伤害（致死）罪背离了犯罪过失的基本原理。当行为人有意识或者无所顾忌地用危险工具猛烈攻击不法侵害人的要害部位时，通常就可以认定他对不法侵害人死亡的结果至少是持放任的态度，根本不存在"应当预见而没有预见"或者"轻信能够避免"的余地。此外，既然如前所述在防卫人故意导致对方重伤的防卫过当案件中，判例承认行为构成故意伤害罪，那么对于防卫人故意导致对方死亡的防卫过当又为何不能认定为故意杀人罪呢？（3）将故意的防卫过当认定

---

① 最高人民法院应用法学研究所编：《人民法院案例选（1992 - 1999 年合订本）刑事卷》（上），中国法制出版社 2000 年版，第 504 页。

为故意伤害（致死）罪存在量刑上的困难。因为根据《刑法》第 234 条第 2 款的规定，一旦认定行为构成故意伤害致人死亡，那么法定最低刑就是 10 年有期徒刑。但法院对于这类案件往往希望能借助《刑法》第 20 条第 2 款的规定大幅减轻甚至是免除行为人的刑罚。于是就出现了一个困境：尽管《刑法》第 63 条第 1 款只是规定减轻处罚是"在法定刑以下判处刑罚"，并未对减轻的幅度加以限制；但刑法理论一般都认为，当法定最低刑为有期徒刑时，减轻处罚原则上应当有格的限制，即应以法定最低刑以下一格判处。[①] 据此，若将防卫过当认定为故意伤害（致死）罪，则减轻处罚也不宜低于 7 年有期徒刑，难以像判例那样仅判处行为人 3 年有期徒刑。[②] 同样，由于故意伤害（致死）罪的法定最低刑极重，所以要对防卫人免除处罚也不太容易为人们所理解。[③] 然而，如果根据案件事实认定行为人成立故意杀人罪，这一问题就可以迎刃而解。因为依照《刑法》第 232 条的规定，故意杀人"情节较轻的"处 3 年以上 10 年以下有期徒刑。防卫过当故意杀人自然属于"情节较轻"的情形，因此其适用的法定最低刑就只有 3 年有期徒刑。于是，再根据《刑法》第 20 条第 2 款免除处罚或者减轻至短期徒刑就显得顺理成章、协调自然。

5. 在防卫过当罪过形式的问题上，不应对故意的两种形态加以区别对待。从立法规定上来说，我国刑法将直接故意和间接故意明确规定在同一个条文之中。可见，直接故意和间接故意都只是犯罪故意的具体表现形式，二者并无本质差异。故通说只承认间接故意能够成为防卫过当的罪过形式而将直接故意排除在外的做法，割裂了犯罪故意的整体性和统一性，实不足取。

---

① 参见高铭暄、马克昌主编：《刑法学》，中国法制出版社 2007 年版，第 313 页；黎宏：《刑法学总论》，法律出版社 2016 年版，第 365 页。

② 例如，对于温某故意伤害案，南京市白下区人民法院认定温某犯有故意伤害（致人死亡）罪，并判处其有期徒刑 3 年，缓刑 4 年。参见最高人民法院应用法学研究所编：《人民法院案例选（1992 - 1999 年合订本）刑事卷》（上），中国法制出版社 2000 年版，第 500 ~ 501 页。

③ 例如，在邓玉娇案件中，由于法院在认定被告人犯有故意伤害（致死）罪的同时又判决免予刑事处罚，所以就不免出现"如此高的法定刑为何能免除处罚"的疑问。参见郭清君、周泽春、陈君：《邓玉娇一审被判免予刑事处罚》，载《检察日报》2009 年 6 月 17 日第 2 版。

四、以假想防卫过当罪过形式为对象的解析

所谓假想防卫过当（Putativnotwehrexzess），是指实际上并不存在不法侵害，行为人误以为不法侵害正在进行并实施了损害行为；但即便是在行为人假想的不法侵害存在的情况下，该行为也明显超过了正当防卫的必要限度。[①]按照我国刑法理论的通说，假想防卫要么成立过失犯罪，要么属于意外事件。因此，有学者担忧：如果认为防卫过当可以由故意犯罪构成，那么在确定假想防卫过当的罪过形式时就会遇到困难，甚至会出现若假想防卫是过失则认为过当行为成立过失犯罪，若假想防卫是意外事件则认为过当行为成立故意犯罪的不合理现象。[②]但这种所谓的理论困境实际上是不存在的。我认为，不论行为人对假想防卫的心理态度如何，只要他对防卫过当是出于故意，那么假想防卫过当的罪过形式也是故意。由于在假想防卫是意外事件的情况下将假想防卫过当认定为故意犯罪不存在争议，故以下仅就假想防卫属于过失的情形进行说明。

因为假想防卫过当由假想防卫与防卫过当结合而成，所以从理论上似乎可以认为：一方面，由于假想防卫是过失，故行为人对于他想象中的正当防卫在必要限度内造成的那部分危害结果持过失的态度；另一方面，由于防卫过当是故意，故行为人对于他想象中的防卫行为超过必要限度的那部分危害结果持故意的态度。然而，在实践中往往难以将假想防卫过当所导致的危害结果泾渭分明地划分为这两个部分。

例如，在"郭某故意伤害案"中，郭某将捉迷藏的小孩误认为是正在实行盗窃的不法侵害人，而对之实施了防卫行为。即便按照他所想象的情况，实际上也只需采取用一般器具击打对方非要害部位的方式就足以制止不法侵害。但是他却有意选择了用铁棍朝对方头部猛击的防卫措施，最终导致了无辜者身受重伤的危害结果。由于无法将重伤的结果截然分割为轻伤与加重伤

---

① 对于假想防卫过当问题的详细分析，参见黎宏：《论假想防卫过当》，载《中国法学》2014 年第 2 期。

② 参见胡东飞：《论防卫过当的罪过形式》，载《法学评论》2008 年第 4 期。

害这两部分，故不能说郭某对于轻伤害的部分是过失，而对于超出轻伤害的那部分加重结果是故意。同样，假设郭某的行为导致小孩死亡，由于无法将死亡结果划分为轻伤与致死重伤这两部分，所以也不能说行为人对于轻伤害的部分是过失，而对于轻伤以上的重伤害是故意。其实，一旦行为人产生了防卫过当的故意，就说明他已经具备了追求或放任危害结果发生的法敌对意志。至于说行为人是认为该危害结果将伴随着一个正当防卫的行为而间接达到，还是认为它将毫无掩饰地直接实现，这只是对犯罪发展过程具体样态的认识偏差，不能否定他对危害结果所持的故意心态。在"郭某故意伤害案"中，当郭某手持铁棍向草堆中的人头部猛击过去时，他就已经具备了追求重伤结果发生的犯罪故意。只不过在行为人的想象中，这一危害结果将与制止不法侵害的正当结果同时发生，但实际上它却因为防卫对象的不存在而单独出现了。无论不法侵害事实上存在与否，丝毫不影响郭某对整体危害结果的犯罪故意。换言之，在假想防卫过当中，行为人对防卫过当的犯罪故意已经吸收了假想防卫的犯罪过失，因此应当认为他对最终发生的危害结果整体承担故意犯罪的责任。更何况，既然在行为人对不法侵害的存否并未发生错误认识的情况下，有意造成防卫过当的行为都可以成立故意犯罪，那么当行为人对假想防卫具有过失时，其故意的过当行为就更应当构成故意犯罪。尽管《刑法》关于防卫过当应减免刑罚的规定是以不法侵害确实存在为前提的，它不适用于假想防卫过当，但考虑到行为人毕竟具备防卫意识，故可以在量刑上予以适当从轻。

五、结论

在我国关于正当防卫的理论研究和司法实践中，防卫过当的罪过形式无疑是观点最为繁多、争论最为激烈的一个难题。本章经过研究得出以下基本结论：

1. 在以法益侵害为基石的现代不法理论框架内，防卫意识仅以行为人对自己的行为是与正在进行之不法侵害相对抗的事实有所认识为其必备内容，除此之外并不要求行为人必须以追求保护合法权益为其唯一的行为目的。故防卫过当的罪过形式既可以是过失也可以是故意。

2. 认为防卫过当可以构成故意犯罪的观点不仅符合刑法的规定，而且能够与刑法关于防卫过当以重大损害结果的出现为必要、防卫过当应当减免刑罚以及直接故意和间接故意具有同一本质的规定保持一致。

3. 主张防卫过当的罪过形式包含故意的见解，不会导致对假想防卫过当之罪过形式的认定产生困难。因为，行为人对防卫过当的故意决定了假想防卫过当的罪过形式也必然是故意。

第八章 防卫过当的罪量：
"明显"过限与"重大"损害

一、"特色条款"引出的问题

众所周知，罪量要素的存在，是中国的刑事立法相比于大陆法系其他国家而言所具有的一个鲜明特色。① 在我国《刑法》中，罪量不仅体现在《刑法》总则第 13 条"但书"以及分则诸多犯罪的"数额""情节"等构成要件要素上，还体现在《刑法》第 20 条第 2 款关于防卫过当的规定中。1979 年《刑法》第 17 条第 2 款规定："正当防卫超过必要限度造成不应有的危害的，应当负刑事责任。"立法者于 1997 年对该条款进行了重大修改。按照现行《刑法》第 20 条第 2 款的规定，防卫行为仅仅超过必要限度造成不应有的损害，尚不足以成立犯罪，只有当"明显"超过必要限度而且造成的损害"重大"时，防卫者才"应当负刑事责任"。当前，学界关于《刑法》第 13 条"但书"以及分则各罪之罪量要素的研究成果可谓浩如烟海，但围绕防卫过当中罪量要素的专门探讨却寥若晨星。随着近年来一系列涉及防卫过当的争议性案件接连出现，防卫过当已成为刑法理论镁光灯聚焦的中心话题之一。截至目前，学者们更多地将目光集中在了如何判断防卫行为是否超过必要限度这个问题之上。在有关防卫过当定性问题的探讨已经愈加深入和成熟的情况下，学界有必要投入更多的精力对防卫过当中的定量要素展开系统的思考。

---

① 参见陈兴良：《作为犯罪构成要件的罪量要素——立足于中国刑法的探讨》，载《环球法律评论》2003 年第 3 期。

有鉴于此，本章将依循以下思路对防卫过当罪量要素的核心问题逐一进行分析：首先，阐述防卫过当民刑二元论的法理依据，从而确立防卫过当罪量要素的实体法地位。接着，在肯定《刑法》第 20 条第 2 款中"明显"和"重大"属于可罚之防卫过当的实体性要素的基础上，进一步发展和提炼防卫过当罪量要素的判断规则。

需要特别指出的是，尽管在过去 20 年间，德国式刑法教义学的知识体系和思维方法对中国刑法理论的发展产生了深刻的影响，但近年来，我国刑法学研究的自主化和本土化的意识有了明显的提升。有学者强调："无视国与国之间法律规定的差异，而不加区别地把对他国法条的解释结论嫁接到中国，这无异于以教义学之名行反教义学之事。刑法教义学知识具有根深蒂固的国界性和地方性，这是中国刑法学者必须认真对待的问题。"① 更有学者呼吁："我们必须致力于建构具有中国特色、更加本土化的刑法学。"② 于是，人们开始越来越多地关注和重视那些为我国《刑法》所独有的"特色条款"。③ 笔者完全赞同，法教义学的理论必须立足和植根于本国法律实践和法律文化的土壤之上。不过，对"特色条款"的关注，归根结底不是为了不同而不同、为了特色而特色，其终极目标仍然是从中发掘出具有普适指导意义的原理，从而为跨越国界的刑法科学的发展贡献中国学人的智慧。因此，对于防卫过当罪量要素的研究，不能满足于对其独特性的强调，也不可拘泥于对相关条款本身的注疏，而应当以此为契机，站在超越实定法的法理高度，力求将藏身于防卫过当罪量要素背后的、带有一般规律性的原理揭示出来。

---

① 丁胜明：《刑法教义学研究的中国主体性》，载《法学研究》2015 年第 2 期。
② 周光权：《论中国刑法教义学研究自主性的提升》，载《政治与法律》2019 年第 8 期。
③ 我国《刑法》中具有代表性的"特色条款"包括但不限于：（1）《刑法》第 25~29 条关于共同犯罪的规定。参见刘明祥：《论中国特色的犯罪参与体系》，载《中国法学》2013 年第 6 期；钱叶六：《中国犯罪参与体系的性质及其特色——一个比较法的分析》，载《法律科学》2013 年第 6 期。（2）《刑法》第 270 条关于侵占罪的规定。参见陈璇：《论侵占罪处罚漏洞之填补》，载《法商研究》2015 年第 1 期；丁胜明：《刑法教义学研究的中国主体性》，载《法学研究》2015 年第 2 期。（3）《刑法》第 264 条关于"扒窃"的规定。参见车浩：《"扒窃"入刑：贴身禁忌与行为人刑法》，载《中国法学》2013 年第 1 期；梁根林：《但书、罪量与扒窃入罪》，载《法学研究》2013 年第 2 期。

二、防卫过当民刑二元模式之证成

（一）现行法框架下"防卫过当民刑一元论"的疑问

在 1997 年以前，民刑两大部门法对于防卫过当的规定是完全一致的。彼时，无论是《刑法》第 17 条第 2 款还是《民法通则》第 128 条，均将防卫过当界定为防卫行为超过必要限度造成不应有的损害的情形。[①] 1997 年，立法者为《刑法》中的防卫过当条款添加了"明显"和"重大"这两项定量要素；可是，在民法领域，不仅《民法通则》的相关规定依然如故，就连 2009 年颁布的《侵权责任法》第 30 条以及 2020 年颁布的《民法典》第 181 条第 2 款，也均未步 1997 年《刑法》的后尘对防卫过当的要件做出相应的修改，而是几乎原样照搬了《民法通则》第 128 条的规定。我国的审判实践据此认为："刑法对防卫过当的要求比民法更加严格，即刑事标准高于民事标准……因此，在民事诉讼中，对于未被追究刑事责任的防卫行为，仍有必要根据民法上的判断标准研究其是否构成民法上的防卫过当。"[②]

在此情况下，依然有学者主张"防卫过当民刑一元论"，认为立法者对《刑法》中防卫过当条款所作的修改，仅仅涉及防卫过当认定的技术操作方法，并不具有任何实体性的意义，从本质上来说，民刑二法对于防卫过当的界定始终是完全同一的。具体来说，"现行刑法对防卫过当的修改，绝不是要推翻防卫过当的抽象判断标准（'防卫行为超过必要限度造成不应有损害'）而另起炉灶，只不过是认为，这一标准太过于抽象、难以把握，必须进一步明确化、具体化，以利行为人理解并便于司法者把握……现行刑法的修改主要是技术性的，具有'程序'性质，即怎样判断'超过必要限度'和'造成

[①] 彼时，两部法律的相关规定只在个别字词上有细微的差别。例如，《刑法》第 17 条第 2 款使用的是"危害"，但《民法通则》第 128 条使用的则是"损害"。

[②] 参见邬砚：《唐建生诉王利侵犯人身权纠纷案——正当防卫时间与限度的民事判断》，载《人民司法·案例》2012 年第 14 期。

不应有的损害'，而非确立了什么二元论的立法模式。"① 按照这一观点，现行《刑法》第 20 条第 2 款中所谓的"明显"和"重大"，并不属于能够影响防卫过当可罚性的罪量要素。但是，仅从语义解释和协调解释的视角出发，我们就能察觉该说存在的疑问。

首先，"排除合理怀疑"本来就是一切犯罪的共同证明标准，不能根据案件是否涉及防卫过当而对该标准的适用作出区别化的处理。根据防卫过当民刑一元论的看法，现行《刑法》第 20 条第 2 款中的"明显"和"重大"，旨在针对防卫过当的证明和认定标准进行特别的强调和细化，进而提示司法者注意，只有在一般人没有争议地公认防卫行为已经超出必要限度并造成不应有的损害时，才能认定该行为成立防卫过当。但问题在于：其一，按照《刑事诉讼法》第 200 条的规定，任何有罪判决的作出，均以"案件事实清楚，证据确实、充分"为前提；该法第 55 条规定，所谓"证据确实、充分"，需要"综合全案证据，对所认定事实已排除合理怀疑"，这就要求"法官对于被告人的犯罪事实已经产生了内心确信"，对被告人犯罪事实的证明已经达到了"排除其他可能性的程度……只有被告人构成犯罪这一结论是可以确信的"②。举凡事关刑事责任的判断，不论是否牵涉防卫过当，都必须一体满足该证明标准。因此，要求一般人基于经过证据证明的事实没有争议地确信防卫超过了必要限度、造成了不应有的损害，这本来就是可以从《刑事诉讼法》关于证明和定罪标准的一般性规定中推导出来的当然结论，再由刑事实体法专门加以规定实属画蛇添足。其二，即便说正是因为实践中广泛存在着司法者对防卫过当的肯定过于轻率的现象，所以才有必要由立法者通过增设专门规定的方式，督促司法机关在认定防卫过当时应当更为认真和慎重，那么在其他刑事案件中，这种需求不见得就比防卫过当的案件低。例如，我国司法实践长期以来有着较为明显的结果责任倾向，对于故意、过失、违法性认识、责任能力等犯罪归责要件的认定，存在着不同程度的忽视和虚化现象。③ 但是，

① 陈航：《"民刑法防卫过当二元论"质疑》，载《法学家》2016 年第 3 期。
② 陈瑞华：《刑事证据法学》，北京大学出版社 2014 年版，第 306～307 页。
③ 参见蔡仙：《反思交通肇事罪认定的结果责任》，载《政治与法律》2016 年第 11 期；冯军：《刑事责任论》，社会科学文献出版社 2017 年版，第 375 页以下；陈璇：《责任原则、预防政策与违法性认识》，载《清华法学》2018 年第 5 期。

历次刑法修正却并没有为了纠偏而为相应的条款增添"明显""严重"之类的修饰词。

其次，从体系解释的角度来看，难以将"造成重大损害"解释为"没有争议地造成了不应有的损害"。因为，我国奉行的是定性和定量相统一的刑事立法模式，故一旦在刑法条文中出现"损害""伤害"等用语，则其所指称的必然是在立法者看来已经颇为严重、达到了可罚程度的损害。于是，如果立法者在"损害"之前又附加了"严重""重大"等修饰词，那就只能将之理解为比一般达到了可罚标准的损害更高的损害。所以，在现行《刑法》将防卫过当的结果由原来的"损害"明确更改为"重大损害"的情况下，恐怕很难认为修改前后的《刑法》关于防卫过当的规定具有完全一致的实体性内涵。

最后，从与紧急避险相协调的角度来看，也应当承认立法者对《刑法》中防卫过当条款所作的修改具有实体意义。在1997年《刑法》修改之前，防卫过当与避险过当的成立标准完全相同，均为"超过必要限度+造成不应有的损害"。在1997年修改《刑法》的过程中，尽管正当防卫条款是无可争议的焦点，但紧急避险条款也绝非处于完全被遗忘的角落。因为，仅就避险过当条款而言，现行《刑法》就对之前《刑法》的若干用语作了与防卫过当新订条款相一致的调整。① 这就说明，立法者在专注于大幅修改正当防卫条款的同时，并没有忽视对紧急避险的统筹兼顾。倘若真如持防卫过当民刑一元论的学者所言，立法者为防卫过当增添的"明显"和"重大"要素仅具有程序的意义，丝毫不会给防卫过当的成立要件本身带来任何实质改变，那么，为了避免引起误解，立法者就完全应该对避险过当的条款也平行地作出相应修改，将《刑法》第21条第2款表述为"紧急避险明显超过必要限度造成重大损害的"。既然立法者在轻而易举就能对两大正当化事由的过当条款采取统一表述的情况下并没有选择这样做，那就只能认为他是有意识地为防卫过当设置了与避险过当不尽相同的成立条件，只能认为"明显超过必要限度造成重大损害"在内容上是有别于"超过必要限度造成不应有的损害"的。

不过，以上论述还仅仅停留在纯粹法律技术的层面之上，对于论证防卫

---

① 一是将原来的"危害"改为"损害"；二是将原来的"酌情"二字删去。

过当的民刑二元论立场而言虽然必要，却并不充分。因为，本来，无论是对法条的同一用语作不同的解释，还是对法条的不同用语作相同或者近似的解释，从单纯解释技术的角度来看都是可能的。上文所列出的三条论据只是依据实定法的体系和法规范相互间的逻辑关系初步推论认为，对民刑法中的防卫过当条款作一元化理解，这在形式逻辑上存在难以消弭的冲突和矛盾。但是，如果我们止步于此，那么防卫过当之民刑二元论的正当性似乎就只能依附于当下一时存在的法律条文之上，该学说的理论价值似乎也仅仅局限在中国现行法秩序的框架之内，而不具有普遍性的意义。刑法教义学固然应当以一国的现行法为其基本的依据和出发点，但"刑法教义学最重要的成就，绝不是对法律条文所规定的概念进行解释……法条并不是刑法教义学的唯一质料。我们还必须将法更深层次的根基揭示出来，正是这一根基不仅使得立法本身，而且使得刑法教义学也变得清晰明了"[①]。为了避免出现冯·基尔希曼（v. Kirchmann）所讥讽的那一幕："既然法学只关注偶然，它自己也就变成了一种'偶然'，立法者的三个更正词就可以使所有的文献成为废纸"[②]，我们的论证就不能只在现行法律的圈子里打转，而有必要将观察和思考的站位从实定法规范进一步上升一个台阶，力图从本质上探求防卫过当民刑二元化模式的内在根据。

（二）"防卫过当入罪标准超严格化"的法理依据

刑法中的出罪事由，大体上可以区分为以下三类：第一，赋权事由。即，在特定的情形下，法秩序例外地授予行为人以侵犯他人法益的权利。第二，免责事由。即，虽然行为人无合法根据损害了他人的法益，但由于损害的发生对于行为人来说缺乏避免可能性，故无法将该结果归责于他。第三，量微事由。即，某一法益损害行为既未获得法秩序的特许、亦可归责于行为人，但其严重程度尚未达到需要由刑法来加以制裁和预防的水平。尽管这三类出罪事由在刑法上的最终后果都是"不成立犯罪"，但其性质和来源却有所不

---

① Zaczyk, Was ist Strafrechtsdogmatik?, FS – Küper, 2007, S. 727.

② ［德］J. H. 冯·基尔希曼：《作为科学的法学的无价值性》，赵阳译，载《比较法研究》2004年第 1 期。

同。后两类事由是较为纯正的刑事可罚性阻却事由,其出罪的根据主要源自于刑法领域中特有的目的理性和政策考量。具体来说:免责事由建立在责任主义原则的基础之上。根据该原则,只有当法规范能够就某一侵害事实向行为人个人发出谴责时,对其施加刑罚制裁才能避免侵犯行为人的尊严,也才能真正发挥一般预防的效果。① 量微事由则源于刑法的最后手段性特征。即,由刑罚是最为严厉的国家制裁措施这一点所决定,刑法只能作为保护法益的最后一道防线,故唯有严重的不法行为才能被划入犯罪圈。以上两类出罪事由免除的都只是行为的可罚性,却并未对相关的法益侵害行为予以正面的肯定和容许,故二者始终没有对公民之间的权利分配格局作出任何改变。一方面,行为人没有因为这两种事由而获得侵犯他人法益的权利;另一方面,受害者也并不因为这两种事由而背负对侵害加以忍受的义务。然而,赋权事由的特点却恰恰在于,它不是单纯地否定行为成立犯罪,而是积极地为行为人发放了侵入他人权利空间的"许可证",使得原本应当受到禁止的法益侵害行为摇身一变,成了一种正当的权利行使之举,受害者则相应地对其负有忍受的义务。由此可见,赋权事由不仅关乎行为人的刑事责任,更是直接影响着公民权利和义务的疆界。既然真正能够确立公民之间权利义务关系的,并不是作为保障法的刑法,而只能是以宪法为基础的整体法秩序,那么,赋权事由,不论其外部基干在现有的实定法中究竟是定着于刑法还是其他部门法的地面上,都不是一个专属于刑法领域的范畴,其根脉始终绵延于法秩序的全境,其正当化的效果也始终足以覆盖所有部门法的领域。

正当防卫是一种典型的赋权事由。这是从自由平等这一现代法治国的奠基性原则中推导出来的当然结论。② 因为,人与人之间的平等关系,是以公民能够通过强力将来犯者驱逐出自己所辖之权利空间,从而宣示他人对自己不享有优越地位和支配特权为前提的。③ 权利若无相应的防御权做后盾,则形同

---

① Vgl. Arthur Kaufmann, Schuld und Prävention, FS – Wassermann, 1985, S. 891.

② 我国《宪法》第 33 条第 2 款关于"中华人民共和国公民在法律面前一律平等"的规定,以及第 51 条关于"中华人民共和国公民在行使自由和权利的时候,不得损害国家的、社会的、集体的利益和其他公民的合法的自由和权利"的规定,共同确立了自由平等原则。

③ Vgl. Pawlik, Das Unrecht des Bürgers, 2012, S. 239; Frisch, Zur Problematik und zur Notwendigkeit einer Neufundierung der Notwehrdogmatik, FS – Yamanaka, 2017, S. 61 ff; Greco, Notwehr und Propotionalität, GA 2018, S. 676.

虚设；自由若无反击权作为保障，则不过是一纸空文。诚如康德所言，一旦某人违反了普遍的自由法则给他人的自由造成了障碍，该行为即为非法；相应的，"与这种障碍相对立的强制，作为对一个自由障碍的阻碍，就与根据普遍法则的自由相一致，亦即是正当的，所以，按照矛盾律，与法权相联结的同时有一种强制损害法权者的权限……法权和强制的权限是同一个意思"①。因此，正当防卫是根植于宪法之中、与公民基本权利相生相伴的一项防御权。这样一来，我们在对防卫过当展开分析时，就应当有意识地将违法性的有无和可罚性的存否这两个问题区分开来。

1. 法秩序对于防卫过当违法性的统一立场。

防卫行为只要超过了必要限度，就属于全体法秩序意义上的违法举动。既然正当防卫是一项权利，那么一旦其行使行为逾越了该权利应有的边界，不论其违反的程度有多高，也不论其是否引起了损害结果，都必然遭到法秩序的反对和禁止。在这一点上，各个部门法的判断不应有任何分歧。

2. 不同部门法对于防卫过当的个别化处遇。

由各部门法在价值考量和功能取向上的差异所决定，对于同一个被判定为违法的防卫过当行为，刑法和民法完全可以有不同的作为，也完全可以选择不同的介入时点。民事侵权责任法的主要目的在于填补现实发生的损害，②刑法和行政处罚法的主要目的则在于预防将来可能出现的不法行为。因此，可以区分不同的情形，就主要部门法对于防卫过当可能做出的反应进行如下理论上的梳理：

（1）防卫过当造成了实际损害结果。首先，无论损害结果的严重程度如何，防卫人均负有民事损害赔偿责任。其次，若损害结果达到了值得动用刑罚加以制裁和预防的程度，则可以根据防卫人对损害结果的具体罪过形式，以相应故意犯的既遂或者过失犯论处。最后，若损害结果尚未达到刑事可罚的程度，则可以对防卫人处以行政处罚。

（2）防卫过当未造成实际损害结果。首先，依照侵权责任法中"无损害即无救济"的原则，③不论防卫过限本身如何严重，防卫人均无须承担民事损

① ［德］康德：《道德形而上学》，张荣、李秋零译注，中国人民大学出版社 2013 年版，第 29 页。
② 参见王利明：《侵权责任法研究》，中国人民大学出版社 2011 年版，第 63 页。
③ 参见王泽鉴：《侵权行为》，北京大学出版社 2009 年版，第 175～176 页。

害赔偿责任。其次，当防卫人对过当持故意心态时，若过当行为虽未招致实害结果，但具有引起可罚之损害结果的现实危险，则可以相应故意犯的未遂论处；当防卫人对过当持过失心态时，他不负刑事责任。最后，当故意的防卫过当行为只具有造成未达到刑事可罚程度之损害结果的现实危险时，可以对防卫人处以行政处罚。①

由以上分析可以看出，对同一种防卫过当的情形，不同的部门法完全可以根据各自的目的和需要选择是否追究行为人的责任，但不同的处置都是以一致认可防卫过当行为违法作为前提的。这正如，不能因为盗窃一支铅笔的行为在刑法上不罚，就认为该行为在刑法上合法；② 不能因为在蓄意伤害他人但对方最终毫发无损的情形中不发生侵权损害赔偿责任，就主张该行为在民法上合法。同样地，在防卫过当仅造成轻微损害的场合，不能因为刑法不追究防卫人的刑事责任，就认为刑法此时将该行为定性成了正当防卫；在防卫过当未造成任何损害的情形下，也不能因为民法不追究防卫者的侵权损害赔偿责任，就断言该行为在民法上属于合法之举。因此，从刑法上来说，在确认防卫过当违法的基础上，本来就可以也需要进一步将这种违法行为划分为可罚的防卫过当和不可罚的防卫过当。

3. 刑法对于防卫过当入罪标准的超严格化。

如果将上述理论梳理和我国《刑法》关于防卫过当的规定加以对照，就可以发现：第一，既然《刑法》中的防卫过当条款明定其结果是"应当负刑事责任"，那就说明该条款所规定的并不是作为一般违法行为的防卫过当，而只是具备了刑事可罚性的防卫过当。所以，刑法所载明的防卫过当的成立标准，必然高于单纯违法的防卫过当。第二，1979 年《刑法》第 17 条第 2 款要求过当行为只有现实地"造成不应有的损害"时才能成立犯罪，这实际上已经为可罚的防卫过当设定了额外的限制性条件。因为，如前所述，即便防卫过当未造成任何实害结果，但如果防卫人对过当是出于故意，并且行为在客观上也具有引起达到可罚程度之损害的危险性，那么原本完全可以以相关故

---

① 根据《公安机关执行〈中华人民共和国治安管理处罚法〉有关问题的解释（二）》（2007 年 1月 26 日）第 2 条的规定，"行为人已经着手实施违反治安管理行为，但由于本人意志以外的原因而未得逞的，应当从轻处罚、减轻处罚或者不予处罚"。

② Vgl. Spendel, in: LK – StGB, 11. Aufl., 1992, § 33 Rn. 35.

意犯的未遂来追究防卫人的刑事责任。事实上，"防卫过当成立未遂犯"绝非纯粹基于理论推理的纸上谈兵，它早已存在于现实的立法和司法实践之中。例如，无论是按照 1935 年《中华民国刑法》第 23 条，[①] 还是根据中华人民共和国成立后截至 1957 年第 22 次稿之前的历次刑法草案有关防卫过当的条款，[②] 抑或是依照《德国刑法典》第 33 条和《日本刑法典》第 36 条第 2 款，[③] 防卫过当成立犯罪均不以实害结果已经出现作为前提，所以故意的防卫过当行为成立未遂犯不存在任何障碍。[④] 可是，既然 1979 年《刑法》第 17 条第 2 款明确将未造成实害结果的防卫过当排除出了可罚之防卫过当的范围，那就说明该条款在可罚之防卫过当的基础上，又进一步收缩了防卫过当承担刑事责任的可能。[⑤] 第三，1997 年修订后的《刑法》第 20 条第 2 款，又在 1979 年《刑法》的基础上为防卫过当构成犯罪设置了更高的门槛。一是将行为方面的入罪标准提升为"明显"超过必要限度；二是将结果方面的入罪标准升级为"重大"损害。

由于刑法中的防卫过当条款所规定的是可罚的防卫过当，故其成立条件严于一般违法的防卫过当，这是不言而喻的。但值得探讨的是：现行《刑法》的立法者先后两度为可罚之防卫过当的成立增添了限制性条件，使其实际的

---

① 该条规定："防卫行为过当者，得减轻或者免除其刑。"参见赵秉志、陈志军编：《中国近代刑法立法文献汇编》，法律出版社 2016 年版，第 695 页。

② 例如，1950 年《中华人民共和国刑法大纲草案》第 10 条规定："因防卫行为过当……而成为犯罪者，从轻处罚。"1954 年《中华人民共和国刑法指导原则草案（初稿）》第 5 条第 1 款规定："防卫行为显然超过必要限度，应当认为犯罪，根据具体情况可以减轻或者免于处罚。"1957 年《中华人民共和国刑法草案（初稿）（第 22 次稿）》第 17 条第 2 款规定："正当防卫超过必要限度，应当负刑事责任；但是可以减轻或者免除处罚。"参见高铭暄、赵秉志编：《新中国刑法立法文献资料总览》，中国人民公安大学出版社 2015 年版，第 75、87、121 页。

③ 《德国刑法典》第 33 条规定："行为人因为慌乱、恐惧或者惊愕而超过正当防卫限度的，不负刑事责任。"《日本刑法典》第 36 条第 2 款规定："超出防卫限度的行为，可以根据情节减轻或者免除处罚。"

④ 例如，根据《德国刑法典》第 33 条的规定，防卫是否过当仅仅取决于防卫行为本身是否必要。Vgl. Rönnau/Hohn, in: LK – StGB, 12. Aufl., 2006, § 32 Rn. 175; Kindhäuser, in: NK – StGB, 5. Aufl., 2017, § 32 Rn. 92. 一方面，一种必要的防卫措施并不会仅仅因为造成了重大损害结果而成立防卫过当；但另一方面，一种超过了必要限度的防卫措施也不会仅仅因为没有造成重大损害结果而不成立防卫过当。因此，理论和实务均承认只要防卫行为本身逾越了必要性的边界，即便未遂也存在成立防卫过当的空间。Vgl. BGH, NStZ 2002, 141.

⑤ 按照陈兴良教授的说法，我国《刑法》中的"防卫过当是结果犯"。参见陈兴良：《正当防卫论》，中国人民大学出版社 2017 年版，第 172 页。

入罪标准显著地高于一般的可罚行为，其实质理由究竟何在？笔者认为，这种"防卫过当入罪标准超严格化"立法背后的法理依据，大体可以概括为以下四个方面：

首先，不法大幅度减弱。行为所实现的不法，一方面作为责任非难的对象能够对行为人的可谴责性间接地产生影响，另一方面也是决定行为是否值得国家动用刑罚去加以制裁的关键指标之一。从结果无价值的角度观之，防卫行为超过必要限度，是以行为人有权实施正当防卫为其先决条件的。一则，防卫行为在保护公民法益免遭侵害的同时，也捍卫了公民在法律上的平等地位，这是一个完全得到法秩序肯定的积极结果。二则，不法侵害的成立，意味着消除利益冲突所需耗费的必要成本，只能由以违法的方式一手引起了该利益冲突的侵害人去承担，故侵害人法益的值得保护性已经出现了大幅度的贬值。尽管为及时、有效地消除利益冲突所不必要的那部分成本，不应再由侵害人去承担，但是，在侵害人法益的值得保护性本已存在严重下降的情况下，如果不必要的成本并没有实际发生，而只是存在发生的可能性，或者不必要成本的实际支出额度并不很高，那么防卫行为所具备的"结果正价值"就能够大幅抵消过当所招致的"结果负价值"。从行为无价值的方面来看，当防卫人故意僭越必要限度时，尽管他主观上对于为法秩序所反对的结果持放任甚至追求的态度，但这种心态毕竟又伴随着防卫的意识，即行为人对于以自己的反击行为去遏制不法侵害这一点又是持赞同立场的。于是，防卫过当的"行为负价值"会在相当程度上被防卫意识所带来的"行为正价值"所折抵。在经过上述两方面的正价值抵消之后，要使防卫过当行为实际剩余的负价值存量还能引起刑法的关注，就要求其在过限的程度和损害的重大性方面必须高于一般的犯罪行为。

其次，一般预防的必要性不足。第一，防卫过当是由他人不法行为所诱发的违法举动。如果没有对方实施不法侵害在先，也就不会出现后来超出必要限度的防卫行为。这就意味着，国家预防的重点对象应当是不法侵害，而非防卫过当。尽管处罚防卫过当能够达到预防公民无度滥用防卫权的目的，但这种必要性在总体上远比遏制主动实施的违法犯罪行为要低。第二，一般预防的目的在于维护公民对于法规范效力的信赖。"每个公民都能够也有权利相信，所有其他的公民均会把规范奉为决定自己实施何种行为时必须遵循的准则。刑法必须表明，公民之间的这种相互期待是正当而且可靠的。"① 从社会心理上来看，当国家对某种不法行为不加制裁时，公民对于法秩序的信赖感是否会因此而出现明显的动摇，主要取决于以下两方面因素：其一，该不法行为违抗规范的程度有多高；其二，该行为的结果是否足够严重。可是，防卫过当行为毕竟是由一个原本正当的抗击不法侵害的权利行使行为异化而来。任何一名无意对他人实施不法侵害的守法公民，根本不可能遭遇防卫过当的威胁，所以也完全不必因为国家不制裁防卫过当行为而对自己的安全心生忧虑。在此情况下，当过当行为并未造成任何损害结果，或者损害结果未达到令人震惊的严重程度时，即便不对防卫人处以刑罚，只需要求他赔偿侵害人所遭受的损失，② 或者对其施以严厉程度较低的治安管理处罚，就足以满足公民对法秩序的正义期待。第三，故意的防卫过当往往都是行为人基于惊慌、恐惧和愤怒等情绪所实施，此类情绪的产生具有较大的可宽恕性。一位具有正义感的社会成员，在目睹他人作奸犯科时，难免会义愤填膺；一名本分守法的普通公民，在突遇他人伤害、抢劫时，也大抵会举止失措。不可否认，许多故意的防卫过当，都不同程度地伴随着行为人盛怒之下产生的报复动机。的确，自从国家垄断刑罚权之后，国家仅仅例外地允许公民在紧急情况下为保全自身权利免受侵害而实施自卫，却绝对禁止公民进行纯粹的私人复仇；所以，在现代法律制度的话语系统中，复仇动机是一种受到否定评价的心理状态。但不能忽视的是，"复仇性反应，是生物学上的一种正常现象，是任何生物在自然界生存竞争中的基本需要和本能"，它具有"深厚的人性基础"。③ 对不法侵害者施以报复的动机，虽不能使该动机支配下的过当行为得以合法化，却可能引起公众的普遍同情，从而导致通过处罚该行为以维护人们法安全感的必要性有所下降。所以，由这类情绪所引发的反击过当，只要其烈度和后果没有达到令人发指的程度，大体上比较容易获得一般公众的

---

① Kindhäuser, Strafrecht AT, 8. Aufl., 2017, § 2 Rn. 14.

② 侵权责任法的主要功能固然在于填补损害，但现代民法理论也普遍认为，通过要求侵权人承担损害赔偿责任，也能够辅助性地发挥引导公民正确行为、预防侵权行为发生的功能。参见王泽鉴：《侵权行为》，北京大学出版社 2009 年版，第 10 页；王利明：《侵权责任法研究》，中国人民大学出版社 2011 年版，第 103 页。

③ 苏力：《法律与文学：以中国传统戏剧为材料》，生活·读书·新知三联书店 2017 年版，第 44、48 页。

谅解。

再次,司法证明的成本与收益不均。按照现行《刑法》的规定,实害结果的出现对于过失犯来说是犯罪成立的要件,但对于故意犯而言却只是犯罪既遂的标准。因此,在没有实行"防卫过当入罪标准超严格化"的情况下,若超过了必要限度的防卫行为尚未引起实害结果,那么防卫人对于过当可能引起的损害结果究竟是抱有故意还是过失,这对于该行为是否可罚就显得至关重要。然而,在情势危急的紧迫关头,防卫人往往是在无暇思虑的一刹那近乎本能地实施了反击行为。他当时究竟是有意放任损害结果的发生,还是慌乱间根本未曾预想到可能出现损害,抑或是轻信损害能够得以避免,这种瞬间划过内心的一念要想在事后查明其具体的性质,是极为困难的。[①] 如前所述,无实害之防卫过当的不法程度以及预防必要性均十分有限,这就导致法官为辨别故意和过失所需耗费的司法成本,与处罚无实害之防卫过当行为所可能实现的积极效果相比,是完全不相称的。本来,按照"罪疑唯轻"的原则,当法官经多方查证仍无法确定防卫人对于过当结果是持故意还是过失时,就只能认定其为过失;既然实害结果并未发生,那最终也就只能判决其无罪。在此情况下,与其让法官在历经大量查证工作后得出无罪结论,还不如从一开始就在实体法上将实害结果确定为防卫过当成立犯罪的必备条件。这样一来,对于那些防卫过限尚未引起实害结果发生的案件来说,就可以从根本上省却司法者为区分故意和过失所投入的不必要成本。

最后,对民刑二法中的防卫过当标准作区别化的处理,并不会给公民行使正当防卫权造成不当的限制。陈航教授指出:"如果要在构成犯罪的防卫过当行为和正当防卫之间再挑选出一部分虽然不构成犯罪但构成一般违法、侵权的防卫过当行为,实际上就是在挤压正当防卫的空间,就会令人在面对急迫的不法侵害时,即便并不担忧自己的防卫行为因过当而身陷囹圄,也会顾忌自己的防卫反击行为导致违法而缩手缩脚,进而贻误时机或防卫不力,致使合法权益难以得到有效保护。"[②] 但这一观点尚有可议之处。

第一,民法上的防卫过当涉及的是防卫权的边界,刑法上的防卫过当涉

---

① 　Vgl. Roxin, Strafrecht AT, Bd.Ⅰ, 4. Aufl., 2006, § 22 Rn. 82.

② 　陈航:《"民刑法防卫过当二元论"质疑》,载《法学家》2016 年第 3 期。

及的则是防卫人的刑事责任；而权利边界的划定与入罪标准的设定，本来就是基于两种截然不同的价值考量。权利边界的划定，不仅牵涉权利人的法律责任，更是直接关系到涉事公民各自自由空间的范围，所以它不能只片面地专注于权利行使者一方的利益，不能一门心思地只想着如何才能使行为人高效、便捷地行使其权利，还需要兼顾因权利行使行为而可能遭受损害一方的利益。然而，入罪标准的设定，却仅仅事关行为人本人的刑事责任问题，故法律的关注重心自然集中在行为本身的可罚性和需罚性之上即可。因此，"防卫行为不成立犯罪"本来就不等于"防卫行为成立正当防卫"。某人的防卫行为因逾越了防卫权的边界而不成立正当防卫，同时又因为欠缺可罚性或者需罚性而不构成犯罪，这实在不足为奇。① 可见，在正当防卫和构成犯罪的防卫过当之间，划分出一个既不成立正当化事由又无须承担刑事责任的单纯违法的防卫过当，这是由赋权事由与刑事可罚性阻却事由之间的区别所决定的，丝毫没有对正当防卫权的应有空间造成任何额外的压缩。

第二，欲有效防止正当防卫权受到不当的限制，关键不在于使民法上防卫过当的标准完全趋同于刑法，而在于将"基本相适应"的思维驱逐出防卫限度的判断。陈航教授担忧，如果对民刑二法中防卫过当的判断标准作二元化的理解，那么在现行《刑法》已经做出有利于防卫人一方的重大修改的背景下，就有可能使广受诟病的"唯结果论"倾向从刑法转移到民法当中，导致正当防卫权最终依旧摆脱不了遭受严重束缚的命运。在笔者看来，防卫过当的判断其实由两个层次构成：首先是定性问题，即先确定如何判断防卫行为是否超过了"必要限度"；其次才是定量问题，即确定超过必要限度的程度及造成的后果是否明显和严重。事实上，在我国的司法实践中，之所以广泛存在着"唯结果论"的倾向，其根本原因并不在于定量问题，即并不在于人们把那些超过限度不够明显、造成损害不够重大的防卫行为也看成是防卫过当，而在于定性问题，即在于人们总是习惯于使用法益均衡和"基本相适应"的思维去界定正当防卫的限度要件。我国晚近二十年的法律实践已经清楚地

---

① 参见王洪芳：《正当防卫在民、刑法上的构成要件比较》，载《乐山师范学院学报》2003 年第 5 期；杨玉英：《正当防卫在民法和刑法中的区别运用》，载《前沿》2006 年第 9 期；魏宏斌：《作为刑法免责事由的正当化行为的过当》，载《河南社会科学》2009 年第 2 期；于改之：《法域冲突的排除：立场、规则与适用》，载《中国法学》2018 年第 4 期。

表明，即便刑事立法已大大提高了防卫过当成立犯罪的标准，但只要防卫行为与侵害行为之间的对等均衡仍然在必要限度的判断中把持着核心基准的地位，那么一旦防卫行为保护的法益在价值上低于其损害的法益，一旦防卫行为在强度和危险性上高于侵害行为，则成立正当防卫的可能性几乎荡然无存。这样一来，正当防卫审判实践中的"唯结果论"倾向自然也就难以从根本上得到扭转。要想真正保障公民正当防卫权的空间不受侵蚀，唯一有效的途径只能是从总体上将"基本相适应"的思维从正当防卫必要限度的判断中剔除出去，从而认为，只要防卫行为属于当时情境下为及时、有效和安全地制止不法侵害所必不可少的反击措施，就应当在原则上认定防卫行为未超过必要限度。由此可见，防卫过当标准民刑一元论的初衷固然良好，但它将防卫权受到的不当限制归咎于民法上防卫过当的成立门槛低于刑法，进而试图通过民刑二法的防卫过当标准统一化来实现扩张防卫权的目标，这恐怕既号错了脉，也开错了药方。

三、防卫过当罪量要素的认定方法

唯结果论之所以长期以来盛行于正当防卫的司法实践之中，一个重要的原因在于，司法者往往习惯于将损害结果是否严重与防卫行为是否明显过限作一体化的理解，进而认为只要确定防卫行为招致了严重的损害结果，便可直接推导出反击行为属于防卫过当的结论。有鉴于此，笔者倡导"行为优先于结果"的双层检验机制：首先，在认定防卫限度时，应当把"行为过当"和"结果过当"区分开来，使之成为相互独立的两个判断阶层；其次，关于"行为过当"的认定是判断"结果过当"的前提和基础。据此，只有在认定防卫行为已明显不为有效制止不法侵害所必需之后，才有必要进一步考察其是否引起了重大损害结果；若防卫行为并未明显超过必需的限度，则不论是否出现了严重损害结果，一律不成立防卫过当。[①] 基于这一分析框架，笔者对于防卫过当中罪量要素判断方法的探讨，将依次从行为不法、结果不法和责

---

① 参见本书第五章第四部分。

任三个方面展开：

（一）行为不法：防卫手段"明显"过限

对于防卫过当在行为不法方面的罪量要素，即超过必要限度的"明显性"，我国的刑法教科书大多一笔带过，仅略作说文解字甚至同义反复式的释义，不外乎"一般人都能够认识到其防卫强度已经超过了正当防卫所必需的强度"[①]，或者"能够被清楚容易地认定为超过了必要限度"[②]。但是，究竟如何辨别过当是否"显著""清楚"，却往往语焉不详。近年来，张明楷教授为此提出了"多数服从少数的原则"，其内容主要包括三点：首先，"在判断防卫过当时，多数人要善于倾听少数人的意见。例如，审委会有 9 人，虽然 6 人主张防卫过当，但仍有 3 人主张防卫不过当。在这种情况下，可以说过当并不明显；如果明显，为什么仍有 3 人认为不过当？此时，认为过当的 6 人应当倾听 3 人所提出的不过当的观点与理由，反思自己关于防卫过当的判断"[③]。其次，司法人员得出明显超过必要限度的结论时不能勉强，只有非常肯定地、毫不犹豫地认为明显超过必要限度时，才有可能得出防卫过当的结论。最后，司法人员在作出判断前应当注意听取其他司法人员、律师以及一般人的意见。[④] 这一观点无疑为司法者稳妥地判断防卫过限是否"明显"提出了重要而富有启发的程序性建议。不过，既然明显性是防卫过当构成犯罪的一个必备要素，那么检察院在作有罪指控时就需要说明其认定防卫行为明显过限的依据是什么；辩方在作无罪辩护时，也势必需要论证为何认为防卫过限尚不明显；在强化裁判文书说理获得高度重视的背景下，[⑤] 法官在未来也不可避免地需要为其关于防卫过限是否明显的判断给出具体理由。因此，除了要为司法认定过程设置此类制度性保障之外，刑法教义学仍然有必要为明显性要素提炼出实体性的判断规则，从而确保法官对明显性要素的检验能够

---

① 胡康生、李福成主编：《中华人民共和国刑法释义》，法律出版社 1997 年版，第 28 页。

② 黎宏：《刑法学总论》，法律出版社 2016 年版，第 141 页。

③ 张明楷：《防卫过当：判断标准与过当类型》，载《法学》2019 年第 1 期。

④ 参见张明楷：《防卫过当：判断标准与过当类型》，载《法学》2019 年第 1 期。

⑤ 中共十八届三中全会通过的《中共中央关于全面深化改革若干重大问题的决定》明确提出了"增强法律文书说理性，推动公开法院生效裁判文书"的总体要求。

沿着透明、可视的论证管道进行，而不是完全依赖于个人的内心体察和主观
感受。

1. 两个前提性问题的厘清。

（1）"明显"所针对的是防卫行为违反"必需性"要求的程度。

我国刑法学通说在防卫限度的问题上，采取了将必需说和基本相适应说
相综合的折中理论（又名"相当说"）。通说据此认为，明显性要素"实际上
体现了基本相适应说的立场"[①]，故所谓"明显超过必要限度"是指防卫行为
的性质、手段和强度明显超过不法侵害的性质、手段和强度。[②] 在通说的影响
下，审判实践在判断防卫限度时往往将注意力集中在防卫和侵害之间的法益
均衡性之上，从而将防卫行为在强度和危险性上显著高于侵害行为这一点，
作为认定防卫行为明显过限的依据。例如，大量判决认为，在侵害人赤手空
拳或者仅持有杀伤力较弱的器具来袭的情况下，一旦防卫人用刀捅刺对方致
侵害人重伤死亡，即可认定防卫行为明显超过了必要限度。[③] 在"陈炳廷故意
伤害案"中，法院认为：侵害人一方虽有 10 人之多，但均未使用大杀伤力的
工具对防卫人陈炳廷进行殴打，最终也仅致陈炳廷轻微伤；可是，陈炳廷却
使用酒瓶三次砸击侵害人吴某某头部，致其死亡。陈对吴的攻击明显超出了
吴的侵害力度，属于明显超过必要限度、造成重大损害，成立防卫过当。[④] 暂
且不说行为人是否握有凶器本来就不能成为决定某一行为强度的唯一标准，[⑤]
既然决定防卫行为是否处于必要限度之内的关键问题在于，防卫人所采取的

① 高铭暄主编：《刑法专论》，高等教育出版社 2006 年版，第 428 页。

② 参见高铭暄、马克昌主编：《刑法学》，北京大学出版社、高等教育出版社 2017 年版，第
135 页。

③ 参见王红利故意伤害案，陕西省高级人民法院刑事附带民事判决书，（2001）晋刑一终字第
251 号；苗东清故意伤害案，广东省佛山市中级人民法院刑事附带民事判决书，（2007）佛刑一终字第
23 号；高某某故意伤害案，北京市第三中级人民法院刑事附带民事判决书，（2017）京 03 刑初 112
号；郭某故意伤害案，山西省长治市郊区人民法院刑事判决书，（2017）晋 0411 刑初 217 号；张剑锋
等故意伤害、聚众斗殴、窝藏案，广东省肇庆市中级人民法院刑事判决书，（2017）粤 12 刑初 43 号；
徐某某故意伤害案，襄阳市樊城区人民法院刑事附带民事判决书，（2017）鄂 0606 刑初 582 号；杨某
某故意伤害案，福建省长乐市人民法院刑事判决书，（2018）闽 0182 刑初 138 号。

④ 参见陈炳廷故意伤害案，广东省广州市中级人民法院刑事判决书，（2016）粤 01 刑终 621 号。

⑤ 即便侵害人手无寸铁，但如果其人多势众、以十当一，那么势孤力单的防卫者所面临的危险，
并不亚于单个侵害人握有凶器的情形；纵然侵害人赤手空拳，但若他精通少林武功，则其实际拥有的
杀伤力甚至远远高于手持刀具的一般人。所以，司法实践中广泛存在的以"是否握有凶器"一问定行
为强度的做法，本身就缺乏合理性。

反击手段是否为及时、有效和安全地制止不法侵害所必不可少，那么所谓"明显超过必要限度"，就只能是指防卫行为超出为制止侵害所必要的多余部分明显，而不是指防卫行为在强度上高出侵害行为的部分明显。换言之，在确定过限程度是否明显时，拿来进行比较的双方应该是案件中的防卫行为与必不可少的防卫行为，而不是案件中的防卫行为与侵害行为。

（2）需要进行明显性评价的不仅有"超强型过当"，还有"超时型过当"①。

我国传统的正当防卫论向来主张：防卫过当仅仅包括"超强型过当"，即在不法侵害正在进行的前提下，防卫行为的强度逾越了必要限度；一旦不法侵害已经结束，则由于正当防卫的前提条件已不复存在，故此后发生的反击就不再具有任何防卫的属性，自然也就不存在成立防卫过当的余地，这种情况属于防卫不适时，应当根据行为人的主观方面分别论以故意犯罪、过失犯罪或者意外事件。② 陈兴良教授明确指出，不能"把正当防卫的时间条件和限度条件混为一谈"，"因为时间条件属于正当防卫的前提条件，只有在不法侵害正在进行的情况下，才有正当防卫是否过当可言。不法侵害已经过去，就不存在正当防卫过当与否的问题"③。同样地，德国法院的判例和德国刑法理论界的多数意见一直以来也以"皮之不存毛将焉附"的道理为依据，认为将"超时型过当"归于防卫过当的范畴，这在概念上是完全行不通的。④

笔者认为，防卫过当除了包括"超强型过当"之外，完全可以包含"超

---

① 不少学者沿用了日本刑法理论的表述，将防卫强度超过了必要限度的情形称为"质的过当"，将防卫超过正当防卫时间界限的情形则称为"量的过当"。参见赵金伟：《防卫过当减免处罚根据及适用研究》，载《青海社会科学》2017 年第 3 期；张明楷：《防卫过当：判断标准与过当类型》，载《法学》2019 年第 1 期；冯军：《防卫过当：性质、成立要件与考察方法》，载《法学》2019 年第 1 期。

② 参见高格：《正当防卫与紧急避险》，福建人民出版社 1985 年版，第 41 页；周国钧、刘根菊：《正当防卫的理论与实践》，中国政法大学出版社 1988 年版，第 146～147 页；马克昌主编：《犯罪通论》，武汉大学出版社 1999 年版，第 736、755 页。支持这一观点的判例，参见"郭金朋故意杀人案"，河南省驻马店市中级人民法院刑事附带民事判决书，（2017）豫 17 刑初 36 号。

③ 陈兴良：《正当防卫论》，中国人民大学出版社 2017 年版，第 161 页。

④ Vgl. RGSt 62，76（77）；BGHSt 27，336（339）；BGH NStZ 1987，20；BGH NStZ 2002，141；BGH NStZ 2011，630；Welzel，Das Deutsche Strafecht，11. Aufl.，1969，S. 89；Geilen，Notwehr und Notwehrexzeβ，Jura 1981，S. 379；Sauren，Zur Überschreitung des Notwehrrechts，Jura 1988，S. 571；Jescheck/Weigend，Lehrbuch des Strafrechts AT，5. Aufl.，1996，S. 493；Rudolphi，in：SK－StGB，7. Aufl.，1999，§ 33 Rn. 2.

时型过当"。单纯从语义解释的角度来看，无论是对"必要限度"作狭义理解，使之仅指防卫强度的合理区间，还是对"必要限度"作较为宽泛的诠释，使其在此之外还能够涵盖防卫时间的合理范围，二者皆无不可。因此，要想就这个问题获得确定的答案，归根结底还是需要求助于防卫过当的规范本质。[①] 刑法理论一致认为，在同样构成犯罪的前提下，防卫过当和假想防卫在刑罚处遇上是截然不同的，前者享有法定必予减免处罚的优厚待遇，后者则无。于是，我们有必要先弄清，相比于假想防卫来说，立法者为防卫过当配置大幅度从宽处罚规定的深层根据究竟是什么，然后再回过头来审视防卫逾越时间界限的情形，分析其是否与防卫过当的规范本质相契合。

防卫过当能够获得大幅从宽处罚待遇的法理依据在于，从规范上来说，不法侵害者本人需要为过当的产生自行承担相当的责任。在假想防卫的情形中，由于受损者自始至终从未以违法的方式侵入他人的权利空间，侵害假象的产生在法律上完全不可归责于受损者，故其法益一直都处在法律的完整保护之下。相应地，假想防卫所造成的损害，也绝无可能被评价为一种为消除利益冲突所付出的（超额）成本。然而，在防卫过当的情形中，恰恰是受损一方自己以不法侵害之举先行引起了利益冲突。本来，凡是为消除该利益冲突所需付出的必要成本，悉数应由侵害者本人承担。现在，防卫行为实际支出的成本已经超出了为消除冲突所必要的范围，故超支部分当然不应再由侵害人负担。但是，毕竟没有不法侵害就不会出现防卫行为以及防卫过当。对于不法侵害人来说，他原本只要不去实施不法侵害，便可以从根本上免遭防卫过当的风险。[②] 故防卫过当行为人所支出的那部分超额成本，在一定程度上可归责于侵害者本人。由这一点所决定，尽管就过当部分的损害来说，侵害人法益的值得保护性得到了恢复，但侵害人值得由国家动用刑罚手段去予以保护的必要性，仍然不可能与那些未曾以违法行为引起利益冲突的无辜受害者同日而语。从以上关于防卫过当规范本质的分析可以看出，某一行为能否被归入防卫过当之列，关键在于以下两个问题：其一，受损者是否以违法的方式先行引起了某种利益冲突；其二，行为造成的不应有的损害，能否被视

---

① Vgl. Roxin, Über den Notwehrexzeβ, FS – Schaffstein, 1975, S. 113.

② Vgl. Fischer, Die straflose Notwehrüberschreitung, 1971, S. 94f.

作为了消除利益冲突所支出的超量成本。

这样看来，"超时型过当"完全可以成为防卫过当的一种表现形式。首先，在侵害已经结束但防卫仍在延续的场合，尽管在反击行为实施之时已不存在不法侵害，但毕竟是受损者一方以违反法义务的方式制造了利益冲突在先。所以，对于防卫超时这一事件来说，受损者所实施的不法侵害正是位于因果链条首端的肇因，由防卫超时所造成的损害在相当程度上可归责于受损者本人。① 其次，假如不法侵害结束后发生的损害行为与先前的防卫行为之间已无内在的关联性，那么这种与排除不法侵害无关的损害行为自然不能再算作为消除利益冲突所支付的成本，而只能被评价为一种完全独立的侵害之举。可是，只要不法侵害结束前后的损害行为之间在时空上具有紧密的关联性，② 使得不法侵害结束后发生的损害行为可以被看成是由先前反击措施直接发展而来的延伸或者溢出部分，那就仍然可以将其归入为消除利益冲突所支付的成本，只不过该成本对于实现消除利益冲突的目的来说已非必要而已。正是基于以上两点，无论是防卫人在只需采取轻微暴力即可制服侵害人的情况下，使用管制刀具一下将侵害人刺成重伤，还是防卫人在用木棍将侵害人打晕在地后又上前连击数下致其重伤，这两者在规范上并无本质差别，故而也不应区别对待。③

2. "再高一级"判断标准的证成与展开。

过当是否"明显"，归根结底取决于过当的程度是否足够严重。因为，某种事物甫一崭露头角时，往往处在模糊、游移的状态中，人们对它的存在也难免会有质疑之声；唯有当该事物持续发展到一定水平和规模之后，才会真

---

① Vgl. Jakobs, Kommentar: Rechtfertigung und Entschuldigung bei Befreiung aus besonderen Notlagen, in: Eser/ Nishihara (Hrsg.), Rechtfertigung und Entschuldigung, 1995, S. 173; Erb, in: MK – StGB, 3. Aufl., 2017, § 33 Rn. 14; Kindhäuser/Hilgendorf, LPK – StGB, 8. Aufl., 2020, § 33 Rn. 8.

② 关于紧密关联性的具体认定，参见曾文科：《论复数防卫行为中的评价视角问题——以日本判例为素材的分析》，载《中国案例法评论》2015 年第 1 期。Vgl. Fischer, Die straflose Notwehrüberschreitung, 1971, S. 101f; Zieschang, in: LK – StGB, 12. Aufl., 2006, § 33 Rn. 7.

③ 在我国审判实践中，已有判例承认，对于超时型过当的行为存在着适用防卫过当条款减免处罚的余地。参见姚某某故意伤害案，江西省南昌市东湖区人民法院刑事判决书，（2017）赣 0102 刑初 994 号；尹某某故意伤害案，陕西省安康市中级人民法院刑事附带民事判决书，（2017）陕 09 刑终 9 号；黄华生等故意伤害案，广东省云浮市中级人民法院刑事附带民事裁定书，（2017）粤 53 刑终 61 号；李乐、冯伟：《袁博宇贩卖毒品、故意伤害案——对违法事由引发的暴力侵害可以实施正当防卫》，载《人民司法·案例》2019 年第 32 期。

正打消各种怀疑，以无可争议的姿态立于世间。同理，当防卫手段刚刚跨过必要限度的红线时，人们对将其认定为防卫过当或许多少存有犹豫；只有当反击措施逾越限度边界的幅度超乎寻常时，人们才会毫无争议地一致肯定其属于防卫过当。有鉴于此，笔者主张，所谓"明显"超过必要限度，是指防卫手段比简单地超过必要限度更进一步地高出一个以上的级别。以下结合防卫过当的两种类型具体展开论述：

（1）超强型过当。

如前所述，所谓防卫手段"必要"，是指在当时条件下，舍此反击行为便不足以及时、有效和安全地制止不法侵害。因此，如果行为人所选择的防卫措施在强度上不仅已经超出了及时、有效和安全地制止不法侵害的需要，而且逾越的幅度比单纯过限还高出一个以上的档次，即可认定为明显过限。

第一，由双方悬殊的力量对比所决定，防卫人本来只需徒手搏击便可实现防卫目的。例如，乙盗窃了甲随身携带的钱包，正欲逃窜时被甲发现。若甲在体型、力量上远胜于乙，或者甲有三五个朋友从旁协助，那么防卫一方只需使用一般的暴力就足以制服乙，进而夺回被盗的财物。假如甲等人持刀具、棍棒等器械击打乙的手、足等非要害部位，则该暴力已非为挽回财产损失所必不可少。但这时，防卫行为还只是初步超过了必要限度。只有当甲等人持危险器械用力或者多次捅刺、砍击乙的头、胸、腹等致命部位时，才可以认为防卫行为已在一般过限的基础上升高了等级，属于明显过当。

第二，由于防卫者拥有良好的防护设备或者占据着有利的防御地形，故较轻的暴力手段即足以保证防卫的有效性和安全性。在许多情况下，防卫人之所以不得不动用危险性和杀伤力均显著高于不法侵害的反击手段，一方面固然是因为，唯有如此，方可取得对侵害人的力量优势，从而保证能迅速止暴制害；另一方面，也是由于在突然遭受袭击的紧迫时刻，防卫人往往难以准确地摸清侵害人的意图、计划、人数和装备情况，故为防自身安全陷于不测，不得不"从最坏处着想"，对面临的危险和困难作出从严的估计，进而采用能确保一招制敌的高强度暴力手段。在此情形下，防卫人提升防卫强度是为了应对因事态难以预测和把控而产生的风险，而侵害事实不明朗的局面又是由侵害人一手造成的。故防卫人给侵害人造成的损害，只要处于为消除安全隐患所必要的范围之内，均应由侵害人一方自行承担。可是，如果在防卫行为实施当时，不法侵害的危险性已经被控制在了确定且有限的范围之内，那就意味着，防卫人已无须通过升级防卫手段的强度就可以有效地保证自身的安全。例如，单个侵害人乙在并未持械的情况下试图通过攀爬的方式侵入甲的两层住宅，甲及其家人则在房屋楼顶居高临下实施防守。由于双方呈现出易守难攻的态势，故甲等人本可以通过投掷石块等杀伤力较弱的器物即可达到驱赶乙的目的。若防卫人使用长矛等危险武器捅刺，则超过了必要限度；若防卫人直接向乙的身上泼洒硫酸或者倾倒汽油并引燃，则属于明显过限。又如：甲、乙在案发前已有矛盾。某日夜晚，乙见甲驾驶一辆小轿车经过，便跑过去叫甲停车，乙先跑到甲的副驾驶座车窗外侧用手拍打车门，后又从车窗伸手殴打甲。由于有车厢作为防护，甲处在一个比较安全的封闭空间之内。尽管不要求甲应当选择开车逃离现场，① 但他只需动用棍棒等一般的器械，或者持刀刺向乙非要害部位，或者利用车辆加速所产生的冲击力，就足以摆脱车窗外乙的殴打。若甲直接用刀朝乙的头、颈部位猛刺，则超出了必要限度；若甲持刀朝乙的上述要害部位连续多次捅刺，甚至开枪射击，则可认为过限已达到了明显的程度。

（2）超时型过当。

在不法侵害已经现实发生的情况下，侵害行为究竟会持续到哪一时间点，这完全掌控在侵害人手中，处于紧急状态下的防卫人则往往难以准确无误地预知。由于侵害持续时间的这种不明朗状态是由侵害人造成的，所以由防卫人误判所带来的不利风险就应当由侵害人而非防卫人去承担。换言之，只要防卫人是为了能彻底、安全地消除侵害危险而基于合理的估计继续实施了反击行为，即便根据事后查明的客观事实来看，侵害行为在当时实际上已经归

---

① 在"李树兴与李记河生命权、健康权、身体权纠纷上诉案"的判决中，二审法院认定李树兴的防卫行为明显超过必要限度，理由是："案发当时，李树兴在小汽车内，处于一个封闭的、相对安全的环境，即使李记河从副驾驶座车窗伸手殴打李树兴，李树兴完全可以采取其他的损害相对较小的方式来避开或者逃离李记河的纠缠殴打，没有必要掏出刀刺向李记河。"［广东省肇庆市中级人民法院民事判决书，（2017）粤12民终1470号］但这一观点存在疑问。首先，正当防卫权并非只有在防卫人来不及躲避、逃遁无门的情况下才能行使。其次，认定防卫过限的前提是，在行为当时存在其他既能同样及时、有效和安全地制止不法侵害，同时又能降低侵害人所受损害的其他防卫手段。既然消极的逃避并不属于一种防卫措施，那么在考虑防卫措施是否必不可少时，逃避就不能成为用于替代行为人防卫手段的一个假设性选项。

于终结，也仍然应当认定防卫处在必要限度之内。[1] 关于侵害是否结束的认定方法，笔者曾经提出"二元判断法则"。即：首先，若侵害人已从根本上丧失了继续侵害的身体条件，则可断定侵害已经结束（终结侵害能力法则）；其次，在侵害人仍保有一定侵害能力的情况下，只有当侵害人采取明晰、可信的方式彻底打消防卫人的担忧和疑虑时，才能认为侵害已经终结（履行释明义务法则）。[2] 如果按照这一判断法则能够确定，即使置身防卫当时的情境来看也应认为不法侵害已经结束，那么在防卫人使用一般暴力短时间继续击打侵害人非要害部位的情况下，可以认定防卫过限；但只有当防卫人使用严重暴力长时间持续攻击侵害人要害部位时，才能认为防卫过限已经比普通过限又高出了一个档次，属于明显超过必要限度。例如：

【胡某某等故意伤害案】2004 年 10 月 2 日 15 时许，胡某某、胡某甲在一公园内摆摊售卖小货品时，王某某因强行拿走货品不给钱而与胡某某发生争执，继而胡某甲与王某某发生打斗，王某某被打倒在地后离开。为实施报复，王某某从一西瓜档拿了两把西瓜刀返回公园，对胡某某、胡某甲进行追砍。胡某甲在背部被砍两刀后躲开，胡某某见状即拿一根甘蔗前去阻拦，被王砍伤右前臂。胡某甲反身上前蹬了王胸口一脚，致其站立不稳，胡某甲乘机夺得王手中西瓜刀一把，但其间被对方砍中额部一刀。后胡某甲与王某某持刀

---

① 在不法侵害实际上已经结束、但防卫行为却继续进行的情形中，应当一律认定后续的反击行为属于过当，还是应当承认存在肯定行为符合防卫限度的可能？一种在实务和理论界颇为流行的观点认为，这取决于司法者对于防卫行为究竟是否采取了整体判断的方法。即：如果司法者重视防卫行为的连续性，从而将防卫人在不法侵害停止后所实施的具有连贯性的行为，连同先前的反击行为一并作为不可分割的整体，那便会倾向于认定行为处在防卫必要限度之内；反之，若将不法侵害结束前后的反击行为区隔开来分别认定，则容易认定行为超过了必要限度。参见周光权：《正当防卫的司法异化与纠偏思路》，载《法学评论》2017 年第 5 期；冯军：《防卫过当：性质、成立要件与考察方法》，载《法学》2019 年第 1 期；黎宏：《事后防卫处理的日中比较——以"涞源反杀案"切入》，载《法学评论》2019 年第 4 期；江苏省昆山市公安局关于于海明致刘海龙死亡案案件调查处理情况通报，2018 年 9 月 1 日；河北省保定市人民检察院关于对"涞源反杀案"决定不起诉有关情况的通报，2019 年 3 月 3 日。但是，在笔者看来，问题的关键恐怕并不在于对防卫行为是采取整体观察还是分别认定的方法，而是在于对防卫限度是采取事前还是事后的判断立场。一旦站在事后的立场之上确认侵害在客观上已归于终结，那么防卫者此后所实施的任何反击自然就不可能再为制止不法侵害所必需。反之，假如站在事前的立场之上，那么只要根据一般人或者防卫人本人的认识能力，从行为当时的情境来看能够合理地估计不法侵害有继续进行之虞，那就当然有可能将发生在侵害实际已经结束之后的反击也认定为必要的防卫举措。换言之，所谓的"整体性判断"方法，必然是以采用事前的判断立场为基础的。

② 参见本书第六章第五部分。

对砍，胡某某则拾起掉在地上的另一把西瓜刀砍伤王某某双脚后跟及头部，直至后者倒地。胡某甲、胡某某见王倒地不起，仍继续各持西瓜刀砍伤王某某的左腿及双脚腕前部位。经法医鉴定，上述三人伤情均属轻伤。①

在本案中，当王某某倒地不起且两把西瓜刀均已被夺下之际，大体可以认定其侵害能力已告终结。胡某甲、胡某某持刀砍伤王的腿、脚部的行为，对于制止侵害来说已属多余，但其过限尚未达到明显的程度。因为：第一，二人砍击王某某腿、脚部的行为尽管已不再具有必要性，但毕竟发生在王某某刚刚失去侵害能力之时。由该行为与先前必要反击措施的紧密联系所决定，其过当性质尚未显现到确定无疑的程度。砍击行为固然反映出行为人事后泄愤的倾向，但也不能完全排除其具有彻底消除王某某自由行动的能力、进而从根本上防止侵害人起身重新展开袭击的意义。第二，两名防卫人并未持刀针对王某某的要害部位实施砍刺。综上，二人的砍击行为只能算是先前必要防卫措施的轻度溢出。

【容宝故意伤害案】被害人容某某与被告人容宝一家长期关系不好。2006年6月12日晚8时许，容宝骑摩托车回家，途经一小卖部时，被容某某拦住索要香烟，并让其下跪，容宝不肯，跑回家躲藏。容某某追至容宝家，被容宝的父亲容某甲拦住，双方发生争执，后容某某被村民劝走。几分钟后，容某某又来到容宝家，手持铁铲，见到容某甲后叫其下跪。容某甲不肯，容某某持铁铲打中容某甲头部致其负伤流血。容某甲便叫喊："救命啊!"同时与容某某争夺折断的铁铲柄，并在争抢中一拳打中容某某的左眼。容宝听到喊叫声后，拿起一根木棍冲上来，打中容某某的背部。容某某便向容宝家东侧的篱笆处跑，容宝追到篱笆处，一棍打中容某某的右肋部。当容某某跑到容宝家牛圈旁的酸豆树下摔倒在地时，容宝即用木棍往容某某身上乱打，打中容某某的头部、背部等多处。容某某被送往医院抢救无效死亡。经法医鉴定：容某某系钝器打击致颅脑损伤死亡、失血性休克死亡。②

对于本案，可以将案情划分为以下三个阶段来加以分析：第一阶段，容宝听闻其父呼救后拿起木棍冲上前击打容某某的背部。由于该行为发生在容

---

① 参见广东省广州市中级人民法院刑事判决书，(2005) 穗中法刑一终字第 283 号。
② 参见海南省海南中级人民法院刑事判决书，(2007) 海南刑初字第 56 号。

某某持铁铲袭击容宝之父的过程中，故属于必要的防卫手段。第二阶段，容宝持木棍打中容某某的背部后，容某某跑向容宝家东侧的篱笆处。此时，容某某的侵害能力并无减损，而且仅凭其跑向篱笆的行为也无法断定他已经放弃了侵害的意图，因为防卫人完全有理由怀疑容某某可能试图拾取某种器械或者工具以便继续发起攻击。因此，容宝持棍击打容某某右肋部的行为仍处在必要限度的范围之内。第三阶段，容某某被打后奔至容宝家牛圈旁的酸豆树下摔倒，容宝用木棍往其身上乱打。在先前的追打过程中，容某某并未利用工具展开回击，此刻又打不过跌倒在地，这一事态说明其侵害意图和侵害能力均已下降到了极为微弱的程度。容宝及其父二人没有必要继续对其实施殴打、伤害。这时，若容宝只是用木棍有节制地击打容某某的非要害部位，则可认为该行为虽已非为防卫所必需，但过限尚不算明显。但在本案中，容宝却朝着容某某的头、背等要害部位连续实施击打，其过限已经跃升了一个以上的档次，故属于明显过当。

3. 并非只有故意过当的情形才能满足"明显性"要求。

有学者提出："明显"是一个既包含客观方面也包含主观方面的要素，只有当防卫人在实施防卫过当时已经清楚地认识到该行为远远超过了正当防卫的必要限度时，才能认为防卫"明显"过当；因此，"明显超过必要限度"仅限于故意超过必要限度的情形，凡是对过当持过失心理者，均不可能成立刑法意义上的防卫过当。[①] 就现行《刑法》的规定来看，由于"正当防卫明显超过必要限度造成重大损害"直接对应于"应当负刑事责任"的法律后果，而行为人承担刑事责任又以其行为完全具备犯罪成立的主客观要件为前提，所以在解释"明显"这一罪量要素时强调其蕴含的主观内容，这在方法论上完全正确，也符合现行《刑法》谨慎认定防卫过当的立法宗旨。但是，由此将过失彻底排除出可罚之防卫过当的范围，这似乎还有失偏颇。

首先，过失的防卫过当未必都是基于恐惧、慌乱等可免责的情绪而产生。

---

① 参见王政勋、贾宇：《论正当防卫限度条件及防卫过当的主观罪过形式》，载《法律科学》1999 年第 2 期；黎宏：《论防卫过当的罪过形式》，载《法学》2019 年第 2 期。郭泽强教授也赞同在判断防卫过当是否"明显"时不能脱离行为人的主观方面，但他并不认为过失的防卫过当一概无罪，而是主张因疏忽大意的过失而实施的防卫过当才绝对不属于"明显超过必要限度"，过于自信的过失则仍有可能成为可罚之防卫过当的罪过形式。参见郭泽强：《正当防卫制度研究的新视界》，中国社会科学出版社 2010 年版，第 120 ~ 123 页。

黎宏教授认为：《刑法》第 20 条第 3 款关于特殊防卫的规定实质上体现了与《德国刑法典》第 33 条完全一致的理念；既然特殊防卫条款依据期待可能性原理否定了因恐惧、慌乱等情绪而出现的防卫过当行为的可罚性，而过失的防卫过当恰恰就是因为行为人惊慌失措之下无法精准把握反击强度所致，那么"在《刑法》第 20 条第 3 款增设了特殊防卫制度之后，典型的过失防卫过当便失去了其存在的实际意义"①。在此，暂且不论将《刑法》第 20 条第 3 款的出罪规定理解为情绪性免责事由是否合适。黎宏教授的看法要能够成立，前提是过失的防卫过当无一例外均必然伴随着恐惧、慌乱等情绪而生。可是，现实中却完全可能出现不受异常情绪影响的过失防卫过当。例如：某日上午 9 时许，甲、乙二人因经济纠纷发生争吵，乙扬言要闯入甲的住宅教训一下他。乙离去后，甲紧锁大门，在自己二层平房的楼顶上与四名家人严阵以待，还找出一把能够击发微型弹珠的枪架在楼顶。当天傍晚 6 时许，乙果然来到甲家，先是高声辱骂一通，随后便开始攀爬试图从楼顶进入甲的住宅。甲朝乙开枪射击，两声巨响后乙竟倒地身亡。甲这时才发现，先前在准备防卫武器时误将一杆散弹猎枪当成了杀伤力较弱的弹珠枪。在本案中，防卫者一方无论从人数还是从装备、地势上来看均占据显著优势，而且从获悉对方有来犯之意到不法侵害实际发生已达八九小时。由于甲有充裕的时间周密布防、冷静备战，故他并没有陷入手足无措的狼狈境地，也并不是在精神高度紧张的状态下基于本能反应致使反击失控。可是，这丝毫不影响甲依然是因为在选择防卫工具时疏忽大意而过失地导致其反击行为大大超出了必要限度。在此情况下，恐怕就不能根据情绪性免责事由排除其过当行为的可罚性。

其次，"重过失"足以符合防卫过当罪量要素中"再高一级"的要求。如前所述，在现行《刑法》为防卫过当增加了"明显"这一罪量要素的情况下，防卫过当要成立犯罪，其严重程度就应当比一般的可罚行为再高出一个档次。但这并不意味着，可罚之防卫过当的罪过形式只能是比过失更高一级的故意。因为，在犯罪过失内部，以结果预见可能性的大小以及回避结果发生的难易程度为标准，本来就存在着轻过失与重过失之分。②既然轻过失已达

---

① 黎宏：《论防卫过当的罪过形式》，载《法学》2019 年第 2 期。
② 参见马克昌主编：《犯罪通论》，武汉大学出版社 1999 年版，第 361～362 页；张明楷：《刑法学》，法律出版社 2016 年版，第 287 页。

到了成立过失犯罪的一般标准，那么只要防卫人以重过失大幅度超过必要限度并造成重大损害，就足以认定其过当行为在主观上也具有"明显性"。

（二）结果不法：损害结果足够"重大"

在防卫行为明显超过必要限度的情况下，只有当该过当行为现实造成了"重大损害"时，才能最终成立可罚的防卫过当。那么，何种损害才算得上"重大"呢？

1. "重大性"评价的对象。

高铭暄教授认为，"重大损害"并不是一个绝对的量，而是通过对不法侵害行为可能造成的损害与防卫人实际造成的损害进行比较之后得出的一个相对的量，即防卫行为所造成的损害与不法侵害行为可能造成的损害之间明显失衡。[①] 据此，即便过当的防卫手段仅造成了侵害人数额较大的财产损失或者身体轻伤的结果，但只要该结果与不法侵害可能造成的损害相比存在显著的差距，依然可以认为造成了重大损害。[②] 可是，如前所述，防卫过当的本质是防卫行为逾越了为制止不法侵害所必不可少的范围，而非防卫行为的严重性超过了侵害行为。因此，我们在对防卫过限之结果不法的程度进行评价时，应当始终针对因防卫行为超出为制止侵害所必需的界限而造成的损害，不能针对防卫行为所致损害与不法侵害可能造成的损害之间的差距。

2. "重大性"评价的指标。

冯军教授主张，"重大损害"是指为制止侵害所不必要的多余损害"在刑法上具有重大性"，即刑法将其规定为构成要件性结果，或者说刑法禁止这种损害的发生。于是，当一个明显超过必要限度的行为造成了不法侵害人轻微伤时，它尚未造成刑法上防卫过当所要求的"重大损害"；但是，当该行为造成了不法侵害人轻伤时，即可认定造成了防卫过当所要求的"重大损害"。[③]

---

① 参见高铭暄主编：《刑法专论》，高等教育出版社 2006 年版，第 428 页。

② 尽管张明楷教授主张"重大损害"有绝对量的限制，即仅限于死亡、重伤，但他同样也认为，"'重大损害'意味着防卫行为所造成的损害与不法侵害可能造成的损害悬殊、明显失衡，或者说，与不法侵害可能造成的损害相比，防卫行为造成的损失过于重大"。张明楷：《刑法学》，法律出版社 2016 年版，第 212 页。

③ 参见冯军：《防卫过当：性质、成立要件与考察方法》，载《法学》2019 年第 1 期。

可是，如前所述，出现在刑法条文中的"损害"，除有专门限定者外，皆指已经达到了可罚程度的法益损害。因此，一旦立法者在"损害"一词之前又附加了"重大""严重"之类的修饰语，恐怕就不能再将其简单地理解为受到刑法禁止的损害，而应当将之解释为比一般达到可罚程度的损害更高一级的损害。在此，需要分别就人身法益和财产法益展开分析：

（1）人身法益。在我国的正当防卫司法实践中，一些判例主张，轻伤害也足以满足刑法上防卫过当在结果不法方面的要求。[①] 然而，既然"重大损害"是比单纯可罚的损害更重一级的结果，那么在防卫行为对侵害人身体造成损害的场合，只有当明显过限的防卫手段给侵害人造成了超过轻伤级别的身体损伤，即造成了重伤、死亡结果时，才能认定"重大损害"的成立。[②]《指导意见》也肯定了这一点，其第 13 条指出："'造成重大损害'是指造成不法侵害人重伤、死亡。造成轻伤及以下损害的，不属于重大损害。"

（2）财产法益。对于纯粹财产损害能否成立"重大损害"的问题，学者们的著述鲜有提及。似乎，将一切单纯的财产损失排除出"重大损害"的范畴，已经成了一项不证自明、无须多言的共识。但笔者认为，"重大损害"除了死亡重伤结果之外，还包括纯粹财产的重大损失。[③] 首先，尽管从抽象的法益位阶来看，财产法益居于人身法益之后，但在具体情形下，财产法益的值得保护性却未必低于人身法益。例如，按照《刑法》第 275 条的规定，对于故意毁坏数额巨大之财物的行为，可处 3 年以上 7 年以下有期徒刑；但根据《刑法》第 234 条第 1 款的规定，对于故意轻伤害他人身体的行为，却只能处

---

① 参见石某某故意伤害案，湖南省长沙市中级人民法院刑事附带民事判决书，（2017）湘 01 刑终 929 号；李某甲等故意伤害案，湖南省石门县人民法院刑事判决书，（2017）湘 0726 刑初 308 号。

② 持相同观点的有：陈兴良：《刑法适用总论》（上卷），中国人民大学出版社 2006 年版，第 310 页；张明楷：《刑法学》，法律出版社 2016 年版，第 212 页；黎宏：《刑法学总论》，法律出版社 2016 年版，第 141 页；尹子文：《防卫过当的实务认定与反思——基于 722 份刑事判决的分析》，载《现代法学》2018 年第 1 期，第 183 页。最高人民法院发布的第 93 号指导性案例"于欢故意伤害案"的裁判理由认为："防卫过当是在具备正当防卫客观和主观前提条件下，防卫反击明显超越必要限度，并造成致人重伤或死亡的过当结果。"最高人民检察院发布的"检例第 46 号"指导性案例"朱凤山故意伤害（防卫过当）案"的指导意见亦明确指出："防卫过当中，重大损害是指造成不法侵害人死亡、重伤的后果，造成轻伤及以下损伤的不属于重大损害。"

③ 在审判实践中，部分判例也持这一观点。参见吴某甲故意伤害案，湖南省桑植县人民法院刑事附带民事判决书，（2015）桑刑初字第 32 号；冯某某故意伤害案，宁夏回族自治区西吉县人民法院刑事判决书，（2017）宁 0422 刑初 105 号。

以 3 年以下有期徒刑、拘役或者管制。其次，我国《刑法》中有不少犯罪的构成要件都包含了"造成严重后果"的要素。无论是立法者还是最高司法机关均认为，该要素包括行为引起纯粹财产或者经济损失的情形。例如，结合《刑法》第 114 条来看，《刑法》第 115 条所规定的是放火、决水、爆炸以及投放危险物质"造成严重后果"的情况；立法者在此将其明确表述为"致人重伤、死亡或者使公私财产遭受重大损失"。此外，现行司法解释对于破坏电力设备罪、铁路运营安全事故罪、危险物品肇事罪、消防责任事故罪等犯罪中"造成严重后果"这一要素，也作出了同样的解释。① 当然，由于防卫过当中的"重大损害"比单纯达到可罚程度的损害更为严重，故财产损失要成为"重大损害"，就必须在数额上比普通的财产犯罪入罪门槛高出一个以上的等级。参考目前关于财产犯罪数额的司法解释，似乎可以考虑将造成 10 万元以上财产损失的情形认定为造成"重大损害"。

（三）责任：动机形成能力保持正常

由于刑法上的防卫过当是一种可罚举动，故它必然是以行为满足犯罪成立的一般条件为前提的。即便在不法阶层已经确认防卫手段显著逾越了必要限度并且引起了重大损害，但如果该不法行为存在责任阻却事由，那也无法认定其成立刑法意义上的防卫过当。慌乱、恐惧、激愤等异常情绪，是防卫过当领域所独有的一项责任阻却事由。接下来，笔者将首先对这种情绪性出罪事由与防卫过当罪量要素之间的关系略作交代，然后着重对该事由的免责根据和具体类型展开探讨。

1. 情绪性出罪事由与防卫过当罪量要素的关系。

在对我国 1979 年《刑法》进行全面修订的过程中，最高人民检察院和部分学者曾经建议在关于防卫过当减免刑罚的规定中再添加一款："防卫人因激愤、恐惧或慌乱而防卫过当的，免除处罚。"或者"防卫人由于恐慌、激愤而

---

① 参见 2007 年 8 月 15 日最高人民法院《关于审理破坏电力设备刑事案件具体应用法律若干问题的解释》第 1 条，2015 年 12 月 16 日最高人民法院、最高人民检察院《关于办理危害生产安全刑事案件适用法律若干问题的解释》第 6 条。

超过防卫限度，主观上没有罪过的，不以犯罪论处。"① 但立法者最终并未采纳这一建议。② 于是，与《德国刑法典》第 33 条、《瑞士刑法典》第 16 条第 2 款的立法例不同，我国《刑法》目前仅规定了防卫过当成立犯罪的积极要件，却尚未明文确立情绪性出罪事由。在此情况下，刑法解释者就势必面临着如何处理情绪性出罪事由与"明显超过必要限度造成重大损害"这一要素之间关系的问题。对此，大体有两种可供选择的方案：（1）内置型方案，即主张情绪性出罪事由内含于防卫过当的罪量要素之中。因此，若认定防卫人造成重大损害的过限行为存在情绪性出罪事由，即可以防卫过限未达到"明显"的程度为由否认其成立刑法上的防卫过当。（2）外置型方案，即认为情绪性出罪事由是处于防卫过当罪量要素之外的不成文出罪事由。据此，司法者在肯定防卫"明显超过必要限度造成重大损害"的前提下，还可以根据情绪性出罪事由否定行为的罪责。鉴于《刑法》第 20 条第 2 款为"正当防卫明显超过必要限度造成重大损害"直接配置了"应当负刑事责任"的法律后果，似乎应当认为本条款已经囊括了为防卫过当成立犯罪所需要的一切要件。所以，在当前情绪性出罪事由尚未被刑事立法者成文化的背景下，或许选择内置型的解释路径相对更为合理。

2. 情绪性出罪事由的免责根据：三元综合理论。

对于任何一种出罪事由来说，厘清其出罪的实质根据，是准确界定其适用条件的前提。姜涛教授提出，防卫过当中的情绪性出罪事由是以"法不强人所难"为其思想基础的，其免责的根据在于行为人在特定情绪的支配下丧失了期待可能性，即不再具有将自己的反击行为控制在正当防卫合法限度之

---

① 参见最高人民检察院刑法修改研究小组：《关于修改刑法是个重点问题的研究意见（1996 年 5 月）》，中国人民大学法学院刑法修改专题研究小组：《关于修改刑法若干基本问题的建议——〈中国刑法改革与完善基本问题研究报告〉概要（1996 年 7 月 10 日）》，载高铭暄、赵秉志编：《新中国刑法立法文献资料总览》，中国人民公安大学出版社 2015 年版，第 1238、1411~1412 页。

② 参见高铭暄：《中华人民共和国刑法的孕育诞生和发展完善》，北京大学出版社 2012 年版，第 200~201 页。此次的《指导意见》也仅将异常情绪视为在确定防卫过当构成犯罪之后应予考虑的一个量刑因素，其第 14 条规定："防卫过当应当负刑事责任，但是应当减轻或者免除处罚。要综合考虑案件情况，特别是……防卫人面对不法侵害的恐慌、紧张等心理，确保刑罚裁量适当、公正。"

内的能力。① 该说可能还有进一步斟酌的余地。第一，仅从合法行为能力的角度出发，难以解释特定的情绪为何能够成为独立的犯罪排除事由。的确，行为人在实施不法举动之时具有相对的意志自由，这是法秩序就该不法行为向行为人发出责难的前提所在；因此，假如受到极端情绪影响的防卫人果真完全失去了选择合法举动的自由和能力，那自然可以直接排除行为人的责任。但问题就在于，即便防卫人因情势危急而陷入惊慌失措、魂飞魄散的状态，其基本的价值判断能力和身体控制能力并不因此而消失殆尽；行为人既不至于无法识别防卫过限致人死亡行为的违法性，亦不至于完全无力控制自己的肢体。因此，异常的情绪心理以及由此产生的强大精神压力，至多只能降低而无法从根本上消灭行为人的意志自由和选择合法举动的能力。② 这样一来，似乎只能将特定的情绪解释为责任减轻事由，而难以将之定位为责任阻却事由。第二，该说无法说明情绪性出罪事由的适用范围何以极端狭窄。假若防卫过当中情绪性出罪事由的免责根据在于行为人失去了选择合法举动的可能性，那么由于紧急避险等其他紧急权也同样发生在危急关头，行为人也同样会出现恐慌、惊惧、紧张之类的情绪，故按理说，在这些正当化事由中，也完全应该有适用情绪性出罪事由的空间。③ 然而，无论是从国外已有的立法规定，还是从我国司法机关以及学者曾经提出的立法建议来看，人们似乎不约而同地将情绪性出罪事由的适用范围严格限定在了正当防卫之上，未见有将之扩展至其他正当化事由的做法。这就说明，仅凭特定情绪一己之力并不足以排除防卫过当的犯罪性。要想弄清情绪性出罪事由的本质，不能只是孤立地考察特定情绪本身，还必须密切关注防卫过当相较于其他正当化事由之过当所具有的特殊性。④

---

① 参见姜涛：《行为不法与责任阻却："于欢案"的刑法教义学解答》，载《法律科学》2019 年第 1 期。持类似观点的还有郭泽强：《正当防卫制度研究的新视界》，中国社会科学出版社 2010 年版，第 117 ~ 120 页。在 20 世纪六七十年代的德国刑法学界，也曾有学者持相近的立场。Vgl. Hellmuth Mayer, Strafrecht AT (Studienbuch), 1967, S. 101; Bockelmann, Strafrecht AT, 3. Aufl., 1979, S. 126.

② Vgl. Müller – Christmann, Der Notwehrexzeβ, JuS 1989, S. 717; Spendel, in: LK – StGB, 11. Aufl., 1992, § 33 Rn. 54; Roxin, Strafrecht AT, Bd. Ⅰ, 4. Aufl., 2006, § 22 Rn. 69; Rosenau, Der Notwehrexzess, FS – Beulke, 2015, S. 229f; Erb, in: MK – StGB, 3. Aufl., 2017, § 33 Rn. 2.

③ Vgl. Roxin, Über den Notwehrexzeβ, FS – Schaffstein, 1975, S. 114.

④ Vgl. Rudolphi, Notwehrexzeβ nach provoziertem Angriff, JuS 1969, 463; Sauren, Zur Überschreitung des Notwehrrechts, Jura 1988, S. 569.

　　既然仅凭合法举动可能性的单一视角不足以完整地揭示情绪性出罪事由的免责根据，那就有必要结合责任论的一般原理，重新探寻该事由的本质。责任论大体有以下三个基本的命题：首先，责任是从法的角度对行为人发出的谴责。只有当行为人具备形成合法行为之动机的能力和自由时，我们才有理由对他选择形成犯罪动机的决定予以非难。其次，在阶层犯罪论体系中，责任是犯罪判断流程的终点，责任的成立也意味着对行为人处以刑罚的全部要件均已具备；刑罚并非单纯报应性地施加痛苦，而是必须追求预防犯罪的目的，故责任也与刑罚的目的相关。只有当处罚行为人能够对遏制将来同种情况下出现相同的犯罪发挥作用时，才有必要肯定责任的存在。① 最后，根据行为责任原则，责任判断的对象只能是在不法行为中出现的思想意识；责任非难针对的也只能是行为人在其行为中的动机形成过程。正是由于不法始终是责任的前提，故除了独立的责任要素之外，责任的内容通常也由不法的内容所决定。因此，不法的程度也必然会间接影响责任的大小。② 由此可见，当行为人的意志自由完全消失时，固然可以排除责任，但即便在意志自由仍然存在的情形下，也完全可能因为动机形成能力的减弱、不法程度的缩小以及预防必要性的降低这三方面的共同作用，使得国家不应当对行为人发出责任非难并动用刑罚这一最为严厉的制裁手段。③

　　与此相应，防卫过当中情绪性出罪事由的免责根据也综合体现在以下三个方面：（1）选择合法行为的能力有所下降。受到慌乱、恐惧等异常情绪的干扰，与正常情况相比，防卫人在冷静地形成合法行为的动机、准确地把控反击措施的力度方面会遇到较大的困难和阻力。④ （2）一般预防和特别预防的必要性大幅降低。一方面，一般预防的必要性原本在于，如果不对某一严重违反法规范的行为施加制裁，就可能有损公众对于法规范效力的信赖，甚至会刺激更多的公民效仿行为人去实施同样的违法行为。但是，在防卫过当的情形下，毕竟是不法侵害人以违法举动制造了利益冲突在先，正是该冲突

---

① 参见冯军：《刑法中的责任原则——兼与张明楷教授商榷》，载《中外法学》2012 年第 1 期。

② Vgl. Rudolphi, Ist die Teilnahme an einer Notstandstat i. S. der §§ 52, 53 Abs. 3 und 54 StGB strafbar?, ZStW 78 (1966), S. 84.

③ Vgl. Frisch, Gewissenstaten und Strafrecht, FS – Schroeder, 2006, S. 26ff.

④ Vgl. Otto, Grenzen der straflosen Überschreitung der Notwehr, § 33 StGB, Jura 1987, S. 607; Zieschang, in: LK – StGB, 12. Aufl., 2006, § 33 Rn. 36.

的产生才引发了防卫人的异常情绪，进而导致了其反击失控。既然防卫过当的不法行为是由受害者（即原先的不法侵害人）本人先行的不法侵害行为所自招，又是由行为人在一种本能性的应激心理作用下所实施；那么由该情绪的异常性所决定，即便不对防卫过当加以处罚，一般人也不会产生法秩序已经发生动摇的强烈不安感，不会大规模地以行为人为榜样复制其违法行为。另一方面，防卫过当是行为人在反抗不法、捍卫法权的过程中发生的偏差，又是因恐惧等值得同情的心理而偶然犯下的错误。在整个事件中，行为人忠诚于法规范的态度没有发生根本性的改变，他所体现出的人身危险性和再犯可能性极为微弱，远未达到需要动用刑罚手段去加以矫治的程度。（3）不法的严重程度显著减弱。首先，由于防卫过当制止住了不法侵害，故它所造成的损害结果中本来就有相当部分是受到法秩序肯定评价的。其次，即使就防卫行为超过必要限度造成的不应有的损害结果来说，作为不法侵害和利益冲突的始作俑者，反击行为的受害人"本来就应当为防卫过限的绝大部分自行负责"[1]。于是，防卫行为所产生的正价值以及被害人对于过当结果在一定程度上的自我答责，就使得过限行为违法性中的结果无价值和行为无价值均得到了大幅抵消。

在以上三个方面中，预防必要性的大幅回落，是决定情绪性出罪事由原则上仅适用于正当防卫领域的关键因素。在紧急避险等其他紧急权过当的场合，行为人选择合法行为的能力同样可能因为事态急迫而有所降低，其过当行为的不法也基本上会因为某种法益保护的目的得到了实现而出现较大程度的削减。唯独由于利益冲突的出现和异常情绪的产生均无法归责于过当受害者的违法举动，故其行为的预防必要性总体上就难以如防卫过当那样大幅弱化。[2]

3. 无论弱势情绪还是强势情绪均有免责之可能。

从现实的情况来看，导致防卫过限的异常情绪，既有可能是恐惧、害怕

---

① Roxin, Über den Notwehrexzeβ, FS – Schaffstein, 1975, S. 117. Ähnlich Timpe, Grundfälle zum entschuldigenden Notstand (§ 35 I StGB) und zum Notwehrexzeβ (§ 33 StGB), JuS 1985, S. 119; Jakobs, Strafrecht AT, 2. Aufl., 1991, 20/28; Spendel, in: LK – StGB, 11. Aufl., 1992, § 33 Rn. 41.

② Vgl. Jakobs, Strafrecht AT, 2. Aufl., 1991, 20/32; Kindhäuser, in: NK – StGB, 5. Aufl., 2017, § 33 Rn. 17.

等弱势情绪，也有可能是愤怒、兴奋之类的强势情绪。《德国刑法典》第33条规定："行为人因为慌乱、恐惧或者惊愕而超过正当防卫限度的，不负刑事责任。"德国刑法学通说认为，该条明确将能够产生免责效果的情绪限定在了弱势情绪之上。① 但是，在我国学者于1996年所提出的刑法修改建议中，能够产生出罪效果的情绪包含了"恐慌"和"激愤"两类。到目前为止，我国学者在讨论情绪性出罪事由时，也多将两种情绪相并列，鲜有对强势和弱势情绪作出区别对待。

在笔者看来，无论是哪一种情绪，只要足以导致防卫人难以如正常情况那样冷静判断事态发展、有效掌控行为分寸，那便存在免责的空间。理由如下：

第一，情绪性出罪事由之所以能够阻却责任，关键不在于情绪本身，而在于由情绪所形成的特定身心状态。在此，应将情绪和由情绪所引发的身心状态这两者区分开来。不同的情绪可能会导致相似的心理状态。例如，一名学生之所以连日来神不守舍、学习效率低下，是因为他处在注意力难以集中的精神状态之中；但诱发该状态的内在动因却不一而足，既可能是急火攻心、焦躁烦闷的心情使然，也可能是惶恐不安、担惊受怕的情绪所致。反之，同一种情绪也可能引发截然相异的心理和举止。例如，当特定情景对一个人提出了迅速反应的要求，而他意识到自己的能力捉襟见肘时，就会产生紧张、恐惧的情绪。但在该情绪的刺激下，有些人的生理机能会出现积极的变化和调适，使人体的潜能得以充分调动，从而迸发出超越寻常状态的应变能力，即所谓"急中生智"；有些人的生理机能则会发生萎缩和抑制，其行动和处变能力反而会大大落后于日常的水平，导致其陷入手足无措、大失方寸的窘境。可见，与判断和行动能力高低直接相关的，并非特定的情绪本身，而是由情绪所引发的具体身心状态。

责任的判断根据是行为人正确认识事实、形成合法动机进而控制自己举止的能力，故真正能够对责任的有无及大小发挥决定性作用的是行为人的心理状态。根据心理学的研究，恐惧和愤怒这两种情绪所能激起的一系列生理

---

① Vgl. Kindhäuser, in: NK – StGB, 5. Aufl. , 2017, § 33 Rn. 21; Kühl, Strafrecht AT, 8. Aufl. , 2017, § 12 Rn. 146.

唤醒具有高度的重合性,如都会引发心跳加快、肌肉紧张、呼吸急促、喉咙发堵等现象。① 因此,在遭遇他人不法侵袭的紧急时刻,惊慌、恐惧等弱势情绪固然会导致行为人手忙脚乱、不知所措;但是,愤怒等强势情绪也同样会使人一时无法冷静地形成合法行为的动机、难以将举止严格控制在理性的轨道之上。② 只要这种强势性情绪是由不法侵害行为所招致的本能性反应,那么,一方面,由于愤怒乃保护个体不受侵略的生物本能,其产生在相当程度上是合乎情理的,故防卫过限行为的可谴责性同样会大大缩小;另一方面,既然行为人能力的下降也是由不法侵害人所引起,则过限行为的不法也同样会因为被害人自我答责而大幅削弱。

罗克辛曾经提出,强势情绪之所以无法免责,是因为从预防的角度来看,"一般而言,进攻性情绪的危险性远远高于弱势情绪,故出于保护法益的考虑,必须运用一切手段(包括刑罚措施)来予以遏制,而诸如慌乱、恐惧或者惊愕之类的情绪却并不会诱使人们争相效仿,所以对于在这些情绪之下所实施的防卫过当就可以从宽处置"③。但这一看法似乎存在疑问。首先,该观点的前提是,强势情绪会使得行为人具有较强的攻击性,容易刺激其积极主动(而非消极被迫)地突破防卫限度。不可否认,当强势情绪的出现未对行为人的判断和控制能力形成障碍时,其引发暴行的危险性确实大大高于弱势情绪。例如,防卫人是一名训练有素的特种兵退伍人员,他在遭遇侵害后镇定自若、不乱分毫,在强烈的复仇动机支配下悍然使用不必要的激烈手段致侵害人死亡。在此,既然行为人是在形成合法动机、控制防卫强度的能力完全正常的情况下主动突破防卫的合法边界,那就说明他具有较强的法敌对意志和暴力倾向,故出于保障公民法益安全的考虑,不能不采取刑罚措施予以预防。可是,一旦我们是在讨论某种情绪能否免责,那就必然是以该情绪已经导致行为人形成合法意志、调控自身举止的能力已经出现下降为前提的。这时,既然行为人也是在选择合法行为遭遇一定困难的情况下反击过度,那么和弱势情绪引起防卫过限的情形一样,他所展现的法敌对性同样位于较低

---

① 参见彭聃龄主编:《普通心理学》,北京师范大学出版社 2019 年版,第 384 ~ 385 页。

② Vgl. Spendel, in: LK - StGB, 11. Aufl., 1992, § 33 Rn. 41.

③ Roxin,,, Schuld " und ,, Verantwortlichkeit "als strafrechtliche Systemkategorien, FS - Henkel, 1974, S. 189.

的水平之上。其次，某一违法行为被其他公民效仿的可能性高低，取决于该行为重复发生的难易程度。事实上，一般人想要依葫芦画瓢地复制强情绪下的防卫过限行为，可谓难于上青天。因为，该行为产生过程中的两个关键性因素不具有人为的可控性：一则，防卫过限的违法之举只有在现实遭受他人不法侵害的特殊情境下才会出现。然而，不法侵害发生与否，决定权掌握在侵害人而非防卫人手中。二则，行为人除了要产生愤怒的情绪之外，还必须在该情绪影响下，切实在形成和贯彻合法行为意志方面遭遇了明显的障碍。由于这种障碍的生成完全是基于人体的生理反应，它受植物性神经系统的支配，基本上处在人的意志支配范围之外，故无法为行为人自由控制。

第二，在现实中，强势情绪与弱势情绪往往相伴而生、彼此交织，难以截然分离。当某人受到他人侵犯时，完全可能既因为担忧自身安全而惊恐不已，同时又因为自己无端遭受冒犯而怒不可遏。于是，一旦如德国刑法理论通说那样坚持只有弱势情绪才具有免责可能，那就不得不面对一个棘手的难题：在强势与弱势情绪并存而且共同作用引发防卫过限的情况下，还有无适用《德国刑法典》第33条之规定认定防卫过当无罪的余地吗？不少学者主张，只有当弱势情绪对防卫过当的产生发挥了主导性影响时，方可免除防卫过当行为的责任。[①] 然而，在激愤与恐惧情绪共同作用下的防卫过当大多发生在弹指一刹那，事后要想通过证据忠实再现行为人当时的心理状况，进而精确地分清在那一瞬间究竟哪种情绪占据优势、哪种情绪偏居边缘，是极为困难的。正因为如此，德国的判例和部分学者主张，只要弱势情绪对过当行为的产生了一定的作用，不论其是否居于主导地位，均存在免除过当行为责任的可能。[②] 但这样一来，"只有弱势情绪的防卫过当才能免责"的命题事实上就已经出现了严重的动摇。既然如前所述，对于防卫过当的免责判断来说，关键不在于引起过当的情绪是弱势还是强势，而在于相关的情绪是否使行为人在选择合法行为时遭遇了障碍，那么，从一开始就没有必要耗费司法资源

---

① Vgl. Roxin, Über den Notwehrexzeβ, FS – Schaffstein, 1975, S. 121f; Maurach/Zipf, Strafrecht AT, Bd. 1, 8. Aufl., 1992, § 34 Rn. 30; Erb, in: MK – StGB, 3. Aufl., 2017, § 33 Rn. 22; Perron/ Eisele, in: Schönke/Schröder, StGB, 30. Aufl., 2019, § 33 Rn. 5.

② Vgl. BGHSt 3, 198; BGH GA 1969, S. 23; BGH NStZ 1987, S. 20; Otto, Grenzen der straflosen Überschreitung der Notwehr, § 33 StGB, Jura 1987, S. 606f; Rudolphi, in: SK – StGB, 7. Aufl., 1999, § 33 Rn. 3; Kühl, Strafrecht AT, 8. Aufl., 2017, § 12 Rn. 147.

对不同情绪的占比大小进行精准的测算。

四、结论

罪量要素是我国《刑法》中防卫过当条款所具有的本土特色之一。但这一特色条款绝非只是一种偶然、孤立的地方性制度设计，它的背后隐藏着普适性的法理依据。对其进行理论上的挖掘、提炼和系统化，是中国学者产出原创性思想的契机所在。本章对于防卫过当罪量要素的研究得出以下基本结论：

第一，正当防卫是一种赋权事由，它植根于以宪法为基础的整体法秩序。任何逾越了权利行使边界的防卫行为，均无一例外地属于违法举动，这一点并不因为站在不同部门法的视角而有任何的差别。在确认防卫过当一体违法的基础上，刑法完全可以而且应当基于刑事政策的价值目标和最后手段性的特征，通过增设罪量要素，仅将一部分防卫过当行为筛选出来作为犯罪行为论处。

第二，关于防卫过当罪量要素的设置，可以从行为不法、结果不法以及责任三个层面入手，分别以行为过限的显著性、损害结果的重大性以及动机形成能力的正常性来限制可罚之防卫过当的成立范围。一方面，在确定"明显""重大"要素时，应当采取比普通可罚标准"再高一级"的原则。另一方面，就我国目前的立法来看，责任层面的罪量要素尚存在缺失，未来应在《刑法》中适时增设情绪性免责事由的规定。

参考文献

一、中文文献

1. 白斌：《宪法价值视域中的涉户犯罪——基于法教义学的体系化重构》，载《法学研究》2013 年第 6 期。

2. 蔡宏伟：《正当防卫理论中的国家和个人》，载《法制与社会发展》2017 年第 6 期。

3. 蔡枢衡：《中国刑法史》，广西人民出版社 1983 年版。

4. 蔡震荣：《行政法理论与基本人权之保障》，台湾五南图书出版公司 1999 年版。

5. 车浩：《自我决定权与刑法家长主义》，载《中国法学》2012 年第 1 期。

6. 陈顾远：《中国法制史概要》，商务印书馆 2011 年版。

7. 陈航：《"民刑法防卫过当二元论"质疑》，载《法学家》2016 年第 3 期。

8. 陈瑾昆：《刑法总则讲义》，吴允锋勘校，中国方正出版社 2004 年版。

9. 陈瑞华：《刑事证据法学》，北京大学出版社 2014 年版。

10. 陈文彬：《中国新刑法总论》，夏菲勘校，中国方正出版社 2008 年版。

11. 陈新民：《德国公法学基础理论》，法律出版社 2010 年版。

12. 陈兴良：《论无过当之防卫》，载《法学》1998 年第 6 期。

13. 陈兴良：《作为犯罪构成要件的罪量要素——立足于中国刑法的探讨》，载《环球法律评论》2003 年秋季号。

14. 陈兴良：《刑法的知识转型（方法论）》，中国人民大学出版社 2012 年版。

15. 陈兴良主编：《刑法各论精释》，人民法院出版社 2015 年版。

16. 陈兴良：《防卫与互殴的界限》，载《法学》2015 年第 6 期。

17. 陈兴良：《正当防卫论》，中国人民大学出版社 2017 年版。

18. 陈兴良：《刑法适用总论》，中国人民大学出版社 2017 年版。

19. 陈兴良：《教义刑法学》，中国人民大学出版社 2017 年版。

20. 陈兴良：《正当防卫如何才能避免沦为僵尸条款》，载《法学家》2017 年第 5 期。

21. 陈璇：《正当防卫中风险分担原则之提倡》，载《法学评论》2009 年第 1 期。

22. 陈璇：《德国刑法学中结果无价值与行为无价值的流变、现状与趋势》，载《中外法学》2011 年第 2 期。

23. 陈璇：《论客观归责中危险的判断方法——"以行为时全体客观事实为基础的一般人预测"之提倡》，载《中国法学》2011 年第 3 期。

24. 陈璇：《侵害人视角下的正当防卫论》，载《法学研究》2015 年第 3 期。

25. 陈璇：《家庭暴力反抗案件中防御性紧急避险的适用》，载《政治与法律》2015 年第 9 期。

26. 陈璇：《正当防卫与比例原则》，载《环球法律评论》2016 年第 6 期。

27. 陈炎：《儒家与道家对中国古代科学的制约——兼答"李约瑟难题"》，载《清华大学学报（哲学社会科学版）》2009 年第 1 期。

28. 陈征：《国家征税的宪法界限——以公民私有财产权为视角》，载《清华法学》2014 年第 3 期。

29. 储陈城：《正当防卫回归公众认同的路径——"混合主观"的肯认和"独立双重过当"的提倡》，载《政治与法律》2015 年第 9 期。

30. 邓晓芒：《论历史的本质》，载《社会科学论坛》2012 年第 5 期。

31. 冯军：《刑法的规范化诠释》，载《法商研究》2005 年第 6 期。

32. 冯军：《刑法中的自我答责》，载《中国法学》2006 年第 3 期。

33. 冯军：《"昆山砍人案"的冷思考，打捞那些被忽略的细节》，载《中国检察官》2018 年第 18 期。

34. 冯军：《防卫过当：性质、成立要件与考察方法》，载《法学》2019 年第 1 期。

35. 高格：《正当防卫与紧急避险》，福建人民出版社 1985 年版。

36. 高铭暄主编：《刑法学》，法律出版社 1982 年版。

37. 高铭暄主编：《中国刑法学》，中国人民大学出版社 1989 年版。

38. 高铭暄主编：《刑法学原理》（第 2 卷），中国人民大学出版社 1993 年版。

39. 高铭暄主编：《刑法专论》，高等教育出版社 2006 年版。

40. 高铭暄、马克昌主编：《刑法学》，中国法制出版社 2007 年版。

41. 高铭暄：《中华人民共和国刑法的孕育诞生与发展完善》，北京大学出版社 2012 年版。

42. 高铭暄、赵秉志编：《中国刑法规范与立法资料精选》，法律出版社 2013 年版。

43. 高铭暄、赵秉志编：《新中国刑法立法文献资料总览》，中国人民公安大学出版社 2015 年版。

44. 高铭暄、马克昌主编：《刑法学》，北京大学出版社、高等教育出版社 2017 年版。

45. 顾肃：《自由主义基本理念》，译林出版社 2013 年版。

46. 桂齐逊：《唐律与台湾现行法关于"正当防卫"规定之比较研究》，载中南财经政法大学法律文化研究院编：《中西法律传统》（第 6 卷），北京大学出版社 2008 年版。

47. 郭守权、何泽宏、杨周武：《正当防卫与紧急避险》，群众出版社 1987 年版。

48. 郭泽强、胡陆生：《再论正当防卫的限度条件》，载《法学》2002 年第 10 期。

49. 郭泽强、蒋娜：《刑法第 20 条第 3 款与第 1 款关系研究——兼论第 20 条第 3 款条款的意义》，载《法学家》2002 年第 6 期。

50. 郭泽强：《正当防卫制度研究的新视界》，中国社会科学出版社 2010 年版。

51. 郝银钟、席作立：《宪政视角下的比例原则》，载《法商研究》2004年第 6 期。

52. 何海波：《公民对行政违法行为的藐视》，载《中国法学》2011 年第 6 期。

53. 胡东飞：《论防卫过当的罪过形式》，载《法学评论》2008 年第 4 期。

54. 胡建淼：《行政法学》，法律出版社 2015 年版。

55. 胡康生、李福成主编：《中华人民共和国刑法释义》，法律出版社 1997 年版。

56. 黄云波：《对防卫者岂能用"圣人标准"苛责?》，载《民主与法制》2018 年第 37 期。

57. 姜明安主编：《行政法与行政诉讼法》，北京大学出版社、高等教育出版社 2015 年版。

58. 姜涛：《追寻理性的罪刑模式：把比例原则植入刑法理论》，载《法律科学》2013 年第 1 期。

59. 姜涛：《行为不法与责任阻却："于欢案"的刑法教义学解答》，载《法律科学》2019 年第 1 期。

60. 姜涛：《正当防卫限度判断的适用难题与改进方案》，载《中国法学》2019 年第 2 期。

61. 姜昕：《比例原则研究——一个宪政的视角》，法律出版社 2008 年版。

62. 姜伟：《行为过当与结果过当关系质疑》，载《中国社会科学》1984 年第 5 期。

63. 姜伟：《正当防卫》，法律出版社 1988 年版。

64. 金凯：《试论正当防卫与防卫过当的界限》，载《法学研究》1981 年第 1 期。

65. 瞿同祖：《中国法律与中国社会》，中华书局 2003 年版。

66. 劳东燕：《刑事政策与刑法解释中的价值判断》，载《政法论坛》2012 年第 4 期。

67. 劳东燕：《防卫过当的认定与结果无价值论的不足》，载《中外法学》2015 年第 5 期。

68. 劳东燕：《正当防卫的异化与刑法系统的功能》，载《法学家》2018年第 5 期。

69. 李贵连：《近代中国法律的变革与日本影响》，载《比较法研究》1994年第 1 期。

70. 黎宏：《刑法总论问题思考》，中国人民大学出版社 2007 年版。

71. 黎宏：《论正当防卫的主观条件》，载《法商研究》2007 年第 2 期。

72. 黎宏：《论假想防卫过当》，载《中国法学》2014 年第 2 期。

73. 黎宏：《刑法学总论》，法律出版社 2016 年版。

74. 黎宏：《论防卫过当的罪过形式》，载《法学》2019 年第 2 期。

75. 黎宏：《事后防卫处理的日中比较——以"涞源反杀案"切入》，载《法学评论》2019 年第 4 期。

76. 李强：《自由主义》，东方出版社 2015 年版。

77. 李泽厚：《中国思想史论》，安徽文艺出版社 1999 年版。

78. 梁根林：《预备犯普遍处罚原则的困境与突围——〈刑法〉第 22 条的解读与重构》，载《中国法学》2011 年第 2 期。

79. 梁根林：《防卫过当不法判断的立场、标准与逻辑》，载《法学》2019 年第 2 期。

80. 梁华仁、刘为波：《评新刑法对正当防卫制度的修改》，载《政法论坛》1998 年第 1 期。

81. 林山田：《刑法通论》（上册），北京大学出版社 2012 年版。

82. 林钰雄：《新刑法总则》，元照出版有限公司 2018 年版。

83. 刘东亮：《拆迁乱象的根源分析与制度重整》，载《中国法学》2012 年第 4 期。

84. 刘家琛主编：《新刑法条文释义》（上），人民法院出版社 2001 年版。

85. 刘明祥：《也谈假想防卫过当》，载《法学》1994 年第 10 期。

86. 刘明祥：《紧急避险研究》，中国政法大学出版社 1998 年版。

87. 刘明祥：《关于正当防卫与紧急避险相区别的几个特殊问题》，载《法学评论》1998 年第 1 期。

88. 刘明祥：《刑法中错误论》，中国检察出版社 2004 年版。

89. 刘莘：《具体行政行为效力初探》，载《中国法学》1998 年第 5 期。

90. 刘艳红、程红：《"无限防卫权"的提法不妥当》，载《法商研究》1999 年第 4 期。

91. 卢云华：《试论正当防卫过当》，载《中国社会科学》1984 年第 2 期。

92. 马俊驹、余延满：《民法原论》，法律出版社 2010 年版。

93. 马克昌：《论正当防卫和防卫过当》，载《当代法学》1987 年第 4 期。

94. 马克昌：《刑法理论探索》，法律出版社 1995 年版。

95. 马克昌主编：《犯罪通论》，武汉大学出版社 1999 年版。

96. 马克昌主编：《百罪通论》，北京大学出版社 2014 年版。

97. 欧阳本祺：《正当防卫认定标准的困境与出路》，载《法商研究》2013 年第 5 期。

98. 彭聃龄主编：《普通心理学》，北京师范大学出版社 2019 年版。

99. 彭卫东：《论防卫过当》，载《法学评论》1998 年第 4 期。

100. 彭卫东：《正当防卫论》，武汉大学出版社 2001 年版。

101. 阮齐林主编：《刑法总则案例教程》，中国政法大学出版社 1999 年版。

102. 上官丕亮：《论宪法上的生命权》，载《当代法学》2007 年第 1 期。

103. 沈岿：《行政行为公定力与妨害公务》，载《中国法学》2006 年第 5 期。

104. 申柳华：《德国刑法被害人信条学研究》，中国人民公安大学出版社 2011 年版。

105. 苏力：《送法下乡——中国基层司法制度研究》，中国政法大学出版社 2000 年版。

106. 苏力：《法律与文学：以中国传统戏剧为材料》，生活·读书·新知三联书店 2017 年版。

107. 谭泽宗：《反思与超越：中国语境下行政抵抗权研究》，载《行政法学研究》2010 年第 2 期。

108. 田宏杰：《防卫权限度的理性思考》，载《法学家》1998 年第 4 期。

109. 田宏杰：《刑法中的正当化行为》，中国检察出版社 2004 年版。

110. 王钢：《正当防卫的正当性依据及其限度》，载《中外法学》2018 年第 6 期。

111. 王钢：《正当防卫的正当化依据与防卫限度——兼论营救酷刑的合法性》，台湾元照出版有限公司 2019 年版。

112. 王洪芳：《正当防卫在民、刑法上的构成要件比较》，载《乐山师范学院学报》2003 年第 5 期。

113. 王觐：《中华刑法论》，姚建龙勘校，中国方正出版社 2005 年版。

114. 王骏：《论被害人的自陷风险——以诈骗罪为中心》，载《中国法学》2014 年第 5 期。

115. 王俊：《反抗家庭暴力中的紧急权认定》，载《清华法学》2018 年第 3 期。

116. 王利明：《侵权责任法研究》，中国人民大学出版社 2011 年版。

117. 王利明：《侵权责任法与合同法的界分——以侵权责任法的扩张为视角》，载《中国法学》2011 年第 3 期

118. 王利明、杨立新、王轶、程啸：《民法学》，法律出版社 2017 年版。

119. 王书成：《论比例原则中的利益衡量》，载《甘肃政法学院学报》2008 年第 2 期。

120. 王旭：《宪法上的尊严理论及其体系化》，载《法学研究》2016 年第 1 期。

121. 王泽鉴：《侵权行为》，北京大学出版社 2009 年版。

122. 王政勋、贾宇：《论正当防卫限度条件及防卫过当的主观罪过形式》，载《法律科学》1999 年第 2 期。

123. 王政勋：《正当行为论》，法律出版社 2000 年版。

124. 王政勋、贾宇：《论正当防卫限度条件及防卫过当的主观罪过形式》，载《法律科学》1999 年第 2 期。

125. 王政勋：《论正当防卫的本质》，载《法律科学》2000 年第 6 期。

126. 王作富：《中国刑法研究》，中国人民大学出版社 1988 年版。

127. 王作富、阮方民：《关于新刑法中特别防卫权规定的研究》，载《中国法学》1998 年第 5 期。

128. 王作富主编：《刑法分则实务研究》，中国方正出版社 2013 年版。

129. 魏宏斌：《作为刑法免责事由的正当化行为的过当》，载《河南社会科学》2009 年第 2 期。

130. 伍金平：《正当防卫司法适用的困境探析》，载《河北法学》2012 年第 5 期。

131. 吴婧萍：《行政行为公定力研究》，载《行政法学研究》1999 年第 3 期。

132. 吴允锋：《正当防卫限度的判断规则》，载《政治与法律》2018 年第 6 期。

133. 夏菲菲、黄威：《正当防卫中"不法侵害"的主客观问题研究》，载《新学术》2007 年第 2 期。

134. 谢甲林：《关于正当防卫的几个问题》，载《法学》1984 年第 8 期。

135. 许恒达：《从个人保护原则重构正当防卫》，载《台大法学论丛》第 45 卷（2016 年）。

136. 徐久生、曹震南：《预先设置防卫装置行为的刑法审视》，载《海南大学学报（人文社会科学版）》2013 年第 5 期。

137. 徐梦萍、王剑波：《论防卫挑拨的类型及其处理原则》，载《辽宁大学学报（哲学社会科学版）》2013 年第 5 期。

138. 杨立新：《侵权责任法立法最新讨论的 50 个问题》，载《河北法学》2009 年第 12 期。

139. 杨路生：《防卫权行使困局的成因及其破解》，载《海南大学学报（人文社会科学版）》2011 年第 2 期。

140. 杨毅伟：《自我防卫与相互斗殴的刑事司法判定研究》，载《西南政法大学学报》2012 年第 6 期。

141. 杨玉英：《正当防卫在民法和刑法中的区别运用》，载《前沿》2006 年第 9 期。

142. 杨忠民：《对正当防卫限度若干问题的新思考》，载《法学研究》1999 年第 3 期。

143. 杨宗辉、郭泽强：《正当防卫制度的再思考——从刑法第 20 条第 3 款切入》，载《法学评论》2001 年第 4 期。

144. 叶必丰：《论行政行为的公定力》，载《法学研究》1997 年第 5 期。

145. 尹子文：《防卫过当的实务认定与反思——基于 722 份刑事判决的分析》，载《现代法学》2018 年第 1 期。

146. 于改之：《法域冲突的排除：立场、规则与适用》，载《中国法学》2018 年第 4 期。

147. 曾文科：《论复数防卫行为中的评价视角问题——以日本判例为素材的分析》，载《中国案例法评论》2015 年第 1 辑。

148. 曾宪信：《犯罪构成论》，武汉大学出版社 1988 年版。

149. 张宝、毛康林：《预见不法侵害并积极准备防卫工具能否阻却成立正当防卫》，载《中国检察官》2014 年第 11 期。

150. 张宝：《防卫紧迫性判断标准的刑法教义学诠释》，载《中州学刊》2018 年第 5 期。

151. 张理恒：《析刑法中"自招的不法侵害"——以正当防卫制度为限定》，载《重庆科技学院学报（社会科学版）》2009 年第 7 期。

152. 张明楷：《法益初论》，中国政法大学出版社 2003 年版。

153. 张明楷：《罪刑法定与刑法解释》，北京大学出版社 2009 年版。

154. 张明楷：《刑法分则的解释原理》，中国人民大学出版社 2011 年版。

155. 张明楷：《不作为犯中的先前行为》，载《法学研究》2011 年第 6 期。

156. 张明楷：《刑法学中危险接受的法理》，载《法学研究》2012 年第 5 期。

157. 张明楷：《故意伤害罪司法现状的刑法学分析》，载《清华法学》2013 年第 1 期。

158. 张明楷：《刑法学》，法律出版社 2016 年版。

159. 张明楷：《正当防卫的原理及其运用——对二元论的批判性考察》，载《环球法律评论》2018 年第 2 期。

160. 张明楷：《防卫过当：判断标准与过当类型》，载《法学》2019 年第 1 期。

161. 长孙无忌等：《唐律疏议》，刘俊文点校，中华书局 1983 年版。

162. 张翔：《基本权利冲突的规范结构与解决模式》，载《法商研究》2006 年第 4 期。

163. 张翔：《基本权利的规范建构》，法律出版社 2017 年版。

164. 张新宝：《侵权责任构成要件研究》，法律出版社 2007 年版。

165. 张忠成：《试论基督教的生命观（续）——从基督教信仰看生命的价值和意义》，载《金陵神学志》2012 年第 Z2 期。

166. 张中秋：《中西法律文化比较研究》，中国政法大学出版社 2006 年版。

167. 郑晓剑：《比例原则在民法上的适用及展开》，载《中国法学》2016 年第 2 期。

168. 赵秉志、赫兴旺、颜茂昆、肖中华：《中国刑法修改若干问题研究》，载《法学研究》1996 年第 5 期。

169. 赵秉志、赫兴旺：《论刑法典总则的改革与进展》，载《中国法学》1997 年第 2 期。

170. 赵秉志、肖中华：《正当防卫立法的进展与缺憾》，载《法学》1998 年第 12 期。

171. 赵秉志、田宏杰：《特殊防卫权问题研究》，载《法制与社会发展》1999 年第 6 期。

172. 赵秉志主编：《扰乱公共秩序罪》，中国人民公安大学出版社 1999 年版。

173. 赵秉志主编：《中国刑法案例与学理研究》（第 1 卷），法律出版社 2004 年版。

174. 赵秉志：《刑法基本理论专题研究》，法律出版社 2005 年版。

175. 赵秉志、陈志军编：《中国近代刑法立法文献汇编》，法律出版社 2016 年版。

176. 赵金伟：《防卫过当减免处罚根据及适用研究》，载《青海社会科学》2017 年第 3 期。

177. 赵雪爽：《对无责任能力者进行正当防卫——兼论刑法的紧急权体系》，载《中外法学》2018 年第 6 期。

178. 钊作俊：《妨害公务罪比较研究》，载高铭暄、赵秉志主编：《刑法论丛》（第 8 卷），法律出版社 2004 年版。

179. 指导意见起草小组（姜启波、周家海、喻海松、耿磊、郝方昉、李振华、李静）：《〈关于依法适用正当防卫制度的指导意见〉的理解与适用（附〈指导意见〉与典型案例）》，载《人民司法》2020 年第 28 期。

180. 中华人民共和国最高人民法院刑事审判第一、二、三、四、五庭主办：《中国刑事审判指导案例》（侵犯公民人身权利、民主权利罪），法律出版社 2009 年版。

181. 周光权：《正当防卫成立条件的"情境"判断》，载《法学》2006年第 12 期。

182. 周光权：《新行为无价值论在中国的展开》，载《中国法学》2012 年第 1 期。

183. 周光权：《法治视野中的刑法客观主义》，法律出版社 2013 年版。

184. 周光权：《行为无价值论的中国展开》，法律出版社 2015 年版。

185. 周光权：《刑法总论》，中国人民大学出版社 2016 年版。

186. 周光权：《论持续侵害与正当防卫的关系》，载《法学》2017 年第4 期。

187. 周光权：《正当防卫的司法异化与纠偏思路》，载《法学评论》2017年第 5 期。

188. 周国钧、刘根菊：《试论防卫挑拨》，载《西北政法学院学报》1986年第 3 期。

189. 周国钧、刘根菊：《正当防卫的理论与实践》，中国政法大学出版社1988 年版。

190. 周详：《防卫必要限度：学说之争与逻辑辨正》，载《中外法学》2016 年第 6 期。

191. 朱岩：《侵权责任法通论·总论》，法律出版社 2011 年版。

192. 朱勇：《权利换和谐：中国传统法律的秩序路径》，载《中国法学》2008 年第 1 期。

193. 邹兵建：《正当防卫中"明显超过必要限度"的法教义学研究》，载《法学》2018 年第 11 期。

二、翻译文献

1. ［日］浜口和久：《苏维埃刑法中正当防卫及其有关问题——介绍 B ·

И·特卡钦科的观点》，陆青译，载《国外法学》1981年第2期。

2. ［苏］别利亚耶夫、科瓦廖夫主编：《苏维埃刑法总论》，马改秀、张广贤译，曹子丹校，群众出版社1987年版。

3. ［英］伯林：《自由论》，胡传胜译，译林出版社2011年版。

4. ［日］大谷实：《刑法讲义总论》（新版第2版），黎宏译，中国人民大学出版社2008年版。

5. ［日］大塚仁：《犯罪论的基本问题》，冯军译，中国政法大学出版社1993年版。

6. ［苏］多马欣：《苏维埃刑法中的紧急避难》，张保成译，法律出版社1957年版。

7. ［德］恩吉施：《法律思维导论》，郑永流译，法律出版社2004年版。

8. ［英］哈耶克：《自由秩序原理》，邓正来译，生活·读书·新知三联书店1997年版。

9. ［德］黑塞：《联邦德国宪法纲要》，李辉译，商务印书馆2007年版。

10. ［德］J. H. 冯·基尔希曼：《作为科学的法学的无价值性》，赵阳译，载《比较法研究》2004年第1期。

11. ［德］卡斯帕：《德国正当防卫权的"法维护"原则》，陈璇译，载《人民检察》2016年第10期。

12. ［德］《康德著作全集》（第4卷），李秋零主编，中国人民大学出版社2005年版。

13. ［俄］库兹涅佐娃、佳日科娃主编：《俄罗斯刑法教程（总论）》（上卷·犯罪论），黄道秀译，中国法制出版社2002年版。

14. ［德］拉伦茨：《德国民法通论》，王晓晔、邵建东、程建英、徐国建、谢怀栻译，法律出版社2003年版。

15. ［德］拉伦茨：《法学方法论》，陈爱娥译，商务印书馆2015年版。

16. ［英］洛克：《政府论》（下篇），叶启芳、瞿菊农译，商务印书馆1964年版。

17. ［美］罗尔斯：《正义论》，何怀宏、何包钢、廖申白译，中国社会科学出版社2009年版。

18. ［德］梅迪库斯：《德国民法总论》，邵建东译，法律出版社2013

年版。

19. ［德］米夏埃尔·帕夫利克：《"最近几代人所取得的最为重要的教义学进步"？——评刑法中不法与责任的区分》，陈璇译，载陈兴良主编：《刑事法评论》（第 35 卷），北京大学出版社 2015 年版.

20. ［苏］契希克瓦节主编：《苏维埃刑法总则》，中央人民政府法制委员会编译室、中国人民大学刑法教研室译，法律出版社 1955 年版。

21. ［日］桥爪隆：《日本正当防卫制度若干问题分析》，江溯、李世阳译，载《武陵学刊》2011 年第 4 期。

22. ［日］山口厚：《日本刑法学中的行为无价值论与结果无价值论》，金光旭译，载《中外法学》2008 年第 4 期。

23. ［日］山口厚：《日本正当防卫的新动向》，郑军男译，载《辽宁大学学报（哲学社会科学版）》2011 年第 5 期。

24. ［日］山口厚：《刑法总论》，付立庆译，中国人民大学出版社 2018 年版。

25. ［苏］特拉伊宁：《犯罪构成的一般学说》，薛秉忠、卢佑先、王作富、沈其昌译，中国人民大学出版社 1958 年版。

26. ［日］西田典之：《日本刑法总论》，王昭武、刘明祥译，法律出版社 2013 年。

27. ［俄］伊诺加莫娃－海格主编：《俄罗斯联邦刑法（总论）》，黄芳、刘阳、冯坤译，中国人民大学出版社 2010 年版。

三、外文文献

1. *Alwart*, Heiner: Zum Begriff der Notwehr, JuS 1996, 953ff.

2. *Amelung*, Knut: Zur Kritik des kriminalpolitischen Strafrechtssystems von Roxin, in: Schünemann, Bernd（Hrsg.）, Grundfragen des modernen Strafrechtssystems, Berlin/New York 1984, S. 85ff.

3. *Amelung*, Knut: Die Rechtfertigung von Polizeivollzugsbeamten, JuS 1986, 329ff.

4. *Amelung*, Knut: Sein und Schein bei der Notwehr gegen die Drohung mit einer Scheinwaffe, Jura 2003, 91 ff.

5. *Arzt*, Gunther: Notwehr, Selbsthilfe, Bürgerwehr, in: Grünwald, Gerald u. a. (Hrsg.), Festschrift für Friedrich Schaffstein, Göttingen 1975, S. 77 ff.

6. *Baumgarten*, Arthur: Notstand und Notwehr, 1911.

7. *Baumann*, Jürgen: Rechtsmissbrauch bei Notwehr. Zu der Entscheidung des BGH vom 1. 8. 1961, MDR 1962, 349 ff.

8. *Baumann*, Jürgen/*Weber*, Ulrich/*Mitsch*, Wolfgang/*Eisele*, Jörg: Strafrecht Allgemeiner Teil, 12. Auflage, Bielefeld 2016.

9. *Beling*, Ernst: Grundzüge des Strafrechts, 11. Aufl. , Tübingen 1930.

10. *Berner*, Albert Friedrich: Die Notwehrtheorie, Archiv des Criminalrechts, Neue Folge, 1848, 547 ff.

11. *Bernsmann*, Klaus: überlegungen zur tödlichen Notwehr bei nicht lebensbedrohlichen Angriffen, ZStW 104 (1992), 290 ff.

12. *Bertel*, Christian: Notwehr gegen verschuldete Angriffe, ZStW 84 (1972), 1 ff.

13. *Berz*, Ulrich: An der Grenze der Notwehr und Notwehrprovokation - BGH, NJW 1983, 2267, JuS 1984, 340 ff.

14. *Binding*, Karl: Die Normen und ihre übertretung, Bd. Ⅳ, Leipzig 1919.

15. *Bitzilekis*, Nikolaos: Die neue Tendenz zur Einschränkung des Notwehrrechts, Berlin 1984.

16. *Bockelmann*, Paul: Menschenrechtskonvention und Notwehrrecht, in: Bockelmann, Paul u. a. (Hrsg.), Festschrift für Karl Engisch, Frankfurt a. M. 1969, S. 456 ff.

17. *Bockelmann*, Paul: Notwehr gegen verschuldete Angriffe, in: Juristische Fakultät der Georg – August – Universität Göttingen (Hrsg.), Festschrift für Richard M. Honig, Göttingen 1970, S. 19 ff.

18. *Bockelmann*, Paul: Notrechtsbefugnisse bei Polizei, in: Jescheck, Hans – Heinrich u. a. (Hrsg.), Festschrift für Eduard Dreher, Berlin/New York 1977, S. 235 ff.

19. *Bockelmann*, Paul/*Volk*, Klaus: Strafrecht Allgemeiner Teil, 4. Auflage, München 1987.

20. *Börgers*, Nicolas: Studien zum Gefahrurteil im Strafrecht, Berlin 2008.

21. *Born*, Ulrich: Die Rechtfertigung der Abwehr vorgetäuschter Angriffe, 1984.

22. *Bülte*, Jens: Der Verhältnismäßigkeitsgrundsatz im deutschen Notwehrrechts aus verfassungsrechtlicher und europäischer Perspektive, GA 2011, 145ff.

23. *Dressler*, Joshua: Understanding Criminal Law, Lexis Publishing, 2001.

24. *Duttge*, Gunnar: „ Erlaubtes Risiko " in einer personalen Unrechtslehre, in: Bloy, René u. a. (Hrsg.), Festschrift für Manfred Maiwald, Berlin 2010, S. 133ff.

25. *Engisch*, Karl: Untersuchungen über Vorsatz und Fahrlässigkeit im Strafrecht, Berlin 1930.

26. *Engisch*, Karl: Die Einheit der Rechtsordnung, Heidelberg 1935.

27. *Engländer*, Armin: Vorwerfbare Notwehrprovokation: Strafbarkeit wegen fahrlässiger Tötung aufgrund rechtswidrigen Vorverhaltens trotz gerechtfertigten Handelns?, Jura 2001, 534ff.

28. *Engländer*, Armin: Grund und Grenze der Nothilfe, Tübingen 2008.

29. *Erb*, Volker: Notwehr gegen rechtswidriges Verhalten von Amtsträgern, in: Dölling, Dieter/Erb, Volker (Hrsg.), Festschrift für Karl Heinz Gössel, Heidelberg 2002, S. 217ff.

30. *Eser*, Albin: „ Sozialadäquanz ": eine überflüssige oder unverzichtbare Rechtsfigur?, in: Schünemann, Bernd u. a. (Hrsg.), Festschrift für Claus Roxin, Berlin/New York 2001, S. 199ff.

31. *Fischer*, Jürgen: Die straflose Notwehrüberschreitung, Frankfurt a. M. 1971.

32. *Fischer*, Thomas: Strafgesetzbuch und Nebengesetze, 59. Auflage, München 2012.

33. *Freund*, Georg: Richtiges Entscheiden – am Beispiel der Verhaltensbewertung aus der Perspektive des Betroffenen, insbesondere im Strafrecht, GA 1991, 387ff.

34. *Freund*, Georg: Strafrecht Allgemeiner Teil, 2. Auflage, Berlin/Heidel-

berg/New York 2009.

35. *Frisch*, Wolfgang: Vorsatz und Risiko, Köln/Berlin/Bonn/München 1983.

36. *Frisch*, Wolfgang: Tatbestandsmäβiges Verhalten und Zurechnung des Erfolgs, Heidelberg 1988.

37. *Frisch*, Wolfgang: Selbstgefährdung im Strafrecht – Grundlinien einer opferorientierten Lehre vom tatbestandsmäβigen Verhalten, NStZ 1992, 1ff.

38. *Frisch*, Wolfgang: Gewissenstaten und Strafrecht, in: Hoyer, Andreas u. a. (Hrsg.), Festschrift für Friedrich Christian Schroeder, Heidelberg 2006, S. 11ff.

39. *Frisch*, Wolfgang: Notstandsregelungen als Ausdruck von Rechtsprinzipien, in: Paeffgen, Hans – Ullrich u. a. (Hrsg.), Festschrift für Ingeborg Puppe, Berlin 2011, S. 425ff.

40. *Frisch*, Wolfgang: Zur Problematik und zur Notwendigkeit einer Neufundierung der Notwehrdogmatik, in: Joerden, Jan C. u. a. (Hrsg.), Festschrift für Keiichi Yamanaka, Berlin 2017, S. 49ff.

41. *Frister*, Helmut: Zur Einschränkung des Notwehrrechts durch Art. 2 der Europäischen Menschenrechtskonvention, GA 1985, 553ff.

42. *Frister*, Helmut: Die Notwehr im System der Notrechte, GA 1988, 291ff.

43. *Frister*, Helmut: Strafrecht Allgemeiner Teil, 8. Auflage, München 2018.

44. *Fuchs*, Helmut: Grundfragen der Notwehr, 1986.

45. *Gallas*, Wilhelm: Zum gegenwärtigen Stand der Lehre vom Verbrechen, ZStW 67 (1955), 1ff.

46. *Gallas*, Wilhelm: Zur Struktur des strafrechtlichen Unrechtsbegriffs, in: Kaufmann, Arthur u. a. (Hrsg.), Festschrift für Paul Bockelmann, München 1979, S. 155ff.

47. *Geilen*, Gerd: Notwehr und Notwehrexzeβ, Jura 1981, 370ff.

48. *Graul*, Eva: Notwehr oder Putativnotwehr – wo ist der Unterschied?, JuS 1995, 1049ff.

49. *Greco*, Luís: Wider die jüngere Relativierung der Unterscheidung von Unrecht und Schuld, GA 2009, 636ff.

50. *Greco*, Luís: Notwehr und Proportionalität, GA 2018, 670ff.

51. *Gropp*, Walter: Strafrecht Allgemeiner Teil, 4. Auflage, Berlin/Heidelberg/New York 2015.

52. *Günther*, Hans – Ludwig: Defensivnotstand und Tötungsrecht, in: Böse, Martin/Sternberg – Lieben, Detlev (Hrsg.), Festschrift für Knut Amelung, Berlin 2009, S. 147ff.

53. *Gutmann*, Alexander: Die Berufung auf das Notwehrrecht als Rechtsmiβbrauch?, NJW 1962, 286ff.

54. *Haas*, Robert: Notwehr und Nothilfe, Frankfurt a. M. 1978.

55. *Haas*, Volker: Kausalität und Rechtsverletzung, Berlin 2002.

56. *Hassemer*, Raimund: Ungewollte, über das erforderliche Maβ hinausgehende Auswirkungen einer Notwehrhandlungen – BGHSt 27, 313, JuS 1980, 412ff.

57. *Hassemer*, Winfried: Schutzbedürftigkeit des Opfers und Strafrechtsdogmatik, 1981.

58. *Hassemer*, Winfried: Die provozierte Provokation oder über die Zukunft des Notwehrrechts, in: Kaufmann, Arthur u. a. (Hrsg.), Festschrift für Paul Bockelmann, München 1979, S. 225.

59. *Haft*, Fritjof: Strafrecht Allgemeiner Teil, 9. Auflage, München 2004.

60. *Heinitz*, Ernst: Zur Entwicklung der Lehre von der materiellen Rechtswidrigkeit, in: Bockelmann, Paul/Gallas Wilhelm (Hrsg.), Festschrift für Eberhard Schmidt, Göttingen 1961, S. 266ff.

61. *Heinrich*, Manfred: Die Verwendung von Selbstschutzanlagen im Lichte des Strafrechts, ZIS 2010, 183ff.

62. *Herring*, Jonathan: Criminal Law: Text, Cases, and Materials, Oxford University Press, 2012.

63. *Herzberg*, Rolf Dietrich: Zur Eingrenzung des vorsatzausschlieβenden Irrtums (§16 StGB), JZ 1993, 1017ff.

64. *Herzberg*, Rolf Dietrich: Erlaubnistatbestandsirrtum und Deliktsaufbau, JA 1989, 243ff.

65. *Himmelreich*, Klaus: Erforderlichkeit der Abwehrhandlung, Gebotensein

der Notwehrhandlung; Provokation und Rechtsmissbrauch; Notwehrexzess, GA 1966, 129ff.

66. *Hirsch*, Hans – Joachim: Die Notwehrvoraussetzung der Rechtswidrigkeit des Angriffs, in: Jescheck, Hans – Heinrich u. a. (Hrsg.), Festschrift für Eduard Dreher, Berlin/New York 1977, S. 211ff.

67. *Hirsch*, Hans – Joachim: Rechtfertigungsgründe und Analogieverbot, in: Jescheck, Hans – Heinrich u. a. (Hrsg.), Gedächtnisschrift für Zong Uk Tjong, Tokyo 1985, S. 50ff.

68. *Hirsch*, Hans – Joachim: Zur Lehre von der objektiven Zurechnung, in: Eser Albin u. a. (Hrsg.), Festschrift für Theodor Lenckner, München 1998, S. 121ff.

69. *Hirsch*, Hans – Joachim: Strafrechtliche Probleme, Bd. II, Berlin 2009.

70. *Hoyer*, Andreas: Das Rechtsinstitut der Notwehr, JuS 1988, 89ff.

71. *Hruschka*, Joachim: Extrasystematische Rechtfertigungsgründe, in: Jescheck, Hans – Heinrich u. a. (Hrsg.), Festschrift für Eduard Dreher, Berlin/New York 1977, S. 189ff.

72. *Hruschka*, Joachim: Rechtfertigung oder Entschuldigung im Defensivnotstand, NJW 1980, S. 21ff.

73. *Hruschka*, Joachim: Ordentliche und außerordentliche Zurechnung bei Pufendorf, ZStW 96 (1984), 661ff.

74. *Hruschka*, Joachim: Strafrecht nach logisch – analytischer Methode, 2. Auflage, Berlin/New York 1988.

75. *Hruschka*, Joachim: Die Notwehr im Zusammenhang von Kants Rechtslehre, ZStW 115 (2003), 201ff.

76. *Hübner*, Christoph: Die Entwicklung der objektiven Zurechnung, Berlin 2004.

77. *Ida*, Makoto: Zum heutigen Stand des japanischen Strafrechts und der japanischen Strafrechtswissenschaft, GA 2017, 67ff.

78. *Jähnke*, Burkhard/*Laufhütte*, Heinrich Wilhelm/*Odersky*, Walter (Hrsg.), Leipziger Kommentar, Großkommentar zum Strafgesetzbuch, 11. Auflage, 1992ff.

79. *Jakobs*, Günther: Studien zum fahrlässigen Erfolgsdelikt, Berlin 1972.

80. *Jakobs*, Günther: Strafrecht Allgemeiner Teil, Berlin/New York 1983.

81. *Jakobs*, Günther: Strafrecht Allgemeiner Teil, 2. Auflage, Berlin/New York 1991.

82. *Jakobs*, Günther: Kommentar: Rechtfertigung und Entschuldigung bei Befreiung aus besonderen Notlagen (Notwehr, Notstand, Pflichtenkollision), in: Eser, Albin/Nishihara, Haruo (Hrsg.), Rechtfertigung und Entschuldigung Ⅳ, Freiburg im Breisgau 1995, S. 143ff.

83. *Jakobs*, Günther: System der strafrechtlichen Zurechnung, Frankfurt a. M. 2012.

84. *Jescheck*, Hans – Heinrich/*Weigend*, Thomas: Lehrbuch des Strafrechts. Allgemeiner Teil, 5. Auflage, Berlin 1996.

85. *Joecks*, Wolfgang/*Miebach*, Klaus (Hrsg.), Münchener Kommentar zum Strafgesetzbuch, 3. Auflage, 2017.

86. *Kargl*, Walter: Die intersubjektive Begründung und Begrenzung der Notwehr, ZStW 110 (1998), 38ff.

87. *Kasiske*, Peter: Begründung und Grenzen der Nothilfe, Jura 2004, 832ff.

88. *Kaspar*, Johannes: „Rechtsbewährung" als Grundprinzip der Notwehr? Kriminologisch – empirische und verfassungsrechtliche überlegungen zu einer Reformulierung von § 32 StGB, RW 2013, 55ff.

89. *Kaufmann*, Armin: Tatbestandseinschränkung und Rechtfertigung, JZ 1955, 37ff.

90. *Kaufmann*, Armin: Zum Stande der Lehre vom personalen Unrecht, in: Stratenwerth, Günther u. a. (Hrsg.), Festschrift für Hans Welzel, Berlin/New York 1974, S. 393ff.

91. *Kaufmann*, Arthur: Das Schuldprinzip, 2. Auflage, Heidelberg 1976.

92. *Kindhäuser*, Urs: Gefährdung als Straftat, Frankfurt a. M. 1989.

93. *Kindhäuser*, Urs: Erlaubtes Risiko und Sorgfaltswidrigkeit, GA 1994, 197ff.

94. *Kindhäuser*, Urs: Der subjektive Tatbestand im Verbrechensaufbau, GA

2007，447ff.

95. *Kindhäuser*，Urs：Zur Funktion von Sorgfaltsnormen，in：Hefendehl，Roland/Hörnle，Tatjana/Greco，Luís（Hrsg.），Festschrift für Bernd Schünemann，Berlin/Boston 2014，S. 143ff.

96. *Kindhäuser*，Urs：Zur Genese der Formel „das Recht braucht dem Unrecht nicht zu weichen"，in：Freund，Georg u. a.（Hrsg.），Festschrift für Wolfgang Frisch，Berlin 2013，493ff.

97. *Kindhäuser*，Urs：Zur Notwehr gegen rechtswidrige Vollstreckungsmaβ – nahmen – Anmerkung zu BGH 1 StR 606/14 – Urteil vom 9. Juni 2015（LG Stuttgart），HRRS 2016，439ff.

98. *Kindhäuser*，Urs：Strafrecht Allgemeiner Teil，8. Auflage，Baden – Baden 2017.

99. *Kindhäuser*，Urs/*Neumann* Ulfrid/*Paeffgen* Hans – Ullrich（Hrsg.），Nomos – Kommentar，Strafgesetzbuch，5. Auflage，2017.

100. *Kioupis*，Dimitrios：Notwehr und Einwilligung. Eine individualistische Begründung，Baden – Baden 1992.

101. *Klose*，Peter：Notrecht des Staates aus staatlicher Rechtsnot，ZStW 89（1977），61ff.

102. *Koch*，Burkhard：Prinzipientheorie der Notwehreinschränkungen，ZStW 104（1992），785ff.

103. *Köhler*，Michael：Strafrecht Allgemeiner Teil，Heidelberg/New York 1997.

104. *Köhler*，Michael：Die objektive Zurechnung der Gefahr als Voraussetzung der der Eingriffsbefugnis im Defensivnotstand，in：Hoyer，Andreas u. a.（Hrsg.），Festschrift für Friedrich Christian Schroeder，Heidelberg 2006，S. 257ff.

105. *Koriath*，Heinz：Einige Gedanken zur Notwehr，in：Britz，Guido u. a.（Hrsg.），Festschrift für Heinz Müller – Dietz，München 2001，S. 361ff.

106. *Köstlin*，Christian Reinhold：Neue Revision der Grundbegriffe des Criminalrechts，Tübingen 1845.

107. *Kratzsch*，Dietrich：Grenzen der Strafbarkeit im Notwehrrecht，Berlin 1968.

108. *Kratzsch*，Dietrich：§ 53 StGB und der Grundsatz nullum crimen sine le-

ge，GA 1971，S. 65ff.

109. *Krause*，Friedrich – Wilhelm：Zur Problematik der Notwehr，in：Frisch，Wolfgang/Schmid，Werner（Hrsg.），Festschrift für Hans Jürgen Bruns，Köln/Berlin/Bonn/München 1978，S. 71ff.

110. *Krause*，Friedrich – Wilhelm：Zur Einschränkung der Notwehrbefugnis，GA 1979，329ff.

111. *Kretschmer*，Joachim：Notwehr bei Fahrlässigkeitsdelikten，Jura 2002，114ff.

112. *Krey*，Volker：Studien zum Gesetzesvorbehalt im Strafrecht，Berlin 1977.

113. *Krey*，Volker：Zur Einschränkung des Notwehrrechts bei der Verteidigung von Sachgütern，JZ 1979，702ff.

114. *Kühl*，Kristian：„Sozialethische" Einschränkungen der Notwehr，Jura 1990，244ff.

115. *Kühl*，Kristian：Die „Notwehrprovokation"，Jura 1991，57ff.

116. *Kühl*，Kristian：Notwehr und Nothilfe，JuS 1993，177ff.

117. *Kühl*，Kristian：Angriff und Verteidigung bei der Notwehr，Jura 1993，57ff.

118. *Kühl*，Kristian：Freiheit und Solidarität bei den Notrechten，in：Weigend，Thomas/Küper，Georg（Hrsg.），Festschrift für Hans Joachim Hirsch，Berlin/New York 1999，S. 259ff.

119. *Kühl*，Kristian：Strafrecht Allgemeiner Teil，8. Auflage，München 2017.

120. *Küper*，Georg：Die „Abwehrprovokation"，JA 2001，438ff.

121. *Lagodny*，Otto：Notwehr gegen Unterlassen，GA 1991，300ff.

122. *Lampe*，Ortrun：Defensiver und aggressiver übergesetzlicher Notstand，NJW 1968，88ff.

123. *Laufhütte*，Heinrich Wilhelm/*Rissing – van Saan*，Ruth/*Tiedemann*，Klaus（Hrsg.），Leipziger Kommentar，Großkommentar zum Strafgesetzbuch，12. Auflage，2006ff.

124. *Lenckner*，Theodor：Notwehr bei proviziertem und verschuldetem Angriff，GA 1961，299ff.

125. *Lenckner*，Theodor：„Gebotensein" und „Erforderlichkeit" der Not-

wehr, GA 1968, 1ff.

126. *Lenckner*, Theodor: Der Grundsatz der Güterabwägung als Grundlage der Rechtfertigung, GA 1985, 295ff.

127. *Lesch*, Heiko Hartmut: Notwehrrecht und Beratungsschutz, Paderborn u. a. 2000.

128. *Lilie*, Hans: Zur Erforderlichkeit der Verteidigungshandlung, in: Weigend, Thomas/Küper, Georg (Hrsg.), Festschrift für Hans Joachim Hirsch, Berlin/New York 1999, S. 277ff.

129. *von Liszt*, Franz: Lehrbuch des Deutschen Strafrechts, 16 – 17. Aufl., Berlin/Leipzig 1908.

130. *von Liszt*, Franz/*Schmidt*, Eberhard: Lehrbuch des Deutschen Strafrechts, 26. Aufl., Berlin/Leipzig 1932.

131. *Löffler*, Alexander: Unrecht und Notwehr, ZStW 21 (1901), 537ff.

132. *Loos*, Fritz: Zum Inhalt der subjektiven Rechtfertigungselemente, in: Herzberg, Rolf Dietrich (Hrsg.), Festschrift für Dietrich Oehler, Köln/Berlin/ Bonn/München 1985, S. 227ff.

133. *Maunz*, Theodor/*Dürig*, Günter: Grundgesetz – Kommentar, München 86. EL Januar 2019.

134. *Maurach*, Reinhart/*Zipf*, Heinz: Strafrecht Allgemeiner Teil, Teilbd. 1, 8. Auflage, Heidelberg 1992.

135. *Mayer*, Hellmuth: Strafrecht Allgemeiner Teil, Stuttgart 1953.

136. *Merkel*, Reinhard: § 14. Abs. 3 Luftsicherheitsgesetz: Wann und warum darf der Staat töten?, JZ 2007, 373ff.

137. *Mezger*, Edmund: Strafrecht, 3. Auflage, Berlin/München 1949.

138. *Mezger*, Edmund: Strafrecht Allgemeiner Teil (Studienbuch), 9. Auflage, München/Berlin 1960.

139. *Mitsch*, Wolfgang: Nothilfe gegen provozierte Angriffe, GA 1986, 533ff.

140. *Mitsch*, Wolfgang: Rechtfertigung einer Ohrfeige – BayObLG, NJW 1991, 2031, JuS 1992, 289ff.

141. *Mitsch*, Wolfgang: Rechtfertigung und Opferverhalten, Hamburg 2004.

142. *Momsen*, Casten/*Rackow*, Peter: Der Erlaubnistatbestandsirrtum in der Fallbearbeitung, JA 2006, 550ff.

143. *Montenbruck*, Axel: Thesen zur Notwehr, Heidelberg 1983.

144. *Müller – Christmann*, Bernd: Der Notwehrexzeβ, JuS 1989, 717ff.

145. *Murmann*, Uwe: Zur Berücksichtigung besonderer Kenntnisse, Fähigk – eiten und Absichten bei der Verhaltensnormkonturierung, in: Putzke, Holm u. a. (Hrsg.), Festschrift für Rolf Dietrich Herzberg, Tübingen 2008, S. 123ff.

146. *Müssig*, Bernd: Antizipierte Notwehr, ZStW 115 (2003), 224ff.

147. *Neumann*, Ulfrid: Individuelle und überindividuelle Begründung des Not-wehrrechts, in: Lüderssen, Klaus u. a. (Hrsg.), Modernes Strafrecht und ulti-ma – ratio – Prinzip, Frankfurt a. M. 1990, S. 215ff.

148. *Nowakowski*, Friedrich: Zur Lehre von der Rechtswidrigkeit, ZStW 63 (1951), 20ff.

149. *Oetker*, Friedrich: Notwehr und Notstand, in: Hegler, August (Hrsg.), Festgabe für Reinhard von Frank, Bd. 1, Tübingen 1930, S. 359ff.

150. *Otto*, Harro: Grenzen der straflosen überschreitung der Notwehr, § 33 StGB, Jura 1987, 604ff.

151. *Otto*, Harro: Die vorgetäuschte Notwehr – /Nothilfelage, Jura 1988, 330ff.

152. *Otto*, Harro: Grundkurs Strafrecht Allgemeiner Teil, 7. Auflage, Berlin 2004.

153. *Paeffgen*, Hans – Ullrich: Anmerkungen zum Erlaubnistatbestandsirrtum, in: in: Dornseifer Gerhard u. a. (Hrsg.), Gedächtnisschrift für Armin Kauf-mann, Köln/Berlin/Bonn/München 1989, S. 399ff.

154. *Pawlik*, Michael: Der rechtfertigende Notstand, Berlin/New York 2002.

155. *Pawlik*, Michael: Der rechtfertigende Defensivnotstand, Jura 2002, 26ff.

156. *Pawlik*, Michael: Die Notwehr nach Kant und Hegel, ZStW 114 (2002), 259ff.

157. *Pawlik*, Michael: Der rechtfertigende Defensivnotstand im System der Notrechte, GA 2003, 12ff.

158. *Pawlik*, Michael: Das Unrecht des Bürgers, Tübingen 2012.

159. *Perron*, Walter: Rechtfertigung und Entschuldigung im deutschen und

spanischen Recht, Baden – Baden 1988.

160. *Puppe*, Ingeborg: Strafrecht Allgemeiner Teil im Spiegel der Rechtsprechung, Bd. 1, Baden – Baden 2002.

161. *Puppe*, Ingeborg: Kleine Schule des juristischen Denkens, 3. Aufl., Baden – Baden 2014.

162. *Puppe*, Ingeborg: Der Aufbau des Verbrechens, in: Dannecker, Gerhard u. a. (Hrsg.), Festschrift für Harro Otto, Köln/Berlin/München 2007, S. 389ff.

163. *Renzikowski*, Joachim: Notstand und Notwehr, Berlin 1994.

164. *Renzikowski*, Joachim: Normentheorie und Strafrechtsdogmatik, in: Alexy, Robert (Hrsg.), Juristische Grundforschung, Stuttgart 2005, S. 115ff.

165. *Rinck*, Klaus: Der zweistufige Deliktsaufbau, Berlin 2000.

166. *Rostalski*, Frauke: Normentheorie und Fahrlässigkeit, GA 2016, 73ff.

167. *Roxin*, Claus: Die provozierte Notwehrlage, ZStW 75 (1963), 541ff.

168. *Roxin*, Claus:„ Schuld “ und „ Verantwortlichkeit “ als strafrechtliche Systemkategorien, in: Roxin, Claus u. a. (Hrsg.), Festschrift für Heinrich Henkel, Berlin/New York 1974, S. 171ff.

169. *Roxin*, Claus: Über den Notwehrexzeß, in: Grünwald, Gerald u. a. (Hrsg.), Festschrift für Friedrich Schaffstein, Göttingen 1975, S. 105ff.

170. *Roxin*, Claus: Die „ sozialen Einschränkungen “ des Notwehrrechts, ZStW 93 (1981), 68ff.

171. *Roxin*, Claus: Von welchem Zeitpunkt an ist ein Angriff gegenwärtig und löst das Notwehrrecht aus?, in: Jescheck, Hans – Heinrich u. a. (Hrsg.), Gedächtnisschrift für Zong Uk Tjong, Tokyo 1985, S. 137ff.

172. *Roxin*, Claus: Der strafrechtliche Rechtswidrigkeitsbegriff beim Handeln von Amtsträgern – eine überholte Konstruktion, in: Tiedemann, Klaus u. a. (Hrsg.), Festschrift für Gerd Pfeiffer, Köln/Berlin/Bonn/München 1988, S. 49ff.

173. *Roxin*, Claus: Strafrecht Allgemeiner Teil, Bd. II, München 2003.

174. *Roxin*, Claus: Strafrecht Allgemeiner Teil, Bd. I, 4. Auflage, München 2006.

175. *Roxin*, Claus: Notwehr und Rechtsbewährung, in: Heger, Martin u. a. (Hrsg.), Festschrift für Kristian Kühl, München 2014, S. 391ff.

176. *Rönnau*, Thomas: Grundwissen – Strafrecht: Sozialadäquanz, JuS 2011, 311ff.

177. *Rudolphi*, Hans – Joachim: Ist die Teilnahme an einer Notstandstat i. S. der § § 52, 53 Abs. 3 und 54 StGB strafbar?, ZStW 78 (1966), S. 67ff.

178. *Rudolphi*, Hans – Joachim: Notwehrexzeß nach provoziertem Angriff, JuS 1969, 463ff.

179. *Rudolphi*, Hans – Joachim: Inhalt und Funktion des Handlungsunwertes im Rahmen der Personalen Unrechtslehre, in: Schroeder, Friedrich – Christian/ Zipf, Heinz (Hrsg.), Festschrift für Reinhart Maurach, Karlsruhe 1972, S. 51ff.

180. *Rudolphi*, Hans – Joachim: Rechtfertigungsgründe im Strafrecht, in: Dornseifer Gerhard u. a. (Hrsg.), Gedächtnisschrift für Armin Kaufmann, Köln/ Berlin/Bonn/München 1989, S. 371ff.

181. *Sangero*, Boaz: Self – Defence in Criminal Law, Oxford: Hart Publishing, 2006.

182. *Samson*, Erich: Hypothetische Kausalverläufe im Strafrecht, Frankfurt a. M 1972.

183. *Samson*, Erich: Das Verhältnis von Erfolgsunwert und Handlungsunwert im Strafrecht, in: Samson, Erich u. a. (Hrsg.), Festschrift für Gerald Grünwald, Baden – Baden 1999, S. 585ff.

184. *Sauren*, Jürgen: Zur Überschreitung des Notwehrrechts, Jura 1988, 567ff.

185. *Schaffstein*, Friedrich: Notwehr und Güterabwägungsprinzip, MDR 1952, 132ff.

186. *Schaffstein*, Friedrich: Handlungsunwert, Erfolgsunwert und Rechtfertigung bei den Fahrlässigkeitsdelikten, in: Stratenwerth, Günter u. a. (Hrsg.), Festschrift für Hans Welzel, Berlin/New York 1974, S. 557ff.

187. Schaffstein, Friedrich: Der Maßstab für das Gefahrurteil beim rechtfertigenden Notstand, in: Frisch, Wolfgang/Schmid, Werner (Hrsg.), Festschrift für Hans Jürgen Bruns, Köln/Berlin/Bonn/München 1978, S. 89ff.

188. *von Scherenberg*, Carl – Friedrich: Die sozialethischen Einschränkungen der Notwehr, Frankfurt a. M. 2009.

189. *Schlüchter*, Ellen: Antizipierte Notwehr, in: Eser, Albin u. a. (Hrsg.), Festschrift für Theodor Lenckner, München 1998, S. 313ff.

190. *Schmidhäuser*, Eberhard: über die Wertstruktur der Notwehr, in: Juristische Fakultät der Georg – August – Universität Göttingen (Hrsg.), Festschrift für Richard M. Honig, Göttingen 1970, S. 185ff. .

191. *Schmidhäuser*, Eberhard: Strafrecht Allgemeiner Teil, 2. Auflage, Tübingen 1975.

192. *Schmidhäuser*, Eberhard: Die Begründung der Notwehr, GA 1991, S. 97ff.

193. *Schöneborn*, Christian: Zum Leitgedanken der Rechtfertigungseinschränkung bei Notwehrprovokation, NStZ 1981, 201ff.

194. *Schönke*, Adolf/*Schröder*, Horst: Strafgesetzbuch. Kommentar, 30. Auflage, 2019.

195. *Schroeder*, Friedrich – Christian: Fahrlässigkeitsdelikte, ZStW 91 (1979), 257ff.

196. *Schroeder*, Friedrich – Christian: Die Notwehr als Indikator politischer Grundanschauungen, in: Schroeder, Friedrich – Christian u. a. (Hrsg.), Festschrift für Reinhart Maurach, Karlsruhe 1972, S. 127ff.

197. *Schröder*, Christian: Angriff, Scheinangriff und die Erforderlichkeit der Abwehr vermeintlich gefährlicher Angriffe, JuS 2000, 235ff.

198. *Schröder*, Horst: Notwehr bei schuldhaftem Vorverhalten – BGH, NJW 1972, 1821, JuS 1973, 157ff.

199. *Schroth*, Ulrich: Die Annahme und das „ Für – Möglich – Halten " von Umständen, die einen anerkannten Rechtfertigungsgrund begründen, in: Haft, Fritjof u. a. (Hrsg.), Festschrift für Arthur Kaufmann, Heidelberg 1993, S. 595ff.

200. *Schünemann*, Bernd: Grund und Grenzen der unechten Unterlassungsdelikte, Göttingen 1971.

201. *Schünemann*, Bernd: Moderne Tendenzen in der Dogmatik der

Fahrlässigkeits - und Gefährdungsdelikte, JA 1975, 435 ff.

202. *Schünemann*, Bernd: Neue Horizonte der Fahrlässigkeitsdogmatik?, in: Grünwald, Gerald u. a. (Hrsg.), Festschrift für Friedrich Schaffstein, Göttingen 1975, 159 ff.

203. *Schünemann*, Bernd: Die Funktion des Schuldprinzips im Präventions-strafrecht, in: ders. (Hrsg.), Grundfragen des modernen Strafrechtssystems, Berlin/New York 1984, S. 153 ff.

204. *Schumann*, Heribert: Zum Notwehrrecht und seinen Schranken - OLG Hamm, NJW 1977, 590, JuS 1979, S. 559 ff.

205. *Schwabe*, Jürgen: Grenzen des Notwehrrechts, NJW 1974, 670 ff.

206. *Seelmann*, Kurt: Grenzen privater Nothilfe, ZStW 89 (1977), 36 ff.

207. *Spendel*, Günter: Notwehr und „ Verteidigungswille ", objektiver Zweck und subjektive Absicht, in: Herzberg, Rolf Dietrich (Hrsg.), Festschrift für Dietrich Oehler, Köln/Berlin/Bonn/München 1985, S. 197 ff.

208. *Stratenwerth*, Günter: Prinzipien der Rechtfertigung, ZStW 68 (1956), 41 ff.

209. *Stratenwerth*, Günter: Zur Individualisierung des Sorgfaltsmaβstabes beim Fahrlässigkeitsdelikt, in: Vogler, Theo u. a. (Hrsg.), Festschrift für Hans - Heinrich Jescheck, Berlin 1985, S. 285 ff.

210. *Stratenwerth*, Günter/*Kuhlen*, Lothar: Strafrecht Allgemeiner Teil I, 6. Auflage, München 2011.

211. *Stuckenberg*, Carl - Friedrich: Provozierte Notwehrlage und Actio illicita in causa: Der Meinungsstand im Schrifttum, JA 2001, 894 ff.

212. *Stuckenberg*, Carl - Friedrich: Provozierte Notwehrlage und Actio illicita in causa: Die Entwicklung der Rechtsprechung bis BGH NJW 2001, 1075, JA 2002, 172 ff.

213. *Suppert*, Hartmut: Studien zur Notwehr und „ notwehrähnlichen Lage ", Bonn 1973.

214. *Theile*, Hans: Der bewusste Notwehrexzess, JuS 2006, 965 ff.

215. *Timpe*, Gerhard: Grundfälle zum entschuldigenden Notstand (§ 35 I

StGB) und zum Notwehrexzeβ (§ 33 StGB), JuS 1985, 117ff.

216. *Toepel*, Friedrich: Kausalität und Pflichtwidrigkeitszusammenhang beim fahrlässigen Erfolgsdelikt, Berlin 1992.

217. *Wagner*, Heinz: Individualistische und überindividualistische Notwehrbegründung, Berlin 1984.

218. *Warda*, Günter: Die Eignung der Verteidigung als Rechtfertigungselement bei der Notwehr, Jura 1990, 393ff.

219. *Welzel*, Hans: Das Deutsche Strafrecht, 11. Auflage, Berlin 1969.

220. *Wessels*, Johannes/*Beulke*, Werner/*Satzger*, Helmut: Strafrecht Allgemeiner Teil, 47. Auflage, Heidelberg 2017.

221. *Wolter*, Jürgen: Objektive und personale Zurechnung von Verhalten, Gefahr und Verletzung in einem funktionalen Straftatsystem, Berlin 1981.

222. *Wolter*, Jürgen (Hrsg.), Systematischer Kommentar zum Strafgesetzbuch, 9. Auflage, 2015.

223. *Zaczyk*, Rainer: Strafrechtliches Unrecht und die Selbstverantwortung des Verletzten, Heidelberg 1993.

224. *Zielinski*, Diethart: Handlungs – und Erfolgsunwert im Strafrecht, Berlin 1973.

225. *Zieschang*, Frank: Die Gefährdungsdelikte, Berlin 1998.

后 记

亚里士多德曾将人类的思维区分为静观思维、实践思维和创制思维三类。静观思维所思考的是不变化的、属于原因和本原的东西，它属于一种普遍、一般的思考；实践和创制思维所思考的则是具体可变的东西，它们均属于具体个别化的思考。① 自 1949 年中华人民共和国成立以来，我国的刑法学总体上是偏重实践导向的。统编的刑法学教科书始终强调："刑法学是一门实践性很强的应用学科，它不是为理论而理论，也不是为条文而条文。"② 这种风格的形成，其原因主要有二：一则，中国共产党以其漫长奋斗历程所积累的经验为依据，很早就反对将理论看成"万古不变的教条"，主张"对于马克思主义的理论，要能够精通它、应用它，精通的目的全在于应用"③。中华人民共和国成立后，"理论联系实际"自然而然地成为指导整个哲学社会科学的主流方法论。高铭暄教授曾明确揭示了这一方法论与刑法学的实践导向之间的内在关系："马克思主义哲学的一个重要方法就是理论联系实际，实事求是，具体问题具体分析。刑法学理论有它普遍性的一面，但中国有中国的国情，实践是检验真理的唯一标准，刑法学和其他部门法学一样，是应用性学科，是实践的学问。"④ 陈兴良教授在回顾自己的学术发展历程时，也指出："这种理论联系实际的刑法研究方法，是高、王两位教授（即高铭暄教授和王作富教授——引者注）所竭力倡导的，并成为中国主导的刑法理论风格。"⑤ 二

---

① 参见［古希腊］亚里士多德：《形而上学》，吴寿彭译，商务印书馆 1959 年版，第 146 页以下。

② 高铭暄主编：《中国刑法学》，中国人民大学出版社 1989 年版，第 6 页。

③ 《毛泽东选集》（第三卷），人民出版社 1991 年版，第 799、815 页。

④ 高铭暄：《新中国刑法学六十年发展的简要历程和基本经验》，载《高铭暄王作富刑法学文选——九十华诞自选集》，法律出版社 2017 年版，第 57 页。

⑤ 陈兴良：《学术自传——一个刑法学人的心路历程》，载陈兴良：《走向哲学的刑法学》，法律出版社 2008 年版，第 7 页。

则，中国的传统文化原本就注重"经世致用"。中国古代的哲学家们从来缺少为理论而理论的学术兴趣，认为理论总是来自实践、为了实践，理论总要有它的实践功能。对于中国人来说，行高于知，身教高于言传，体知先于认知，这都是不言而喻的事情。①

在过去的 20 年间，虽然经受着法教义学方法洗礼的中国刑法学日渐重视理论的体系性，但偏重于"论题学"思考的实用导向，依然是中国刑法学的基本底色；尽管继受于苏俄的传统刑法知识体系受到了诸多批判，却鲜有学者质疑"理论联系实际"这一方法的正确性。我认为，在刑法学方法论研究愈加自觉和深入的今天，"理论联系实际"不应只是一句供人简单重申的标语口号，我们有必要更为准确地把握它的应有真谛，着手思考它的操作规则，并避免可能存在的若干误区。在我看来，以下两点或许是需要特别加以注意的：

1. 对于实践的重视并不意味着否定理论的独立性

刑法理论与实际相联系，主要应当表现为以下两方面：第一，以实践为研究素材的来源。即，理论研究必须时刻关注司法实务当中出现的争议案件和疑难问题。中国司法实践中案件的多样性和复杂性，是他国所难以比拟的，这无疑为中国刑法理论的发展提供了难得的"富矿"。第二，以判例为交流对话的伙伴。法学所关注的现实对象，除了案件事实本身之外，还有作为断案主体之司法者的裁判活动。学者应当认真倾听司法者裁判案件的理由和论据，主动与判决进行对话。当前，随着裁判文书说理性的逐步增强，学说与判例就争议问题展开有效沟通与直接交锋的空间必将大大拓宽。

但是，理论联系实际，既不能要求所有理论都必须一步到位地对实务操作产生立竿见影的实效，也不意味着理论必须与司法实践的既有做法和立场趋同。

首先，诚如费尔巴哈（Feuerbach）所言，单纯的"知识集合体"还担不起科学之名。② 因此，严格说来，"纯粹为解决个别问题而提出的各种建议"

---

① 参见陈亚军：《作为"居间者"的实用主义——与中国哲学、马克思主义哲学的对话》，载《学术月刊》2015 年第 7 期。

② Vgl. Feuerbach, Revision der Grundsätze und Grundbegriffe des positiven peinichen Rechts, Bd. 1, 1799, S. 183.

的简单堆砌，也很难称得上是刑法的理论。① 作为一门科学，刑法教义学不能满足于对实定法律条文进行单纯的注疏和诠释，也不可自得于仅仅能为具体个案提出圆满的解决方案，其终极使命在于揭示、提炼出隐藏在法条背后的统一原理和内在关联，并使之最终成为一个逻辑自洽、前后一贯的体系。经过抽象思维升华至体系顶端的那些知识和原理，或许无法在断案中吹糠见米、拿来就用，却能够为具体问题的解决提供一种更为长远、坚实和确定的方法论导引。因此，"修其理不急其功"（《春秋繁露·对胶西王越大夫不得为仁》），"宽容抽象甚至晦涩是一个民族具有博大理论胸怀和坚强探索意志的象征"②。我们可以鼓励学者尽量使用通俗晓畅的话语去表述学术思想，也可以倡导学者尽量缩短理论成果转化为实践的过程，却不能违背学术自身的发展规律，动辄以"联系实践"为名强行降低学术思维的复杂性和抽象性。否则，刑法学势将失去其学术性、探索性和反思性，最终只能成为一部纯粹工具性的技术操作守则。因此，我们需要将刑法的全部知识区分为不同的层次，使得无论是直接为实务提供断案规则的"下里巴人"，还是专注于抽象法理思辨的"阳春白雪"，皆有各自的发展空间，不独尊其一而鄙夷其余。

其次，对于司法实践来说，真正有价值的理论恰恰是对实务现状保持批判眼光的理论。受到日本学者平野龙一以问题思考为中心之方法的启示，黎宏教授提出："从现实的角度来讲，法官作出的判决一旦生效之后，基本上不会因为个别甚至一些学者有不同意见而改变其效力。如果一定坚持自己的体系结论，则会使学者的学说远离现实，而难以发挥其存在意义。因此，在承认判决的基础上，整理判决思路，为一般人在今后预测自己行为的后果，为法官在之后的类似案件中为同案同判提供指南，这未尝不是学者的作用。因此，问题思考，实际上是一种更为巧妙而具有现实意义的学术研究方法。"③事实上，这一观点正反映了大陆法系刑法学自 20 世纪 70 年代以来的一种发展趋势。例如，在德国，原本法律知识与法律科学分属两个不同的概念。康德（Kant）曾将经验性的实证法学说（Rechtslehre）与建立在哲学基础上的

---

① Vgl. Hruschka, Strafrecht nach logisch – analytischer Methode, 2. Aufl. , 1988, Vorbemerkung S. Ⅻ.

② 崔平：《升华学术性与现实性之间张力的哲学操作制度》，载《哲学研究》2005 年第 11 期。

③ 黎宏：《平野龙一及其机能主义刑法观》，载《清华法学》2015 年第 6 期。

法科学（Rechtswissenschaft）严格区分开来，并认为一种纯粹经验性的法学说（就像斐德鲁斯的寓言中那个木制的头颅一样）是一颗可能很漂亮、只可惜没有脑子的头颅。① 但是，在当代，二者的界限却变得越发模糊。法学越来越强调研究成果应对实际问题的效能，法学教育也愈加注重培养契合实务需要的"法律工匠"。② 在实用导向日益强化的背景下，尽管体系思考的意义依然获得了众多刑法学者和教科书口头上的肯定，但人们实际上已经显现出对"理论"和"体系"的厌倦情绪，宁可将更多的精力投放到对于细微问题的研讨之中，也更倾向于依从于判例的既有观点。③

笔者完全赞同，对司法判决的现状和演进规律进行梳理，对实务操作的经验和智慧加以总结，这是刑法学研究的应有之义和基本前提；我也能够理解，从策略上来说，主动地贴近司法判决的既有立场，或许更有助于学者的意见获得司法者的吸纳，从而提升学说对于判决的实际影响。不过，可以进一步考虑的是，既然我们承认，法律运行的公正化有赖于法律职业共同体的合作，而不同视角、不同立场之间的平等对话和竞争，正是这种合作的重要组成部分，那么学说保持其对判例进行批判和反思的独立性，就不仅天经地义，而且不可或缺。似乎难以认为不同于判决立场的学说就是脱离现实的学说，因为理论的实践性体现在它以实际的问题为关注对象，而不是体现在它与司法者的现实做法完全一致；或许也很难说能否得到当下司法者的赞许，这是衡量学者是否具有存在意义的关键甚至唯一标准，因为即便站在司法实践的立场来看，忠实追随司法者脚印的学说固然具有描述和总结的意义，但理论的一个重要价值恰恰在于提出不同于现实做法的其他方案，从而为司法者改进实践贡献更多的选项和参考。

2. 从本土实际出发并不等于抹杀理论的普适性

中国学者对于实践的重视，还源自于实现刑法学理论本土化和自主化的雄心。20 世纪上半叶中国革命的历史昭示，正是扎根于中国本土现实，才得

---

① 参见［德］康德：《道德形而上学》，张荣、李秋零译注，中国人民大学出版社 2013 年版，第 27 页。

② Vgl. Duttge, Anliegen und Grundfragen einer Strafrechtswissenschaftstheorie, in: Koriath/Krack/Radtke/Jehle (Hrsg.), Grundfragen des Strafrechts, Rechtsphilosophie und die Reform der Juristenausbildung, 2010, S. 37, 39.

③ Vgl. Pawlik, Das Unrecht des Bürgers, 2012, S. 18.

以开辟了"农村包围城市"这一不同于马克思主义经典作家之论断、突破了俄国十月革命之经验的独特理论。在一个大量法律制度和法学理论舶来自西方的国度里，要想摆脱对外国学说亦步亦趋，进而创造出独具一格的理论，也必须立足于、取材于本国自身的法律文化和审判实践。日本学者井田良指出，晚近30年间的日本刑法学正是因为坚持"从本国的审判实践或者本国的刑事政策情势中去发现问题，进而寻找能够更好地与日本的法律和日本的法文化相适应、并因此具备信服力的问题解决之道"，才最终"摆脱了对德国刑法教义学的过度依赖"。① 于是，原本更多运用于文学艺术领域的那句名言"只有民族的才是世界的"②，近年来也为法学理论研究者所津津乐道。在德日刑法教义学强势引入的同时，我国刑法学研究的主体和本土意识有了明显的提高。即便在借鉴国外理论时，许多学者也都有意识地指出中外在法律规定、思维习惯和文化传统等方面的差异，试图突出刑法理论中的中国元素以及刑法教义学知识的"国界性和地方性"③，强调进行独立思考和自主创新的必要性，呼吁"我们必须致力于建构具有中国特色、更加本土化的刑法学"④。

不过，对"民族性"的强调，不能弱化甚至否定对理论"普适性"的追求。因为，既然刑法学是一门科学，它就必然肩负着反映超越一国经验和个案实践的普遍规律的使命。对自身特有法律实践的关注，归根结底不是为了"特色"而"特色"、为了"不同"而"不同"，其终极目标仍然是为了从中发掘出揭示事物本质、具有普遍指导意义的原理，从而为跨越国界的刑法教义学的发展作出贡献。例如，人们会发现我国《刑法》第14条第1款关于犯罪故意的规定与《德国刑法典》第16条第1款的规定有所不同。对于故意的成立，前者要求行为人认识到自己的行为"会发生危害社会的结果"，后者则只要求行为人认识到"属于法定构成要件的某种情状"。

---

① ［日］井田良：《走向自主与本土化：日本刑法与刑法学的现状》，陈璇译，载陈兴良主编：《刑事法评论》（第40卷），北京大学出版社2017年版，第372～373页。

② 这句话是由鲁迅的一段文字引申而来。鲁迅先生曾经在谈到木刻、绘画和文学时说："有地方色彩的，倒容易成为世界的，即为别国所注意。"（《鲁迅全集》第12卷，人民文学出版社1981年版，第391页。）

③ 丁胜明：《刑法教义学研究的中国主体性》，载《法学研究》2015年第2期。

④ 周光权：《论中国刑法教义学研究自主性的提升》，载《政治与法律》2019年第8期。

《德国刑法典》的这一规定，为教义学理论在禁止错误的问题上采取责任说奠定了基础。可是，由其中"危害社会的"一词所决定，我国《刑法》第14条第1款所记述的却明显是一个更具实质性和规范性的故意概念，因此完全可能得出违法性认识属于故意内容的解释结论（即故意说）。刑法学者不应满足于指出中德刑法规定及其解释结论的差异，不应仅仅为自己拥有不同于德国的某种"特色"而额手称庆。更为重要的是，我们应当以此为契机，进一步从理论根基上反思：究竟怎样处理故意和违法性认识之间的关系，才真正符合责任原则和归责原理？① 这样的思考触及到了犯罪故意的规范本质，具有超越一国一时之法律规定的普适意义，也使中国学者在同一层次上与国外同行展开平等对话、进而为刑法一般理论的发展贡献自己的智慧成为可能。

关于正当化事由的法律属性，本书曾运用了一个比喻："如果将法定正当化事由比作一棵大树的话，那么关于它的法律规定就如同树的基干，它定着在某一特定部门法的规范地面上；然而这棵大树赖以生存的根系，即正当化事由的合法性根基实际上却蔓延遍布于各个部门法的土壤之中，大树繁茂的枝叶所形成的绿荫，即它的合法化效果也突破了其主干所在的区域，覆盖到了整个法秩序。"借用这个比喻，如果将地方性的法律制度比作定着在某一特定民族和文化土地上的树木基干，那么刑法学就不能仅关注基干本身，更要深探其可能跨越国界蔓延贯穿于各地的根脉。我想，立足于本土实践以超越国界的视野去海纳和建构具有普适性的理论，这才是中国刑法学应有的"中国气派"。

陈兴良教授撰写的《正当防卫论》（中国人民大学出版社1987年版）一书，是我国首部系统论述正当防卫的专著。现在呈现给读者的这部书，既是对笔者自2007年② 至今围绕正当防卫主题所作思考和研究的总结，也是对陈兴良教授那部开拓和奠基之作的致敬。多年来，陈老师对我的学术成长给予了宝贵的支持和鼓励，此次又欣然为本书作序，感激之情无以言表。本书的写成，幸赖中国检察出版社刘志远总编辑的提议和鼎力支持。正当防卫是一

---

① 参见陈璇：《责任原则、预防政策与违法性认识》，载《清华法学》2018年第5期。

② 笔者就正当防卫问题发表的第一篇论文是：《论正当防卫中民众观念与法律解释的融合——由张德军案件引发的问题和思考》，载《中国刑事法杂志》2007年第4期。

个理论和实践关联度较高、本土判例素材也极丰富的一个研究领域，这使得笔者在写作的过程中，对于理论与实践、体系思考和问题思考之间的关系，又有了更多的思索和感悟。在此，谨向中国检察出版社和刘志远先生表示深深的谢意。

陈　璇

2019 年 9 月 29 日写成于京西宾馆

2019 年 10 月 14 日修改于中国人民大学明德法学楼

案例索引

（案例后数字为本书页码）